普通高等教育旅游管理专业系列教材

旅游资源学

主　编　张吉献　李伟丽

副主编　何　静　丁晓楠　赵　鑫

参　编　张志高　张　亮　刘莹莹

机 械 工 业 出 版 社

本书论述了旅游资源的含义、审美特征、研究对象、研究内容和分类，以及旅游资源学的学科特点和研究方法，并对旅游资源中的地质地貌、水体、天象、气候和气象、生物、历史文物古迹、宗教文化、古典园林、民风民俗、都市城镇、旅游商品、世界遗产等具有代表性的旅游资源类型进行了具体、详细的介绍。为突出旅游资源的实践研究，本书还阐述了旅游资源的调查与评价、开发规划及旅游资源的保护与可持续发展等内容。

本书可作为高等院校旅游类专业的学生教材用书外，并可作为高等职业教育和自学考试专业用书，以及旅游从业人员的培训用书。

为方便教学，本书配备了电子课件等教学资源。凡选用本书作为教材的教师均可登录机械工业出版社教育服务网www.cmpedu.com免费下载。如有问题请致电010-88379375联系营销人员。

图书在版编目（CIP）数据

旅游资源学/张吉献，李伟丽主编. —北京：机械工业出版社，2014.10（2025.1重印）
普通高等教育旅游管理专业系列教材
ISBN 978-7-111-48528-5

Ⅰ. ①旅…　Ⅱ. ①张…　②李…　Ⅲ. ①旅游资源—高等学校—教材　Ⅳ. ①F590

中国版本图书馆CIP数据核字（2014）第266033号

机械工业出版社（北京市百万庄大街22号　邮政编码100037）
策划编辑：徐春涛　　责任编辑：杨　洋
责任校对：徐春涛　　封面设计：张　静
责任印制：刘　媛

涿州市般润文化传播有限公司印刷

2025年1月第1版第13次印刷
184mm×260mm · 17印张 · 408千字
标准书号：ISBN 978-7-111-48528-5
定价：49.00元

电话服务　　网络服务
客服电话：010-88361066　　机　工　官　网：www.cmpbook.com
010-88379833　　机　工　官　博：weibo.com/cmp1952
010-68326294　　金　书　网：www.golden-book.com
封底无防伪标均为盗版　　机工教育服务网：www.cmpedu.com

前 言

近年来，我国旅游业发展如火如荼。据统计，2013 年，全国国内旅游人数 32.6 亿人次，国内旅游收入 26 276 亿元人民币，同比增长 15.7%，继续保持较快发展。2014 年 8 月，国务院颁发了《关于促进旅游业改革发展的若干意见》，提出了树立科学旅游观、增强旅游发展动力、拓展旅游发展空间、优化旅游发展环境、完善旅游发展政策等若干意见。预计到 2020 年，境内旅游总消费额将达到 5.5 万亿元，城乡居民年人均出游 4.5 次，旅游业增加值占国内生产总值的比重超过 5%。展望未来，随着经济和社会的不断发展，旅游需求将会有增无减，潜力巨大。

旅游资源是旅游业发展的基础和先决条件。我国地域辽阔，同时又是一个多民族具有悠久历史的多民族国家，具有丰富多彩的自然风光、源远流长的灿烂文化、引人入胜的名胜古迹，一直以来以其独特的魅力吸引着中外游客。

发展旅游业必须对旅游资源本身进行科学认识，包括旅游资源的特征、审美，旅游资源的成因、发展和演化规律等。旅游资源多数属不可再生资源。我国旅游业经过几十年的发展已取得巨大的成就，与此同时，对旅游资源的盲目过度开发，破坏旅游资源等现象时有发生，这就要求我们要切实保护好生态环境，保护好各类旅游资源。只有这样才有可能对旅游资源进行合理开发，使旅游资源充分地、可持续地为旅游业发展服务。

“旅游资源与开发”是旅游管理专业必修的核心课程之一，编者试图应用旅游学、地理学、美学、规划学等相关学科的理论和方法，结合国内外旅游资源开发的实际对旅游资源特征与分类、旅游资源系统、旅游资源开发、规划与保护等进行全面系统的介绍与阐述。本书每章设有“学习目标”“本章小结”和“思考与练习”，题目形式多样，并附有“案例分析”，使得理论与实践结合更加紧密。为了便于教师的教和学生的学，本书配有电子课件。

本书由张吉献、李伟丽担任主编，何静、丁晓楠、赵鑫担任副主编。具体编写分工如下：第一章和第十一章由李伟丽完成；第二章和第十二章由张吉献完成；第三、四、八章由赵鑫完成；第五章由张志高完成；第六、七、十章由丁晓楠完成；第九、十三、十四、十五、十六章由何静完成；张亮、刘莹莹也参与了部分编写工作。全书由张吉献负责统稿、定稿。

由于编者水平有限，书中难免有错误与纰漏之处，恳请各位读者批评指正，沟通信箱 hdp316@163.com。

编 者

目　录

第一章

绪　论

学习目标

1. 掌握旅游资源的概念，正确理解旅游资源的内涵。
2. 掌握旅游资源的特征。
3. 正确认识旅游资源与旅游业的关系。
4. 了解旅游资源学的研究对象和内容。
5. 熟悉旅游资源学的学科特点和研究方法。
6. 掌握旅游资源分类的概念、分类原则、依据及方法。
7. 能够进行区域旅游资源分类。

第一节　旅游资源的概念

旅游资源（Tourism Resources）是旅游活动三要素之一，是旅游活动的客体，是旅游业发展所必需的物质基础。

一、旅游资源的概念及其内涵

旅游资源这一概念是随着旅游活动的发展而出现和变化的。旅游资源的内涵非常丰富，目前在旅游学界尚无统一的定义，看法上也存在分歧。在英文中，旅游资源又被称作旅游吸引物（Tourist Attractions），其本身既包括能刺激旅游者产生旅游动机的各种因素，又包含决定旅游者的旅游行为能否实现的一系列中介条件，是一个内涵极为广泛的概念。

旅游业是国民经济产业中的一门新兴产业，为之提供理论指导的旅游科学还不够成熟，具体表现在其理论体系与框架还不够完善，如对旅游资源概念的理解与界定还未达成共识。

（一）国内学者对旅游资源的概念及其内涵的理解

在中国，从20世纪70年代到80年代，经济学、地理学和社会学的一批学者，相继转为研究旅游科学，他们在撰写论文和专著时都涉及对旅游资源概念的理解和解释，并从不同角度对旅游资源下了定义。其中，以下几种说法最具代表性和影响力：

“旅游资源是在现实条件下，能够吸引人们产生旅游动机并进行旅游活动的各种因素的总和。”㊀

“旅游资源应指凡能激发旅游者旅游动机的，能为旅游业所利用的，并由此而产生经济效益和社会效益的自然和社会的实在物。”㊁

“凡能为人们提供旅游观赏、知识乐趣、度假疗养、娱乐休闲、探险猎奇、考察研究以及人民友好往来和消磨时间的客体和劳务，均可称为旅游资源。”（孙文昌．现代旅游开发学．青岛：青岛出版社，2002：19）

“所谓旅游资源，专指地理环境中具有旅游价值的部分，也即旅游者在旅游过程中感兴趣的环境因素和可以利用的物质条件。”

“凡是能够造就对旅游者具有吸引力环境的自然事物、文化事物、社会事物或其他任何客观事物都可构成旅游资源。”

“旅游资源是指对旅游者具有吸引力的自然存在的历史文化遗产，以及直接用于旅游目的的人工创造物。”

“自然界和人类社会凡能对旅游者产生吸引力，可以为旅游业开发利用，并可产生经济效益、社会效益、环境效益的各种事物和因素都可视为旅游资源。”（国家旅游局开发司，1992）

“凡能对旅游者产生美感和吸引力，并具有一定旅游功能和价值的自然与人文因素的事与物的综合。”

“旅游资源是旅游地资源、旅游服务及其设施、旅游客源市场三大要素相互吸引、相互制约的有机系统，是有关这三大要素相互间的吸引向性的总和。”

（二）外国学者对旅游资源的概念及其内涵的理解

西方学者常将旅游资源称作旅游吸引物（Tourist Attractions）。它包括旅游地的旅游资源、适宜的接待设施和优良的服务等因素的总和，甚至还包括舒适快捷的旅游交通条件。

旅游吸引物必须是那些给旅游者以积极的效益或特征的东西，它们可以是海滨或湖滨、山岳风景、狩猎公园、有趣的历史纪念物和文化活动、体育运动以及令人愉悦舒适的会议环境。

更有从技术经济角度给旅游资源所下的定义：旅游资源是在现有技术和物质条件下，能够被用作组织旅游活动的自然的、技术的和社会经济的因素。

（三）对旅游资源的概念及其内涵的认识

目前对旅游资源的概念及其内涵的理解存在着很多的观点，那么如何去界定旅游资源？在探讨这个问题之前，有必要从以下三个方面进行分析。

1．吸引力

这是指旅游资源具有激发旅游者旅游动机的吸引力，这应成为旅游资源理论的核心成分。西方学者也将旅游吸引物作为旅游资源的代名词。旅游吸引力就是将游客从客源地吸引到目的地旅游观光的能力。

㊀ 陈传康，刘振礼．旅游资源鉴赏与开发．上海：同济大学出版社，1990：4．

㊁ 孙文昌，陈元泰．应用旅游地理学．长春：东北师范大学出版社，1989：24．

2. 存在的形式

旅游资源与地球上其他资源一样，是客观存在的，有自然因素形成的物质资源，也有根植于物质资源的基础上所产生的无形的非物质资源，如文化艺术作品及其创作过程、神话传说等。这些非物质资源依附于物质资源而产生，两者的结合往往能产生更大的旅游吸引力，如“许仙和白娘子”就为故事的发生地——杭州西湖断桥和镇江金山寺注入了活的灵魂，长期以来吸引大量游客。所以无论它们归属于哪种存在形式，均应成为旅游资源的重要组成部分。

3. 发展变化

旅游资源并不是一成不变的，它本身带有发展性，具体可以从以下三个方面来看：

(1) **阶段性** 任何作为旅游资源的自然或人文的现象或因素，完全是由于其他的原因而存在的，当人们对它们产生浓厚的审美兴趣时，它们才成为旅游资源。

(2) **开发程度** 旅游资源从状态上看有两种，未开发的和已开发的旅游资源。旅游资源的开发实际上是将潜在的旅游资源转变为现实的旅游资源，这是一个利用深度的问题。而那些过度开发导致人为损坏严重的旅游资源，有些已经不能作为旅游资源。所以，从长远的观点看，无论其是否经过开发，只要是对游客具有吸引力的事物、现象或因素，均应认为属于旅游资源。

(3) **范畴外延** 随着社会的进步，科技水平的提高和人们多样化旅游需求的兴起，旅游资源的范畴不断外延。人们不再满足于传统意义上的“观光式”旅游，而是向参与型、休闲度假型等方面发展；旅游的方式也在向多样化方面发展，如工业旅游、农业旅游、科技旅游、海底旅游、太空旅游等。这些都将使我们不得不重新审视一下前面所谈到的旅游资源问题，新的旅游方式必然依赖于新的旅游资源。实际上，当前旅游资源范畴的扩大已是一个不可争辩的事实。

基于以上的这些认识，我们认为：旅游资源是指在自然界或人类社会中凡能对旅游产生吸引力、有可能被用来规划开发成旅游消费对象的各种事与物（因素）的总和。简单地说，旅游资源是能够诱发旅游动机和实施旅游行为的诸多因素的总和。它不仅是作为一定地理空间范围内的旅游目的地，也包括旅游者和各种能传达旅游地相关信息的事与物。

二、旅游资源的特征

（一）区域性

旅游资源存在于特定的地理环境中，是地理环境的重要构成要素。因此，旅游资源的区域差异是客观存在的。不仅自然旅游资源存在区域差异，人文旅游资源也同样存在区域差异。因为地理环境的区域分异规律主要制约着自然地理环境，而人总是生活在一定的自然地理环境中，人类在适应自然、顺应自然、求得自身的生存发展过程中，创造出灿烂的文化。这些文化不可避免地带上一定的地域色彩。例如，民居建筑特色的区域差异，民族服饰、饮食文化等的区域差异，都同气候的区域分异有着十分密切的联系。

（二）观赏性

旅游资源与其他资源最主要的区别，就是它有美学特征，具有观赏价值。尽管旅游动机因人而异，旅游内容与形式多种多样，但观赏活动几乎是所有旅游过程都不可缺少的。从一定意义上说，缺乏观赏性，也就不构成旅游资源。形形色色的旅游资源，既有雄、秀、险、奇、幽、旷等类型的形象美，又有动与静的形态美；既有蓝天、白云、青山、绿水、碧海、雪原的色彩美，又有惊涛骇浪、叮咚山泉、淙淙溪涧、苍莽松涛等的声色美；既有建筑景观的造型美、气势美、时代美，又有地方特色菜肴的味觉美、嗅觉美和视觉美……

（三）独立性和垄断性

旅游资源的区域差异，意味着资源的可模仿性极差，难以被模仿或复制。尽管许多有关民族风情的主题园仿制了逼真的诸如竹楼、蒙古包等兄弟民族的村寨或居室，但它缺乏地域背景、周边环境与民族习俗等的依托，在游客的视域中，真假泾渭分明，无法替代。那些历史感强的资源，更无法离开特定地理环境的历史背景，否则将失去其本身的历史价值与观赏价值。长江三峡、桂林山水、壶口飞瀑等资源的特定地理环境，更是无法用人工力量来搬迁或异地再现。

（四）文化属性

旅游资源除具有美学观赏性外，还具有丰富的文化内涵。不论是自然赋存或社会创造，不论是自然为主辅以人文，还是以人文为主利用自然的各类不同形成机制的旅游资源，都有其科学性和自然、社会哲理。正是旅游资源这种深层次的文化内涵，才使它具有对游客的吸引力。旅游作为一种文化型的经济活动，文化成为旅游的核心。

河南安阳殷墟出土的甲骨文具有很高的文化价值，但任何一种旅游资源的吸引力都有定向性，它只能吸引旅游市场的某一部分，而不可能对全部旅游市场都具有同样强度的吸引力（如宗教类旅游资源只对信仰宗教的人士和对宗教充满好奇的人具有吸引力；探险类旅游资源只对爱冒险的旅游者具有吸引力）。

因此，在发展旅游业，开发旅游资源的过程中，应根据自身的资源特性选择特定的旅游市场作为自己的目标市场。

（五）不可再生性

旅游资源，除人工可以栽培与繁殖的动植物外，可以说是一种不能再生的资源，一旦破坏将不复拥有。地面上的古建筑，总是有减无增，会一天比一天少下去。旅游资源的这种不可再生性决定了其保护的重要性。

（六）整体性

孤立的单个景物，往往很难作为一种旅游资源加以开发利用。即使资源的品位很高，也会影响其对游客的吸引力。因为游客总是期望花最少的时间和财力，游览与观赏到尽可能多的景物。另一方面，单个景物，在不同层次、不同旅游动机的游客面前，“众口难调”，只能吸引其中一部分甚至是一小部分游客。

再者，人们常讲的“红花需有绿叶衬”，说的是美要有组合，美要有层次。因此，一个地区不同类型、不同层次、不同尺度景物的数量越多，比例越协调，联系越紧密，就越能显示出其观赏价值，才能最大限度地释放出其对游客的吸引力。

（七）时限性

时代的变迁，季节的变化，都会对旅游资源的含义、特性、吸引力大小等产生影响或变化。例如，漂流类旅游资源中被誉为“中原第一漂”的河南南阳西峡的鹳河漂流，一年中适宜漂流的时间从五·一到十月底，其中七、八月份为鹳河漂流的旺季。民俗风情中的节庆活动，如藏族每年秋收前举行的“望果节”，傣族的“泼水节”，白族的“三月街”，蒙古族的“那达慕”等，都只能出现在某些特定的时段内。

旅游资源的这种时限特性，会导致有关旅游线路、旅游点呈现旺季和淡季、热点和冷点。因此，重视不同类型旅游资源的组合，从而延长旺季时段，促使淡季不淡，显得格外有意义。

小资料

千年赶一街，一街赶千年——大理三月街

大理三月街又名“观音市”，是白族盛大的节日。它既是云南古老而繁荣的贸易集市，也是大理白族自治州各族人民一年一度的民间文艺体育大交流的盛大节日。每年农历三月十五至二十日在大理城西的苍山脚下举行，白族人民都要换上节日的盛装，敲着八角鼓，打着霸王鞭，耍龙舞狮，赛马赛龙舟，庆祝自己的盛大节日。节日期间结棚为市，万商云集，大宗交易各地土特产品、中草药材、骡马牲畜和日用百货。人们按照传统习惯，白天进行贸易，晚上在宿营地唱歌跳舞，热闹非凡。

三月街的起源与宗教活动有关。传说观音菩萨在三月十五治服了为害人民的罗刹，为此，白族人民年年相聚，举行拜祭活动，后演变为一年一度的街期，故此节又称“观音节”“观音街”。当今，在政府的关怀下，三月街更加繁盛，规模越来越大，活动内容也更加丰富，白族及附近的汉、彝、纳西、藏、傈僳、回等族群众共同参加这个盛会。

三、旅游资源与旅游业的关系

旅游资源是发展旅游业的重要基础，主要是因为：

（一）旅游资源是旅游业赖以生存和发展的最基本条件

旅游业，国际上称为旅游产业，就是以旅游市场（旅游需求）为对象，凭借旅游资源和设施，为旅游活动的开展创造有利条件，专门或者主要从事招徕、接待旅游者，为其提供所需商品及服务的综合性行业。没有旅游资源，就不会有旅游者，旅游业就无法存在和发展。

（二）旅游资源是旅游业创收的凭借基础

1）旅游业创收的六大要素：游（览）、购（物）、娱（乐）、食、住、行。

2）旅游业通过游、购、娱三个环节直接利用旅游资源而创收。

3）旅游业通过食、住、行三个环节间接利用旅游资源而创收。

4）旅游资源的质量和地理位置影响旅游业创收的多少。

本质上，旅游业各种形式的创收都是以旅游资源为凭借基础的。

（三）旅游资源决定着旅游业发展的规模

旅游资源的数量、丰度、分布和地域组合，直接影响旅游业发展的规模。

（四）旅游资源的开发可以促进旅游地区的经济发展

旅游业是一个带动力很强的产业，它的发展可带动很多相关产业的发展，从而促进旅游地区的经济发展。

（五）旅游资源的生命周期关系到旅游业发展的持续性

旅游资源生命周期的长短，取决于旅游资源吸引力的变化。

1）影响旅游资源吸引力的主要因素：

① 因环境污染、旅游服务质量下降，接待能力不足等，使旅游资源吸引力减弱。

② 因旅游者的兴趣发生转移，使旅游资源吸引力减弱。

2）通过不断开发、更新和再生旅游资源的吸引力，延长旅游资源的生命周期，保证旅游业的持续发展。

3）在旅游资源开发、更新过程中，一定要注意严格保护，合理开发，这样才能使旅游业永续发展。

第二节　旅游资源学的学科研究

一、旅游资源学的研究对象和内容

旅游资源学是专门研究旅游资源的一门学科，它直接将旅游资源作为研究对象，主要就旅游资源的成因、分类、开发及合理保护等方面进行综合性的研究。具体研究内容包括以下几个方面：

（一）研究旅游资源的形成机制和条件

自然旅游资源是内、外地质作用和各种自然因素的相互作用、相互影响、长期演化的综合结果，人文旅游资源则是在特定的社会环境和历史文化背景下形成的。所以，我们必须从研究旅游资源的成因开始，挖掘旅游资源蕴藏的科学价值和深远的文化内涵，从而最大限度地发挥和实现旅游资源的效益功能。

（二）研究旅游资源的分类及特点

在认识各类旅游资源成因的基础上，要找出各类旅游资源的差异性及特殊性，吸引旅游者的主要原因就是旅游资源鲜明而独特的内在特性（色）。据此我们可以进行旅游资源的科学分类，为旅游资源的开发打下基础。

（三）研究旅游资源的开发利用

旅游资源的开发利用实际上就是将旅游资源加工改造成具有旅游功能的吸引物或旅游环境的技术经济过程，使潜在的旅游资源优势转变为现实的旅游经济发展优势。由于不同属性的旅游资源，其特色及由此而产生的吸引力不同，所以应研究采用不同的开发利用方案。

（四）研究旅游资源的合理保护

当今世界，人类生存环境和条件正遭受到前所未有的破坏，保护自然旅游资源本身就是维护生态平衡的重要内容，而保护人文旅游资源则是保护文化完整性和民族精神传统文化延续的需要。旅游业要想走可持续发展的道路，必须合理保护好旅游资源，关于这一点，1995 年联合国教科文组织、环境规划署和世界旅游组织在“可持续旅游发展世界会议”上通过的《可持续旅游发展宪章》中指出：“可持续旅游发展的实质，就是要求旅游与自然、文化和人类生存环境融为一体，且这三者关系的平衡与协调，使许多旅游目的地各具特色，旅游发展不能破坏这种脆弱的平衡关系。”所以说，绝不可以以牺牲旅游资源及其环境为代价，片面强调经济效益，一定要正确处理好旅游开发与合理保护的关系，特别强调以可持续发展的观念来指导旅游资源开发。

二、旅游资源学的学科特点与研究方法

（一）旅游资源学的学科特点

旅游资源由于其形成空间的广泛性，形成时间的漫长性，形成过程的复杂性，形成因素的多重性，从而增加了对其开展研究的难度。

首先，从旅游资源学所涉及的相关学科体系上看，旅游资源学需要运用地质学、地貌学、水文学、气象学、天文学、地理学、生态学、生物学，以及历史、民俗、宗教、古建筑、文学艺术、数学等诸多学科的知识与研究成果来开展学科研究，由此不难看出，旅游资源学具有跨学科性质。

其次，由于旅游资源的形成和形成之后，还会受自然与人类双重因素的影响而发生变化，易于遭受破坏而难以再生，所以，必须将动态、发展变化的思想，尤其是可持续发展的理论，融入旅游资源学的学科研究中。

（二）旅游资源学的研究方法

旅游资源学作为一门具有跨学科性质的新兴学科，其学科方法的形成还要通过相邻或相关学科研究方法的移植、渗透和融合来实现。具体的研究方法包括以下三个方面：

1. 实地调查

野外调查是旅游资源评价、开发规划及合理利用与保护的最基础的工作，主要包括三个方面的内容：

1）调查了解区域旅游资源形成的背景条件（地貌、水文、生物、气象气候、历史等），找出其整体特色及内在联系。

2）旅游资源属性（具体特征）调查。

3）旅游资源开发条件（社会经济等方面）的调查。

上述 3 个方面的资料需通过野外观察、测量、记录、录音、摄影、摄像等才能获得，因此，要特别注意收集第一手资料。

值得一提的是，近十余年来，现代遥感技术应用于旅游资源调查已取得了很好的效果，关于此方面国内外已有成功的实例。遥感技术应用于旅游资源调查最大的优点在于其整体性强、直观、成本较低、工作速度较快。但是，现代遥感技术的应用必须与地面调查结合起来。

2. 资料数据的统计分析

将实地收集的第一手资料和收集到的第二手资料（前人的工作资料）进行分析，对一

些可以量化的资料及数据，可先分类，再上机处理，以求从量上初步得到一些有关规律性、精确性、预测性的统计分析资料，进而对研究区内的旅游资源有一个较全面的认识，以把握全区的总貌和重点。

3．归纳总结

在分析研究的基础上，要进行全面系统的归纳总结，具体有三大方面的工作要做：①旅游资源相关图件的编制；②旅游资源研究报告的编写；③专题研究论文的撰写。

第三节　旅游资源的分类

我国旅游资源品种多、分布广、“储量”丰富，有着极大的开发利用潜力。为了深入认识与研究旅游资源，以便更好地予以开发利用，更大限度地满足旅游者的需求和取得良好的效益，必须对旅游资源进行科学分类，这是一项既有理论意义又具有实践意义的工作。

一、旅游资源分类的原则

旅游资源分类的原则是分类的准绳、标准，只有遵循一定的原则才能保持分类的科学性和实用性。具体原则如下：

1）以旅游资源的定义作为出发点，确定分类的范围和内容。

2）以旅游资源的属性为主要标准。

3）考虑资源的成因、特点、形式、年代等特征。

4）尽可能系统化、规范化。

二、传统分类法

关于旅游资源的分类工作，许多学者从不同的角度进行了研究，提出了不同的分类体系：

（一）按资源的性质和成因划分

1．自然旅游资源（山水、气象气候、动植物等）

自然旅游资源是依照自然发展规律天然形成的旅游资源，它是由自然界中地理环境各要素和自然现象构成的。吸引人们前往进行旅游活动的自然景观，基本上是天然赋予的，在自然物上尽管有人类的加工、修饰和美化，但以自然景物为主。

2．人文旅游资源（文物古迹、文化艺术等）

人文旅游资源是在人类历史发展中形成的，具有人类社会文化属性的，由人类社会行为促使形成的可观赏的事物；是能够吸引人们旅游活动的，反映古今人类物质文明与精神文明的事物；是一个民族、一个国家风貌和特征的集中反映；记录着人们政治经济活动，并反映其文化艺术的结晶。

（二）按利用方式和效果划分

（1）**游览鉴赏型**　如优美自然风光、著名古建筑及园林等。

（2）**知识型**　如文物古迹、博物展览、自然奇观等。

(3) **体验型** 如民风民俗、节庆活动、宗教仪式等。
(4) **康乐型** 如度假疗养、康复保健、人造乐园等。

(三) 按开发利用的变化特征，并结合资源的性质、成因划分

1. 原生性旅游资源

原生性旅游资源是指那些在成因、分布上具有相对稳定和不变特点的自然、人文景观和因素（山川风光、生物景观、气候资源、文物古迹、传统民族习俗和风情、传统风味特产）。

2. 萌生性旅游资源

萌生性旅游资源是指成因、分布上具有变化特征的自然、人文景象和因素（现代建筑风貌、现代体育文化科技吸引力以及趣处、社会新貌与民族新风尚、博物馆与展览馆、名优特新产品及美食购物场所、自然力新作用遗迹、人工改造大自然景观）。

(四) 按旅游动机的不同划分

(1) **心理方面的** 如宗教圣地、重大历史事件、探亲等。
(2) **精神方面的** 如科学知识、消遣娱乐、艺术欣赏等。
(3) **健身方面的** 如沙疗、温泉疗、各项运动等。
(4) **经济方面的** 如各地土特产等。
(5) **政治方面的** 如国家政体状况、各种法律等。

(五) 依照旅游资源的结构划分

(1) **旅游景观资源** 包括自然旅游景观资源、人文旅游景观资源、社会民俗资源。
(2) **旅游经营资源** 包括旅游用品工业资源、旅游食用资源、旅游人才资源等。

(六) 按旅游资源动态划分

1. 稳定类旅游资源

(1) **长久稳定型** 包括宗教圣地、古建筑、山岳、江湖等。
(2) **相对稳定型** 包括小型造型地貌、瀑布、冰川等。

2. 可变类旅游资源

(1) **规则变化型** 包括泉水、候鸟、云雾等。
(2) **不规则变化型** 包括海市蜃楼、现代建筑风貌等。

(七) 旅游资源普查分类结构

1992 年，由国家旅游局资源开发司和中国科学院地理研究所主编的《中国旅游资源普查规范》提出了旅游资源普查分类结构。旅游资源由“大类”和“基本类型”组成。

1. 自然旅游资源

(1) **地表类** 典型地质构造、标准地层剖面、古生物化石点、自然灾变遗迹、观赏岩洞、名山风光、峡谷风光、峰林景观、石林风景、土林风景、丹霞景观、大山风光、黄土景观、沙漠景观、戈壁景观、风蚀风光、海蚀风光、沙滩、岛屿风光等。

(2) **水体类** 湖泊风光、瀑布风光、名泉风光、风景河段、漂流河段、冰川风景、浪潮景观、游览海域。

（3）**生物类** 森林风光、草原风光、古树名木、珍稀植物群落、特殊物候景观、野生动物栖居地、典型的自然生态景观。

（4）**气候与天象类** 避暑胜地、避寒胜地、云海、雾海、冰雪风景、树挂奇观、天象胜景。

2. 人文旅游资源

（1）**历史类** 古人类遗迹、古城遗址、古工矿遗址、古作坊遗址、历史交通贸易遗址、古代文化科学教育遗址、历代军事遗址、历史纪念地、名人故里、古墓葬、帝王陵寝、古代水利工程、古桥梁、古代宫殿建筑、古园林、古代宗教建筑、古塔或塔林、历史祭祀建筑、石窟造像、摩崖石刻、岩画、古宅院、古衙署、传统街区、古城镇及其他古代建筑。

（2）**近现代类** 地方标志建筑、地方代表性建筑、现代城市风貌、工矿设施、水电工程、车站、港口、桥梁、其他水工交通设施、农林场、养殖场、农林业实验基地、科教设施、社会福利设施、休疗养设施、城市著名雕塑、纪念陵园、名人故居、名人陵寝墓地及其他纪念性建筑、仿古建筑。

（3）**文化游乐体育类** 动物园、植物园、其他类型公园、游乐场所、狩猎场、文化设施、著名体育运动场馆。

（4）**风情胜地类** 特色城镇、商业闹市街区、民俗街区、购物中心、乡土建筑、典型民族村寨、城乡盛会、节庆活动、民间艺术、地方特产、名菜名食、特殊医疗。

（八）按旅游资源的性质和成因划分

这是目前应用最广的分类方法，共分为11类。

（1）**地质地貌类** 包括岩石、化石、地层、构造遗迹、地震灾变遗迹、山岳峡谷、火山、岩溶、海岸与岛礁、干旱区景观、冰川。

（2）**水体类** 风景河段、漂流河段、湖泊、瀑布、泉、潮汐。

（3）**生物类** 植物、动物、自然保护区、动植物园及田园风光。

（4）**气象气候与天象类** 气象、气候、天象。

（5）**历史遗迹类** 古人类遗址、古都、古战场遗迹、名人遗迹、近现代重要史迹。

（6）**古建筑类** 长城、城墙、宫殿、坛庙、亭、台、楼、阁、厅、堂、榭、舫、廊桥、运河、堰、堤防、居民坊、表、阙、经幢。

（7）**古代陵墓类** 帝王陵墓、纪念性陵墓、崖墓与悬棺。

（8）**城镇类** 历史文化名城、小城镇、现代化都市。

（9）**古典园林类** 帝王苑囿、士大夫私家园林、寺观园林。

（10）**宗教文化类** 佛教文化、道教文化、伊斯兰教节日和基督教节日等。

（11）**社会风情类** 民俗、丝、瓷和工艺品、饮食文化。

（九）按照旅游资源的等级及管理范围分类

（1）**最高层次** 特别资源——世界级旅游资源。

（2）**高级层次** 国粹资源——国家级旅游资源。

（3）**中级层次** 优秀资源——省级旅游资源。

（4）**基本层次** 一般资源——县级旅游资源。

世界级旅游资源：①进入《世界遗产名录》的旅游资源；②纳入联合国“人与生物圈”保护区网络的自然保护区。

国家级旅游资源：①已审定和公布的国家级重点风景名胜区；②已审定和公布的国家级森林公园；③已审定和公布的国家级自然保护区；④已审定和公布的国家级重点文物保护单位；⑤已审定和公布的国家级历史文化名城和优秀旅游城市；⑥已审定和公布的国家4A、5A级旅游区；⑦已批准的国家级旅游度假区；⑧已批准的国家级地质公园。

三、GB/T 18972—2003《旅游资源分类、调查与评价》分类法

（一）旅游资源分类

1. 分类原则

依据旅游资源的性状，即现存状况、形态、特性、特征划分。

2. 分类对象

1）稳定的、客观存在的实体旅游资源。

2）不稳定的、客观存在的事物和现象。

3. 分类结构

结构分为“主类”“亚类”“基本类型”3 个层次。每个层次的旅游资源类型有相应的汉语拼音代号，见表1-1。

表1-1 旅游资源分类表

主类	亚类	基本类型
A 地文景观	AA 综合自然旅游地	AAA 山丘型旅游地 AAB 谷地型旅游地 AAC 沙砾石地型旅游地 AAD 滩地型旅游地 AAE 奇异自然现象 AAF 自然标志地 AAG 垂直自然地带
	AB 沉积与构造	ABA 断层景观 ABB 褶曲景观 ABC 节理景观 ABD 地层剖面 ABE 钙华与泉华 ABF 矿点矿脉与矿石积聚地 ABG 生物化石点
	AC 地质地貌过程形迹	ACA 凸峰 ACB 独峰 ACC 峰丛 ACD 石（土）林 ACE 奇特与象形山石 ACF 岩壁与岩缝 ACG 峡谷段落 ACH 沟壑地 ACI 丹霞 ACJ 雅丹 ACK 堆石洞 ACL 岩石洞与岩穴 ACM 沙丘地 ACN 岸滩
	AD 自然变动遗迹	ADA 重力堆积体 ADB 泥石流堆积 ADC 地震遗迹 ADD 陷落地 ADE 火山与熔岩 ADF 冰川堆积体 ADG 冰川侵蚀遗迹
	AE 岛礁	AEA 岛区 AEB 岩礁
B 水域风光	BA 河段	BAA 观光游憩河段 BAB 暗河河段 BAC 古河道段落
	BB 天然湖泊与池沼	BBA 观光游憩湖区 BBB 沼泽与湿地 BBC 潭池
	BC 瀑布	BCA 悬瀑 BCB 跌水
	BD 泉	BDA 冷泉 BDB 地热与温泉
	BE 河口与海面	BEA 观光游憩海域 BEB 涌潮现象 BEC 击浪现象
	BF 冰雪地	BFA 冰川观光地 BFB 长年积雪地
C 生物景观	CA 树木	CAA 林地 CAB 丛树 CAC 独树
	CB 草原与草地	CBA 草地 CBB 疏林草地
	CC 花卉地	CCA 草场花卉地 CCB 林间花卉地
	CD 野生动物栖息地	CDA 水生动物栖息地 CDB 陆地动物栖息地 CDC 鸟类栖息地 CDE 蝶类栖息地

（续）

主　类	亚　类	基本类型
D 天象候与气景观	DA 光现象	DAA 日月星辰观察地　DAB 光环现象观察地　DAC 海市蜃楼现象多发地
	DB 天气与气候现象	DBA 云雾多发区　DBB 避暑气候地　DBC 避寒气候地　DBD 极端与特殊气候显示地　DBE 物候景观
E 遗址遗迹	EA 史前人类活动场所	EAA 人类活动遗址　EAB 文化层　EAC 文物散落地　EAD 原始聚落
	EB 社会经济文化活动遗址遗迹	EBA 历史事件发生地　EBB 军事遗址与古战场　EBC 废弃寺庙　EBD 废弃生产地　EBE 交通遗迹　EBF 废城与聚落遗迹　EBG 长城遗迹　EBH 烽燧
F 建筑与设施	FA 综合人文旅游地	FAA 教学科研实验场所　FAB 康体游乐休闲度假地　FAC 宗教与祭祀活动场所　FAD 园林游憩区域　FAE 文化活动场所　FAF 建设工程与生产地　FAG 社会与商贸活动场所　FAH 动物与植物展示地　FAI 军事观光地　FAJ 边境口岸　FAK 景物观赏点
	FB 单体活动场馆	FBA 聚会接待厅堂（室）　FBB 祭拜场馆　FBC 展示演示场馆　FBD 体育健身场馆　FBE 歌舞游乐场馆
	FC 景观建筑与附属型建筑	FCA 佛塔　FCB 塔形建筑物　FCC 楼阁　FCD 石窟　FCE 长城段落　FCF 城（堡）　FCG 摩崖字画　FCH 碑碣（林）　FCI 广场　FCJ 人工洞穴　FCK 建筑小品
	FD 居住地与社区	FDA 传统与乡土建筑　FDB 特色街巷　FDC 特色社区　FDD 名人故居与历史纪念建筑　FDE 书院　FDF 会馆　FDG 特色店铺　FDH 特色市场
	FE 归葬地	FEA 陵区陵园　FEB 墓（群）　FEC 悬棺
	FF 交通建筑	FFA 桥　FFB 车站　FFC 港口渡口与码头　FFD 航空港　FFE 栈道
	FG 水工建筑	FGA 水库观光游憩区段　FGB 水井　FGC 运河与渠道段落　FGD 堤坝段落　FGE 灌区　FGF 提水设施
G 旅游商品	GA 地方旅游商品	GAA 菜品饮食　GAB 农林畜产品与制品　GAC 水产品与制品　GAD 中草药材及制品　GAE 传统手工产品与工艺品　GAF 日用工业品　GAG 其他物品
H 人文活动	HA 人事记录	HAA 人物　HAB 事件
	HB 艺术	HBA 文艺团体　HBB 文学艺术作品
	HC 民间习俗	HCA 地方风俗与民间礼仪　HCB 民间节庆　HCC 民间演艺　HCD 民间健身活动与赛事　HCE 宗教活动　HCF 庙会与民间集会　HCG 饮食习俗　HCH 特色服饰
	HD 现代节庆	HDA 旅游节　HDB 文化节　HDC 商贸农事节　HDD 体育节
数量统计		
8 主类	31 亚类	155 基本类型

注：如果发现本分类没有包括的基本类型时，使用者可自行增加。增加的基本类型可归入相应亚类，置于最后，最多可增加 2 个。编号方式为：增加第 1 个基本类型时，该亚类 2 位汉语拼音字母+Z；增加第 2 个基本类型时，该亚类 2 位汉语拼音字母+Y。

本章小结

本章详细讲述了旅游资源的概念、内涵及其特征；阐明了旅游资源与旅游业的关系；

从旅游资源学的研究对象和内容入手，总结了旅游资源学的学科特点和研究方法；对旅游资源分类的概念、分类原则、依据及方法进行了阐释。

思考与练习

一、单项选择题

1．旅游资源是旅游活动三要素之一，是旅游活动的______，是旅游业发展所必需的物质基础。

A．主体 B．客体 C．中介体 D．媒体

2．我们必须从研究旅游资源的______开始，挖掘旅游资源蕴藏的科学价值和深远的文化内涵，从而最大限度地发挥和实现旅游资源的效益功能。

A．分类 B．特点 C．成因 D．作用

3．旅游资源与其他资源最主要的区别，就是它具有______。

A．区域性 B．时限性 C．整体性 D．观赏性

4．旅游资源学是专门研究______的一门学科，它直接将其作为研究对象，主要就其分类、开发等方面进行综合性的研究。

A．旅游资源 B．旅游活动 C．旅游业 D．旅游者

5．按照旅游资源的动态分类，下列属于不规则变化型旅游资源的是______。

A．泉水 B．海市蜃楼 C．候鸟 D．云雾

二、辨别题

1．旅游资源理论的核心成分是吸引力。

2．旅游资源并不是一成不变的，它本身是带有发展性质的概念。

3．按照旅游资源的等级及管理范围分类，最高层次的旅游资源为国家级旅游资源。

4．按照旅游资源的动态分类，候鸟和泉水属于不规则变化型旅游资源。

5．我国在 2003 年颁布的国家标准《旅游资源分类、调查与评价》分类法中，将旅游资源分为 8 个主类、31 个亚类、155 个基本类型。

三、填空题

1．____________是旅游业赖以生存和发展的最基本条件。

2．____________是旅游资源评价、开发规划及合理利用与保护的最基础的工作。

3．民俗风情中的节庆活动，如藏族每年秋收前举行的“望果节”，傣族的“泼水节”，蒙古族的“那达慕”等，都只能出现在某些特定的时段内，这些说明旅游资源具有____________。

4．依照旅游资源的结构，可将旅游资源区分为两个类别：__________和__________。

5．按照旅游资源的等级及管理范围分类，进入《世界遗产名录》和纳入联合国“人与生物圈”保护区网络的自然保护区的旅游资源都属于____________。

四、问答题

1．国内外学者对旅游资源概念的界定很多，你赞同哪一种？为什么？
2．举例说明旅游资源的特征。
3．旅游资源学的研究对象和内容是什么？
4．旅游资源学的研究方法有哪些？
5．旅游资源分类需要遵循的原则有哪些？
6．旅游资源分类方法主要有哪几种？
7．试述旅游资源与旅游业的关系。
8．为什么说旅游资源是一个发展的概念？

第二章

地质地貌旅游资源

学习目标

1. 掌握地质地貌旅游资源的基本概念和分类。
2. 理解各种地质地貌旅游资源的特点和成因。
3. 了解中国著名地质地貌旅游资源的分布和特征。
4. 掌握各种地质地貌旅游资源的美感特征、旅游功能和鉴赏技巧。

第一节 概 述

地质地貌旅游资源是在地球地质演化过程中，在内力和外力共同作用下形成的旅游资源，也称地文景观旅游资源，可以分为地质旅游资源和地貌旅游资源。地质旅游资源和地貌旅游资源虽然不同，但二者在物质组成、营力过程、形态表现上经常密不可分。

一、地质地貌类旅游资源的概念

（一）地质旅游资源

关于地质旅游资源的定义，不同的学者有着不同的认识，目前还没有统一的定义。《中国旅游地质资源图说明书》中对地质旅游资源定义为："具有旅游价值的地质遗迹和与地质体直接有关的人类活动遗迹。"冯天驷在《中国地质旅游资源》中把地质旅游资源概括为："由地质作用形成的自然旅游资源都可称为地质旅游资源，一部分与地质形体有直接关系的旅游资源也可称为人文地质旅游资源，如古水利工程、石窟、摩崖石刻、岩画。"

概括来说，地质旅游资源是指能够吸引旅游者产生旅游动机并实施旅游行为的，能被旅游业利用，具有经济效应、社会效应和生态效应的地质遗迹和地质体、与地质作用直接有关的人类活动遗迹。

地质旅游资源有广义和狭义之分。狭义的地质旅游资源仅指具有旅游价值的地质遗迹及地质体。广义的地质旅游资源除上述外还应包括与地质遗迹和地质体直接有关的人类活动遗迹。

地质旅游资源主要包括能反映地球演化特征的、可供被用来审美及科普教育的矿物、岩石、古生物化石、地层剖面、构造运动痕迹和古人类活动遗迹。

我国地域广阔，各地地质构造活动千差万别，地质构造种类繁多，内外力地质作用类型多样、强度不一，因而形成的地质遗迹千姿百态、变化万千。这些地质遗迹不仅包括了旅游资源中的山水名胜、自然风光等自然遗迹，也包括了在晚近地质历史时期人类形成与发展过程中的人类文化遗迹，即人类开发利用的地质环境、地质资源以及人类遭受的地质灾害等各种遗迹，如周口店北京人遗址、青川东河口地震遗址公园等。对于幅员辽阔、历史悠久的中国来说，地质旅游资源蕴藏十分丰富，因此地质旅游将成为未来发展潜力极大的新型旅游活动。

（二）地貌旅游资源

地貌旅游资源是指内、外力地质作用下，在地表所形成的具旅游价值的典型地貌景观。在形态上可分为山岳、丘陵、高原、平原和盆地等基本地貌类型。从动力来源上可分为河流、峡谷、冰川、岩溶、风成、海成地貌以及构造、火山和重力地貌等。从形成的岩性可分为喀斯特、丹霞、黄土地貌等。它们是构成旅游资源的重要天然景观资源。

二、地质地貌类旅游资源的特征

（一）地质地貌旅游资源是自然旅游资源形成的物质基础

地质地貌是各种各类自然旅游资源形成的物质基础，离开地质地貌基础，任何自然风景无从谈起。就全球来看，在板块的交界处，因发生碰撞、俯冲等相对运动，成为高山、高原、火山、地震等地质地貌景观较多的地方。在大陆内部，根据槽台学说，在地槽区，地壳活动剧烈，地层褶皱断裂，形成高山大川等旅游景观。断块隆起区，形成雄伟的泰山、庐山、华山、恒山等山地旅游区；构造断陷区形成了青海湖、鄱阳湖、滇池、死海、贝加尔湖等断陷湖泊旅游区。在地台区，地壳稳定，地层平缓，形成了黄土高原、砂岩峰林、岩溶峰林等自然旅游景观。

地质地貌决定着风景的骨架，影响着景观的意境、气势等主要特征。例如，断层形成的华山，给人以雄伟、险峻的美感特征。高低起伏的丘陵给人以陂陀之感；沃畴千里的平原给人以平远的意境；而高亢的高原则给人以旷美之感。

（二）地质地貌对其他自然旅游资源具有影响作用

自然环境各要素是相互联系、相互影响的。地质地貌条件对水体、气象、气候、生物等各种自然景观的形成具有显著的影响。例如，我国的地貌基础决定了我国的江河东流。地质条件决定了一些自然景观的分布，如同处亚热带、水热条件相当的武夷山和桂林，在武夷山形成了丹霞景观，而在桂林形成了典型而多样的喀斯特景观。究其原因，就是由于二者的地质基础不同，武夷山由红色砂岩构成，以流水切割作用为主，而桂林地区的山体由石灰岩构成，以喀斯特作用为主。山体高度的增加也会对气象、气候生物景观造成不同的影响，正因如此才有了“一山有四季，十里不同天”“人间四月芳菲尽，山寺桃花始盛开”的诗句。

（三）地质地貌影响人文旅游资源形成和地域分布

地质地貌是自然旅游资源形成的本底，是人类赖以生存的物质基础，它也深刻影响着人文旅游资源的形成。因为一切人文景观都植根于地表，与地理位置、物产状况、交通条件、经济水平、地域特征密切相关。人文旅游胜地的建筑选址、建筑规模及建筑物的艺术风格等的确定，首先必须考虑的因素即是建造区的地貌特征，甚至有一些人文旅游胜地的形成必须拥有特殊的地貌资源条件。例如，我国的四大石窟，敦煌莫高窟建于鸣沙山的断层崖上，云冈石窟建于武周山麓，龙门石窟建于伊河两岸断层崖上，麦积山石窟凿于地壳运动将麦积山割成的东西两部分的断层崖上。

不同的地质地貌条件下，人们形成了不同的居住、服饰、饮食、风俗、习惯。例如，四川盆地、湖南洞庭湖平原，地势低平，气候潮湿，在这样的条件下，人们养成了吃辣椒的习惯。黄土高原地区沟壑纵横，民歌就如《黄土高坡》，高亢、嘹亮。江南丘陵地区，山清水秀，民歌就如《茉莉花》悠扬婉约。

（四）地质地貌旅游资源具有观赏性和知识性

地质地貌旅游资源是自然界长时间地质作用的结果，具有“雄、奇、险、幽、旷”等不同的美感特征，是稀缺的具有观赏性的旅游资源。地质地貌旅游资源是长期地质作用的结果，在世界上是稀少的，有些堪称是独一无二的，因而才具有旅游价值，能吸引人们去观赏。

地质地貌旅游资源是地球内、外动力地质作用的综合产物，是大自然的杰作，其中包含地质、地貌乃至地球发生、发展演化的科学内涵。因此，地质地貌旅游除了满足人们的视觉享受和好奇心外，还能了解一些的相关地质知识，陶冶情操。

（五）地质地貌旅游资源具有不可再生性

地质地貌旅游资源的形成是多因素综合影响、长期作用的结果。其影响因素有物理因素、化学因素、生物因素，既有内力地质作用，又有外力地质作用。地质地貌旅游资源的形成时间少则几十万年，长则几百万、几千万、甚至上亿年，很多地质现象是人工技术无法再现的，一旦遭到破坏，便无法修复。因此，地质地貌旅游资源与其他的旅游资源（如人文旅游资源、生态旅游资源等）相比，是不可再生的。

三、地质地貌旅游资源的旅游功能

（一）审美功能

山川之美，古来共谈。地质地貌景观展现出的雄、奇、险、幽、旷等美感特征，自古就是人们欣赏的重要内容。

1．形态美

（1）雄（雄伟之姿） 山地体态高大、岩石陡峭，则产生雄伟的美感。山体高大不仅指绝对高度大，也包括相对高度。泰山的高度不算高，海拔 1 545m，在五岳中居第三，但泰山周围主要是丘陵，因此显得泰山雄伟高大，从而产生“会当凌绝顶，一览众山小”的美感，有“泰山天下雄”的美誉。我国的山地中，北方山脉风化相对较弱，植被不如南方山脉，整体显得雄伟、峻峭。

（2）奇（奇妙之态） 山体独具一格，有其独特的美感。黄山以奇闻名，以“奇松、怪石、云海和温泉”不同于别的山，有“黄山天下奇”之说。

（3）险（险峻之势） 山体高陡，山脊狭窄，险崖壁立，则产生险峻的美感，这种美感多与山体断层和垂直节理发育有关。华山南北两侧各有一条断层线，断壁近于直立，谷底至峰顶的高差达千米以上。更有长达 1.5km 的苍龙岭等山脊，径宽不足 1m，两旁深渊不可见底，十分险峻，形成了“华山天下险”的说法。

(4) **幽（幽静之韵）** 丛山深谷，道路曲折，植被茂密，环境寂静，则产生幽的美感。“青城天下幽”，以青城山最为典型，峰林峡谷相间分布，溪水纵横，森林茂密，特别是夏季里，能将游人带进“蝉噪林愈静，鸟鸣山更幽”的境地。

(5) **旷（空旷之逸）** 地貌平畴无垠，或者水面坦荡，视野开阔，可极目天际，则产生旷远之美感，如内蒙古草原“风吹草低见牛羊”。

2. 色彩美

地质地貌景观除以上形态美以外，还有附属于形态之上的色彩美。构成山体的岩石不同，山体会呈现出不同的色彩，给人以不同的美感。如由红色砂岩构成的山地，形成“色渥如丹、灿若明霞”的丹霞景观；由花岗岩地层形成的山地，具有坚硬、粗犷乃至雄浑的景观特色；而由黄土层构成的山地，则呈现黄土景观等。一年四季的交替和阴、晴、雨、晦的天气现象则构成山地自然色彩的变化。所谓“春山如翡，夏山如翠，秋山如金，冬山如银”，便是自然景观的季象变化所呈现出来的色彩美。

（二）科普教育功能

地质地貌旅游资源是内外力地质作用长期作用的结果，其中包含深厚的科学道理。人们在观赏的同时，还可以领悟到地貌的形成、生物的进化、地球的演变等科学道理。因此，这些典型地区也应该是科学考察的对象和大众的科普教育基地。

（三）健身运动功能

地质地貌景观形成于一定的空间，这里峰谷相间、沟壑纵横、悬崖峭壁、洞谷幽深。这里既能赏景、疗养，也能驱使一些富有冒险和挑战精神的游人特别是年轻人前来进行探险活动，开展登山健身、攀岩探险等活动。

（四）文化旅游功能

地质地貌景观，特别是古代名山，与古代的文人墨客、宗教信仰、帝王将相等有多种联系，因此在观景的同时还可以受到文化熏陶。我国古代文人墨客多有寄情自然的雅趣，“登山则情满于山，观海则意溢于海”，许多名山留有古人诗词题赋。“自古名山僧占多”，许多优美的山岳都是宗教修行的地方，形成了宗教名山。泰山更是历代帝王祭天封禅之处，留有奇闻轶事、诗词碑刻。

第二节　地质类旅游资源

一、矿物、岩石旅游资源

（一）矿物及旅游资源

地壳由各种岩石组成，岩石又由许多小颗粒组成，这些颗粒在颜色、形态和其他性质上又有很大差异，这些细小的颗粒就是矿物。因此，矿物就是地质作用下形成的，具有一定化学成分和物理性质的单质或化合物。

矿物具有一定的化学成分，如岩盐的化学成分是 $NaCl$，石墨的化学成分是 C，方解石

（石灰岩）的化学成分为$CaCO_3$。由于矿物的化学成分是一定的，使得矿物还具有一定的物理性质，如晶体形状、硬度、解理、颜色、光泽、透明度等。

解理是指矿物晶体在外力打击下沿一定方向裂成光滑平面的性质，称为解理。由解理所造成的光滑面称为解理面，不同的矿物解理情况不同。例如：石盐晶体为立方体，受到敲击后在3个方向产生解理，分裂为小的立方体石盐块。

硬度是指矿物抵抗机械作用（如刻划、加压、研磨）的强度，一般用刻划的方法来比较硬度的相对大小，通常选用10种硬度不同的矿物作为标准，将硬度分为十级，称摩氏硬度计（表2-1）。

表2-1　摩氏硬度计

硬度等级	代表矿物	野外简易鉴别方法
1	滑石	用软铅笔刻划留下痕迹，用指甲容易刻划
2	石膏	用指甲可以刻划
3	方解石	用黄铜制品刻划可留下条痕，用小刀很容易刻划
4	萤石	小刀可刻划
5	磷灰石	用小铅笔刀刻划时可留下明显划痕，不能刻划玻璃
6	正长石	小刀可勉强留下看得见的划痕，能刻划玻璃
7	石英	小刀不能刻划
8	黄玉	能割开玻璃，但不能刻划石英
9	刚玉	能刻划石英
10	金刚石	能刻划石英

矿物可以分为金属矿物和非金属矿物。其中金属矿物一般以“××矿”命名，非金属矿物一般以“××石”命名。

矿物绝大多数都是以晶体形态存在的。其中有些矿物晶体颜色鲜艳、晶莹剔透、硬度较大、耐磨、美观、产量稀少，深得人们的喜爱，因而被看作宝石，如金刚石的晶体——钻石，刚玉晶体——红宝石、蓝宝石，石英晶体——水晶。自然界的宝石矿物共有百余种，较重要的约20种。最贵重的宝石有4种，即钻石、红宝石、蓝宝石和祖母绿。这些宝石级的矿物晶体常被人们制作成装饰品，作为旅游商品出售。

（二）岩石及旅游资源

岩石是在各种地质作用下，矿物按一定方式结合而成的集合体，是构成地球岩石圈的主要物质。有些岩石是由一种矿物组成的，如石灰岩、大理岩都是由方解石这一种矿物组成。但大多数岩石是由两种以上矿物组成的。例如，我们常见的花岗岩是由石英、长石和黑云母组成的。为了区别矿物和岩石，通常岩石一般以“××岩”命名。

自然界的岩石根据其形成原因可以分为岩浆岩、沉积岩和变质岩3大类。

1．岩浆作用与岩浆岩

岩浆是地下深处生成的、炽热的、富含挥发性组分的硅酸盐熔融体。一般认为岩浆形成于地下70～400km深处的地球软流层，其主要成分为铁、镁、钙、钾、钠等金属元素的硅酸盐，温度在800～1 200℃。其中还含有大量的水蒸气、CO_2、H_2S、S、HCl、NH_3等气体，使得岩浆具有较强的活动性。

岩浆在地下承受着高温高压，并含有大量的气态物质，因此当上部压力较小时其会向上侵入并形成喷出岩，或者向上侵入并形成侵入岩。

岩浆向上喷出地表的作用称为喷出作用，也称为火山作用。岩浆喷出地表之后其中的气体成分溢出形成熔岩，熔岩可以形成火山锥或者在地表流动，冷凝之后形成喷出岩。这类岩石的主要特征是颜色较暗、组成物质没有结晶，其中具有气孔构造、流纹构造或杏仁构造。主要的喷出岩有玄武岩、流纹岩等。其形成的主要旅游资源有五大连池火山群、雁荡山、腾冲火山群、大同火山群、漳州及南京六合的火山岩柱状节理、长白山天池火口湖等旅游景观。

岩浆向地表浅部侵入的作用称为侵入作用。岩浆侵入之后，缓慢冷却、凝固，同时其中的化学成分进行结合并结晶形成侵入岩。这类岩石的主要特征为颜色较喷出岩浅，组成矿物全部结晶且分布均匀。这类岩石主要有花岗岩、闪长岩、辉绿岩等。其中侵入岩中分布最广、最为常见的岩石为花岗岩。许多著名的山体都是由花岗岩体构成的，如黄山、华山、崂山、衡山、九华山、天柱山、普陀山、三清山、浙江天台山、鞍山千山、西安骊山、天津盘山、福建的太姥山、厦门的万石岩、鼓浪屿和河南的鸡公山、嵖岈山等。

2. 外力作用与沉积岩

外力作用是指能量来源于地球以外，主要是太阳的地质作用。外力作用包括自然界流水、风、冰川、海浪和生物等对岩石进行的风化、剥蚀、搬运、沉积等作用。

地表或接近地表的原有岩石，在常温、常压下，由风化作用、剥蚀作用、生物作用产生的物质经搬运、沉积和成岩等一系列地质作用形成的岩石，称为沉积岩。

(1) **风化作用** 暴露于地表或接近地表的各种岩石，在温度变化、水及水溶液的作用、大气及生物作用下在原地发生的破坏作用，称为风化作用。一般可以分为物理风化作用、化学风化作用和生物风化作用三种类型。风化作用使地壳表层岩石逐渐崩裂、破碎、分解，同时也形成新环境条件下的新稳定矿物，成为沉积物质的重要来源之一。

(2) **剥蚀作用** 各种外力在运动状态下对地面岩石及风化产物的破坏作用，称为剥蚀作用，也称侵蚀作用。剥蚀作用在破坏地壳组成物质的同时，也在不断改变着地球表面的形态。剥蚀作用可以分为机械剥蚀作用和化学剥蚀作用。机械剥蚀作用是指流水、风、冰川、海洋等对地表物质的机械破坏作用。流水的侵蚀作用最为普遍，流水强大的动能一方面冲击着地表风化的或松散的岩矿碎屑（称冲蚀作用），而且水流还挟带着碎屑作为工具进一步磨蚀着岩石（称磨蚀作用）。化学剥蚀作用分为溶蚀作用和喀斯特作用（称岩溶作用）。溶蚀作用是指流水、地下水、湖泊、海洋等对岩石还进行着以溶解等方式进行破坏的作用。喀斯特作用是指流水及其所溶解的CO_2和石灰岩、白云岩中的$CaCO_3$发生化学反应，而对岩石发生的破坏作用。其反应过程为：$CaCO_3+H_2O+CO_2 \rightleftharpoons Ca^{2+}+2(HCO_3)^-$。我国云贵高原地区有广泛的石灰岩分布，雨水充沛，喀斯特作用强烈，所形成的石林、溶洞已成为著名的旅游资源。

(3) **搬运作用** 风化作用和剥蚀作用的产物被流水、冰川、海洋、风、重力等转移，离开原来位置的作用称为搬运作用。搬运方式有机械搬运和化学搬运两种。一般说来，风化和剥蚀产生的碎屑物质如泥、砂、砾石被流水、风以机械搬运。以化学方式破坏的产物则主要以胶体溶液及真溶液形式进行搬运，如石灰岩溶于水之后，以钙离子与碳酸氢根离子形式被水搬运，岩石风化形成黏土矿物与二氧化硅在水中呈胶体状被搬运。

(4) **沉积作用** 母岩风化和剥蚀产物在外力的搬运途中，由于水体流速或风速变慢、冰川融化以及其他物理化学条件的改变，使搬运能力减弱，从而导致被搬运物质的逐渐沉积，这种作用称为沉积作用。沉积的方式有机械沉积、化学沉积和生物沉积三种。

当流水搬运风化物运动过程中，如河流的比降减小或者从山区流到平原之后，流速就会降低，流水的搬运能力下降，其中的部分搬运物就会沉积下来。流水沉积物层理分明，并且具有分选性、磨圆性的明显特征，即流水沉积物按照先重后轻、先大后小的规律沉积，使得沉积物按照比重大小、粒径大小在不同的河段沉积开来，并且沉积物在被搬运过程中相互碰撞、摩擦变得浑圆，呈鹅卵状。风力沉积物同样具有分选性，但磨圆性不明显。冰川沉积物颗粒大小混杂，层理不清楚，大部分都未经磨圆作用，带有棱角。有时冰川能搬运十分巨大的石块，体积可达几千立方米，称为冰川漂砾。

胶体溶液和溶解于水的一些盐类物质被搬运，在一定的条件下可以发生化学沉积。当胶体溶液中加入一定量不同性质的电解质时，即发生中和作用，并在重力影响下引起胶体沉淀。如在海岸地带，携带胶体的大陆淡水与富含电解质的海水混合时，常发生胶体沉淀。溶解于水中的物质是多种多样的，由于溶解质的溶解度不同，以及溶液的性质、温度、pH值等因素的影响，真溶液物质沉积在一定条件下其中的盐类物质可以沉积下来，如海水中可以析出盐，如柴达木盆地沉积的各种盐类等。

生物死亡后，其骨骼、硬壳堆积形成磷质岩、硅质岩和碳酸盐岩等。有时生物遗体沉积后，又经过复杂的化学变化，形成新的沉积物质，如煤、石油等。

(5) **成岩作用**　沉积物沉积之后，随上覆物质不断加厚，在强大压力下使得原来松散的沉积物含水量不断减少，体积缩小变得较为致密，称之为压固作用。在沉积物的缝隙之间，会有一些硅质、钙质或铁质等物质，其可以将松散的沉积碎屑物粘接在一起，称之为胶结作用。沉积物在压力和温度逐渐增大的情况下，可以发生溶解或局部溶解，导致物质质点重新排列，使非晶质变成结晶物质，这种作用称为重结晶作用。重结晶后的岩石，孔隙减少，密度增大，岩石的坚固性也增强了。

(6) **沉积岩的特征及主要的沉积岩**　沉积岩是在外力作用下形成的岩石，其在物质组成、物质的排列方式等方面有自身的特点，是我们辨别沉积岩的主要依据。

沉积岩的组成物质多是粒径不同的碎屑物，这类岩石依据粒径大小分别称之为砾岩、砂岩、粉砂岩、黏土岩。还有一些沉积岩是化学物质沉积而成的，主要包括石灰岩、白云岩。沉积岩中有时含有古生物化石。

沉积岩的最基本的特征是都具有层理构造。这是由于沉积岩在沉积过程中，由于气候、季节等周期性变化，必然引起搬运介质如水的流向、水量的大小等变化，从而使搬运物质的数量、成分、颗粒大小、有机质成分的多少等也发生变化，甚至出现一定时间的沉积间断，这样就会使沉积物在垂直方向由于成分、颜色、结构的不同而形成层状构造，总称为层理构造。层理构造是沉积岩区别于岩浆岩最明显的特征。

沉积岩的另一个特征就是有些沉积岩具有波痕、干裂等层面构造。波痕是在沉积岩岩层的层面上，由风、流水、波浪作用形成的波状构造。干裂（泥裂）是由于沉积物在尚未固结时出露水面，经暴晒、失水、物质收缩形成的干裂缝，后又为上覆沉积物填充而成（图 2-1、图 2-2）。

主要的沉积岩有砾岩、砂岩（石英砂岩、长石砂岩、红色砂岩）、泥岩、页岩（紫色页岩、绿色页岩、黑色页岩）、石灰岩、白云岩等。广东丹霞山、桂林山水、路南石林、武陵源、云台山、嵩山等著名旅游资源都是由沉积岩形成的。

图 2-1 沉积岩层面上的波痕图

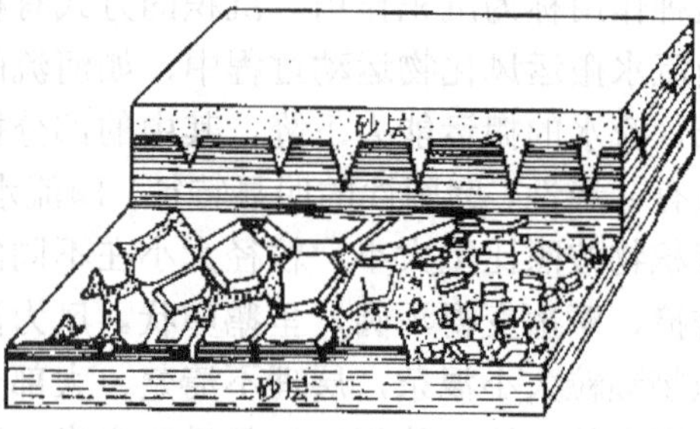

图 2-2 沉积岩的层理及干裂

3．变质作用与变质岩

（1）**变质作用及变质岩** 已经形成的岩石存在的条件发生变化，在温度、压力和化学活动性流体的作用之下，岩石原来的成分、结构、构造等发生变化的作用，称之为变质作用。岩石经变质作用之后就会形成新的岩石即为变质岩。

例如，当已经形成的石灰岩（沉积岩）埋藏较深时，或者距离岩浆侵入体较近时，就会经受较高温度的影响。在一定的温度下，组成石灰岩的矿物方解石就会发生表面重熔，重新结晶，形成矿物颗粒较大、颜色较浅的大理岩。纯净洁白、结晶良好的大理岩被称为汉白玉。

（2）**变质岩的特征** 变质岩一般都经历了一定温度的影响，矿物进行了重结晶，所以一般都呈结晶结构（亦称变晶结构）。变质岩形成时有时还要经受一定压力的影响，有些变质岩中矿物的排列呈一定的方向性，使得其中的片状、柱状、板状矿物按一定方向排列。有些变质岩由沉积岩变质而成还会保留有沉积岩原有的层理、干裂等构造。还有的变质岩由岩浆岩变质而成，就会保留有岩浆岩原有的气孔构造。

（3）**主要的变质岩** 变质岩种类繁多，常见的变质岩主要有石英岩、大理岩、板岩、片岩、千枚岩、片麻岩和混合岩等。

大理岩是由石灰岩经受一定温度，在热力作用下，其中的方解石矿物重新结晶形成的。组成矿物结晶良好，分布均匀，大理岩较软，小刀能刻划，遇盐酸发生反应，能生成二氧化碳气体。一般呈白色，质量优者成为汉白玉，含有杂质时呈黄棕色或灰黑色。

石英岩是由石英砂岩在地下经受一定温度，在热力作用下，石英砂表面重熔，重结晶而成。呈白色（含杂质时呈棕黄、棕红等颜色），其中的石英全部结晶，分布均匀，石英岩的硬度较大，小刀不能刻划。

板岩是由黏土岩、黏土质粉砂岩经变质而成的，重结晶作用不明显。板岩有不同的颜色，根据颜色来定名。板岩可以被剥离成石板，在河南林州石板岩镇居民将这种石板当作瓦来使用，形成了独具特色的石民居。

形成时间很久远的岩石可以变质形成片麻岩。片麻岩中矿物重结晶现象和定向排列明显，浅色矿物呈粒状，将呈线状、片状的定向排列的暗色矿物阻断，岩石看上去斑驳。其中常见的花岗片麻岩具有片麻岩的特征，成分与花岗岩相似，由石英、长石和黑云母组成。片麻岩出露地表后，很容易风化，风化后成为沙子。

在我国的旅游名山中，有些就是由变质岩构成的，如泰山、嵩山、五台山、庐山、武当山、梵净山、花果山及太行山的基部等。

二、地层、古生物旅游资源

（一）地层及地质年代

地壳上部广泛分布着各种层状的岩石，包括沉积岩、岩浆岩以及由它们变质而成的变质岩，这些层状的岩石被称作岩层。那些具有一定年代并具有共同特征或属性的岩层被称作地层。地层是在漫长的地质历史时期一层层逐步形成的，老地层形成之后新地层在其上叠覆。一般在没有经受过强烈构造变动的地区，地层在没有发生过倒转或断层掩盖的情况下，地层保持正常的顺序，老地层在下，新地层在上。地学上将地层呈现“下老上新”的状态称为地层层序律。

地球上生物的演化是一个从简单到复杂、由低级到高级的漫长过程。一些古生物的遗体或遗迹被埋藏在地层中，经历漫长的地质年代和复杂的地质过程被石化，即形成化石。因此，一般来说，地层年代越古老其中所含的古生物化石就越简单、越原始；地层年代越新其中所含的化石就越高级、越复杂。

在地球的历史上经历了无数次的构造运动，使得山河改观、环境变化。生物的发展和演化与环境条件密切相关。当一次大的构造运动发生之后，使得自然地理条件发生重大变化，随之生物种群也会发生变化，一些旧的生物种类会绝灭，同时一些新的物种会形成，表明一个新的地质时代到来。因此，我们可以根据地球发展历史过程中生物演化和地层形成的顺序，将地球历史划分为若干自然阶段，称为相对地质年代。按年代早晚顺序把地质年代进行系统编年，称之为地质年代表（表 2-2）。

表 2-2 地质年代表

地质年代			代号	距今约（百万年）	主要生物进化		
宙	代	纪			动物		植物
显生宙	新生代	第四纪	Q		人类出现		现代植物时代
		新近纪	N	—2.0—	哺乳动物时代	古猿出现	被子植物时代 （草原面积扩大， 被子植物繁殖）
		古近纪	E			灵长类出现	
	中生代	白垩纪	K	—65—	爬行动物时代	鸟类出现	
		侏罗纪	J	—137—		恐龙繁殖	被子植物出现
		三叠纪	T	—203—		恐龙类出现	裸子植物繁殖
	古生代	二叠纪	P	—251—	两栖动物时代	爬行类出现	孢子植物时代 （裸子植物出现， 大规模森林， 小型森林出现， 陆生维管植物）
		石炭纪	C	—295—		两栖类繁盛	
		泥盆纪	D	—355—	鱼类时代	两栖类出现	
		志留纪	S	—408—	海生无脊椎动物时代 （三叶虫）	带壳动物爆发	
		奥陶纪	O	—435—			
		寒武纪	Є	—495—			
元古宙		震旦纪	Z	—540—		软体动物爆发	
				—2500—	低等无脊椎动物出现		高级藻类出现 海生藻类出现
太古宙			AR	—3600— —4600—	原核生物（细菌、蓝藻）出现 （原始生命蛋白质出现）		
冥古宙			HD				

（二）我国的典型地层及古生物化石

1．天津蓟县中上元古界标准地层剖面

天津蓟县国家地质公园位于蓟县北部，南北长 24km，东西平均宽约 350m，园区面积 $342km^2$，核心区 $9km^2$。地质公园主要沉积地层总厚度 9 197m，地质遗迹为中上元古界地层剖面和古生物化石，是中国北方中晚元古界标准剖面。

蓟县中上元古界剖面以岩层齐全、出露连续、保存完好、顶底界限清楚、构造简单、变质极浅和古生物化石丰富闻名于世。在岩层中，有生命早期阶段的宏观藻类植物，并在距今 14 亿～12 亿年的岩层中，发现了世界罕见的微生物群，大大提前了此种微生物的出现年代，具有重要的科学价值，代表的地质历史时限长达 10 亿年（距今 18 亿～8 亿年），记载了这一时期的地质演化史，被地质学者誉为罕见的“地质瑰宝”和“大地史书”。

2．云南澄江动物群国家地质公园

云南澄江动物群国家地质公园位于云南澄江帽天山地区，总面积 $18km^2$，主要地质遗迹为古生物化石。这里保存有早寒武世（5.3 亿年前）40 多个门类、100 余种珍稀动物化石，其中有海绵动物、腔肠动物、软体动物、节肢动物等。特别可贵的是，现今生物所有门类的远祖代表都有发现，有硬体也有软体印模，为人们研究寒武纪早期生物大爆发过程中生理结构、生物习性、系统演化和生态环境等提供了丰富的实物材料，帮助古生物学家证实了大约 5.3 亿年前的“寒武纪生命大爆发”，是极为宝贵的地质遗迹。地质公园还与抚仙湖相邻，彝族、苗族风情多姿多彩。

澄江动物群古生物与澳大利亚“伊迪卡拉动物化石群”（距今 5.8 亿年）、加拿大“布尔吉斯页岩动物化石群”（距今 5.15 亿年）并列为“地球历史早期生物演化实例的三大奇迹”，被称为“20 世纪最令人惊奇的发现之一”，2001 年 3 月被批准成为我国首批国家地质公园。

三、构造遗迹旅游资源

地壳在内力的作用下自古至今都在不停地发生地壳运动，地壳运动可以分为水平运动和垂直运动。水平运动是指组成地壳的岩石不断进行水平方向的运动，其结果是使岩石遭受挤压褶皱或者断裂，形成山地、高原、裂谷等地貌。垂直运动是指组成地壳的岩石沿垂直于地球表面方向的运动，又称升降运动、造陆运动。它可引起海侵和海退，使海陆发生变迁，出现沧海桑田变化。这些构造变动所形成的遗迹，不仅具有科学研究价值，而且也有很高的科普价值和观赏价值。

嵩山世界地质公园就是以保护地质（含构造）剖面，出露完全的地层剖面和三个前寒武纪构造运动形成的不整合面而著名，有地史教科书之称，2001 年被列为世界地质公园。

嵩山世界地质公园位于河南登封市北部，是一座以地质构造为主，以地质地貌、水体景观为辅，以生态和人文相互辉映为特色的综合性地质公园，公园总面积 $464km^2$。

在嵩山世界地质公园内，连续出露着太古宙、元古宙、古生代、中生代、新生代 5 个地质历史时期的岩石地层序列，地学界称之为“五代同堂”。公园内地壳运动遗迹丰富，保存着发生在距今 23 亿年（嵩阳运动）、18.5 亿年（中岳运动）和 5.7 亿年（少林运动）3

次前寒武纪全球性地壳运动形成的沉积间断和地层角度不整合界面遗迹。区内地质构造遗迹多样，岩石褶皱、断裂等多样，是挤压变质、褶皱造山、剥蚀夷平等过程乃至地壳演化规律的天然实验场，是研究地壳早期演化规律、追溯地球演化历史的理想场所，是一部记录在石头上的地质史书，是对游人普及地球科学知识的宝库。

嵩山是我国著名的"五岳"之一，人文景观众多，是历史上佛、儒、道三教荟萃之地。闻名于世的少林寺便深藏于嵩山的怀抱，世界文化遗产"天地之中古建筑群"也坐落于嵩山。这些丰富的人文景观和珍稀的地质遗迹相互辉映，构成了嵩山地质公园立体的、多层次的、多功能的迷人景观。

四、地质灾害遗迹旅游资源

（一）地震及地震灾害

内力作用是指能量来源于地球内部的地质作用，其主要的表现形式为地壳运动、变质作用、火山作用和地震。

在地壳及上地幔中，由于物质不断运动，经常产生一种互相挤压和推动岩石的巨大力量，即地应力。岩石在地应力的作用下，积累了大量的应变能；当这种能一旦超过岩石所能承受的极限数值时，就会使岩石在一刹那间发生突然断裂，释放出大量能量，其中一部分以弹性波（地震波）的形式传播出来，当地震波传到地面时，地面就震动起来，这就是地震。

由于地震是地壳岩石中能量长期聚集后瞬间释放的结果，因此具有相当大的破坏性。当地震波传来时可以使山摇地动、房倒屋塌、山崩海啸。1976 年 7 月 28 日的唐山大地震、2008 年 5 月 12 日的汶川地震、2011 年 3 月 11 日的日本海啸所引发的灾难使人触目惊心。

（二）地震灾害遗迹旅游资源

西安翠华山山崩国家地质公园位于陕西省西安市长安区，总面积 32km^2，主要地质遗迹类型为山崩地质遗迹。

据记载周幽王二年（公元前 780 年）地震引起山崩，形成了一系列山崩地质景观，如山崩悬崖景观、山崩石海景观、山崩地堆砌洞穴景观、山崩堰塞湖景观、山崩瀑流景观及山崩形成的各种造型奇石景观等。其山崩地貌类型之全、保存之完整典型，为国内罕见，堪称"山崩地质博物馆"。其不但在研究秦岭和关中平原形成历史、在研究山崩地质作用类型上有重大的科学价值，而且由于园区内环境幽、奇、险、奥，从而有重要的旅游价值、科普作用和地质遗迹保护价值。

汶川大地震之后，当地在震后重建时就统筹地震遗址保护纪念地的规划和建设，计划将地震重灾区的北川、映秀、汉旺和都江堰等处地震遗迹，作为地震遗址保护纪念地的四处遗址进行保护。这些是由汶川大地震中地球应力爆发形成的，也是地质破坏形态最丰富、体量最大、地震堰塞湖数量最多最为集中、伤亡最为惨重的地震遗址群。地震遗址公园面积近 50km^2，集中展示了地震造成的崩塌、地裂、隆起、断层、褶皱等多种地质破坏形态。地震遗址保护纪念地——青川东河口地震遗址公园已经开园，供人们纪念、游赏、科研、科普。

第三节 地貌类旅游资源

一、地貌的形成

（一）内力作用和外力作用

内力（地质）作用是指能量来源于地球内部的地质作用，其能量主要来源于地球内部放射性元素蜕变过程中所产生的热能等。内力作用可以引起地壳运动、变质作用、地震、岩浆侵入和喷发等，使得地表的起伏加剧。外力（地质）作用是指能量来源于地球外部的地质作用，其能量主要来源于地球所接受的太阳辐射能。外力作用可以使流水、风、冰川、湖泊、海洋等对地表物质进行作用，引起风化作用、剥蚀作用、搬运作用、沉积作用和固结成岩作用，使得地表的起伏变小。

地貌形态是内外地质作用相互制约的产物。而构造运动常控制外力地质作用进行的方式和速度。内力作用构造运动使得地表起伏加剧，就为外力作用提供了条件。

（二）地壳运动与地质构造

1．地壳运动

地球内力作用下所引起的地壳隆起、凹陷和各种构造形态形成的运动。地壳运动的速度缓慢，一般不易被人们察觉，但在特殊的情况下表现为地震、火山等，这时人们就能直接感受到地壳运动的存在。

地壳运动按运动方向可分为水平运动和垂直运动。水平运动是指组成地壳的岩层，沿平行于地球表面方向的运动，也称造山运动或褶皱运动。水平运动常常可以形成巨大的褶皱山系，以及巨形凹陷、岛弧、海沟等。地壳的岩层，沿垂直于地球表面方向的运动称为垂直运动，又称升降运动、造陆运动。它使岩层表现为隆起和相邻区的下降，可形成高原、断块山及凹陷、盆地和平原，还可引起海侵和海退，使海陆变迁。地壳运动控制着地球表面的海陆分布，影响各种地质作用的发生和发展，形成各种构造形态，改变岩层的原始状态，所以有人也把地壳运动称为构造运动。

2．地质构造

地壳运动使岩层发生弯曲，产生裂缝、断裂，并留下永久形迹，这样就形成了地质构造。地质构造包括褶皱构造和断裂构造。

(1) 褶皱构造 当岩层受到地壳运动产生的强大挤压作用时，便会发生弯曲变形，这叫做褶皱。褶皱有背斜和向斜两种基本形态，岩层受挤压褶皱向上拱起称为背斜，向下弯曲称为向斜。在地貌上，背斜常成为山岭，向斜常成为谷地或盆地。但是，不少褶皱构造的背斜顶部因受张力，容易被侵蚀成谷地，而向斜槽部受到挤压，岩性坚硬不易被侵蚀，反而成为山岭。

地壳发生褶皱隆起，常常形成山脉，世界上许多高大的山脉，如喜马拉雅山、阿尔卑斯山、安第斯山等，都是褶皱山脉。它们是由地壳板块相互碰撞、挤压，在板块交界处发生大规模褶皱隆起而形成的。

(2) **断裂构造**　当岩层受力超过了所能承受的限度，就会发生断裂。岩石断裂后，断开的岩石没有发生显著的相对位移称为节理。岩石断开后，断面两侧的岩石发生了显著地相对位移称为断层。当两条以上断层同时存在时，中间岩层凸起，两侧陷落的称为地垒；相反，中间陷落，两侧相对凸起的称为地堑。

在地貌上，大的断层常常形成裂谷或陡崖，如著名的东非大裂谷（地堑）、我国华山北坡大断崖（地垒）等。地垒常成为块状山地或高地，如我国的华山、庐山、泰山；地堑常形成谷地或低地，如我国的渭河平原、汾河谷地。在断层构造地带，由于岩石破碎，易受风化侵蚀，常常发育成沟谷、河流。

（三）外力对地貌的塑造

内力作用形成的各种地质构造，这些地质构造在地表附近会受到外力的进一步塑造，流水、风力、冰川、海洋、湖泊和沼泽以及生物等就会对岩石进行风化、侵蚀、搬运、沉积等作用，在此过程中，形成了各种各样的地貌。内力作用使得地表的起伏加剧，外力将地表物质削高填低，在内、外力地质作用的共同作用下形成了多种地貌。

各种外力作用深受气候和自然条件的影响，气候和自然环境的水平地带性和垂直地带性决定了以外力为主形成的地貌也具有水平和垂直地带性分布规律。例如，在热带湿润地区，外力作用主要为流水作用，形成各种流水地貌。在温暖湿润有大量石灰岩分布的地区以喀斯特作用为主，形成喀斯特地貌。而在雪线以上的高山和高纬度地区，气候寒冷，终年积雪，形成的地貌主要是冰川地貌。在寒带和雪线与林线之间的亚高山地区，虽不能终年形成冰川，但气温的年较差和日较差较大，地表经常处于冻融状态，形成冰缘和各种冻土地貌。在副热带高压控制地区，降水稀少，气候干旱，地表裸露，风沙作用盛行，形成的地貌主要是荒漠地貌。

（四）地貌的基本类型

地貌类型的划分常采用形态和成因相结合，由大到小逐级分类的原则。地球表面最高一级地貌形态是大陆和海洋盆地。第二级是大面积的山地和平原、海底山脉和海底平原等。山地和平原又包括低（小）一级的地貌类型，如山岭、谷地等。谷地中又包括河床、河漫滩等更低一级地貌类型。大地貌以内力作用为主导或主要是内力作用形成的；小地貌以外力作用为主导或主要是外力作用形成的。大陆表面地貌的基本类型是山地、平原和盆地。

1. 山地

山地是指海拔在 500m 以上、相对高度在 200m 以上的高地。山地起伏很大，坡度陡峻，沟谷幽深，由山岭和山谷组成，一般多呈脉状分布。

根据山体的高度可以将山地划分为极高山、高山、中山、低山和丘陵（表 2-3）。山地按成因可以分为褶皱山、断块山、单面山、火山等。

表 2-3　山地的划分　（单位：m）

山地类型	绝对高度	相对高度	切割程度
极高山	>5 000	>1 000	
高山	3 500～5 000	>1 000	强烈切割
		500～1 000	中等切割
		100～500	轻微切割

（续）

山地类型	绝对高度	相对高度	切割程度
中山	1 000～3 500	>1 000	强烈切割
		500～1 000	中等切割
		100～500	轻微切割
低山	500～1 000	500～1 000	中等切割 轻微切割
丘陵	<500	100～500	

2．平原

平原是海拔较低的平坦的广大地区，海拔多在0～500m，一般都在沿海地区。海拔0～200m的称为低原，200～500m的称为高平原，>500m的称为高原。按成因分类可以划分为冲积平原、海蚀平原、冰碛平原、冰蚀平原等。

3．盆地

四周高中间低的地形称为盆地。盆地一般四周为山地或高原，中部为平原或丘陵。按成因把大陆盆地划分为两种类型：一种是地壳构造运动形成的盆地，称为构造盆地，如我国新疆的吐鲁番盆地、江汉平原盆地；另一种是由冰川、流水、风和岩溶侵蚀形成的盆地，称为侵蚀盆地，如我国云南西双版纳的景洪盆地，主要由澜沧江及其支流侵蚀扩展而成。许多盆地在形成以后还曾经被海水或湖水淹没过，像四川盆地、塔里木盆地、准噶尔盆地等，都遭遇过这样的经历。

二、山岳地貌旅游资源

（一）山岳旅游资源

山地是山体所包括的整个隆起范围及直接坡积的外围，高大的山地被称为山岳，山地风景是自然旅游资源的重要组成部分，其陆地表面高度较大，坡度较陡，一般海拔在500m以上，它以较小的峰顶面积而区别于高原，又以较大的高度区别于丘陵。

山岳旅游资源是以山体为载体的各种旅游资源的聚合体，又有广义和狭义之分。狭义的山岳旅游资源是指山体景观为主的山水景观资源类型，广义的山岳旅游资源是以地文景观为载体，多种旅游资源组合而成的旅游综合体，不仅包括山地本身，还包括与之相关的生物景观、水文景观、天象景观、人文景观等。在山地旅游资源开发中，更多的是用广义的概念。

山岳旅游资源是自然旅游资源的重要组成部分，山地面积约占据我国陆地面积的2/3，山地旅游资源极为丰富。我国众多的山岳风光以其高大、雄伟、秀丽、奇艳和内涵丰富而著称于世，这些山地旅游资源是在特定的自然地理环境条件下形成的综合性的特征。山岳旅游资源区峰、谷相间，地形多变，对降水、植被、动物等自然因素影响较大。一些高度较大的山地旅游资源，植被会出现垂直地带性，出现“人间四月芳菲尽，山寺桃花始盛开”“一山有四季，十里不同天”的景色。

在山岳旅游资源的美学特征上，总体来看，我国山岳旅游资源北方地区以“雄”闻名，南方山地因“秀”著称。北方的山地旅游资源相对高差大，对比强烈，山势更显得严峻巍峨，雄伟浑厚占优，泰山“雄”，嵩山“峻”。南方山岳旅游资源美在秀，秀在千山有草木葱笼，万壑有碧水争流，山清水秀是江南风景的基调。然而，由于气候和地形的差异，山山水水又各呈风采，个性独具。东北大地上的名山，则以峻秀取胜。

山岳旅游资源不仅具有自然美，还是自然美与人文美的综合体。受自然崇拜的影响，古人对名山大川充满了敬畏和崇拜，因此各种宗教及其活动都与山岳旅游资源相联系。因为环境美，各种宗教在此大兴土木，建筑寺庙庵观，形成宗教活动中心和胜地，流传有“天下名山僧占多”的说法。

（二）风景名山

名山是风光优美独特，具有一定文化积淀，在一定范围内具有较高知名度的山地旅游资源。按照卢云亭先生的观点，名山包含如下特征：①名山是富有综合美的自然景观实体。名山是具有“雄、奇、险、秀、幽、奥、旷”中一种或几种美感的山岳。②在科学上具有典型的研究价值。名山在地质、地貌、水文、气候、土壤、植被、动物等领域所展现的科学内涵是极其丰富的、典型的，不仅能满足人们观赏，还可以供科考、科普等。③具有悠久的开发历史和丰富的文化遗产。名山要有丰富的文化积淀，保留有丰富的文化景观和遗迹，如古建筑、宗教文物、摩崖题刻和大量历史人物活动遗存等。嵩山是一座名山，就具备以上特征。嵩山以“峻”著称，在美感上具有“雄、险、幽、奥”等美学特征。嵩山在地质上出露有多个时期的地层，有“五代同堂”之称，还有多种地质构造遗迹，吸引全国多所高等院校到此进行地质野外实习，被列为我国第一批世界地质公园。嵩山还有以中岳庙、少林寺、嵩岳寺塔等为代表的“天地之中”古建筑群，以及古今名人活动遗迹或故事、传说等。名山既是自然的产物，又是历史文化遗存；既是物质财富，又是精神宝库；既是旅游观赏，又是文化教育的场所。

名山的知名度都是在一定的地域范围内的。国家公布的国家级风景名胜区中的名山、世界遗产中的名山、与国家重点文物保护单位有直接关联的山岳等，属于国家级的名山，如黄山、泰山、庐山、峨眉山等。这类名山风景区面积大，辐射范围广，知名度高，是国家风景资源精华，具有较大的观赏、科研和历史文化价值。省级风景名胜区中的名山、与省级重点文物保护单位有直接关联的山岳等，属于省级名山，具有一定历史、观赏价值。县级名山包括除了国家级、省级名山之外的所有名山。其特点是数量多、分布广、知名度及辐射影响仅及当地。

（三）我国的各类风景名山

1．三山

传说中的海上的“三神山”，因为是神仙居住的地方，格外受古人神往。《史记·秦始皇本纪》载：“齐人徐福等上书，言海中有三神山，名曰蓬莱、方丈、瀛洲。”后来人们为了延续三山五岳的美丽神话，就在五岳之外的名山中间选择新的三山，广为流传的三山是安徽黄山、江西庐山、浙江雁荡山。

2．五岳

东岳——泰山，巍峨陡峻，气势磅礴，“泰山天下雄”。泰山居五岳之首，有“五岳独尊”之誉，被视为崇高、神圣的象征。

南岳——衡山，林木苍郁，景色幽秀，享有“五岳独秀”的美名。

西岳——华山，以险要著称，有“华山天下险”之说。

北岳——恒山，山势陡峭，沟谷深邃，以幽静闻名。

中岳——嵩山，雄险有之，奇秀有之。

五岳为我国古代历代王朝建都于黄河流域，多在黄河一代活动而形成的历史名山。古人对它们的美感特征作了很好的归纳。在美感上：东岳泰山之雄，西岳华山之险，南岳衡山之秀，北岳恒山之幽，中岳嵩山之峻。在山体形态上：泰山如坐，华山如立，衡山如飞，恒山如行，嵩山如卧。

3．四大佛教名山

五台山（山西）——文殊菩萨的道场。

峨眉山（四川）——普贤菩萨的道场。

普陀山（浙江）——观音菩萨的道场。

九华山（安徽）——地藏菩萨的道场。

4．四大道教名山

武当山（湖北）、龙虎山（江西）、青城山（四川）、齐云山（安徽）。

5．革命历史名山

井冈山、宝塔山等。

三、峡谷地貌旅游资源

（一）峡谷的特征和形成

1．峡谷的特征

峡谷是指谷底深狭、两坡陡峭的河谷地貌景观。峡谷横剖面常呈“V”字形，两坡陡峭。峡谷旅游资源是以雄伟险秀、寂静隐蔽、深奥幽静的奇观吸引游人的。峡谷风光气势磅礴，具有“雄、奇、秀、险、幽、奥”等主要特征，如金沙江虎跳峡、雅鲁藏布江大拐弯峡谷、长江三峡、美国科罗拉多大峡谷等。

2．峡谷的形成

峡谷是在新构造运动中地壳受构造运动影响上升，河流强烈下切的作用下形成的。地质构造和岩性条件对峡谷的形成也有一定影响。例如，地质构造上断裂发育的地方，使流水易于切割形成谷地。又如，岩石坚硬而性脆，这种岩性容易发生较大断裂，同时岩性坚硬又使两岸谷坡易于保存，使得峡谷地貌容易形成。

峡谷地貌容易发育的河段有两处：一是河流中上游主河道上，这里河流下切作用明显容易形成，峡谷往往位于两个断陷盆地之间的隆起地带。这类峡谷除具备峡谷的一般特点外，突出的特点是规模较大，江面宽，流量大，可通航，流水以垂直侵蚀作用为主，长江三峡、黄河三门峡就属此类。二是河流支流接近河源地段的峡谷，这里河流溯源侵蚀强烈，浙西大峡谷、巫山小三峡、小小三峡就是此类峡谷。其最大的特点是谷地更狭窄，两岸更陡峭，横剖面“V”字形更明显，纵剖面上坡降更大，多跌水、深潭与小瀑布，峡谷中多堆积有两岸及上游由于崩塌作用而形成的巨大块石。

（二）峡谷的种类及主要的景观

峡谷根据横剖面形态的不同，可以分为V形谷、嶂谷和“一线天”。

1. V形谷

V 形谷统称为峡谷。我国西部高原区及我国阶梯状地势的交界处，是峡谷地貌极为典型的地区。雅鲁藏布江大拐弯峡谷，切割最深处大于 5 000m，长达 496.3km，堪称世界第一大峡谷。长江三峡是著名的旅游胜地，是瞿塘峡、巫峡和西陵峡三段峡谷的总称。西起重庆奉节白帝城，东迄湖北宜昌南津关，有“四百里天然画廊”之美誉。瞿塘峡悬崖壁立，雄伟险峻；巫峡姿态秀丽，妩媚动人；西陵峡滩多水急，曲折迂回。此外，还有长江支流大宁河的“小三峡”和马渡河的“小小三峡”。长江三峡，地灵人杰，这里孕育了中国伟大的爱国诗人屈原和千古名女王昭君，留有李白、白居易、刘禹锡、范成大、欧阳修、苏轼、陆游等诗圣文豪的足迹，还有许多著名的名胜古迹，如白帝城、黄陵庙、南津关等与山水风光交相辉映，名扬四海。

我国还有很多著名的峡谷，澜沧江梅里大峡谷、金沙江虎跳峡、黄河晋陕大峡谷、太行山大峡谷、大渡河大峡谷、怒江大峡谷、浙西大峡谷等。

2. 嶂谷

嶂谷是指谷坡陡直，深度远大于宽度的峡谷，是 V 形谷的一种，是由于地壳上升，河流下切，而岩石抗风化、抗冲蚀能力强，谷坡不易剥蚀后退所形成的尤为深狭的河谷。

我国有许多著名的嶂谷景观，四川奉节的天井峡地缝、河北野三坡的百里峡、云南怒江双腊瓦底嶂谷、贵州马岭河嶂谷等。

天井峡是世界上最长的地缝，全长 37km，最窄的地方只有 2m，而峡谷的高度达 900m。天井峡分上、下两段，上段为隐伏于地下的暗缝，下段是长约 6km 的暗洞。

野三坡百里峡位于河北省涞水县，全长 52.5km，由三条峡谷组成。最外边一条被称作“蝎子沟”，全长 12.5km，因沟中遍生蝎子草而得名。中间的一条峡谷为“海棠峪”，全长 17.5km，因沟内遍布海棠花而得名。此处翠壁兀立，丛峦万仞，直插云天，令人望而生畏。第三条峡谷被称作“十悬峡”，全长 22.5km，因峡谷内分布着十几处造型各异的悬崖而得名。三条峡谷全长 52.5km（105 华里），故此得名“百里峡”。峡谷内奇岩耸立、绝壁万仞、草木横生，千奇百怪的岩溶壮景集雄、险、奇、幽为一体，构成一幅浓墨重彩的大自然“百里画廊”。

3. 一线天

一线天是指从岩石的缝中观看蓝天，又名“一字天”，一线天景观在我国各大名山景区多可见到，如江郎山一线天、武夷山一线天、黄山一线天、三清山一线天、韶关丹霞山一线天、华山一线天、雁荡观音洞一线天、太姥山一线天、九华山一线天、红旗渠青年洞一线天等。

四、花岗岩地貌旅游资源

（一）花岗岩地貌景观的形成与特征

1. 花岗岩地貌景观的形成

花岗岩是在地表分布最广的侵入岩。它的形成过程是花岗岩岩浆从地下深处向上侵入，到达地壳的一定部位（一般在 3km 以下）而冷凝结晶形成岩体，岩体再经受构造运动并隆起成山。花岗岩是炽热的岩浆冷凝而成的，质地坚硬，岩性较均一，垂直节理发育，形成山体多构成山地的中心。地表附近的花岗岩在空气、氧气等的作用下很容易风化，加上流水侵蚀、重力崩塌、生物的破坏作用就形成了花岗岩地貌景观。

2．花岗岩地貌景观的特征

花岗岩岩性均匀，垂直节理发育，构造抬升可以形成高大的山体和柱状的山峰。花岗岩山峰常表现为悬崖峭壁、孤峰擎天、石柱林立、挺拔险峻、峭壁耸立的雄奇景观。著名的如黄山莲花峰、炼丹峰和天都峰，华山的东西南北中五峰对峙，天柱山的天柱峰等。

花岗岩山体常发育有垂直节理和水平节理，节理将花岗岩切割成节理将花岗岩山体切割成巨大的石块，外力沿节理裂隙进行风化，使得花岗岩发生球状风化。风化后的岩石巨石，整体浑圆，形状各异，形成各式各样的象形石，给人以宽阔的想象空间，成了旅游区的重要景观和神话、传说的源泉，如黄山顶部的猴子观海，华山西峰顶的劈山救母石，三清山的望夫石，福建平潭岛南寨石景区的骆驼石、神龟石、鸳鸯石，厦门的日光岩和海南岛的鹿回头等。岩石球状风化的垒砌造型也是花岗岩地貌旅游景区的重要景观，如鸡公山顶的雄鸡、嵖岈山的八戒醉酒和双猴望月、平潭岛上的海潭天神。

（二）主要的花岗岩景观

1．花岗岩山地

花岗岩山地是指绝对高度多在 1 000m 以上，相对高度 500m 以上的花岗岩山体，具有主峰突出、棱角鲜明、顶部尖锐，离立成群、群峰簇立、峰谷相间为特征的地貌景观。垂直节理发育，常有大型断裂存在。花岗岩山地主要有黄山、泰山、华山、衡山、九华山、天台山、三清山、天柱山、崂山、鸡公山、大小兴安岭、尧山等。

2．花岗岩低山丘陵

绝对高度在 1 000m 以下的花岗岩低山丘陵，著名的有浙江普陀山、厦门鼓浪屿、泉州清源山、天津蓟县盘山、河南嵖岈山、福建太姥山等。

3．球状风化景观

花岗岩球状风化而形成的浑圆的象形巨石（石蛋），著名的有海南的天涯海角、鹿回头、南天一柱，辽宁千山的无根石，天柱山的仙鼓峰，黄山的仙桃石，崂山的青蛙观海，福建东山岛风动石等。

五、火山岩地貌旅游资源

（一）火山作用及火山地貌

1．火山作用

地下深处的岩浆承受着极高的压力，其中含有水汽、H_2S、SO_2、CO_2 等气态物质，具有极强的活动性。地下岩浆沿地壳中的裂隙等薄弱处向上喷出地表称为喷出作用或火山作用。

2．火山喷发物

火山的喷发物有气态、液态和固态喷发物。气态喷发物是压力减小后从岩浆中溢出的各种气态物质，主要是水汽。从岩浆中不断析出水蒸气，并沿裂隙升出地面，可以形成喷气泉或温泉。

液态喷发物主要是熔浆，即岩浆中的大部分气态物质溢出后呈熔融状的物质，其冷凝后称为熔岩。熔浆在地表流动时，表层很快冷却凝成一层厚壳，而其下面熔浆却仍在流动，常使上层厚壳分裂成大大小小的岩块，这种熔岩称为块状熔岩。有时凝结厚壳下的熔浆各部位的流速不一致，常使尚未完全凝固的波状皮壳向前翻卷，将皱纹拧成绳索状，这种熔岩称为绳状熔岩。

固态喷发物是火山爆发时由火山口喷射到空中的大小岩石碎块和由熔浆凝固而成的碎块，总称为火山碎屑物质。依据碎屑物粒径大小可以分为火山灰、火山砾、火山渣和火山弹。其中，火山灰很轻，可以上升到大气的平流层，进而扩散到全球各地。火山弹是由熔浆以高速喷向空中发生旋转、扭曲而形成的具有一定形状的块体，大小可从数厘米到数米，形状多为纺锤形、麻花状等。

3．火山喷发方式

火山喷发可以分为中心式喷发和裂隙式喷发（冰岛式喷发），中心式喷发又分为暴烈式喷发和宁静式喷发（夏威夷式喷发）。中心式喷发是岩浆沿管状通道喷发，裂隙式喷发是岩浆沿地下岩石的断裂裂隙喷发。火山的喷发方式和地壳厚度、地下岩浆库压力、岩浆的成分有很大关系。一般基性岩浆 SiO_2 含量较低、黏性小、岩温较高、流速大，多为裂隙式喷发或宁静式喷发。酸性岩 SiO_2 含量较高、黏性大、温度低、流速小，多为中心式喷发或暴烈式喷发。

4．火山地貌

火山喷发形成的地貌主要有火山锥、熔岩被、熔岩流等。

火山锥是因火山喷出物大部分在火山口周围堆积下来而形成，一般呈圆锥形。一个火山锥形成以后，由于不断发生火山活动，往往在原来的火山口上形成较小的火山锥，后者称为寄生火山锥。典型的火山锥，其上半部坡度较陡，可达 30°～40°，下部则逐渐平缓。一般酸性熔岩形成的火山锥较高；基性、中性岩浆熔岩形成的火山锥较低，可以呈盾状。

火山的构造包括火山锥、火山通道和火山口等。火山通道是岩浆由地下上升的通道，这种通道既可以是许多条断裂形成的裂隙（裂隙式喷发），也可以是由若干条断裂交会而成的管状通道（中心式喷发）。火山通道处经历了火山喷发时的高温高压，是金刚石的生成处。位于火山锥顶部的漏斗形喷口，称为火山口。火山口中积水成湖叫火口湖，如长白山主峰白头山顶上的天池、广东湛江的游览胜地湖光岩，都是有名的火口湖。

基性玄武岩熔浆，冷凝后形成厚度相当稳定、覆盖面积很大的被状地貌称为熔岩被。如印度德干高原是世界上最大的玄武岩熔岩被。熔岩构成表面较平缓的台地，称为熔岩台地，如东北长白山区新生代的玄武岩台地。

基性熔岩往往沿着山坡或沟谷流动，呈狭长带状，前端散开或扩大，有如舌状，长可达数十公里，称为熔岩流。

（二）火山地貌景观

1．火山地貌景观

云南腾冲与黑龙江五大连池、山西大同、新疆于田并称中国的四大火山群。腾冲火山群分布有火山锥 99 座，可分为截顶圆锥状、盾状、穹状、金字塔状、低平马耳式等几种形状，其中火山喷发口保存完好、观赏价值较高的火山锥有 22 座。其中打鹰山是火山锥中最完整的一座新火山，海拔 2 614.5m，有 4 级熔岩台地，山体相对高差 645m，为我国罕见的高大火山。火山口直径300～500m，深94m。火山喷发物主要有火山弹、火山角砾、火山灰、浮石、火山渣。其中火山弹形状各异，主要有纺锤状、面包状、麻花状。各种类型的火山锥、火山口、熔岩台地、熔岩流堰塞湖泊等火山地貌十分显目，构成壮丽的火山旅游景观。腾冲火山还有大空山、小空山、黑空山、城子楼火山、黑鱼河等。熔岩构造景观主要有熔岩空洞、熔岩塌陷、熔岩流动和原生节理构造（图2-3）。

图2-3 腾冲火山群

腾冲火山附生地质现象非常丰富，典型的有地热带、热海热田、地热显示、热泉（124处）等。其中地热显示特征分为喷气孔、冒气地面、热沸面、喷泉、毒气孔、热水泉华、热水爆炸等七类景观。

这些火山形成于距今约340万年到1万年间的上新世至全新世，其中距今约1万年左右形成的火山共4座，是印度板块与欧亚板块两个大陆板块陆陆碰撞的结果。腾冲火山群是第四纪火山活动给人类留下的珍贵遗产，是我国重要的地质科学展览教育基地。

2．玄武岩柱状节理地貌

玄武岩是一种常见的喷出岩，其黏度小、流动性大，喷出地表后往往覆盖很大面积，形成相对平坦的熔岩台地。在均一的熔岩中有均匀分布的冷却中心，然后向中心收缩，形成六方柱状节理（图2-4）。这种节理极具观赏性，在漳州、腾冲、南京六合、吉林伊通、浙江东阳、海宁、湛江、峨眉山等地均有分布。

图2-4 玄武岩柱状节理形成示意图

六、喀斯特地貌旅游资源

（一）喀斯特地貌的形成

喀斯特作用是指地下水和地表水对可溶性岩石的破坏和改造作用。喀斯特作用形成的地貌称为喀斯特地貌。喀斯特地貌绚丽多姿，极具观赏性，是重要的旅游资源。我国是喀斯特地貌分布最广、类型最多、最复杂的国家。

喀斯特作用主要受岩性、地质构造、气候条件的影响。喀斯特地貌形成的必要条件是要有可溶性的岩石，石灰岩、白云岩等碳酸盐类岩石是喀斯特地貌形成的基础条件。在一定的条件下碳酸盐类岩石溶解于水，溶解后被水搬运，在适当的条件下又沉积下来，形成各种各样的喀斯特地貌。其化学反应如下：

$$CaCO_3+H_2O+CO_2 \rightleftharpoons Ca^{2+}+2(HCO_3)^-$$

石灰岩中的断层、节理等地质构造，为水的流动提供了条件，是喀斯特地貌形成的重要条件。喀斯特地貌发育还需要一定的气候条件，一定的温度可以使喀斯特作用的化学反应加快。例如，我国西南地区地处热带、亚热带季风气候区，喀斯特地貌发育典型，而我国华北地区虽然有大量的石灰岩分布，但地处温带季风气候区，降水较少，喀斯特地貌发育不明显。

（二）喀斯特地貌的类型

1．地表喀斯特地貌

在大气降水和地表流水的作用下，可以形成地表喀斯特地貌，主要类型有溶沟、石芽、落水洞、漏斗、溶蚀洼地、岩溶盆地、干谷和盲谷、峰丛、峰林和孤峰。降水和地表水在石灰岩表面流动进行溶蚀和冲蚀，形成溶沟和石芽。石灰岩地区地壳上升，遭强烈的侵蚀可以形成基部相连、顶端分开的一个个山峰即峰丛。峰丛进一步经受侵蚀，山峰从基部就相互分离便形成峰林。整个地区的山体被侵蚀殆尽，剩下不多的孤立山峰就是孤峰。

地表喀斯特地貌中，观赏性强的是峰丛、峰林、孤峰、漏斗和石芽。著名的云南路南石林就是石芽，漓江的九马画山属于峰丛和峰林，桂林的伏坡山就是孤峰。

2．地下喀斯特地貌

地下水沿可溶性岩石的层面、节理、裂隙等运动可以形成溶洞、地下河、石笋、钟乳石、石柱、石幔（石幕）等地貌。

石灰岩石分布地区，地下水沿节理或裂隙流动时对岩石进行溶蚀和冲蚀，使得空间不断扩大，形成大小不一，形状各异的洞穴。洞穴进一步发展，洞穴扩大并相互沟通，形成洞穴系统。在地下水的垂直渗透带形成垂直型的溶洞，在地下水的水平流动带形成水平型溶洞。当地壳上升，地下水下降之后，形成干溶洞。

在溶洞内，地下水从溶洞顶部下落时，水中的碳酸钙在溶洞顶板上析出形成钟乳石，水落到地面后碳酸钙析出形成石笋，当钟乳石和石笋相连时就形成石柱。如果地下水沿溶洞顶部曲折的裂隙流出，碳酸钙析出后可以形成石幔（石幕）。

我国南北均有石灰岩分布，为溶洞的形成提供了物质条件。但由于南方气候条件适宜，因此我国的溶洞虽南北都有分布，但主要还是分布在南方。我国著名的溶洞景观有桂林的七星岩、芦笛岩，张家界的黄龙洞，浙江省桐庐瑶琳仙境，贵州织金洞，河南的鸡冠洞等。

（三）喀斯特地貌景观特征

我国石灰岩分布广泛，因此喀斯特地貌分布也较广，南北各地均有分布。但北方气候较冷，降水较少，发育不够典型。南方以广西、云南、贵州、重庆等地最为典型，特别是桂林的喀斯特地貌驰名中外，有“桂林山水甲天下，阳朔山水甲桂林”之说。

喀斯特地貌形成了很多象形山、象形石，给人惟妙惟肖的美感，如桂林的象鼻山、骆驼峰、睡美人，云南的阿诗玛、象踞石台等。喀斯特溶洞宛如地下宫殿，许多溶洞分上下多层，溶洞中的大厅能容纳上万人，给人以神秘感，是探险、科考的好地方。

七、丹霞地貌旅游资源

（一）丹霞地貌的形成

丹霞地貌是指发育在中生代至新近纪红色砂岩之上，在晚近期受构造运动影响间歇性抬升，被流水侵蚀切割而成的地貌，呈现顶平、坡陡、麓缓的形态特征。丹霞地貌具有赤壁丹崖、千姿百态的造型，表现出奇、险、秀等美感特色。河流深切的岩层，可形成顶部平齐、四壁陡峭的方山，或被切割成各种各样的奇峰，有直立的、堡垒状的、宝塔状的等。以中国广东省北部丹霞山最为典型，因此将此类地貌命名为丹霞地貌。

丹霞地貌的形成需要有红色砂岩、构造运动、适当的气候 3 个方面的条件。红色砂岩是丹霞地貌形成的物质基础。构造运动特别是新构造运动是丹霞地貌形成的构造条件，间歇性的抬升使岩层缓倾和断裂，为流水的侵蚀创造了条件。热带、亚热带地区，由于雨水多，加速流水对岩层裂隙及节理的切割和溶蚀作用，从而形成奇峻秀美的丹霞地貌。干旱的西北地区，在暴雨的作用下，也可形成多种丹霞地貌。

（二）主要的丹霞景观

我国丹霞地貌分布广泛，主要分布在东南沿海、云、贵、川、陇、桂北、湘南和冀北。著名的丹霞地貌景观有广东仁化丹霞山、福建武夷山、江西龙虎山、安徽齐云山、甘肃麦积山和崆峒山、贵州梵净山、四川青城山、河北承德的棒槌山等。

广东韶关仁化的丹霞山是“丹霞地貌”的命名地，由 200 多座奇山异峰组成，是世界上最典型和最大的丹霞地貌区之一，有岭南第一名山之称。

八、海岸地貌旅游资源

（一）海岸类型

海洋与陆地的交界线即为海岸线。由于海洋有潮汐作用，海岸线实质上是一个海岸带，由水下岸坡、潮间带和海岸（潮上带）3 部分组成。

根据海岸组成物质的性质，可把海岸分为基岩海岸、砂砾质海岸、淤泥质海岸、红树林海岸和珊瑚礁海岸。

1. 基岩海岸

基岩海岸是由坚硬岩石组成的海岸。基岩海岸常有突出的海岬，在海岬之间，形成深入陆地的海湾。岬湾相间，绵延不绝，海岸线十分曲折。它轮廓分明，线条强劲，气势磅礴，不仅具有阳刚之美，而且具有变幻无穷的神韵。我国的山东半岛、辽东半岛及杭州湾以南的浙、闽、台、粤、桂、琼等省，基岩海岸广为分布。海岸在波浪、潮流等不断侵蚀下形成各种地貌，主要景观有海蚀洞、海蚀崖、海蚀平台、海蚀柱等。著名景区有辽宁省大连的金石滩、山东省青岛石老人等。

2. 砂砾质海岸

砂砾质海岸是由颗粒较粗的沙砾组成的海岸，是由近岸堆积物质在波浪、潮流和风的搬运下，沉积形成的海岸。这类海岸的特点是海岸线比较平直，缺乏良港和岛屿，沿海海水很浅，多沙滩。沙砾质海岸多呈零星分布，其中辽宁、河北、山东、福建、广东、海南和广西分布较多。

3. 淤泥质海岸

淤泥质海岸是由淤泥堆积而形成的海岸。这类海岸多与平原连接，岸坡平缓，岸滩多淤泥，成平缓宽浅的泥质潮间带海滩。河北、苏北及一些河流入海口附近多有这种海岸分布。

4. 红树林海岸

红树林海岸是由耐盐的红树林植物群落构成的海岸。红树林是热带、亚热带海岸特有的盐生木本植物群落，在我国从闽北福鼎到海南均有分布。红树是一种“胎生”植物，即种子在落地之前于母体上可发芽生根，使之成为一种特殊景观。红树林可以固定海岸，并有较高的观赏价值。

5. 珊瑚礁海岸

珊瑚礁海岸是热带、亚热带海洋中由造礁珊瑚的石灰质遗骸和石灰质藻类堆积而成的礁石海岸，依其特征可分为岸礁、堡礁和环礁。

（二）海岸景观地貌

1. 海蚀地貌景观

在海岸带，海水可以溶蚀、磨蚀岩石，波浪以巨大的力量冲击海岸岩石。长期作用的结果，是使海岸带的岩石形成凹槽——海蚀穴。当海蚀穴深度较大时称为海蚀洞。海蚀穴不断扩大使其上岩石悬空并发生崩坠，形成海蚀崖。海蚀崖不断向陆地方向后退，可以留下微微向海方向倾斜的海蚀台。海蚀崖后退时，有些坚硬的蚀余岩体残留在海蚀台上，形成突出的石柱，称为海蚀柱。在海岸的岬角处，由于两侧都受到波浪强烈的冲蚀形成海蚀洞，两侧方向相反的海蚀洞相互贯通，形成海蚀拱桥。

这些海蚀地貌可以形成很好的旅游景观，浙江普陀山有许多海蚀台发育，如白云洞附近的海蚀台，景色奇秀。大连的黑石礁、北戴河的鹰角石、青岛的石老人就是海蚀柱。大连的恐龙探水就是海蚀拱桥。普陀山的潮音洞、梵音洞等是海蚀洞。

2. 海积地貌景观

海积地貌主要有沙滩、连岛沙坝、潟湖等。沙滩是由海浪携带泥沙堆积而成的，在我国分布甚广，北戴河、青岛、连云港、厦门、北海、三亚等地都有质量很好的沙滩分布。连岛沙坝是连接大陆和邻近岛屿或相邻岛屿间的砂质堆积体，我国也有广泛分布，最著名的是山东烟台的芝罘岛。潟湖是海湾处沙坝、沙嘴或珊瑚发育将海湾与海分隔开的封闭或半封闭的浅海水域。潟湖内十分适宜开辟成海滨浴场等娱乐场所，河北昌黎的七里海即是一个潟湖，著名的杭州西湖也是一个古潟湖。

九、黄土地貌、雅丹地貌旅游资源

（一）黄土地貌景观

1. 黄土及其分布

黄土是一种干燥气候条件下形成的灰黄色或棕黄色的特殊的土状堆积物，具有多孔性、湿陷性和柱状节理等特征。黄土质地均一，呈粉砂状，无沉积层理，垂直节理发育，直立性很强。深厚的黄土层常形成陡峻的崖壁，土崖可以维持百年而不崩坠。黄土结构上疏松多孔，因此透水性较强。黄土遇水浸湿后，发生可溶性盐类（主要是碳酸钙）溶解和黏土颗粒的流失，强度显著降低，受到上部土层或构造的重压，常发生强烈的沉陷和变形，因此具有湿陷性。

我国北方是世界上黄土最发育的地区，面积有63.1万km^2，占全国面积的6.6%。其范围北起阴山山麓，东北至松辽平原和大、小兴安岭山前，西北至天山、昆仑山山麓，南达长江中、下游流域。其中以黄土高原地区最为集中，占中国黄土面积的72.4%，一般厚50～200m（甘肃兰州九州台黄土堆积厚度达到336m），发育了世界上最典型的黄土地貌。我国西北的黄土高原是世界上规模最大的黄土高原，华北的黄土平原是世界上规模最大的黄土平原。

有关黄土的成因有风成说、水成说和风化残积说3种观点，其中风成说影响最为广泛。风成说认为：我国西北地区的戈壁、沙漠等处是黄土物质的来源地，黄土物质在来自西伯利亚和蒙古高压气流的吹扬、搬运下，沉积而成了今天的黄土高原。

2．黄土地貌及其成因

黄土高原地处我国中纬度干旱或半干旱的大陆性气候地区，虽然降水不多，但往往以暴雨形式出现。由于黄土质地疏松，垂直节理发育，加上有湿陷性，常伴以重力、潜蚀作用，在流水的侵蚀作用下，黄土高原被切割得壁垒叠嶂、姿态万千，形成独特的黄土地貌。

黄土高原常见的地貌有黄土沟谷，黄土沟谷两岸壁立。千沟万壑将黄土高原切割得支离破碎，形成“梁、塬、峁”等沟间地貌。梁是沟谷间长条形的黄土高地；塬是面积广阔而且顶面平坦的黄土高地；峁是一种孤立的黄土丘，呈圆穹形。由于黄土的直立性和湿陷性，还会形成黄土柱、黄土桥、黄土漏斗等地貌形态。

生活在黄土高原的人们利用黄土的直立性好的特点，就在黄土上开挖窑洞，形成了独特的居住方式。

（二）雅丹地貌景观

“雅丹”一词来自维吾尔语，意为“陡壁的小丘”，后来用它来泛指风蚀土墩和风蚀凹地（沟槽）的垄槽地貌组合。

在极干旱地区的干涸的湖底中，常形成龟裂，风沿着这些裂隙吹蚀，裂隙越来越大，原来平坦的地面发育成许多不规则的背鳍形垄脊和宽浅沟槽，这种支离破碎的地貌称为雅丹地貌。

旅游者到了这样一个地方，就像到了一个颓废了的古城：纵横交错的风蚀沟谷是街道，石柱和石墩是沿街而建的楼群，地面形成似条条龙脊、座座城堡的景状。这样的“城”称为“魔鬼城”。在柴达木盆地和准噶尔盆地内部就有“魔鬼城”，令人惊叹不已。

十、冰川地貌旅游资源

高山和高纬度地区气候寒冷，年均温在0℃以下，大气降水以固态降水为主，每年的积雪不会完全融化，逐年积累，为冰川的发育创造了前提条件。在雪线以上的常年积雪，经过一系列的变化作用而形成冰川冰。新降的雪呈片状、星状、针状等形状，在阳光的照耀下吸收能量，白天表面融化，夜晚冻结，如此反复就会成为圆球状的粒雪。粒雪在强大的静压力的作用下会发生重结晶，形成冰川冰。冰川冰在压力和重力的影响下向坡下发生运动，就成为冰川。冰川运动的速度很慢，山岳冰川的运动速度一般为每年几米到100多米。

冰川的厚度达到一定程度时，可以将冰床上的岩石压碎并与冰冻结在一起随冰川运动。运动的冰川就会将压碎的岩石掘起，并携带岩石碎块，对沿途床底和两侧基岩进行磨挫，从而形成冰斗、角峰、“U”形谷、羊背石等一系列冰蚀地貌。当冰川融化时，冰川所携带的碎屑物质被堆积下来，形成漂砾、鼓丘等冰碛物。

我国近年来开发的现代冰川旅游资源主要有乌鲁木齐河源 1 号冰川、甘肃的七一冰川、四川的海螺沟冰川、云南的玉龙雪山冰川。旅游开发的古冰川遗迹有陕西太白山和宁夏贺兰山古冰川遗迹。现代冰川中，海螺沟冰川长 14km，面积 25.7km^2，粒雪盆下有高达 1 080m 的冰瀑布直泻到冰川舌上，冰舌伸入森林带，末端海拔仅 3 000m。旅游开发也较成功的是距丽江县城不足 100km，位于玉龙雪山东坡的白水河 1 号冰川，即通常所说的玉龙雪山冰川，长 2.7km，面积 1.52km^2，是一条由山谷冰川退缩而成的冰斗-山谷冰川，20 世纪 90 年代开发为旅游区，后又建成登山索道和海拔 4 760m 的观景台。

中国的世界地质公园一览表，见表 2-4。

表 2-4　中国的世界地质公园一览表

（截至 2013 年，共 29 处）

批准批次	名称	所在省份	批准年月
第一批（8 处）	黄山世界地质公园	安徽	2004.2
	庐山世界地质公园	江西	
	云台山世界地质公园	河南	
	石林世界地质公园	云南	
	丹霞山世界地质公园	广东	
	武陵源世界地质公园	湖南	
	五大连池世界地质公园	黑龙江	
	嵩山世界地质公园	河南	
第二批（4 处）	雁荡山世界地质公园	浙江	2005.2
	泰宁世界地质公园	福建	
	克什克腾世界地质公园	内蒙古	
	兴文世界地质公园	四川	
第三批（6 处）	泰山世界地质公园	山东	2006.9
	王屋山-黛眉山世界地质公园	河南	
	雷琼世界地质公园	广东	
	房山世界地质公园	北京，河北	
	镜泊湖世界地质公园	黑龙江	
	伏牛山世界地质公园	河南	
第四批（2 处）	龙虎山世界地质公园	江西	2008.1
	自贡世界地质公园	四川	
第五批（2 处）	秦岭终南山世界地质公园	陕西	2009.8
	阿拉善世界地质公园	内蒙古	
第六批（2 处）	广西乐业-凤山世界地质公园	广西	2010.10
	宁德世界地质公园	福建	
第七批（2 处）	天柱山世界地质公园	安徽	2011.9
	中国香港世界地质公园	中国香港特别行政区	
第八批（1 处）	三清山世界地质公园	江西	2012.9
第九批（2 处）	中国延庆世界地质公园	北京	2013.9
	湖北神农架地质公园	湖北	

本章小结

本章主要阐述了地质地貌旅游资源的概念、分类、特征和旅游功能。在地质旅游资源中阐述了矿物、岩浆岩、沉积岩和变质岩的形成、特征及所形成的主要景观。介绍了地层与古生物旅游资源、构造遗迹旅游资源、地质灾害旅游资源的成因和特征。在地貌旅游资源中，介绍了在内外营力作用下地貌形成的原理，还分别介绍了山岳地貌、峡谷地貌、花岗岩地貌、火山岩地貌、喀斯特地貌、丹霞地貌、海岸地貌、黄土地貌、雅丹地貌、冰川地貌的形成原因、景观特征及我国的典型景观。

思考与练习

一、单项选择题

1．岩石按照成因可分为______。

A．花岗岩、流纹岩、玄武岩　　B．沉积岩、石灰岩、石英砂
C．石灰岩、变质岩、红色砂岩　　D．火成岩、沉积岩、变质岩

2．地貌旅游资源根据岩性条件的差异，不同的岩石可以构成独特的山体景观，下面属于丹霞地貌的是______。

A．黄山　B．雁荡山　C．桂林山水　D．武夷山

3．在我国有“造型地貌博物馆”之称的山体是______。

A．黄山　B．丹霞山　C．雁荡山　D．武陵源

4．我国岩溶景观主要分布于______。

A．云贵、广西　B．青海、陕西　C．川渝、湖北　D．湖南、江西

5．被誉为我国“火山地貌博物馆”的景观是______。

A．云南腾冲火山　　B．黑龙江五大连池
C．吉林长白山天池　　D．山西大同火山

6．下列属于避暑疗养山体的一组是______。

A．九华山、五台山　　B．莫干山、鸡公山
C．雁荡山、庐山　　D．泰山、华山

7．下列名山中是由花岗岩构成的是______。

A．嵩山　B．长白山　C．华山　D．桂林山水

8．______构成的山体节理发育，岩石风化后形成各种象形石。

A．花岗岩　B．石灰岩　C．砂岩　D．喷出岩

9．下列物质中会含有化石的是______。

A．喷出岩　B．侵入岩　C．变质岩　D．沉积岩

10．云南路南石林是由______地貌形成的。

A．石芽　B．峰丛　C．峰林　D．孤峰

二、辨别题

1. 地质地貌旅游资源是取之不尽用之不竭的。（　　）

2. 褶皱构造分为背斜和向斜，背斜岩层向上拱起都是形成山岭，向斜岩层向下弯曲都是形成山谷。（　　）

3. 沉积岩构成的山体的岩层层面上，会有干裂、波痕出现。（　　）

4. 某山岳景观有“U”形谷分布，说明该山体形成时间很久远。（　　）

5. 具有赤壁丹霞，且有顶平、坡陡、麓缓的形态特征的山岳景观是雅丹。（　　）

6. 泥质海岸主要分布在辽宁、河北、山东、福建、广东等地，常形成著名的景观。（　　）

三、填空题

1. 黄山“四绝”分别指的是______、______、______和______。

2. 长白山的天池在成因上是______。

3. 在热带、亚热带海岸特有的盐生木本植物群落形成______海岸。

4. 黄山怪石是由花岗岩______风化而形成的。

5. 五岳中以秀著称的是__________。

6. 保留有多个时代地层，被列为世界地质公园，被地学界称为“五代同堂”的山岳景观是_______。

四、问答题

1. 简述地质、地貌旅游资源的概念及其主要类型。

2. 简述各类地质、地貌旅游资源的科学成因。

3. 风景名山应具有哪些主要的特征？

4. 说出花岗岩地貌、喀斯特地貌、丹霞地貌、海蚀地貌的特征及其在我国的分布特征。

五、案例分析

黄　山

黄山位于安徽省南部黄山市境内（景区由市直辖），有“天下第一奇山”之美称，是我国第一批世界地质公园、世界自然与文化双遗产。

黄山号称“五百里黄山”，其中精华部分为154km^2。黄山群峰林立，素有“三十六大峰，三十六小峰”之称。主峰天都峰海拔1 864.8m，与莲花峰、光明顶并为黄山三大主峰，周围还有77座千米以上的山峰，群峰叠翠，波澜壮阔，气势磅礴，构成了一幅令人叹为观止的立体画面。

黄山山体主要由燕山期花岗岩构成，垂直节理发育，侵蚀切割强烈，断裂和裂隙纵横交错，长期受水溶蚀，形成瑰丽多姿的花岗岩洞穴与孔道，使之重岭峡谷，关口处处。前山岩体节理稀疏，岩石多球状风化，山体浑厚壮观；后山岩体节理密集，多是垂直状风化，山体峻峭，形成了“前山雄伟，后山秀丽”的地貌特征。

奇松、怪石、云海和温泉称为黄山“四绝”。黄山松是由黄山独特地貌、气候而形成的中国松树的一种变体，主要分布于海拔800m以上的高山，以石为母，顽强地扎根于巨岩裂隙，形态上忽悬、忽横、忽卧、忽起。最著名有黄山的十大名松：迎客松、望客松、送客松、探海松、蒲团松、黑虎松、卧龙松、麒麟松、连理松和竖琴松。

黄山怪石有由花岗岩球状风化而成的象形石，三分形象、七分想象，已被命名的怪石有120多处。其形态可谓千奇百怪，令人叫绝。似人似物，似鸟似兽，情态各异，形象逼真。黄山怪石从不同的位置，在不同的天气观看情趣迥异，可谓“横看成岭侧成峰，远近高低各不同”。其分布可谓遍及峰壑巅坡，或兀立峰顶，或戏逗坡缘，或与松结伴，构成一幅幅天然山石画卷。主要的象形石有金鸡叫天门、五老上天都、喜鹊登梅（仙人指路）、老僧采药、苏武牧羊、飞来石、猴子望太平（猴子观海）等。

黄山是云雾之乡，以峰为体，以云为衣，其瑰丽壮观的“云海”以美、胜、奇、幻享誉古今，一年四季皆可观，尤以冬季景最佳。依云海分布方位，全山有东海、南海、西海、北海和天海。黄山的云海更有其特色，奇峰怪石和古松隐现云海之中，就更增加了美感。黄山一年之中有云雾的天气达200多天，水汽升腾或雨后雾气未消，就会形成云海，波澜壮阔，一望无边，黄山大小山峰、千沟万壑都淹没在云涛雪浪里，天都峰、光明顶也就成了浩瀚云海中的孤岛。阳光照耀，云更白，松更翠，石更奇。流云散落在诸峰之间，云来雾去，变化莫测。风平浪静时，云海一铺万顷，波平如镜，映出山影如画，远处天高海阔，峰头似扁舟轻摇，近处仿佛触手可及，不禁想掬起一捧云来感受它的温柔质感。

黄山的温泉（古称汤泉），源出海拔850m的紫云峰下，水质以含重碳酸为主，可饮可浴。温泉每天的出水量约400t左右，常年不息，水温常年在42°左右，属高山温泉。黄山温泉对消化、神经、心血管、新陈代谢、运动等系统的某些病症，尤其是皮肤病，均有一定的功效。传说轩辕黄帝就是在此沐浴七七四十九日得返老还童，羽化飞升的，故又被誉之为“灵泉”。

黄山地区经历了历次地壳的升降运动，形成了构成黄山山体的花岗岩及其上覆盖的沉积层。到了距今6 500万年前的古近纪、新近纪喜马拉雅运动早期，这些沉积盖层随着山体的抬升而逐渐被剥蚀殆尽，黄山终于露出了地表，形成了莲花峰、光明顶和天都峰等花岗岩山峰。在新近纪和第四纪期间，喜马拉雅山运动使地壳普遍抬升，隆起扩大，黄山也相应不断升起，同时经受剥蚀，逐渐形成了高逾千米、翘首云天的花岗岩峰林。

在第四纪时期，黄山曾先后发生了三次冰期，冰川的搬运、刨蚀和侵蚀作用，在花岗岩体上留下了很多冰川遗迹，形成了遍布黄山的冰川地貌景观。再加上出露地表以后，受到大自然千百万年的天然雕凿，终于形成了今天这样气势磅礴、雄伟壮丽的自然奇观。

黄山所处地区是徽派文化的核心区，徽派文化底蕴丰富，内涵深广。由徽商兴盛而形成了新安理学、新安医学、新安画派、徽派盆景、徽墨歙砚、徽派建筑、徽雕、徽刻、徽剧、徽菜等独具地方特色的文化流派。直至今日，黄山大地上仍遍布古桥、古塔、古亭阁、古宗祠、古牌坊，犹如一座天然的历史大博物馆。

【思考】

（1）黄山是由哪种岩石构成的，黄山的形成经历了怎样的地质作用？

（2）黄山的自然美和人文美主要表现在哪些方面？

第三章

水体旅游资源

学习目标

1. 掌握水体类旅游资源的概念、特点、主要类型、旅游吸引力与旅游功能等基本理论。
2. 理解江河、湖泊、沼泽湿地、水库、泉水、瀑布、海洋、现代冰川等主要水体类旅游资源的概念与旅游意义。
3. 了解各类水体旅游资源典型代表的基本概况。

第一节　水体旅游资源概述

水是自然资源的重要组成部分，是自然界分布最广、最活跃的地理因素之一。水是生命存在的前提和条件，是保证人类生活和生产的重要物质条件。水使地球成为一个生机勃勃的美丽星球。水体也是最基本、最重要的旅游资源构成要素。

一、水体旅游资源的概念

水体是旅游资源的重要组成部分，其光、色、声、味、形、势、景等构成生动的旅游素材。平静的水面似变幻的取景框，不停地变换着景观的角度，澎湃汹涌的峡谷激流构成雄伟的气势，飞流直下的瀑布造成雷霆万钧的声势。

凡是能对旅游者产生吸引力、具有一定旅游价值和功能、与地球水体要素有关联的物质资源，统称为水体类旅游资源。水体类旅游资源的类型主要有江河、湖泊、沼泽湿地、瀑布、泉水、海洋、现代冰川等。

二、水体旅游资源的特点

水体旅游资源具有旅游资源所共有的基本特点，但与其他类型旅游资源相比，在某些方面表现得更为强烈，更为突出。

（一）季节性明显

一方面，大气降水量具有明显的季节性变化，这一特点在中纬度地区和大陆性较强的气候类型区尤为突出。另一方面，水体在时间上随季节变化具有固态、液态、气态 3 种物态的变化。而且，正是这种水资源季节性干湿变化的特点，影响其他旅游资源如生物旅游资源等的季节性变化。

（二）地域性更明显

包括旅游资源在内的自然资源都具有地域性差异，其根本原因在于太阳辐射和降水的地域性规律。也就是说，水体类旅游资源的地域性变化，是其他自然旅游资源如生物旅游资源、地貌旅游资源地域性变化的根源所在。水体类旅游资源的地域性差异，影响人文旅游资源的地域性，如民居建筑特色的区域差异等。

（三）整体性更强，且成为联系和沟通其他旅游资源的血脉

水体类旅游资源本身是一个整体，海洋、河流、泉水、瀑布、雪山、冰川是一脉相承，不可分割的。水体类旅游资源是所有旅游资源的血脉、灵魂，往往成为联系其他旅游资源的纽带和桥梁，如长江、漓江像一条丝线，串联了沿途无数美丽的风光景观；而西湖、太湖则孕育了无数自然和人文旅游资源。

（四）全方位感知性

与其他自然旅游资源相比，人对水体类旅游资源具有眼、耳、鼻、舌、身全方位感知的特点。眼观水色、水光、水势，耳听水声，鼻闻水汽，舌品水味，身体感知水温。

（五）脆弱性

水体类旅游资源与其他旅游资源一样，极易受到污染和破坏，十分脆弱，因此需加以精心呵护，才能实现可持续利用的目标。

三、水体旅游资源旅游功能

（一）水体要素参与景观构建和再造

一方面，水体本身就是旅游资源的重要组成要素，如海洋、河流、湖泊、沼泽、涌泉、瀑布、冰川、积雪等，是最基本的旅游景观。另一方面，水体参与景观组合，构成不同的景观审美类型。有水体参与的景观组合，更有生气、更有灵气。同时，水体还是塑造地貌景观最活跃的外力因素，如流水地貌、岩溶地貌、海岸地貌、冰川地貌等地貌景观都离不开水体的作用。此外，地球上丰富多彩的动植物也离不开水的养育。因此，水体又是生物旅游景观的要素和生命源泉。

（二）水体参与旅游环境构建和调节

水体既是旅游资源要素，也是旅游环境要素。首先，水是大自然的调节器。由于水的比热较大，在一定程度上调节着大气温度与湿度，使其变化和缓，更为舒适宜人。所以，水域也是人们旅游休闲的主要目的地之一。其次，水体为人类提供了重要的交通途径。水上交通工具豪华舒适，水上交通对于旅游显得十分重要。

（三）水体为游乐和体验运动提供条件

水体还可提供丰富多彩的游乐和运动旅游项目，如游泳、潜水、划船、帆板、冲浪、

滑水、水上跳伞，水上摩托艇、垂钓、漂流、滑水、滑雪、冰球、雪橇、冰橇等。因此，水体旅游是参与性最强的旅游项目之一，是休闲度假旅游的重要项目。

第二节　水体旅游资源的类型

一、河流

（一）河流旅游资源概述

在重力的作用下，地表水经常沿着陆地地表的线性凹槽流动，即成为河流。河流是生命的源泉，世界上的文明古国大多发源于河流之畔。河流通常分为河源、上游、中游、下游和河口 5 段，各段具有独特的形态和景观。

（二）河流旅游资源的主要类型

1．风景河段

风景河段主要着眼于河流两岸的风景。风景河段往往是人类文明发展较早的地区，开发历史悠久，不但自然风光秀美，而且沿江河古遗址、建筑众多，历史文化名城密布。已被列入国家级风景名胜区的河流有长江（三峡段）、鸭绿江、漓江、楠溪江等。一般来说，水质越好，两岸景色越美丽奇特，其吸引力就越大。

2．漂流河段

漂流是时下流行的一种新兴的旅游活动，它满足了游客参与的要求，惊险与刺激相伴，吸引着众多的旅游者。除了具有风景河段的山清水秀外，还有以下的要求：一是滩多浪急，这样才能体现惊险和刺激；二是安全系数高，即“有惊无险”，因为这毕竟不是冒险。漂流的安全要求有以下几点：①水不宜深，以免游客落水，有生命危险。②暗礁险滩少，避免触礁造成意外。③水温适中，如果水温偏低，游客会顾及身体是否能够承受，减少参与。

我国著名的漂流河段很多，既能漂流又能观看两岸美景的河道当属贵州马岭河。

马岭河位于贵州高原的乌蒙山与广西丘陵之间，属南盘江支流。马岭河峡谷号称“百画、百瀑、百帘、百泉”，以峡谷地缝、钙化瀑布群、峰丛等独特地貌景观为主要特色，兼有溶洞群、钙化壁画等自然奇观及人文景观。马岭河漂流，有“神州第一漂”之誉，据考察，在不到 20km 的马岭河两岸，分布着常流瀑布 60 余条，形成一片争奇斗艳的瀑布群。漂流途中，给人以“巨瀑压顶”“游龙吞舟”之惊险感，为神州大地上其他河段所莫及。沿岸还可观赏峡谷、溶洞、天坑、万峰林、布依风情等串联在一起的景观。

3．探险河段

探险河段是江河上最迷人的旅游胜地，是地壳新构造运动与河流强烈侵蚀作用的产物。以雅鲁藏布大峡谷为代表。

雅鲁藏布大峡谷北起米林县的大渡卡村（海拔 2 880m），南到墨脱县巴昔卡村（海拔 115m），雅鲁藏布大峡谷长 504.9km，平均深度 5 000m，最深处达 6 009m，是世界第一大峡谷。整个峡谷地区冰川、绝壁、陡坡、泥石流和巨浪滔天的大河交错在一起，环境十分恶劣。许多地区至今仍无人涉足，堪称“地球上最后的秘境”，是地质工作少有的空白区之一。雅鲁藏布江下游，江水绕行南迦巴瓦峰，峰回路转，作巨大马蹄形转弯，形成了一个巨大的峡谷。

1994 年，中国科学家们对大峡谷进行了科学论证，以综合的指标，确认雅鲁藏布干流上的这个大峡谷为世界第一大峡谷。曾被列为世界之最的美国科罗拉多大峡谷（深 1 880m，长 400km）和秘鲁的科尔卡大峡谷（深 3 203m），都不能与雅鲁藏布大峡谷等量齐观。1998 年 9 月，中华人民共和国国务院正式批准：大峡谷的科学正名为“雅鲁藏布大峡谷”，罗马字母拼为 Yarlung Zangbo Daxiagu（图 3-1）。

图 3-1 雅鲁藏布大峡谷

西藏雅鲁藏布江下游的雅鲁藏布大峡谷是地球上最深的峡谷。大峡谷核心无人区河段的峡谷河床上有罕见的四处大瀑布群，其中一些主体瀑布落差都在 30～50m。雅鲁藏布大峡谷作为崇山峻岭的一个巨大缺口，是暖湿气流进入青藏高原的主要通道，峡谷气候以湿热多雨为特色，热带植物种类繁多。因此，峡谷保育着诸多珍贵的动植物物种，有些物种在世界上其他地方已经绝迹。于是，雅鲁藏布大峡谷被认为是最好的“天然基因库”和“植物王国”，是科学考察旅游、探险旅游的最佳旅游目的地之一。

4. 暗河河段

暗河河段就是地下河，为碳酸盐岩分布区，是岩溶地下通道中具有河流主要特征的河段。能由人进入的地下河道构成地下河旅游景观，如贵州龙宫地下河、本溪水洞。贵州龙宫风景区以奇秀著称，尤以中心景区水溶洞为全国最长，洞中瀑布全国最高，天然辐射率全国最低，被专家和游客称为国内“三最”。我国地下河数量最多，仅湖南西部山区发现的地下河就有 1 100 多条，总长相当于我国长江、黄河的全长。每年排水量达 100 亿 m^3。贵州北部发现的地下河有 705 条，总长度相当于长江的长度，每年流量可达 9 亿 m^3。

5. 古河道河段

古河道河段就是古代人们兴修的用于军事、水利或其他功用的河段。它们是其产生时代科技的先进发展水平的标志，其工程曾经甚至迄今仍在发挥着作用，著名的有都江堰、京杭大运河、灵渠等。京杭大运河南起杭州、北至北京，全长 1 794km，贯穿六省市，沟通五大水系，是世界上最长的人工运河。它从古至今在南粮北调、北煤南运、南水北调中发挥着重要的作用。乘船于此运河上，可以观赏杭州、苏州、无锡、扬州、镇江等城市风光和江南水乡风光，因此京杭大运河是我国的一条黄金水上游览线。

二、天然湖泊与池沼

湖泊是陆地上相对封闭的集水洼地。世界湖泊总面积约占全球大陆面积的1.8%左右。我国是一个多湖泊的国家，湖泊面积在1km^2以上的有2 300余个，主要分布在青藏高原、内蒙古高原和长江中下游平原。湖泊具有灌溉、航运、养殖、调节河川径流、调节湖滨地区气候等功能，既是重要的自然地理环境要素，也是重要的自然资源，同时还是重要的旅游资源。池沼是湖泊在一定演化阶段的表现形式。

（一）湖泊旅游资源的类型

按水质，湖泊可分为淡水湖、咸水湖和盐湖。按成因可分为构造湖、河迹湖、海迹湖、风蚀湖、冰川湖、溶蚀湖和人工湖等。

1. 构造湖

构造湖是由地壳构造运动所产生的凹陷作为湖盆集水而成的湖泊。这些构造盆地包括断裂、地堑等。这类湖泊的特点是湖岸平直、岸坡陡峻、湖形狭长、深度较大。这类湖泊有中国的青海湖、滇池、洱海、抚仙湖，俄罗斯的贝加尔湖，非洲的坦噶尼喀湖等。

火山湖也属于构造湖，包括火口湖和火山堰塞湖两类。

火口湖是当火山喷发停止，火山通道被阻塞，火山口成为封闭的洼地后积水成湖的。其特点是处于山地峰顶，水源补给以雪水、雨水、泉水为主，湖泊外形近圆形或马蹄形，深度较大，水质清冽，视野开阔，环境优美。如中朝界湖长白山天池、五大连池火山群的南格拉球火山口、云南腾冲大龙潭等。

火山堰塞湖系火山喷发的熔岩流拦截河谷所形成，其深度一般不大，如中国东北的镜泊湖、五大连池和内蒙古的达里诺尔等。

2. 河迹湖

由于河流的变迁，蛇曲形河道自行截弯取直后，遗留下来的旧河道，形成湖泊，称为河迹湖。这类湖泊多呈弯月形或牛轭形（故也称牛轭湖），水深较小。长江黄石—九江—安庆—大通段沿江两岸星罗棋布的大小湖泊，内蒙古自治区的第二大湖乌梁素海（系黄河故道残留的河迹湖），以及东北地区的嫩江、海拉尔河、乌尔逊河等沿岸众多的碱泡子，都属于此类。

3. 海迹湖

由于沿岸沙嘴、沙洲等不断向外伸展，最后封闭海湾，形成的湖泊，称为海迹湖，如里海、咸海、太湖、西湖等。

4. 风蚀湖

在干旱和半干旱地区，由于风蚀作用所形成的洼地积水形成的湖泊，称为风蚀湖。风蚀湖的面积大小不一，且湖水较浅。湖水可由河流注入，也可由地下水补给。例如，内蒙古西部的嘎顺诺尔和苏古诺尔两个湖泊，是强烈的风蚀作用，把阿拉善高原与内蒙古之间的构造凹地剥蚀加深，后来额济纳河水注入形成居延海；随着入湖水量的减少和大量泥沙的淤积，居延海逐渐萎缩成嘎顺诺尔和苏古诺尔两个相隔的湖泊。敦煌的月牙泉（湖）、阳关湖等也是著名的风蚀湖。

5. 冰川湖

由冰川的侵蚀或沉积作用而形成的湖泊，称为冰川湖，如北美洲的五大湖，欧洲的日内瓦湖和北欧的许多湖泊，我国新疆阿勒泰山区的喀纳斯湖（冰蚀湖）、新疆博格达峰北坡的天池（冰碛湖）等。

6．溶蚀湖

湖盆由可溶性岩石溶蚀而成的湖泊，称为溶蚀湖，一般呈圆形或椭圆形，如云南石林中的剑池、贵州威宁的草海、织金县的八部岩溶湖等。

7．人工湖

人工湖即水库，是指人工修建的大坝，具有拦洪蓄水和调节径流等特定功能的蓄水区域。人工湖泊除了具有蓄水、灌溉、发电、养殖、防洪、交通等功能外，也适宜开发旅游项目。我国著名的人工湖泊如北京十三陵水库、浙江千岛湖（图 3-2）、福建泰宁金湖、湖北丹江口水库、吉林松花湖、甘肃刘家峡水库和青海龙羊峡水库等。埃及的纳赛尔湖、俄罗斯的古比雪夫水库和巴西与巴拉圭合建的伊泰普水库是国外著名人工湖泊，它们都是著名的旅游胜地。

图 3-2　千岛湖

（二）湖泊旅游资源

1．杭州西湖

杭州西湖位于浙江省杭州市西部，杭州市市中心，著名的潟湖，原是和杭州湾相连的浅海湾，后因泥沙淤塞而成湖。西湖面积约 $6.5km^2$，南北长约 3.2km，东西宽约 2.8km，绕湖一周近 15km。西湖平均水深 2.27m，水体容量约为 1 429 万 m^3。湖中被孤山、白堤、苏堤、杨公堤分隔，按面积大小分别为外西湖、西里湖（又称“后西湖”或“后湖”）、北里湖（又称“里西湖”）、小南湖（又称“南湖”）及岳湖等 5 片水面，其中外西湖面积最大。孤山是西湖中最大的天然岛屿，苏堤、白堤越过湖面，小瀛洲、湖心亭、阮公墩 3 个人工小岛鼎立于外西湖湖心，夕照山的雷峰塔与宝石山的保俶塔隔湖相映，由此形成了“一山、二塔、三岛、三堤、五湖”的基本格局。

2．鄱阳湖

鄱（pó）阳湖是中国第一大淡水湖，也是中国第二大湖，位于江西省北部、长江南岸，隶属于上饶市。汇集赣江、修水、鄱江（饶河）、信江、抚河等水经湖口注入长江。湖盆由地壳陷落、不断淤积而成。鄱阳湖形似葫芦，南北长 110km，东西宽 50～70km，北部狭窄仅 5～15km。在平水位（14～15m）时湖水面积为 $3\,150km^2$，高水位（20m）时为 $4\,125km^2$ 以上，但低水位（12m）时仅 $500km^2$，以致“夏秋一水连天，冬春荒滩无边”，使数百万亩（非法定计量单位，1 亩=666.6 平方米）湖滩地不能大量耕种，还易孳生草滩钉螺。

我国的五大淡水湖（鄱阳湖、洞庭湖、洪泽湖、太湖、巢湖）多为河迹湖。洞庭湖多年来随着湖面缩减已退为我国第三大淡水湖，鄱阳湖由原来的第二上升为第一，太湖由原来的第三上升为第二。

3．天山天池

天池位于新疆维吾尔自治区阜康市境内的天山博格达峰北坡三工河上游谷地，海拔 1980m，是一个由古代冰川作用下的冰碛物堵塞而成的高山堰塞湖。天池湖水湛蓝，波光粼粼，群山环抱，青峦叠翠，宛若天山的一颗明珠。海拔 5 445m 的天山博格达峰耸立于湖之东南，雪峰、冰川连绵。湖畔森林茂密，绿草如茵，山花烂漫。由于景区高差大，自上而下形成 4 种明显的自然垂直景观——冰雪覆盖带、亚高山草甸、云杉林、山地草原植被。夏日登天山游天池，既可观高山美景，又可避暑纳凉，如同进入人间仙境。传说中王母娘娘的瑶池，就是这美妙的天池。

4．千岛湖

千岛湖，位于浙江省淳安县境内，是 1959 年我国建造的第一座自行设计、自制设备的大型水力发电站——新安江水力发电站拦坝蓄水形成的人工湖，是国家一级水体。2009 年，千岛湖以 1 078 个岛屿入选世界纪录协会世界上最多岛屿的湖，创造了世界之最。千岛湖景区总面积 982km^2，其中湖区面积 573km^2，因湖内拥有星罗棋布的 1 078 个岛屿而得名。其主要源水为安徽境内的新安江及其支流，汇水来自安徽的歙县、休宁、屯溪、绩溪，以及祁门和黄山区的南部。由于上游注重环境保护，千岛湖水在中国大江大湖中位居优质水之首，被评为国家 5A 级旅游景区。

（三）池沼旅游资源

1．草海

草海位于贵州省西部威宁县境内，云贵高原中部，乌蒙山脉腹心地带。草海保护区总面积 120km^2，其中，以水面、沼泽为主的核心区 40km^2。草海盆地海拔高，纬度低，地貌多样，气候优越，水量丰富，土壤肥沃，沼泽密布。保护区内生物资源种类众多，数量大，仅水生高等植物就有 37 种。由于得天独厚的自然条件，草海成为百鸟水禽栖集的乐园，种类多达 150 种。其中属国家一类保护的珍禽有黑颈鹤、白头鹤、黑鹳、白鹳、白尾海雕等，二类保护的有白琵鹭、鸢、白尾鹞、游隼、红隼、灰鹤、短耳号等 10 余种。1992 年，国务院批准草海为国家级自然保护区。

2．青海湖

青海湖又名“库库淖尔”，即蒙古语“青色的海”之意。它位于青海省东北部的青海湖盆地内，既是中国最大的内陆湖泊，也是中国最大的咸水湖。青海湖由祁连山的大通山、日月山与青海南山之间的断层陷落形成。青海湖还是重要国际湿地，更是维系青藏高原生态安全的重要水系和阻挡西部荒漠化“东进”的天然屏障。青海湖湖区不仅拥有独特的自然景观，如青海湖、鸟岛、海心山等，而且由于青海湖是南丝绸之路和唐藩古道途经之地，留下了丰富的历史遗迹。由于地势高，气候凉爽，青海湖是理想的避暑消夏胜地。

3. 佛罗里达大沼泽

佛罗里达大沼泽位于美国佛罗里达州南部尖角位置，属于亚热带沿海沼泽区。在这里开辟的国家公园叫爱佛格勒国家公园，是美国第三大国家公园。爱佛格勒国家公园建于1974年，现已覆盖140万英亩（非法定计量单位，1英亩=4 046.856平方米）。0.15m深、80km宽的淡水河缓缓流过广袤平原，造就了独特的大沼泽地环境。辽阔的沼泽地、壮观的松树林和星罗棋布的红树林为无数野生动物提供了安居之地。这里是美国本土最大的亚热带野生动物保护地。园内栖息有300多种鸟类。大沼泽地还是科学家们研究亚热带植物生态学最理想的场所。

三、瀑布

瀑布是河床纵面上陡坎悬崖倾泻下来所形成的水体景观。瀑布是河流不连续的结果，其形态包括造瀑岩层、瀑下深潭和瀑前峡谷3部分。

（一）瀑布的类型

瀑布的类型多种多样，按照其成因可以分为以下几种：

1. 岩溶型瀑布

岩溶型瀑布是在可溶性的碳酸盐岩分布区，由流水溶蚀作用使石灰岩岩层、落水洞等发生断陷而形成的瀑布，如位于贵州打帮河上游的黄果树瀑布。

2. 构造型瀑布

构造型瀑布是由于构造运动使地层发生断层所形成的瀑布，如黄河上的壶口瀑布、云南石林县大叠水瀑布等。

3. 堰塞型瀑布

由于火山喷发，岩溶流堵塞河道，或山崩、泥石流等堆积物堵塞河道，形成跌水，即为堰塞型瀑布，前者如黑龙江镜泊湖（图3-3）的吊水楼瀑布，后者如四川叠溪瀑布。

图3-3 镜泊湖

4. 差异侵蚀型瀑布

由于岩性的差异，使河谷下蚀作用不均匀地进行，常在硬、软岩石河段之间形成陡坝，产生瀑布，如云南大叠水瀑布等。

（二）瀑布的旅游吸引功能

瀑布是水体最有活力的表现形式，它淋漓尽致地展现了水体旅游资源的旅游吸引力。

1. 气势

瀑布飞流急泻，喷珠溅玉，万千变化，给人以雄、险、奇、壮之感。

2. 声势

瀑布声势或轰鸣，或轻柔。

3. 色彩

瀑布色彩迷人，或似“白练”，或似“堆雪”，时有彩虹高悬，映射得瀑布七彩缤纷，美不胜收。图 3-4 所示的黄河壶口瀑布即为著名的彩虹瀑布。

图 3-4 黄河壶口瀑布

4. 景观组合

瀑布往往与山石峰洞、林木花草、白云蓝天等环境要素协调配合，形成千岩竞秀、万峰急流、美若仙境的奇妙世界，如图 3-5 所示。

图 3-5 九寨沟

四、泉

以各种形式埋藏在地壳岩石下的水均为地下水。严格地说，地下水露出地表，才称为“泉”，但是人们习惯上把直接取自地下岩层中的水也称为“泉水”。

泉水的形成条件与区域岩石性质及其化学成分、岩浆活动、火山作用、新构造运动、沉积岩的古今水文地质条件和生物化学作用等有着密切联系。

（一）泉水的类型

按照不同的分类标准，泉水可以分为不同的种类。泉水按水的出露情况分为下降泉和上升泉；按水温可分为冷水泉（低于当地的年均温）、温泉（当地年均温以上，45℃）、热泉（45℃以上）及沸泉；把具有的特种化学和气体成分（矿化度）在 1g/L 以上，并对人的身体有良好生物生理作用的泉水称为矿泉；泉水按其奇异特征可分为喊泉、笑泉、乳泉、盐泉、珍珠泉、香水泉等。

（二）泉水的旅游吸引功能

我国的泉水旅游资源丰富，据不完全统计有 10 万之多，是世界上泉水最多的国家之一。泉水的旅游吸引功能主要体现在以下几方面：

1. 构景功能

泉既是主要的地下水排泄方式，又是很多江河、湖泊的源头，所以泉水的喷涌和汇集使地方气候湿润，植物茂盛，有效地美化了当地的环境。我国以泉为主体资源而闻名的旅游地或景点很多，如甘肃敦煌的月牙泉（图 3-6）、山西太原晋祠、陕西临潼华清池、云南大理蝴蝶泉等。

图 3-6　敦煌月牙泉

2. 奇特功能

我国有许多十分奇特的泉水，别有妙趣，如：安徽寿县闻人喊叫而涌的“喊泉”；安徽无为县闻人拍手或笑声而涌的“笑泉”；四川广元投入石块而悄然倒流隐退，安定片刻后又会自动流出的“含羞泉”；广西桂平的乳泉，该泉时有白色“乳汁”喷出，无数白色水泡，像颗颗珍珠，从井底飞上水面，于是古井变成了一锅煮沸的“牛奶”，三四分钟之后，喷乳现象消失；湖南石门、河北野三坡时有鱼群涌出的“鱼泉”。另外，还有台湾台南县能点着火的“水火泉”、陕西蓝田的“冰泉”、西藏的水热“爆炸泉”等。

3. 医疗保健功能

矿泉和温泉具有特定的医疗保健功效，这是因为泉水中富含多种对人体有益的矿物质和微量元素。利用这些泉水，以饮、浴、蒸、敷等不同的疗法，可预防或治疗某些疾病。

例如，氡泉中的氡是弱放射性气体，其在蜕变过程中所产生的射线具有穿透能力和很强的电离能力。氡泉对治疗神经衰弱、心律不齐、高血压或低血压、糖尿病、内分泌紊乱、皮肤瘙痒等多种疾病有较好的疗效，所以氡泉有“矿泉之精”的美誉。

碳酸氢钠泉，又称“天然苏打水”，可软化皮肤，浴后会感觉皮肤光滑柔软，清爽舒适，对创伤、皮肤病有疗效。饮用此种泉水，能溶解人体气管的黏液，帮助消化。

硫化氢泉，其硫化氢可溶解角质，软化皮肤，帮助肉芽和上皮细胞生长，有助于皮肤外伤的康复，同时可改善皮肤的血液循环及新陈代谢，对银屑病、神经性皮炎、湿疹等有明显的疗效。

因此，世界上有许多温泉地都是旅游疗养胜地，如中国广东从化温泉，云南安宁“天下第一汤”，陕西临潼华清池，重庆南、北温泉，东北五大连池药泉和鞍山汤岗子温泉，南京汤山和北京小汤山温泉，以及保加利亚、捷克、日本等国家的一些温泉。

五、海洋

海洋是地球水圈的主体，其面积占地球总面积的71%，水量占地球总水量的97%。海洋的中心部分称为洋，边缘部分叫做海。现代旅游活动从一开始就与海洋休戚相关，以“3S”即“阳光、沙滩、海水”为表征的海洋旅游，几乎成了现代旅游的代名词。海洋上的空气中含有一定量的碘、氧和臭氧，有利于人的食物消化和新陈代谢；海滨地区气候受海水调节冬暖夏凉、空气清新、尘埃极少。海陆交互作用形成的港湾、沙滩、礁石和各种优美的海岸、海岛风光，成为开展旅游活动的绝佳场所。海洋旅游资源主要包括海滨景观、海岛景观、潮汐景观、珊瑚礁景观、海底景观等。

1. 海滨景观

海滨地带空气清新、环境洁净、舒适宜人，而且沙滩、海岸、珊瑚礁和水生鱼类及植物丰富了旅游内容，因此成为理想的旅游场所。海滨宜于开展观光、休闲、度假、疗养等旅游项目，还可进行海水浴、阳光浴、帆板、冲浪、潜水、垂钓、水上摩托艇、水上跳伞、沙滩排球等娱乐和体育运动。

世界著名的海滩主要分布在地中海沿岸、夏威夷、加勒比海、东南亚等国家和地区。我国著名的海滨北戴河地处河北省秦皇岛市的西部。北戴河海滨北依联峰山，南临渤海，西起戴河口，以海岸长曲、滩面平缓、沙软潮平、海水清澈而扬名海外，加上这里的气候受海洋的调节，温和湿润，夏季日均气温仅 23℃，凉爽宜人，历来被称为避暑疗养胜地。

2. 海岛景观

海岛为四面环流的一块陆地景观，既拥有陆地和海洋丰富的自然旅游资源，又因其远离大陆，具有一定的神秘性，从而对探险者和旅游者都具有特别的吸引力。海岛按照成因可分为以下 3 种：

（1）**堆积岛** 一般分布在大河河口附近，由河流冲积而成，一般由砂和黏土等碎屑物质构成，地势低平、土壤肥沃，如长江口的崇明岛。

（2）**大陆岛** 是地质构造上同大陆相近或相联系的岛屿，一般位于大陆附近，原为大陆的一部分，后因地壳沉降或上升，与大陆分开成岛，如台湾岛、海南岛、舟山群岛等。

（3）**海洋岛** 在地质构造上同大陆没有直接联系，分布在广阔的大洋之中，是由于构造隆起、火山喷发或生物作用等形成的海岛，如夏威夷群岛、斐济群岛、泰国的普吉岛、我国的西沙群岛等。这些不同类型的岛屿，或以山水为胜、或以沙水为景、或呈火山喷发状、或由珊瑚造型，给游人提供了多姿多彩的游览胜地。

另外，还有一些拥有特殊观光价值的岛屿，对游人的吸引力更大，如雷岛，位于印度尼西亚的爪哇，是世界上雷雨最多的地方，平均每年有 220 个雷雨日。岛上茂物市，平均每年有 332 个雷雨日，几乎每天都可听到雷声，是著名的“雷都”。

3．潮汐景观

潮汐是指海水周期性的涨落现象。中国古代称白天的涨落为“潮”，晚上的涨落为“汐”，二者合称为“潮汐”。潮汐是由月球和太阳的引潮力引起的。月球的引潮力是太阳引潮力的2.17倍。

国外以亚马逊河海潮最为壮观。亚马逊河的入海口呈巨大的喇叭状向东张开，海潮进入喇叭口后不断受到挤迫而抬升，壁立潮头，海潮可以上溯至600～1 000km，成为世界上上溯最远的潮汐。潮头一般高 1～2m，大潮时可达 5m。巴西人把亚马逊海潮称为“波罗罗卡”。“波罗罗卡”一词源于当地土著印第安人土皮族语，原为“波罗克—波罗克”，即连续不断发出爆破似的巨大声响之意。每逢涨潮，涛声震耳，声传数里，气势磅礴。

世界上一些喇叭形河口区，由于受地形的影响，常出现潮波来势迅猛，潮端陡立，潮流上涌的潮汐现象，我们称之为涌潮。我国钱塘江口，呈喇叭形河口。钱塘江外杭州湾，外宽内窄，外深内浅，是一个非常典型的喇叭状海湾。出海口江面宽达100km，往西到澉浦，江面骤缩到20km。到海宁盐官镇一带时，江面只有3km宽。起潮时，宽深的湾口，一下子吞进大量海水，由于江面迅速收缩变窄变浅，夺路上涌的潮水来不及均匀上升，便都后浪推前浪，一浪更比一浪高。到大夹山附近，又遇水下巨大拦门沙坝，潮水一拥而上，掀起高耸惊人的巨涛，形成陡立的水墙，形成涌潮。最大潮差曾达 8.91m。观潮的最佳时节为农历八月十八前后，最佳地点有3处：盐官镇、八堡和老盐仓。

4．珊瑚礁景观

珊瑚礁由珊瑚虫的骨骼和少量石灰质藻类和贝壳胶结而成。造礁珊瑚的生活有着严格的条件，最适应的环境是水温25～29℃，水深不超过20m，盐度34‰～36‰，此外氧气的供应及适宜的底质都是珊瑚生长不可缺少的条件。珊瑚礁仅分布在热带地区，根据其特征，珊瑚礁可分为岸礁、堡礁和环礁3种类型。

岸礁是一种与海岸相连宽度不等、水很浅的珊瑚平台，我国海南岛、台湾岛就有这种岸礁构成的海岸。堡礁离岸较远，与海岸之间隔着平浅的潟湖，世界上最壮观的大堡礁位于澳大利亚东北海岸。该海岸已成为名副其实的海上公园，每年有大量的游客来这里观光，尽情游览各种神奇壮观的美景。环礁是一种在平面上呈环形的珊瑚礁，且外坡较陡，内坡较缓，中间围着潟湖，我国南海众多岛屿就属于环礁类型。1982年被列入《世界遗产名录》的阿尔达布拉环礁地处塞舌尔国，有4个大的珊瑚岛组成，地理上与世隔绝，常人难以到达，未受到人类破坏，成为约2 000只巨型龟的世外桃源。

5．海底景观

海底世界，是人类家园的地下室。在那里是完全不同的一番景观，清澈透明的海水，千奇百怪的礁石，耸立的海底山峰，如绒的海底平原，茂密的海底森林，五彩斑斓的海底动物；在那里有完全不同的一种体验，海水充斥四周，光斑摇动或黑暗无边，海底景观奇特而令人震撼。

海底金字塔：据说在百慕大三角的西海域，矗立着一座巨大的海底金字塔，底边长约300m，高约200m，塔尖距海面100m。在塔上有两个巨大的洞穴，水流以惊人的速度流过，使海面狂涛汹涌，空中云雾翻腾，过往船舶飞机无不惊心动魄。据说此金字塔比闻名全球的埃及金字塔还要古老。

海底峡谷：全球海底有许多壮观的峡谷，蜿蜒曲折，沟壑纵横，如巴哈马海底峡谷古壁的高差达 4 400m。

海底雪山：在大西洋中脊裂谷中央有一座 2 500m 的小山，终年披着雪白的婚纱，像一个娇美的新娘。这些“白雪”是一层薄薄的沉积物。

海底热泉和喷泉：太平洋中脊处有许多洋底热泉，中心温度高达 350～400℃，更令人惊讶的是在热泉周围居然存在着旺盛的生物群落。各国的科学家还在世界大洋中发现了许多海底热泉，其中包括加拉帕格斯热泉、圭亚巴斯海盆热泉等。

海底瀑布：位于格陵兰岛和冰岛之间的大西洋洋底的丹麦海峡海底瀑布，落差高达 3 500m，是尼亚加拉大瀑布的 70 倍。

六、冰川

冰川是地表长期存在并在重力作用下缓慢运动的天然冰块，是一种由“冰”构成的“河川”。冰川既是一种固体水资源，又是一种具备特殊形态特征和地貌景观特征的旅游资源，也是登山运动的向往之地，具有重要的观赏价值和科学考察价值。

（一）冰川类型

通常按照冰川的形态、规模及所处的地形条件把冰川分为山岳冰川、大陆冰川、高原冰川和山麓冰川。

1．山岳冰川

山岳冰川主要分布于中低纬山区，由于雪线较高、积累区不大，因而冰川形态受地形的严格限制。山岳冰川按形态又可以分为以下几种：

（1）**悬冰川**　这是山岳冰川中数量最多的一种冰川。悬冰川依附在山坡上，面积通常小于 $1km^2$，对气候变化的反应十分灵敏。

（2）**冰斗冰川**　发育在冰斗中的冰川，面积大的可达 $10km^2$ 以上，小的不足 $1km^2$。冰斗冰川都有一个陡峭的后壁，那里经常发生雪崩或冰崩。谷地源头的冰斗规模一般比较大，周围还可以有第二级冰斗，这种冰川被称为围谷冰川。

（3）**山谷冰川**　在有利的气候条件下，雪线下降，补给增加，冰斗冰川溢出冰斗进入山谷形成山谷冰川。按照冰川所处地区的气候条件、冰川的物理性质及冰川周围的环境等综合指标，可把山岳冰川进一步分为海洋性山岳冰川和大陆性山岳冰川两类。海洋性山岳冰川主要分布在受海洋湿润气流影响的地区，冰川水分循环速度大，地质地貌作用强烈，侵蚀地形发育；而大陆性山岳冰川则主要分布在气候干燥的大陆内部，冰川的地貌作用微弱，而堆积地貌发育。

2．大陆冰川

大陆冰川曾经占据很广阔的面积，但目前只发育在两极地区。由于面积和厚度都很大，冰流不受下伏地形影响，自中央向四周流动。冰流之下常掩埋巨大的山脉和洼地。南极和格陵兰岛的冰川就是大陆冰川。

3．高原冰川

高原冰川也叫冰帽，是大陆冰川和山岳冰川的过渡类型。冰川覆盖在起伏和缓的高地上，向周围伸出许多冰舌。

4．山麓冰川

数条山谷冰川在山麓扩展汇合成为广阔的冰原，叫做山麓冰川。它是山岳冰川向大陆冰川转化的中间环节。

（二）著名冰川

1．玉龙雪山冰川

玉龙雪山冰川，是指在玉龙雪山中段海拔 4 000～4 200m 以上的高山区域，发育的 19 条现代冰川，属海洋性冰川。玉龙雪山是欧亚大陆纬度最低的一座有现代冰川分布的雪山。在其东麓，有四期更新世古冰川作用的遗迹，分布在南北长 15～16km、东西宽 4～5km 的范围内，有类型十分齐全多样的现代冰川和古冰川遗迹分布，浓缩了全球中低纬度山岳冰川的精华，对冰川研究、生态环境保护及旅游、科学考察研究都具有极为重要的作用。

2．天山一号冰川

天山一号冰川位于距乌鲁木齐市区约 100km 处的胜利达坂附近。这里是乌鲁木齐河的源头，更是著名的"冰川王国"。

一号冰川属双支冰斗——山谷冰川，长 2.4km，平均宽度 500m，面积 1.85 km^2，最大厚度 140m，年均运动速度约 5m，底部海拔高度为 3 740m。冰川内部晶莹蔚蓝，冰面裂隙纵横；金字塔般的角峰，锯齿形的刀脊，弧形的冰川终碛和喧腾的冰川河独具魅力，令人震撼。在一号冰川下面海拔 3 500m 以上，可以看到成层的槽谷、岩坎、岩盆、冰斗及状似绵羊脊背的羊背石等冰蚀景观，在海拔 2 800m 以上的谷地保存着各时期的冰川堆积物。天山一号冰川形成于第三冰川纪，距今已有 480 万年的历史了。1959 年，原中国科学院兰州冰川冻土研究所（现中国科学院寒区旱区环境与工程研究所）在乌鲁木齐河的源头，位于市区西南 120 余公里处的天格尔峰建立了天山冰川研究站，这是我国唯一的在国际上开放交流的高山冰川研究站。

3．海螺沟冰川

海螺沟冰川位于四川省甘孜藏族自治州泸定县内，是世界上仅存的低海拔冰川之一，且历经 1 600 多年而保持基本完整，现已辟为中国第一个国家冰川公园。

海螺沟冰川全长 14.7km，是贡嘎山 71 条冰川中最长的一条，面积 16km^2，最高海拔 6 750m，最低海拔仅 2 850m，沿纵向呈三级台阶：粒雪盆，冰川的孕育地；大冰瀑布，宽 500～1 100m，高 1 080m，是我国迄今发现最高大、最壮观的冰川瀑布；冰川舌，伸入原始森林达 6 000m，形成冰川与森林共存的奇绝景观。海螺沟冰川活动性强，在冰川的运动中，形成晶莹如翡翠、水晶的冰川弧拱、冰洞、冰阶梯、冰门、冰湖、冰峰。

本章小结

本章主要阐述了水体旅游资源的概念、特点、主要类型、旅游吸引力与旅游功能等基本理论；在河流旅游资源中介绍了风景河段、漂流河段、探险河段、暗河河段和古河道河段；在天然湖泊和池沼中介绍了构造湖、河迹湖、海迹湖、风蚀湖、冰川湖、溶蚀湖和人工湖等，部分列举了典型湖泊和池沼；在瀑布类旅游资源中介绍了岩溶型、构造型和堰塞型瀑布；在泉水类旅游资源中介绍了功能以及不同类型的泉水；在海洋旅游资源中阐述了海滨景观、海岛景观、潮汐景观、珊瑚礁景观、海底景观等；在冰川旅游资源中介绍了山岳冰川、大陆冰川、高原冰川、山麓冰川和典型的冰川。

思考与练习

一、单项选择题

1．长江是我国第一大河，其途径______个省区市。

A．10 个　　B．11 个　　C．12 个　　D．13 个

2．按瀑布景观的分布特点划分，可将瀑布划分为______。

A．常年性与季节性　　B．单级和多级

C．雄壮型与季节型　　D．孤立型和群体型

3．按水体地质条件可将泉划分为______。

A．承压泉、潜水泉　　B．下降泉、上升泉

C．冷水泉、温泉　　D．沸泉、矿泉

4．黄果树瀑布位于______省。

A．四川　　B．贵州　　C．重庆　　D．江西

二、填空题

1．被人们称为“神话世界”的__________，其众多的海子和连接海子的瀑布群，构成了其风景最富有魅力的奇丽景观。

2．水体旅游资源以其形、声、色、味、影、态等因素吸引着游客，其中态可分为__________、__________两种形式。

3．长江沿河旅游资源丰富，景点星罗棋布，是我国著名的“黄金水道”和“黄金旅游线”。最经典的景观资源集中于__________，堪称四百里天然画廊。

4．瀑布有多种类型，划分方法多样，从瀑布本身的气势的大小、造型优美等，可分为_______和__________。

三、问答题

1．什么是水体旅游资源，包括哪些类型，有何特点？

2．试述水体旅游资源的旅游功能。

第四章

天象、气候和气象旅游资源

学习目标

1. 掌握天象、气候和气象旅游资源的概念、特点及其相互区别。
2. 理解气象气候旅游资源对旅游活动的影响。
3. 熟悉天象、气候和气象旅游资源的类型及其旅游价值。

第一节 概 述

一、天象、气候和气象旅游资源的概念

（一）天象旅游资源的概念

天象是指日月星辰等天体在宇宙间的分布、运行等变化的天文现象，如太阳出没、行星运动、日月变化，以及彗星、流星、流星雨、陨星、日食、月食、极光、新星等。当天象成为吸引游客的对象或条件，我们便称其为天象旅游资源。

（二）气候旅游资源的概念

气候是指某一个地区多年间大气的一般状态及其变化特征。它既反映平均情况，也反映极端情况，是各种天气现象的多年综合，也就是地球表面或地球区域在太阳辐射、大气环流、下垫面性质和人类活动长时间相互作用下，在某一时间段内大量天气过程的综合，是对一个地方长期的、有规律性的天气特征加以概括总结，而得到的大气平均状况。

气候与其他景物要素相配合，成为某一地区吸引游客的要素或条件时，我们便称其为气候旅游资源，如热带海岛风光、亚寒带北国风光等。

（三）气象旅游资源的概念

天气是指一个地方或一定区域在某一瞬间或短时间内所观测到的各种气象，如风、云、降水、温度、气压等所综合的大气状况及其变化的总称，也指我们能够看到和感受到的对日常生产、生活产生影响的阴、晴、冷、暖、湿等大气现象。从时间尺度上讲，天气是指某一地区在某一瞬间或某一短时间内大气状态（如气温、湿度、压强等）和大气现象（如

风、云、雾、降水）的综合。

大气中的各种物理现象及其过程，如云海、雨景、雾凇、佛光等，当成为吸引旅游者的对象或条件时，我们便称其为气象旅游资源。

二、气象、气候旅游资源的特点

（一）地域性

地理纬度、海陆分布、地形起伏，对大范围气候的形成起着决定性作用。气候的地带性分布，促使各地的气象、气候旅游资源具有明显的地域性。一些特殊景象必须在特定场合与地点才会显现，如雾凇出现自松花江沿岸。

（二）时间性和季节性

温度、湿度等诸气候要素的形成与变化都有一定的规律性。不同的气象景观要素在一年内所出现的时间是不同的，有明显的季节变化，而天气现象在一天所表现的时间也是不同的。如被誉为黄山“四绝”之一的云海，波涛翻滚，此起彼伏，飘忽不定，吸引着众多的仰慕者去一睹它的风采，然而如愿者为数不多，原因在于云海的展现，也有季节差异的。黄山的云海主要出现在 11 月至次年 5 月。冰雪景观出现在冬季，而蜃景和宝光景观一般见于中午或下午。

（三）多变性

大气中的物理现象和物理过程往往是瞬息万变、变幻无穷的。典型的如一天中的冷、暖、阴、晴变化，刚刚还是倾盆大雨，转眼间就晴空万里，这些变化常常影响着景观的色彩、风采和明快度，给旅游者以不同的美感和多变感。

（四）速变性

气象要素中的雾、雨、电、光等要素变化极为迅速，典型景象如宝光、蜃景、日出、霞光、夕阳等都是瞬间出现、瞬间即可消失的气象景观，旅游者只有把握时机，才能观赏到美景。

（五）配景和借景性

气象、气候景观一般无相对稳定的实体，如果作为旅游产品来开发，气象、气候景观常常要与其他一些旅游资源相配合，借助其他景观作为背景，如云、雾、雨、霞等总是与山、林、水等要素相结合才形成优美的景观。所谓“山无云则不秀”“黄山自古成云海”“山色空蒙雨亦奇”等，就是对这种配景和借景作用的具体写照。

（六）节律性和导向性

在旅游节点（旅游客源地和目的地）的交通运输方式和旅游者的出游意愿、出游支付能力不变的情况下，影响旅游流的主要因素便是旅游节点的地域差异性，这种地域差异主要是受气候因素影响而形成的。气候在年际、月际之间均有规律性的变化，因此旅游流便随着气候的变化出现淡旺季的节律变化。

（七）可再生性

气象景观有规律出现，可重复利用，各地的气候资源十分充裕，它的使用不会引发冲突，不似一些稀缺资源，常是冲突的焦点。

三、气象、气候各要素对旅游活动的影响

构成气象、气候的各种要素，如冷、热、干、湿、风、云、雨、雪、雾等，不仅具有直接造景、育景的功能，而且还能对旅游活动产生深刻的影响，主要表现在以下5个方面：

（一）影响景观的季相变化

自然风景是由山、水、林木花草和气象等各要素共同构成的。其中山、水、动植物等因素只影响空间景观形态，唯气象和气候，既影响一地的空间景观结构，又影响自然风景的季相变化，这是气温、降水、风向风速等天气现象在一年四季不同的变化所致。

（二）影响区域景观的形成

世界各地地理纬度、大气环流、海陆位置及地形条件的差异，导致世界各地气候类型复杂多样，从寒冷的极地气候到湿热的赤道雨林气候，从大陆内部的干旱气候到海滨的海洋性气候，气候类型多样。气候的变化影响地貌、水文、生物等的变化，不同气候条件可以形成不同的自然景观和旅游环境，决定旅游地的资源构成、旅游项目的设置。

（三）影响旅游流时空分布

旅游流是指旅游者借助交通工具从出发地到旅游目的地移动形成的流动。它由旅游者、旅游节点和运输方式三要素构成。影响旅游流的因素包括：两地间空间距离和交通便捷程度，旅游资源的吸引力，自然环境，文化观念，经济联系，对目的地的感知程度，旅游费用，以及接待服务设施的完备程度。

形成旅游流时间和空间分布不均衡的原因很多，但气象和气候因素是最基本的因素。旅游业淡旺季更替变化的节律性，主要是气候的季节性节律变化所导致的。

（四）影响游客观赏效果和舒适度

气象、气候的状况，在一定程度上影响游客的观赏效果和舒适度，特别是会对特定目的地游览观赏效果产生直接影响，从而影响游客满足度。具体表现在：①气象气候是旅游活动的基本条件，影响其能否顺利进行。适宜的气候，可以为旅游活动提供完美的条件。②影响游览效果和气氛。③气象气候条件还可影响游人的舒适度。如天气连续闷热无雨，常会使游人烦躁不安，在闷热中，落下一场美雨，不仅可以降暑，还可造成某些观赏背景，如雨景、云雾景等。

（五）影响旅游区的分布

各旅游城市、旅游区，都有不同特色的气候因素和条件。旅游开发者在制订规划时，必须全面搜集和研究当地气象、气候资料，对其有利和不利之处进行如实的评价，以便根据气象资料提供的条件，设计和安排适合本地气候因素的旅游项目和设施。

第二节　天象旅游资源

随着现代科学技术的迅速发展，人类认识自然的能力不断提高，研究和活动的范围也逐渐由世代居住的地球向宇宙空间扩展。浩瀚的宇宙，神秘的星空，自远古时代以来就激起了人类强烈的好奇心理与探索欲望，各类天文现象景观成为备受关注的对象，对这些现象的观察也进入了旅游活动的范围。太空、天体等各种天象，也已构成了天象旅游资源。

天象旅游资源可分为以下 3 种类型。

一、太空景观旅游资源

1961 年苏联航天员加加林乘坐“东方”号宇宙飞船进入太空，实现了人类遨游太空的梦想。很长时间以来，体验太空飞行只是航天员的“专利”。但是随着载人航天技术快速发展，这种“专利”被太空游客打破。太空游客是指身份并非航天员，但乘坐载人飞船进入太空体验太空飞行的人。美国富翁蒂托和南非商人沙特尔沃思分别于 2001 年和 2002 年作为“观光客”进入国际空间站，成为人类历史上最早的两名太空游客。2005 年 10 月 1 日，第三位太空游客美国人奥尔森和俄美两名宇航员搭载俄“联盟 TMA—6”载人飞船升空。目前，太空旅游主要是指非宇航界的普通人，乘坐宇宙飞船，前往国际空间站观察奇特的太空景观和体验飘飘欲仙的感觉。

当前，美国、俄罗斯和欧洲一些航天技术大国，都已开始瞄准未来的太空旅游市场。可以预计，在不久的将来，开展太空旅游的交通工具将不再局限于俄“联盟”系列飞船，旅游的目的地可能也不只是国际空间站。在太空旅游市场得到不断开拓的情况下，太空旅游也许会如同现在乘坐飞机旅游一样费用大大降低，普通人作为太空游客实现“九天揽月”的梦想将不再是遥不可及的事情了。届时，太空游客将不断增加。

二、天文观测旅游资源

人类早在 5 000 年以前就开始了天文观测和记录。由于人们对天文观测和天文现象的浓厚兴趣，也使天文观测成了一种旅游资源。常见的天文观测旅游资源有日全食、日环食、月食、火星大冲及彗星等，可吸引旅游者前往。典型的日月星辰观测地一般都在郊区或者深山等地势较高、环境幽静、夜间光线较暗的地方，而且因为光现象出现会有变化，所以某一个光现象的最佳观察地也是不确定的。

一些著名的天文观测地，如英国伦敦格林尼治天文台，我国的北京天文台、北京观象台、北京天文馆、登封观象台和现代的南京紫金山天文台、上海佘山天文台等，每年都吸引着成千上万的游客。

三、陨石旅游资源

陨石是外太空星体爆裂后的碎块，在进入地球大气层时没有完全被烧毁和蒸发，以致掉落到地上便形成陨石。一般陨石分为 3 大类，即铁陨石、石陨石和石铁陨石，后者较罕见。著名的陨石有美国巴林杰陨石，澳大利亚默其逊碳质陨石，我国的吉林陨石、新疆大陨铁等。

第三节 气候旅游资源

不同季节和不同地区气候的湿热状况、风云现象、灾害天气、大气污染程度等，会使游客的体验产生不同反应，行动受限程度难易有别，从而引起游客心理状态发生变化，情绪出现起伏，进而使旅游观赏效果产生差异。气候旅游资源不仅具有直接参与构景、造景的功能，而且是人类活动的基本外部条件之一，是游客选择旅游对象与旅游日期的重要因素。根据旅游地多年的气候特征，可以将气候旅游资源分为以下几类：

一、避暑型气候

世界上的避暑城市与避暑旅游区可分为 3 种类型。

（一）高山、高原型

由于气候的垂直变化规律明显，许多高山和高原成为避暑胜地，如我国的避暑胜地庐山、菲律宾的碧瑶均属此种类型。

（二）海滨型

由于海洋的影响，海滨地带夏季气温比内陆低，以温和湿润为其特点，因而适于避暑，如中国的大连、青岛、北戴河等旅游城市。

（三）高纬度型

由于气温从赤道向两极递减，许多避暑胜地位于中高纬度，如挪威的哈默菲特、我国黑龙江省的漠河等地，均因纬度高、夏无酷暑而成为避暑胜地。

二、避寒型气候

世界上的避寒气候地多选在热带、亚热带的海洋性气候区，著名的有西印度群岛的巴巴多斯、非洲的佛得角群岛、西印度群岛的向风群岛、中美洲的尼加拉瓜、亚洲的巴基斯坦、马来西亚的沙捞月和沙巴、中国的海南岛。

三、阳光充足型气候

阳光是重要的气候旅游资源。地中海沿岸各国利用地中海型亚热带气候，即日照时间长、阳光和煦的特点，大建海滨浴场旅游区，成为世界上著名的旅游胜地。

四、极圈“白夜”型气候

这也是一种阳光旅游资源。“白夜”在地理学上叫极昼，现在，尤其在欧洲，每年夏季都要接待数以万计的旅游者，其中不少人的旅游目的就是为了体验“白夜”生活。

第四节　气象旅游资源

一、云雾景

云是高空水汽凝结现象，组成云的最小颗粒称为云滴。云滴的直径一般只有 0.01～0.02mm。自然界的云状千差万别，聚散不定，变幻无穷。不同的云系，反映不同的天气系统，预示不同的天气变化。空气达到饱和主要是通过空气的冷却和水汽的增加，而空气的冷却主要是通过空气块的上升运动（如局部地区的热力对流、气流遇山地被迫抬升、峰面抬升与对流等)。由于空气上升运动的原因和规模不同，所形成的云状、云高、云厚也不同。据此分为积状云、层状云和波状云等。

雾是低层大气凝结现象，由漂浮在近地面层的乳白色微小水滴或冰晶形成。当这类水滴增多时，大气呈现混浊状态。它的形成与云一样，必须使空气达到饱和或过饱和，即近地面层空气中的水汽充足，有使水汽发生凝结的冷却过程。它可使能见度降低，影响交通；迷蒙的雾色使人感到神奇迷离，当它与其他景观组合，如同给美景蒙上一层轻纱，使景致若隐若现，变化万千，如梦似幻，观者恍如置身仙境。

由于空气的流动性强，使得云雾浓淡、形态多变，配以山水林泉，可形成优美的景色。我国的许多地方有云雾景，如“双峰插云”为西湖十景之一，“狮洞烟云”是蓬莱十景之一，而“罗峰晴云”构成峨眉山的主要景观。

多雾还构成一些独特的地方景观特色，如英国的伦敦和我国的重庆都以多雾出名，是有名的雾都。

二、雨景

雨是一种气象状态，但与气候关系十分密切，受地区性、季节性和温差的影响很大。降雨不仅是江河湖泊等水体的主要补给来源、滋养世间万物的重要水源，而且还可以形成可欣赏的自然美景。雨作为自然景观，要成为具有观赏功能的自然旅游资源必须与地区和季节相匹配才最佳。人们观赏的雨景往往是指小强度的降水所形成的景致，一般以细雨或毛毛雨为特色，它是指从层积云和层云中降落下来的由大量小雨滴或极小雪花组成的降水，其降水强度不超过每小时 0.25mm。

烟雨作为旅游资源开发，贵在与山水、植被、古建筑等其他旅游资源组合，只有这样才能给风景区增加诗情画意。雨中观景具有极深的意境，烟雨能给人带来清新的情思和朦胧的诗意，细雨蒙蒙之时，山石树木、小桥流水若隐若现，古诗云“留得残荷听雨声”更增添了一份宁静和韵律美。

我国许多地方都有美丽的雨景，如蓬莱十景之一的“漏天银雨”、峨眉十景之一的“洪椿晓雨”和“漓江烟雨”等。“漓江烟雨”是漓江的主要景观，闻名中外。每年 3、4 月雨季来临，整个江面雾蒙蒙，雨细细，两岸峡谷峭壁，茂林翠竹，田园农舍，尽在朦胧烟雨中，好似罩上一层轻纱。在春雨暂停之时，漓江又是另一番景致，显得格外明朗秀丽，山上的奇峰怪石清晰可辨，江畔的树木竹丛，更加翠绿，河底的卵石粒粒可数，给人一种清澄新鲜的感觉。

三、冰雪景

雪是指从空中降落到地面的固态水。当温度在冰点或冰点以下，水汽直接凝华呈固态，即冰晶。冰晶不断从空气中吸收水汽，形成大冰晶。大冰晶在大气中下降时，又与沿途云滴碰撞合并，形成更大的冰粒。冰粒如在较暖气层中融化，就以雨的形式下降；如来不及融化，则以雪、冰雹等形式下降。因为冰晶的分子是以六角形为基础的，故雪花的基本形状呈六角形。在严寒季节，江、湖等水面终日结冰不化，构成“冰天雪地”的特色景观。

积雪是高纬及高山地区的气候现象。冰雪景观等一些独特的构景要素，构成了各种美的意境，是一种富有特色的气候旅游资源。在适当的地形条件组合下，冰雪是开展冬季旅游的重要资源。例如，在我国东北大地，每到冬季，林海雪原、银装素裹的壮丽风光，每年都吸引大批游人前去观赏。如果它与其他自然或人文景物结合在一起，也可形成观赏价值颇高的风景。江南地区，只有寒潮来临才有可能降雪，且很快会融化，故雪后必须及时观赏，“断桥残雪”乃西湖胜景。

四、雾凇、雨凇景

雾凇是一种白色固体凝结物，是由于过冷雾滴附着于地面物体或树枝迅速冻结而成的，俗称“树挂”，多出现于寒冷而湿度高的天气条件下，主要形成在垂直面上。在冬季多雾的天气时，空气中的雾滴在运动中触及树枝、电线、房顶等，会急速结成冰粒，随着时间的推移如此层层冻结下去，便形成绒毛状蓬松白色冰粒层，即树挂。松枝、树丛结满了毛绒状的树挂，像一株株巨大的白珊瑚。我国雾凇景观以吉林松花江畔最为有名，如图 4-1 所示。

图 4-1 雾凇景观

雨凇是形成在地面或地物迎风面上的，透明的或毛玻璃状的紧密冰层，俗称“冰凌”，多在温度为-6～0℃时，由超冷却降水、毛毛雨接触物体表面形成，或是经长期严寒后，雨滴降落在极冷物体表面冻结而成。在我国，雨凇主要出现在峨眉山、庐山和衡山。与不透明的雾凇不同，雨凇如松香般晶莹剔透，冰凌中的松枝绿针叶看得清清楚楚，如同精巧的工艺品，在艳阳或灯光的映照下，犹如清澈透亮的玻璃世界。

五、蜃景

蜃景是大气中的一种光折射现象，它是将远处景物显现在空中或海面上空的一种幻境，有上现蜃景与下现蜃景之分。一般出现在中、高纬度地区的海面（图 4-2）、沙漠等地势开阔的地方。在一定的天气条件下，空气的密度会出现不均匀现象。不同密度空气间可形成界面，这一界面对光线有折射和反折射作用，这样就会使远处冰山、岛屿、城郭或船只出现于空中。

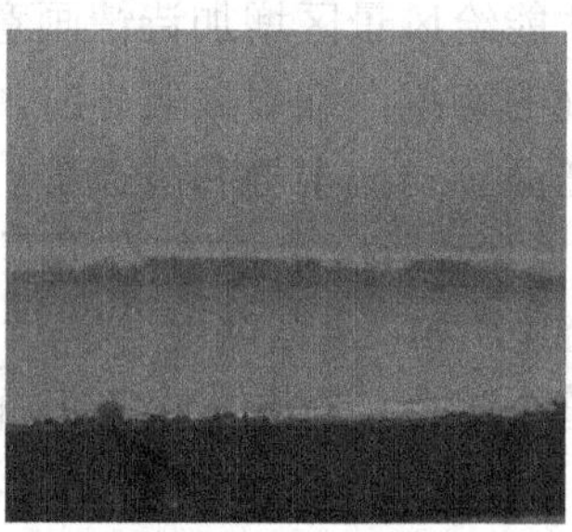

图 4-2 海市蜃楼

蜃景的出现有两个特点：一是在同一地点重复出现，比如美国的阿拉斯加上空经常会出现蜃景；二是出现的时间一定，比如我国蓬莱的蜃景大多出现在每年的 5、6 月份，俄罗斯齐姆连斯克附近蜃景往往是在春天出现，而美国阿拉斯加的蜃景一般是在 6 月 20 日以后的 20 天内出现。

六、宝光景

宝光也称佛光，是山岳峰巅出现的一种特定环境下所产生的大气光学现象，是由于光的衍射作用造成的。佛光是日光在传播过程中，经过障碍物的边或空隙产生衍射作用而形成的。当云层较厚时，日光在射透云层后，会受到云层深处的水滴或冰晶的反射，这种反射在穿过云雾表面时，在微小的水滴边产生衍射现象，有一部分光束会偏离原来的放射方向，其偏离的角度与水滴径成反比，而与各色光的波长成正比，于是，不同的单色光就逐渐扩散开出现一个彩色的光环。

佛光的产生和出现与当地纬度位置、地形特征、气象状态，以及太阳光照的高度和时间有着密切的关系。佛光多出现在中、低纬度地区及高山之巅的云海之中。在水汽丰富的山势高峻地区，半山腰常分布有白茫茫一片云海。阳光出现时，如果人站在顺光（背向太阳）的位置，当太阳、云雾、人三者成40°折角时就有机会看到佛光。由于光线的衍射作用，会在他前面的云幕上出现人影或头影，影外围绕有彩色的光环，霞光四射，似佛像头上的色彩华美光圈，故称佛光（图4-3）。

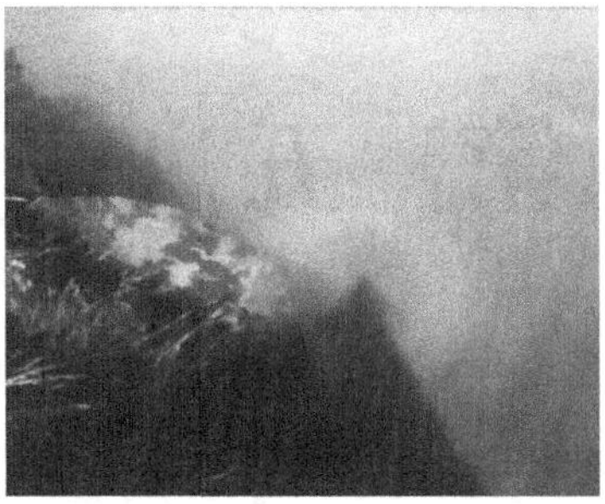

图4-3 佛光

在德国的哈尔兹山，瑞士的北鲁根山，我国的庐山、泰山、五台山、黄山、峨眉山等地均可见到佛光。但以四川峨眉山金顶佛光最为壮观，人们常称其为“峨眉佛光”，每年以12月至次年2月最多，平均每月可出现9～11次，因为金顶一年之中雾日多达320天，所以登金顶常能见到佛光。

本章小结

本章论述了天象、气象、气候旅游资源的概念、特点，分析了气象、气候旅游资源对旅游活动的影响。在天象旅游资源中介绍了太空景观旅游资源、天文观测旅游资源和陨石旅游资源；在气候类旅游资源中介绍了避暑型气候、避寒型气候、阳光充足型气候和极圈“白夜”型气候；在气象类旅游资源中介绍了云雾景、雨景、冰雪景、雾凇景、雨凇景、蜃景和宝光景。

思考与练习

一、单项选择题

雾气形成雾凇所需要的温度是______。

A．−20℃以下　　B．0～1℃　　C．0℃以下　　D．−20～−10℃

二、填空题

1．我国雾凇出现最多的是______。

2．世界三大冰雪艺术景观是：加拿大魁北克雪雕、______和______。

3．月球遮掩太阳的现象叫______。

4．长江流域四大云海是______、______、______、______。

三、问答题

1．简述气象、气候、天象旅游资源的概念及特点。

2．气象、气候旅游资源对旅游活动有何影响？

3．气象、气候条件是怎样影响游客流的时间变化和空间分布的？

第五章 生物旅游资源

学习目标

1. 了解生物和旅游的关系。
2. 掌握生物旅游资源的概念与特点。
3. 掌握生物旅游资源的构景要素和造景特色。
4. 了解自然保护区的概念和功能区划分。
5. 了解动、植物园及田园风光的概念和旅游功能。

第一节 生物旅游资源的概念与特点

生物是地球表面上有生命物体的总称，是自然界的重要组成部分，包括动物、植物和微生物三大类，其中肉眼能看到的是动物和植物。生物是地球演化到一定阶段出现的物质存在的高级形式，据统计，现今被发现、记载的生物大约有200万种。生物是大自然中最活跃和最有生机的因素，一些生物与环境构成了奇特的、绚丽多彩的生态景观，成为人类的观赏、娱乐对象。

一、生物旅游资源的概念

人类肉眼所能观察到的动物和植物，不仅是自然界的重要组成部分，还能装扮山河、美化环境、营造意境，具有一定的美学特征，具有较强的旅游吸引力，是旅游资源的重要组成部分。因此，生物旅游资源是指具有观赏、娱乐、美食、疗养及科研价值，能够吸引旅游者，被旅游业所利用，并由此产生经济效益、社会效益和环境效益的生物资源。生物旅游资源主要包括动物旅游资源和植物旅游资源，是指各种花草、树木、森林和动物。

根据生物旅游资源的形成，可将其分为自然生物旅游资源和人工生物旅游资源。自然生物旅游资源是指自然形成的生物旅游景观；人工生物旅游资源是指根据生物的特点，人与自然共同创造的生物旅游景观。自然生物旅游资源根据其生物学特性又可分为植物、动物及自然生态系统保存较为完整的自然保护区（或森林公园）。人工生物旅游资源根据其创造形成的方式又可分为植物园、动物园和田园风光。

二、生物旅游资源的旅游功能

生物中的动植物是自然环境的重要组成部分，是自然界中最活跃、最有生机的因素。种类繁多、数量巨大的生物以其绚丽多彩和变幻不定的姿态装扮着大千世界。生物的生命活动为人们的生产、生活提供了丰富的物质财富。世界各地自然景观丰富多彩并充满生机和活力，正是生物多样性和分布区域性的结果。随着经济社会的发展，生物以其特有的方式作用并影响着旅游业的发展。

（一）构景功能

种类多样、丰富多彩的生物可以美化环境、装饰山水，使得大自然生机勃勃，色彩斑斓，五彩缤纷，它们是旅游景观的重要组成部分。植物的茎、叶、花的颜色等特征形态各异、变化万千，并具有美化、活化与净化环境的作用，使得不同旅游景区景色不同。不同的生态环境条件下，可以生长不同的动物，各种动物的形、态、颜色、外貌等特征各不相同，使得旅游区景观各具特色并具有活力。“山清水秀”“鸟语花香”“苍翠欲滴”等便是生物构景功能的体现。可以想象，缺少生物，自然景观便会显得缺少活力，比较苍凉，色彩单调，进而减少不少魅力。

（二）成景功能

成景功能是指自然界中由于动植物本身的美感，进而吸引游客所产生的景观。地球表面的各种生物形态万千、颜色各异，不仅具有娱乐、观赏、美食、疗养、寓意蕴情等功能，同时可以美化环境，还可以使人们在观赏中学到一些科学知识，因此深受人们喜爱。例如，生物分布与地理环境的关系，生物分布随纬度和海拔高度变化而明显不同，热带植物与寒带植物在形态及生长过程等方面存在明显的不同，生活在草原上的狼、牛、羊等动物与生活在森林地区的熊、大象、猴子等则在外形、生活习性等方面有很大差别，而牦牛、藏羚羊、藏獒以及虫草等则是中国青藏高原的特有物种。各地发现的生物化石不仅具有观赏功能，满足游客的猎奇心理，同时还具有极其重要的科学研究价值。例如，1946 年在我国四川万县（现重庆万州区）发现的水杉，曾在中生代白垩纪及新生代广泛分布于北半球，但在第四纪冰期以后，同属于水杉属的其他种类已经全部灭绝。而中国川、鄂、湘边境地带因地形走向复杂，受冰川影响小，使水杉得以幸存，成为旷世的奇珍。

（三）造景功能

造景功能是指人们根据生物的特征，将野生生物进行空间移置，在新的空间创造出新的具有旅游观赏价值的景观。这也正是生物旅游资源的独特之处，我们不可能再造一个雄壮巍峨的泰山，也无法再造一个甲天下的桂林山水。只有生物以其特有的生命活力，表现出随四季变化的四时景观，并可根据游客需要进行更新，如通过精心栽培而形成的各种盆景，通过修剪嫁接使植物具有各式各样的形态。通过人工营造环境，将各地的动、植物汇集一园形成的动物园、植物园以及海洋馆等具有较高的科学考察、探奇、观赏、娱乐价值。

人类的种植和养殖等农业活动，形成的各种农业生态景观，同样充满了美学价值，特别是适应了现代社会人们返璞归真、回归大自然的生态旅游发展趋势，对游客尤其是城市游客具有较强的吸引力，形成了田园旅游美景。

三、生物旅游资源的特征

生物旅游资源是旅游资源中最具活力的部分，具有丰富性、特色性、季节性、可持续性、脆弱性、观赏性、冶情性和多功能性等特征。

（一）丰富性

丰富性是指生物旅游资源在空间分布上的广泛性和多样性。生物是自然界长期进化的产物，不同的环境条件下可以生长不同种类的生物，使得生物具有多样性的特点，自然界的生物多达200万种。虽然生物旅游资源仅仅是生物界中少量的，可供人们观赏、娱乐、疗养等的动植物，但其种类也是数不胜数的。

（二）特色性

生物受地域分异规律控制而形成的不同地方有不同生物景观的特点。不同地域的生物，由于长期在特定的自然条件下生存演化，因而形成了不同的生物性状特征。例如，北极熊长期生活在北极冰天雪地的世界里，其皮毛的颜色也为白色，与环境的颜色很为接近，起到保护的作用。再如，猴子主要生活在森林之中，生存的需要使得它们善于攀缘，行动机敏。

生长于地球上不同地带的植物，也因为环境的不同具有不同的特征。例如，热带雨林地区水热充足，树木高大，多为阔叶植物。寒温带地区，气温较低，积温较少，主要生长有针叶林。在干旱、半干旱的沙漠地区，植物为了生存，减少蒸腾，叶子表层具有蜡质或者革质。这些地区有些植物的叶子演化为针状，如仙人掌。

（三）季节性

生物随季节变化而发生的形态和空间位置变换形成季节性旅游景观的特点。植物具有明显的季相变化，一般来说植物春季萌芽、开花，秋季结果，不同的季节表现出不同的形态特征或外貌特征。动物也会由于气候特征的变化在一年中表现出不同的外貌特征，或者为了生存进行季节性的迁徙。例如，许多候鸟秋季南迁越冬，春夏到北方产卵繁殖。

（四）可持续性

生物具有繁殖功能，可维持其生命体的不断延续与增加。生物还可被驯化并具有空间移置性，使人们可以适当改变环境，将野生动植物驯化饲养、移植栽培，由人与自然共同创造形成的生物旅游景观是一种可再生旅游资源。

（五）脆弱性

生物及自然生态系统在抗干扰的能力上较为脆弱。环境的自然变化和人为因素过度影响，都可以使生态系统受到破坏，甚至使某些物种灭绝。在地球演化史上有多种生物就是由于环境变化而灭绝的。例如，中生代侏罗纪和白垩纪时期广泛分布于地球各地的恐龙，因为一颗小行星撞击地球而引起环境变化，恐龙也随之消亡。特别是近代由于人类无休止地开发利用资源，环境污染日益严重，生态环境持续恶化，加剧了物种的灭绝，生物的多样性受到了极大影响，许多生物濒于绝灭。

（六）观赏性

观赏性是不同生物的色彩、形态、发声、习性、运动等特征引起人们美感的特性。生物是在特定的自然地理环境条件下演化而来的，因而不同的区域，种类繁多的生物都具有特定的生物性状。例如，生活在南极洲的企鹅姿态优雅，丛林中的猴子比较敏捷，非洲草原的雄狮威武雄壮，熊猫则憨态可掬等。

（七）冶情性

生物的某些特征中蕴藏着某种备受人们推崇的精神，能够启迪人的心灵，陶冶人的情操，这是生物旅游资源的文化价值所在。由于人们对某些生物的喜爱，赋予它们某种精神象征，如用国花、国鸟等来寄托它们的追求和喜好。特别是中国的文人雅士，往往用梅、兰、竹、菊、松、莲花等来象征自己的志趣。

（八）多功能性

多功能性是指生物因其各自的生态、习性、色彩、造型等特征，能满足人们观赏、娱乐、垂钓、保健、疗养、食用、考察等功能的需要，可以使人们扩大视野、愉悦身心、增加知识、陶冶情操，进而获得经济、社会、文化与生态环境等多种效益。

第二节　植物旅游资源

地球上植物种类繁多，有些植物往往成为一个区域地带性的主要标志。植物旅游资源造景要素较多，以形、色、珍、意为主。植物的形态复杂，不同属种不同形态，仪态万千。植物的茎、叶、花具有不同颜色。其中植物的花色五彩缤纷，是植物最美的部分，也是人们欣赏的主要对象。有些植物数量极为稀少，濒于灭绝。此外还有植物以其固有特质成为人类社会中的精神象征。

一、森林景观

地球上森林总面积为 50 亿 km^2，约占陆地面积的 32.6%。植物生长受当地水热条件的影响，其分布具有地带性的特征。森林景观主要分为热带雨林、热带季雨林、亚热带常绿林、温带落叶阔叶林、寒温带针叶林等。

森林旅游资源的组成以乔木为主，其与林下灌木、草本、生物等构成森林生态系统，是一个复杂的自然综合体。其以森林景观和森林生态环境为主，并和山、水等旅游景观相互依托，与人文景观相互映衬。西双版纳热带雨林、张家界森林公园、广东肇庆鼎湖山亚热带季风常绿阔叶林、东北长白山原始森林等是我国著名的森林景观。

森林景观以其浩大繁茂、蓊郁苍翠、幽深神秘为特色。各地的自然条件不同，森林的树种、树姿外貌也有不同的特征。森林旅游景观可以给人幽、静等美感，可开展探险、探奇、探幽、科学考察、疗养、健康旅游等。

二、草原景观

草原一般是指天然的草地植被，是指在不受地下水或地表水影响下而形成的地带性草地植被。一望无际的、辽阔无垠的草原景观给人旷美的感受。草原有明显的干旱期，季节变化明显。草原与蓝天白云、湖泊雪山、雪白的羊群、矫健的骏马等，共同构成一幅幅壮丽而美妙的风景画。

我国草原以温带、暖温带草原和高山草甸、草原为主，主要分布在内蒙古、新疆天山南北坡、青藏高原等地。内蒙古草原坦荡开阔，“天苍苍，野茫茫，风吹草低见牛羊”是其写照。呼伦贝尔草原是我国最大的草原，锡林郭勒草原是世界著名的天然草原。

三、观赏植物

自然界植物的种类繁多，它们的根、茎、枝、叶、花、果实、种子等形态和颜色各异，都具有观赏价值。通常将观赏植物划分为观花植物、观叶植物、观形植物、藤本观赏植物、水生观赏植物等。

植物最具观赏性的是植物的花。我国有很多观花植物，如图 5-1 所示。中国的传统的名花有：傲霜斗雪——梅花、国色天香——牡丹、千姿百态——菊花、天下第一香——兰花、花中皇后——月季、花中西施——杜鹃、富丽堂皇——山茶、十里飘香——桂花、凌波仙子——水仙。其他还有芍药、海棠、百合、木兰、玉兰、木槿、石榴、蔷薇、紫荆、夹竹桃、玫瑰、芙蓉等。

图 5-1　观花植物——牡丹、梅花

观叶植物在园林、庭院等地随处可见，有些植物秋季颜色变红形成很美的景观，如北京香山的红叶就是闻名世界的美景。所谓“春山淡冶而如笑，夏山苍翠而如滴，秋山明镜而如妆，冬山惨淡而如睡”主要指的就是植物叶的颜色。

秋收季节，苹果、梨、大枣、橘子等硕果累累，也是丰收的象征，可供观赏、采摘。世界十大名果为西瓜（瓜中上品）、葡萄（水晶明珠）、香蕉（长腰黄果）、梨（百果之祖）、苹果（记忆之果）、榴莲（果中之王）、柑橘（美味佳果）、荔枝（果中皇后）、菠萝蜜（微花巨果）、中华猕猴桃（超级水果）。松柏、水杉、雪松、柳树、榕树等树木具有挺拔、伟岸、多姿的美感。常见的藤本观赏植物主要有紫藤、爬山虎、鸳鸯藤、猕猴桃等。水生观赏植物有莲花、芦苇、菖蒲等。

四、奇特和珍稀植物

植物在演化过程中，适应特定的生存环境形成了很多独特的植物。甚至还有一些植物，在地球演化的某个阶段大量存在，人们原来以为它们已经因环境变迁在地球上消失了，但后来又在某些地方发现其还存活着，这样的植物人们称之为植物的活化石。例如，最古老的树——银杏，是现存种子植物中最古老的孑遗植物，远在两亿七千万年前就开始出现，和它同纲的所有其他植物皆已灭绝。银杏被誉为“活化石”，现存活在世的银杏稀少而分散，上百岁的老树已不多见。

原产地主要为热带地区的猪笼草，拥有一个独特的吸取营养的器官——捕虫笼，呈圆筒形，下半部稍膨大，笼口上具有盖子，成为一个用以诱捕昆虫的捕虫袋，昆虫一旦跌入，便会被笼内所分泌的消化液粘留淹死并“消化”，其养料则被植物吸收。

生长在非洲西南沿海纳米比亚及安哥拉的沙漠中的千岁兰，茎十分短粗，直径有 1m 左右，高出地面仅 20～30cm，寿命很长，一般在 400～1 500 岁之间，就算 5 年内一滴雨也不下，千岁兰仍然能够在沙漠地区存活。

含羞草由于叶子会对热和光产生反应，受到外力触碰会立即闭合，因而得名。

五、风韵植物

许多植物的叶、花、果、枝或整个植株具有其特殊的风韵，而成为人类社会文化中另一种事物或精神的象征者，称为风韵植物（图 5-2）。梅、兰、竹、菊被称为“四君子”，品质分别是傲、幽、坚、淡；“花草四雅”是兰、菊、水仙、菖蒲；“园中三杰”是月季、玫瑰、蔷薇；“岁寒三友”是松、竹、梅。

另外，还有一些植物或花、果具有象征意义，如梅花——高洁，桃李——门生，松柏——坚贞，竹——潇洒，石榴——多子，桃子——长寿，红豆——思慕，松、竹、梅——高尚，玫瑰——爱情，百合花——纯洁，紫罗兰——诚实。

图 5-2　风韵植物——兰花、菊花

六、古树名木

古树名木一般是指在人类发展历史过程中保存下来的年代久远或具有重要科研、历史、文化价值的树木。古树是指树龄在 100 年以上的树木；名木是指历史上或因名人手植，或因神话故事传说，或因形态别致而具有极其重要的历史、文化价值、纪念意义的树木。古树名木虽不能独立成景，但在风景区的形成中却具有重要意义。我国古树名木数量丰富，多分布在著名的寺院、道观和名山。

第三节 动物旅游资源

一、动物的造景特色

动物是自然界中灵动的和最具活力的生命存在形式，与植物相比，它们可以运动，可主动改变生活处所，可发声，且通人性。有些动物还具有季节迁徙现象。动物旅游资源的造景特色比植物灵活、复杂，最基本的特色是形、态、声、色、稀。

形：主要是指动物的形体特征。动物由于生活的地域或地理位置、气候带不同以及生活习惯的差异，显示出特有的形体造型以吸引旅游者。

态：主要是指动物的行为动作和动态。一些动物幼稚而滑稽的动作和表情，富有情趣，常成为吸引旅游者的一大特色。

声：动物大多会发声，如果没有鸟鸣、禽语，地球上会显得冷清。

色：是动物旅游资源的又一重要造景特色。各类动物五颜六色，艳丽夺目，吸引着旅游者。

稀：有些动物吸引旅游者在于它的珍和稀。濒临灭绝的珍贵而稀有的动物是游人必然观赏的对象。

二、动物旅游资源的分类

世界上动物种类繁多，目前已知的动物种类大约有150万种，可分为野生和家养两大类，每一大类又分别包括多种脊椎动物和无脊椎动物。动物旅游资源可作为观赏对象、狩猎对象及食用对象。世界各地历来就有观赏动物的传统，从动物旅游资源的审美角度和其构景要素出发，可将其分为观赏动物、迁徙动物和珍稀动物。

（一）观赏动物

观赏动物是指动物的体态、色彩、运动和发声等方面的特征能引起人们美感的动物。根据观赏动物的主要美学特征将其划分为观形动物、观色动物、观态动物、听声动物和科学观赏动物。

1．观形动物

动物的体形千奇百怪、千差万别、各具特色，尤其是一些体形奇特的动物，更是蕴藏着一种独特的形态美，能给人以形态美的感受。例如：虎，体形雄伟，给人以王者的气概，我国的东北虎体重可达200kg，体态魁伟；企鹅，小巧玲珑，白白的肚皮穿着“燕尾服”，走起路来摇头摆尾，活泼可爱；长颈鹿，腿修长、头高昂，给人以典雅华贵的感觉；骆驼，头较小，颈粗长，弯曲如鹅颈，躯体高大，体毛褐色，极能忍饥耐渴，被称为“沙漠之舟”；“四不像”——麋鹿，尾巴似马而非马，角似鹿而非鹿，蹄似牛而非牛，颈似骆驼而非骆驼，极具观赏价值。

2. 观色动物

世界上以色彩斑斓吸引旅游者的动物比比皆是。有的动物为纯一色彩，如：北极熊雪白的绒毛给人以洁白无瑕的感觉；黑叶猴从头到脚闪亮的黑色如乌金一般。大自然中的动物更多地为各种色彩的组合，如：黑白条斑排列极具韵律的斑马；色彩艳丽的孔雀；通身为火红色的火烈鸟；全身棕黄而遍布黑褐色金钱花斑的金钱豹；几乎通体白色、红色只点顶的丹顶鹤。此外，色彩斑斓、五彩缤纷的鱼儿、昆虫及各种鸟儿等同样让人陶醉。这些不同的色彩常常成为游客观赏动物的主要内容之一。

3. 观态动物

许多动物的行为动作也能引起人的美感，进而深受人们喜爱。猛虎下山之威武，鱼游水中之自由，骏马奔腾之矫健，猿猴攀援之灵巧，象出深林之雄壮，雁过蓝天之整齐，熊猫行走之憨态，以及孔雀开屏之美丽等，给人们以无限想象，常令人赞叹不已。猴、熊、狗和海狮等聪明的动物，经过人们的精心训练，可模仿各种动作并进行杂技表演，更是老少皆宜的旅游娱乐项目，给人们增添无限的乐趣。

4. 听声动物

不少动物发出的悦耳之声能给人以听觉美的享受。“鸟语花香”“莺歌燕语”“蝉蛙和鸣”等优美词汇便是人们对动物优美声音的由衷欣赏与赞美，如：夜莺，其鸣声悠扬婉转、娓娓动听；黄山八音鸟，一声能发出八个音，鸣声音调尖柔多变，音色清脆悦声；鹦鹉，善于模仿人的声音，更是颇受人们的喜爱。有的动物能发出奇特的声音，如澳大利亚的国鸟——笑笑鸟能发出像人一样爽朗洪亮的笑声，云南鸡足山的念佛鸟发出“弥陀佛”的叫声，峨眉山万年寺的弹琴蛙，叫声如委婉动听的古琴声。此外，狼吼、猿啼等动物的声音也给人以不同的感受。

5. 科学观赏动物

科学观赏动物是指除一般观赏外，还可以用来进行教学科研观赏和科普观赏的动物，科学观赏动物一般按动物进化序列和区系类群划分展示。

（二）迁徙动物

为捕食、繁殖和寻找更为舒适的环境，许多野生动物都有集体随季节变化而迁徙的本能。这种大规模的集体远征，使某一物种的动物在某一时段具体空间内形成极具观赏价值的旅游胜景。根据动物迁徙的空间位置和迁徙方式，迁徙动物可分为迁飞动物、迁移动物和洄游动物。

1. 迁飞动物

迁飞动物主要是指随季节变化在空中长途迁飞的鸟类和昆虫。鸟类随气温的变化而迁飞，在北半球，一般夏季在凉爽的北方居住，秋天往南迁飞，到温暖的南方越冬，春天又飞回北方，这种迁飞的鸟类叫候鸟。对具体一个地区来讲，来此过夏天的叫夏候鸟，来此越冬的叫冬候鸟，途经该地的叫旅鸟。春燕是我国人民最熟悉的夏候鸟，每年春天从印度等地千里迢迢飞到我国各地，在屋檐和房梁上筑巢、安家、生儿育女，幼燕长大后的深秋又陆续飞往印度越冬。鸿雁是我国南方的冬候鸟，每年中秋前后，生活在西伯利亚一带的鸿雁云集成群，排成一列纵队或“人”字雁阵，迁飞到我国南方越冬，来年春天再北返。新疆天鹅湖的天鹅、青海湖鸟岛的鸟群、鄱阳湖的鹤群及昆明的红嘴鸥等都是著名的旅游胜景。

昆虫的迁飞最闻名的要数蝴蝶，地球上14 000多种蝴蝶中有200多种能像候鸟一样随季节迁飞。美洲的彩蝶王，每年春秋之际在中美洲和加拿大之间迁飞，途经45 000多公里，千百万只彩蝶王在天空中与飞云竞驰，和流霞争艳，蔚为壮观。台湾高雄的蝴蝶谷闻名于世，尤为奇特的是在美侬的“黄蝴蝶谷”里，蝴蝶择色为伍，满谷几乎清一色的都是黄蝴蝶，构成了自然界一大奇景。云南大理的“蝴蝶会”也是极为壮观的旅游胜景。

2．迁移动物

迁移动物是指随季节变化在陆地上迁移的动物。驯鹿是最有名的迁移动物，它们生活在北半球寒带及北极圈内，每年深秋，成千上万头驯鹿汇集成巨大的鹿群向南迁移至冻土带边缘的森林地带，10～11月在越冬途中交配，雄鹿经过一番剧烈的竞争交配后，继续南迁，怀孕的母鹿和幼鹿滞留在途中，次年春天由母鹿充当先行者再向北返回到达冻土带僻静处养儿育女，抚育幼鹿。

3．洄游动物

洄游是鱼类运动的一种特殊形式，是一些鱼类的主动、定期、定向、集群、具有种的特点的水平移动。洄游可分为索饵洄游、越冬洄游和生殖洄游（产卵洄游）。例如，中华鲟形成了稳定的生殖洄游习性，有自古以来固定不变的航道：亲鱼从近海洄游到长江上游的金沙江一带产卵，孵化出的鲟苗顺流而下，漂游入海，大约10年后，幼鲟长大了，又追寻它们童年的足迹，从大海返回上游寻根产卵。

（三）珍稀动物

珍稀动物是指野生动物中具有较高社会价值，现存数量又极为稀少的珍贵稀有动物。世界珍稀动物是指在世界范围内都极为稀少珍贵的动物，这些动物深受世界人民喜爱，有的被视为民族精神的象征，有的被视为国宝。

我国幅员辽阔、环境多样，具有不少珍禽异兽，许多动物是属于世界性的珍稀动物。我国一类保护动物中的大熊猫、金丝猴、白鳍豚和白唇鹿被称为四大国宝动物。

世界上比较著名的珍稀动物有：

1．无翼夜行的几维鸟

几维鸟为新西兰的国鸟，因叫“几维”声而得名。几维鸟是鸟中最原始的种类，没有翅膀也没有尾羽，不能飞翔，凭借粗壮有力的双脚却行走如飞，时速可达10英里（约16公里），新西兰人把几维鸟看成自己民族的象征。

2．光彩夺目的极乐鸟

南太平洋的巴布亚新几内亚是世界珍禽极乐鸟的主要栖息地，极乐鸟头部为金绿色，披一身艳丽羽毛，长长的大尾羽更是妩媚动人、光彩夺目。极乐鸟对爱情忠贞不渝，一旦失去伴侣，另一只鸟就会绝食而死。巴布亚新几内亚人把极乐鸟视为其民族象征，在其国旗、国徽，甚至民航客机和各种纪念品上均印有极乐鸟的形象。

3．似猪非猪的美洲貘

美洲貘产于中美洲，体形肥壮，四肢短粗，吻长尾短，长相酷似黑猪。美洲貘寿命较短，数量极少，国际自然与自然资源保护联合会将其定为濒危级保护动物。美洲貘没有锋利的牙齿、尖锐的脚趾和坚硬的触角等起码的生命保护武器，但它靠高超的游水技能，遇敌入水，顽强地生存下来，为动物界的罕见奇观。

4. 中国国宝大熊猫

大熊猫是世界上最珍贵的动物之一，一万多年前曾遍布我国，现遗留下的数量极少，仅分布在四川、甘肃、陕西的个别崇山峻岭中，成为研究生物进化的活化石。大熊猫身体胖软，头圆颈粗，耳小尾短，四肢粗壮，一对八字形的黑眼圈犹如戴着一副墨镜，非常惹人喜欢，我国把它视为国宝，为国家一级保护动物，世界野生动物协会还把它选为会标。

5. 中国独有的猴——金丝猴

金丝猴是灵长类中最漂亮的动物，圆头长尾、清面蓝鼻、鼻孔朝天，肩背毛光亮如黄金金丝，因此得名。金丝猴仅生活在中国部分海拔 1 400～3 000m 的高山密林中，擅长攀树，动作灵活，聪明过人，在神农架等地建有专门保护金丝猴的自然保护区。

6. 最大最珍贵的江河哺乳动物——白鳍豚

白鳍豚是我国特有的珍稀淡水哺乳动物之一，长 2m 多，重约 100kg，背部浅灰蓝色，腹部纯白，善于游水，时速可达 80km 左右，由于长期生活在浑浊的江水中，视听器官已退化，但大脑特别发达，声呐系统极为灵敏，头部还有超声波功能，一遇紧急情况，立即潜水躲避。白鳍豚仅分布在我国长江中下游江湖中，数量极为稀少，十分珍贵。白鳍豚不仅被列为国家一级野生保护动物，也是世界 12 种最濒危动物之一。

7. 世界屋脊之鹿——白唇鹿

在有“世界屋脊”之称的青藏高原的黄河源头巴颜喀拉山北麓的鄂陵湖和扎陵湖地区，生长着世界珍稀的一种鹿，因鼻端两侧和下唇为纯白色而称为白唇鹿。白唇鹿特别温驯，你若喂它草，它会亲昵地闻闻你的手，任你抚摩拍照，深受小朋友喜欢。1972 年一对白唇鹿曾作为和平使者由周总理代表中国少年儿童赠予斯里兰卡小朋友。

8. 朱鹮

朱鹮又称朱鹭、红朱鹭、红鹤等，系东亚特有物种。朱鹮为雄雌同形同色的鸟类，成鸟全身羽色以白色为基调，但上下体的羽干以及飞羽略沾淡淡的粉红色。朱鹮性格温顺，我国民间都把它看作是吉祥的象征，称为“吉祥之鸟”。朱鹮曾广泛分布于东亚地区，后来数量急剧减少，1981 年在我国陕西洋县发现了 7 只，被列为国家保护鸟类及国际最稀有的鸟类之一，并在洋县建立了朱鹮自然保护区。

第四节　自然保护区

自然保护区是全球广泛设立的自然保护的区域，是地球上自然生态系统保存相对较完整的地段。现全球已形成了较为完整的自然保护区网落，自然保护区优良的自然生态景观对游客具有较强的吸引力，世界各国的许多名胜地均位于自然保护区内，随着旅游需求的增长，更多的自然保护区将成为旅游开发的对象。

一、自然保护区的概念

自然保护区的定义分为广义和狭义两种。狭义的自然保护区，是指以保护特殊生态系统进行科学研究为主要目的而划定的自然保护区，即严格意义的自然保护区，包括不同类型的各种生态系统的代表。

广义的自然保护区，是指国家用法律形式确定的受国家法律特殊保护的各种自然区域的总称，是一个事业性的实体机构，包括国家公园、风景名胜区、自然遗迹地等各种保护地区，在其所属范围内，严禁任何破坏或是直接利用自然资源的经营性生产活动。

自然保护区因其保护的自然性质类型很多，名称也就很多。据统计，全世界自然保护区的名称有40多种，世界性的有世界自然历史遗产、人与生物圈保护区和世界地质公园等，各国的有国家公园、自然公园、保护公园、生物保护区、森林保护区、狩猎动物保护区等，我国称自然保护区、国家森林公园等。

二、建立自然保护区的目的和意义

自然界哺育了人类，而人类不合理地利用自然使森林遭砍伐、动物遭捕杀、环境遭污染、土地遭退化，许多野生动植物濒临灭绝。17～19世纪每天平均消灭一个物种，最近一二百年来生物灭绝的速度达到空前，并且是同时发生在动物界和植物界，就全部生物物种估计，目前平均每天就有几个物种灭绝，并且灭绝的种数与日俱增。如不保护大自然，物种消失的速度将更快。近两千年来，已经有110种兽类和139种鸟类从地球上消失，而其中1/3是近50年内消失的。在这些被灭绝的动物中，至少有3/4是由于人类直接捕杀造成的，另1/4则是由于人类破坏其生存环境引起的。许多鱼类、昆虫、软体动物和植物，就是由于其生存环境遭受人类破坏而灭绝了。近30年来，我国野生动物数量急剧减少，其中野象、大熊猫、野骆驼、扬子鳄、白鳍豚、东北虎、朱鹮、丹顶鹤等数十种动物正濒临灭绝。动植物和自然环境是人类赖以生存的基本条件，保护自然就是保护人类。因此，为了保护各种重要的生态系统及其环境，拯救濒临灭绝的物种就要对特殊区域进行保护和管理。

建立自然保护区有着重要的意义，主要体现在以下几个方面：

（1）**为人类提供研究自然生态系统的场所** 自然保护区里保存着较为完整的生态系统、丰富多样的物种及接近自然状态的环境，是研究各类生态系统自然过程的基本规律、研究物种的生态特性的重要基地，也是环境保护工作中观察生态系统动态平衡、取得监测基准的地方。

（2）**为人类提供自然生态系统的天然“本底”** 自然保护区保留了一定面积的各种类型的生态系统，可以为子孙后代留下天然的“本底”。这个天然的“本底”是今后在利用、改造自然时应遵循的途径，为人们提供评价标准以及预计人类活动将会引起的后果。

（3）**自然保护区是保护生物多样性、保护遗传资源多样性的动态基因库** 自然保护区能够保存多种生物及其赖以生存的环境，是保护物种及遗传资源多样性的动态基因库。人们可以找到大自然所提供的大量物种，是进行育种、制药、科学研究和其他用途的宝贵资料。

（4）**是宣传教育的活的自然博物馆** 自然保护区内通常都设有小型的展览馆，通过模型、图片、录音、录像等设施，可以用来普及有关科学知识，宣传进行自然保护的重大意义，提高国民的自然保护意识。

(5) **能在涵养水源、保持水土、改善环境和保持生态平衡等方面发挥重要作用**　自然保护区由于保护了天然植被及其组成的生态系统，在改善环境、保持水土、涵养水源、调节气候、维持生态平衡等方面具有重要的作用。特别是在河流上游、公路两侧及陡坡上划出的水源涵养林，是自然保护区的一种特殊类型，能直接起到环境保护的作用。

(6) **自然保护区是旅游胜地**　自然保护区保存了完好的生态系统、珍贵而稀有的动植物或地质剖面，对旅游者有很大的吸引力。在不破坏自然保护区和严格管理的条件下，划出一定区域，有限制地开展旅游活动，满足人民群众对美丽自然景观欣赏的需要。

三、自然保护区的旅游开发与保护

（一）自然保护区的功能

虽然世界各地自然保护区的保护对象各不相同，但“保护”是其共同的首要功能。除保护外，人们已逐步认识到它的其他功能，除极少数绝对保护区外，大多数自然保护区都向着保护、科研、教学、旅游、生产等多功能发展。自然保护区在结构上可以分为核心区、缓冲区、过渡区。核心区是根据明确的保护目的而划定的受到严格保护的自然生态系统，因此核心区是严格保护区，不允许生产利用；缓冲区只可进行一些与核心区的保护相符的活动，主要包括科学研究、环境教育、科学实验和培训等；核心区和缓冲区的外围是过渡区，过渡区可推动生物圈保护区许多具有特色的功能，尤其是发展功能，可进行保证持续发展的开发利用，如教学、旅游、农业生产等活动。

（二）自然保护区的旅游开发与保护

虽然自然保护区类型多样，但自然保护区一般都具有优美的自然景观、珍稀奇特的动植物，对旅游者有很大的吸引力，特别是以保护自然景观为主要目的的自然保护区更是旅游者向往之地，是人们探索自然奥秘、休闲度假的好去处。世界上许多著名的旅游胜地都位于自然保护区内，如美国的黄石国家公园、日本的富士山、法国的阿尔卑斯山等。中国境内的九寨沟、神农架、西双版纳等风景名胜区同样位于自然保护区内。随着经济社会和旅游的发展，一些保护区为了追求自己的利益，对自然保护区的旅游开发强度越来越大，景区内的旅游接待压力也越来越重。尤其是长假期间，一些著名的旅游景区内呈现人山人海的景象，人满为患，而这与设立自然保护区的初衷相背离。在过度开发和利用不当的情况下，必然会对自然保护区造成一定的破坏。因此，在发挥自然保护区旅游功能的同时，应本着开发与保护并重的原则，加强管理，充分利用自然保护区内的展览馆等设施做好宣传教育工作，使人们在自然保护区内进行旅游的过程中同时得到环境教育，培养和增进环境保护意识。

四、世界自然保护区

（一）世界自然保护区网络的建立

为了保护自然景观与珍稀动植物，美国于 1872 年建立了世界上第一个国家公园——黄石国家公园，该公园代表了近代自然保护区建设事业的开始。1879 年，澳大利亚在悉尼附近建立了世界上第二个国家公园，即约占国土面积 3%的皇家国家公园。到 1975 年，世界上已有 102 个国家和地区建立了自然保护区或国家公园。1972 年联合国在瑞典斯德哥尔摩召开了第一次人类环境会议，建立了国际性组织和国家机构，促进自然保护的规划和管理。例如，联合国教科文组织成员国公认的具有显著的世界价值的自然或文化遗址；联合国教科文组织的“人与生物圈计划”在全球建立了生物圈保护区；各国相应建立国家级、州（或省）及县级自然保护区。到 1986 年为止，全世界已建立各类较大面积（1 000 公顷以上）的自然保护区 4 190 个，面积达 58 287 万公顷，形成了较为完善的自然保护区网络。目前，全球国家公园及自然保护区面积占陆地总面积的 12%，美国、德国等发达国家的保护区要占到国土面积的 20%以上。这种庞大的自然保护区网络成为全球生物多样性保护的一道有力屏障。

（二）世界自然保护区的旅游开发

世界各国对自然保护区的旅游开发也不尽相同。有的国家的自然保护区在早期仅仅是保护和科学研究，随着对保护区的功能认识方面的深入，逐步建立起了集保护、科研、教学、旅游、生产为一体的综合自然保护区。有些国家的自然保护区在建立当初就是集保护与旅游为一体的，旅游是其主要功能之一，这从世界上繁多的自然保护区名称上可以得到验证，如“国家公园”“保护公园”“自然公园”“省立公园”“州立公园”等均有旅游含义的“公园”二字。

世界自然保护区旅游开发最为成功的要数美国黄石国家公园。黄石国家公园位于西部北落基山和中落基山之间的熔岩高原上，大部分在美国中西部怀俄明州的西北角，并向西北方向延伸到爱达华州和蒙大拿州，面积达 8 956km^2，森林约占全国森林面积的 90%。黄石国家公园是世界上最早的国家公园，并在 1978 年被列为世界自然遗产，因园内的黄石河两旁峡壁呈黄色而称为黄石国家公园。黄石国家公园中有世界上最大的间歇泉集中地带，全球一半以上的间歇泉都在这里，其中尤以每小时喷水一次的“老忠实泉”最著名。黄石国家公园还是个野生动物保护区，栖息着北美野牛、灰狼、棕熊、驼鹿、麋鹿、巨角岩羊、羚羊、羚牛等野生动物。黄石国家公园以熊为其象征，园内大约有 200 多只黑熊，100 多只灰熊，250 多只狼。公园内黄石河由黄石峡谷汹涌而出，切穿而创造了神奇的黄石大峡谷，并形成了许多激瀑布，蔚为壮观，在阳光下，两岸峡壁的颜色从橙黄过渡到橘红，仿佛是两条曲折的彩带。公园内富有湖光、山色、悬崖、峡谷、珍稀动植物、瀑布、温泉等景观，其中最具特色的是温泉和生物季相变化。黄石国家公园一直都以保护自然风光著称于世，自建公园以来，各种旅游资源都受到法律的保护。历经 100 多年来，公园内的服务设施与自然景色协调，每个风景点附近都设有宿营地，每当夜幕低垂时，人们搭起款式多样的帐篷，点燃篝火，在大自然的怀抱里度过宁静清幽的良宵。

五、中国自然保护区

（一）中国自然保护区网络的建立

我国真正建立保护区的工作比美国晚了 80 多年，是在新中国成立后才开始的。1956 年 9 月，在第一届全国人大第三次会议上，秉志、钱崇澎、杨帷义、秦仁昌、陈焕镛等

5 位科学家联名提出 92 号提案——《请政府在全国各省（区）划定天然林禁伐区，保护自然植被以供科学研究的需要》。提案得到国务院的重视，并予通过。同年 10 月，林业部制定了《关于天然森林禁伐区（自然保护区）划定草案》，这是我国第一个关于自然保护区建设的法规性文件，开创了我国自然保护区建设的历史。在此背景下，1956 年在广东省肇庆市建立了保护南亚热带季雨林为主的我国第一个自然保护区——鼎湖山自然保护区。之后，1957 年在福建建立了万木林自然保护区。其后除国家继续建立外，各省、各地县均建立自己的保护区。截至 1992 年底，全国各类自然保护区已达 700 多个，其中有的具有国际性科学意义，被纳入世界自然历史遗址和人与生物圈保护区，有的被列为国家重点保护区；到 2013 年我国已建立各级各类自然保护区 2 669 个，总面积 149.65 万 km^2，占国土面积 15%，涵盖天然湿地、天然森林、野生动植物种群等，其分布遍及全国各省（区、市），初步形成了类型齐全、布局较为合理、功能比较健全的全国性自然保护区网络。

（二）中国自然保护区类型及旅游开发

中国自然保护区根据其保护级别可分为世界级、国家级和地县级三大类，各大类的情况如下：

1. 世界级自然保护区

世界级自然保护区是指位于中国的具有国际性科学意义的自然保护区，包括世界自然历史遗址、人与生物圈保护区和世界地质公园。截至 2014 年 6 月，中国已列入《世界遗产名录》的世界遗产共有 47 项（包括自然遗产 10 项、文化遗产 30 项、自然文化双重遗产 4 项、文化景观 3 项），在数量上居世界第二位，仅次于意大利，包括黄山、泰山、黄龙寺、九寨沟、武陵源、长城、北京故宫、莫高窟、秦始皇陵、周口店北京人遗址、布达拉宫、孔庙孔林孔府、峨眉山及乐山大佛、武当山古建筑群等，其中首都北京拥有 6 项世界遗产，是世界上拥有遗产项目数最多的城市。截至 2013 年，我国加入人与生物圈保护区网的自然保护区有 30 个，包括新疆博格达峰自然保护区、内蒙古锡林郭勒自然保护区、福建武夷山自然保护区、广东鼎湖山自然保护区、四川卧龙自然保护区、湖北神农架自然保护区、贵州梵净山自然保护区和吉林长白山自然保护区等。至 2013 年，中国已有 29 处地质公园进入教科文组织世界地质公园网络名录，包括云南石林、江西庐山、广东丹霞山、河南王屋山、河南嵩山、安徽黄山、山东泰山等。这些自然保护区都是中国闻名世界的最著名的风景名胜地。

2. 国家级自然保护区

国家级自然保护区是指受法律保护的，具有全国意义的国家直接管理的自然保护区，包括国家重点保护区、国家森林公园、国家重点风景名胜区和国家地质公园。截至 2013 年年底，全国（不含港、澳、台地区）共建立国家级自然保护区 407 个，占国土面积的 9.7%，如云南西双版纳自然保护区、福建武夷山自然保护区、吉林长白山自然保护区等。1983 年正式批准张家界国家森林公园后，陆续建立了其他的国家森林公园，截至 2013 年年底，我国国家级森林公园数量达到 779 处，如浙江兰亭森林公园、北京八达岭森林公园、广东南岭森林公园。自 1982 年，国家公布第一批 44 处国家级风景名胜区后，截至 2012 年年底，我国共有国家重点风景名胜区 225 处，包括河北北戴河风景名胜区、山西五台山风景名胜区、杭州西湖风景名胜区等。我国于 2001 年公布第一批国家地质公园，截至 2014 年年底，国土资源部一共公布 7 批共 240 家国家地质公园，包括云南澄江国家地质公园、河南焦作云台山国家地质公园、四川黄龙国家地质公园等。

3. 省、地、县级自然保护区

这是由当地政府管理的自然保护区，受同级法律保护，此类保护区数量众多，不少已进行旅游开发，如北京密云县的雾灵山自然保护区、北京怀柔区的喇叭沟门自然保护区、湖北石首天鹅洲麋鹿自然保护区。

第五节　动、植物园及田园风光

基于生物的可驯化性与可移置性等特点，由人与生物共同创造形成的动、植物园及生态农业形成的田园风光等具有极高的旅游价值，越来越受到人们的青睐，成为人们观光旅游、休闲娱乐及科学考察的重要旅游资源。

一、植物园

植物园是调查、采集、鉴定、引种、驯化、保存和推广利用植物的科研单位，以及普及植物科学知识，并供群众游憩的园地。随着经济社会和旅游的发展，植物园越来越吸引着游客，世界各地著名的大植物园都是游客向往的旅游胜地，各国各地区的小型植物园也是人们娱乐休闲的好地方。比较著名的植物园有：

（一）英国邱园（英国皇家植物园林）

英国邱园位于伦敦郊区泰晤士河东岸，占地面积 1 821 亩，自 1759 年起，由英国皇宫在原邱宫经营的一个小规模植物园基础上，逐步发展成为现在世界上最有名的植物园。它经过长期引种驯化，拥有世界上已知植物的 1/8，约 5 万种，收藏种类之丰富，堪称世界之最。收藏着 600 万份标本，建有 4 座博物馆和植物书籍极为丰富的图书馆，堪称世界第一流的植物宝库和植物研究中心。邱园宜人的美景，虽只被邱园认为是“副产品”，然而这一副产品却吸引世界各地的人前去参观旅游。

（二）中山植物园

南京中山植物园原名总理陵园纪念植物园，是中国第一座国立植物园，建于 1929 年，是中国四大植物园之一，是一座享誉中外，集科研、科普和游览于一体的综合性现代化植物园，是中国植物科学研究、观赏和植物学知识普及教育的基地。南京中山植物园作为我国及北亚热带的植物研究中心，植物园保存植物 3 000 种以上；建成专类园（区）10 个；拥有馆藏标本 70 万份；设有观赏植物中心、药用植物中心、植物信息中心、植物迁地保护重点实验室和华东地区最大的植物标本馆，是中国最早加入“国际自然和自然资源保护联盟”的植物园，为 IUCN 濒危植物委员会成员；曾成功地主办了亚洲史上第一次国际植物园学术讨论会及第十一届国际植物园协会大会。目前开放的有 500 亩，每年接待数以万计的游客。

（三）北京植物园

北京植物园于 1956 年建园，是集植物科学研究、植物知识普及、游览休憩、新优植物推广等功能为一体的大型综合性植物园，由植物展览区、名胜古迹区、科研区和自然保护区组成。植物园内引种栽培植物一万余种（含品种），近 150 万株，栽有 1 500 多种热带、亚热带植物，其中有石头花、光棍树、舞蹈兰等珍贵植物，是目前我国北方最大的植物园，也是专门从事植物引种驯化理论研究和实验的科研基地。北京植物园展览区又分为园林植物展览区和经济植物展览区。园林植物展览区设有温室，可供热带、亚热带植物展出，细分为棕榈室、王莲室、多浆植物、药用植物、兰科植物、芳香植物、热带果树、柑橘类等植物区，是游客最感兴趣的地方。经济植物标本园内有油料植物区、芳香植物区、维生素植物区、淀粉植物区等。整个展览区面积 500 亩，全部向游人开放，每年接待 10 万以上人次。

（四）民勤沙生植物园

民勤沙生植物园位于甘肃省民勤县，是我国第一个具有北方荒漠的植物园，是中国西北地区荒漠植物的科研、教学和国内外学术交流的活动场所。该植物园以沙生、旱生植物的引种驯化为中心，主要从事发掘沙区野生植物资源、选育良种、繁殖推广等工作，同时开展荒漠植物的生物学、生理学、生态学的特性观察、测定及探索经济利用途径等实验研究。

我国其他著名的植物园还有昆明植物园、西双版纳热带植物园、杭州植物园、上海植物园、黑龙江森林植物园、华南植物园等。

二、动物园

动物园是指由人工饲养、繁育的动物聚居场所。其主要功能是进行科学研究和科普宣传。动物园具有极高的观赏性，同时其参与性强，因而其对游客有着较强的吸引力。动物园又可分为以下几种：

（一）综合性动物园

综合性动物园饲养有不同地域、不同种属的各类动物。例如，北京动物园始建于清光绪三十二年（1906 年），是中国开放最早、饲养展出动物种类最多的动物园，饲养展览动物 500 余种 5 000 多只，海洋鱼类及海洋生物 500 余种 10 000 多只，每年接待中外游客 600 多万人次。该园占地面积约 86 公顷，水面 8.6 公顷，是中国最大的动物园之一，也是一所世界知名的动物园。

（二）专门性动物园

专门性动物园是指专门饲养、繁育某一种或某一类动物为主的场所。例如，广州白云山、大连老虎滩和无锡凤鸣谷鸟园是国内较早、规模较大的鸟园。香港海洋公园、上海长风海洋世界与青岛水族馆则是以海洋生物为主的专门性动物园。世界上较著名的专门性动物园有新加坡的裕廊飞禽公园、美国西部圣迭戈城的海洋世界、檀香山的海生动物园等。

（三）野生动物园

野生动物园中的野生动物是指生存于自然状态下，非人工驯养的各种哺乳动物、鸟类、爬行动物、两栖动物、鱼类、软体动物、昆虫及其他动物。野生动物园可以是综合性的，也可以是专门性的。坦桑尼亚的塞伦盖蒂国家公园是世界著名的国家公园，总面积 2 万余平方公里，是坦桑尼亚野生动物最集中的地方，园内野生兽类总数达300多万头。广州香江野生动物园、西安秦岭野生动物园和云南野生动物园是中国三大著名的野生动物园。

（四）狩猎场

狩猎是一项集健身、探险、旅游为一体的活动。狩猎场的动物既有野生的，也有人工养殖的。黑龙江桃山国际狩猎场是我国第一个国际野生动物狩猎场，为小兴安岭山脉的一处山区，距哈尔滨东北238km，1984年始起用，占地面积10万公顷，植物繁茂，溪流纵横，覆盖率达90%，是动物栖息的天然场所。该狩猎场有马鹿、黑熊、野猪、狍子、獐子、猞猁、水獭等51种兽类，有榛鸡、山鸡、鸳鸯等250多种鸟类。坦桑尼亚的塞卢斯野生动物保护区，是世界上规模最大、动物种类最多的天然游猎区之一。

三、田园风光

由人类的种植和养殖等农业活动所形成的与大自然协调的田园风光，给人以安静闲适的感觉，没有污染，没有喧闹，远离浊世，清净悠然，适应了近些年城市化进程加快，人们返璞归真，追求向往大自然的趋势，对游客尤其是城市游客具有较强的吸引力。田园风光又分为种植风光和养殖风光。

（一）种植风光

种植风光是指由单一作物品种种植形成的具有一定规模和美学价值的田园风光。根据种植作物不同分为乔木、矮树、灌木与草本4类。热带地区大面积种植的橡胶林、成规模种植的果园、一望无际的麦田或稻田等均属于此类。

（二）养殖风光

养殖风光是指由大规模地养殖动物并与其生活的自然环境共同组成的田园风光。根据养殖动物的不同又分为兽群、鱼塘、鸭塘等。

草原上“风吹草低见牛羊”的景观和闻名于世的“蔗基鱼塘”和“桑基鱼塘”等都属于此类，均是都市人向往的田园美景。

本章小结

本章主要阐述了生物旅游资源的概念、分类、特征、旅游吸引因素和旅游功能。在动植物旅游资源中阐述了其概念、特征、分类，介绍了自然保护区的概念，建立自然保护区的目的与意义，自然保护区的发展与分类及我国主要的自然保护区，同时介绍了动、植物园及田园风光的概念、分类及一些典型代表。

思考与练习

一、单项选择题

1．下列植物、花卉中象征潇洒的是______。

A．竹子 B．松柏 C．梅花 D．菊花

2．下列植物、花卉中象征高洁的是______。

A．竹子 B．松柏 C．梅花 D．菊花

3．世界野生动物协会会标为______。

A．几维鸟 B．大熊猫 C．极乐鸟 D．东北虎

4．“岁寒三友”是指______。

A．梅、兰、竹 B．菊、桂、兰 C．松、竹、梅 D．茶、桂、荷

5．中国的花卉有很多别称，其中被誉为“万花之王”的是______。

A．牡丹 B．梅花 C．兰花 D．菊花

6．下列植物中具有“活化石”之称的是______。

A．杏叶桉 B．松柏 C．红树 D．水杉

7．下列动物中似马而非马，似鹿而非鹿，被称作“四不像”的是______。

A．藏羚羊 B．麋鹿 C．朱鹮 D．美洲貘

8．以下省份中没有大熊猫分布的是______。

A．陕西 B．四川 C．湖北 D．甘肃

9．以下植物中寓意为品行端正、清廉，被誉为花中君子的是______。

A．莲花 B．桂树 C．红豆 D．竹

10．世界上建立的第一个自然保护区是______。

A．大峡谷国家公园 B．黄石国家公园

C．海德公园 D．富士山国家公园

二、辨别题

1．“岁寒三友”是指梅、兰、竹。 （ ）

2．“花中四君子”是指梅、兰、竹、菊。 （ ）

3．猪笼草的叶梗末端异化成袋装或瓶状，成为一个用以诱捕昆虫的昆虫袋，昆虫一旦跌入，会被袋内所分泌的消化液粘留淹死并被其“消化”。 （ ）

4．月季因花大形美，雍容华贵，香气宜人，因此被誉为花中之王，形容雍容华贵。 （ ）

5．藏羚羊生性温和，体态优雅多姿，矫健敏捷，故被选为世界野生动物协会会标。 （ ）

6．自然保护区是为了保护各种主要的自然生态系统及其环境，拯救珍稀濒危的野生动植物物种，保护自然历史遗产而划定的进行保护和管理的特殊区域（包括陆地、水体或者海域）的总称。 （ ）

三、填空题

1．大熊猫主要分布在我国的四川、陕西和______。

2．生物旅游资源具有丰富性、特色性、季节性、______、脆弱性、多功能性、观赏性、冶情性等特点。

3．被誉为“岁寒三友”的3种植物是______、______、______。

4．国际生物保护区划分为核心区、缓冲带和______。

5．生物旅游资源的吸引因素主要有风采美、______、寓意美、______、奇特美和医疗健身。

四、名词解释

1．自然保护区

2．风韵植物

五、论述题

1．简述生物旅游资源的特点。

2．简述植物、动物的造景特色。

3．简述森林景观、草原景观的特点以及在我国的分布。

4．列举我国的“十大名花”“四君子”“花草四雅”“园中三杰”、著名的茶叶以及著名的赏花胜地。

六、案例分析

朱鹮，又称朱鹭（通名）、红鹤等，体长80cm，体重约1 800g。它通体白色，两翅与腹部及尾渲染着美丽的朱红色泽。嘴长约17cm，尖端微向下弯曲，枕部有数十根柳叶状的羽毛延伸，形成羽冠。腿与爪亦为朱红色，喜欢栖于浅涧和稻田中觅食水生昆虫，多结伴成群翱翔。朱鹮体态优美，羽色艳丽，是一种美丽动人的鸟，被视为吉祥之鸟。朱鹮以其特有的羽色和秀雅的体态以及起落时翩翩起舞的轻盈舞姿，为历代诗人所歌咏，如“因风弄玉水，映日上金堤”“朱鹮戏新藻，徘徊流涧曲”等优美诗句。

朱鹮在历史上曾广泛分布于亚洲东部，最北为西伯利亚北部（北纬 50° 30′），最南为我国台湾省东部（北纬 20° 30′）。然而由于森林采伐，湿地环境的破坏，使其栖息地缩小；农药和化肥的使用，使其食物减少；人为猎捕，蛇、青鼬、猛禽等天敌的威胁等诸多因素导致朱鹮数量急剧减少。在全世界的鸟类中，朱鹮是最为珍稀濒危的种类之一。在1960年召开的第12届国际鸟类保护会议上被定为“国际保护鸟”。20世纪70年代，西伯利亚和朝鲜已无野生报导。1981年5月在我国陕西秦岭南坡洋县发现，当时仅有7只，被命名为“秦岭一号群体”。这是我国自1964年以来复查到的第一个野生群体，随即开展了保护和拯救工作。

朱鹮国家级自然保护区位于中国陕西省汉水之滨的汉中地区，跨越洋县和城固县，其主体在洋县境内，于1983年建立，属野生动物类型自然保护区，保护区总面积37 549公顷。1988年中国政府林业部与日本政府环境厅订立了《中日共同保护研究及其栖息地》合作项目，2001年陕西省人民政府批准建立保护区，2005年7月经国务院批准成立陕西汉中朱鹮国家级自然保护区。

保护区为山地向低山丘陵的过渡地带，保护区大部分为森林覆盖，顶级植被为北亚热带落叶常绿阔叶混交林；气候年均温14.5℃，最冷月均温为2.1℃，极端低温零下9.7℃；年降水量为800mm，7～9月降水量占年降水量的50%；无霜期240天。

到现在，经过近30年的努力，我国已拥有朱鹮野外种群两处，人工繁育基地6处，种群数量由7只增长至1 617只，其中野外放养997只、人工饲养620只。朱鹮已由“极度濒危物种”转为“濒危物种”。

【**思考**】根据以上案例简要阐述建立自然保护区的目的和意义。

第六章

历史文物古迹旅游资源

学习目标

1. 了解历史文物古迹旅游资源的概念和分类。
2. 掌握古人类遗址、古都和古战场遗址、古道路遗址的基本内容及代表性旅游资源。
3. 了解中国古代建筑的旅游价值与功能、发展历程与艺术特征，掌握中国古建筑的等级与主要构件，重点理解古建筑的主要形式与旅游价值。
4. 了解古代陵墓的历史演变过程，掌握陵墓的基本类型及内容。
5. 认识名人遗迹、近现代重要史迹的基本内容。
6. 正确认识各类历史文物古迹旅游资源与旅游之间的关系。

第一节　历史文物古迹旅游资源的概念与分类

一、历史文物古迹旅游资源的概念

历史文物古迹是指人类在不同历史时期的生产和生活中所创造的，能够反映人类社会的物质文明、精神文明而又保存至今的文物、遗址、遗迹等。其中既包括固定的遗址遗迹，又包括非固定的历史文物等，是社会历史发展的真实写照、古代文明的展现载体、国家民族的历史记忆，凝聚着民族、国家在历史发展过程中创造的璀璨文化，反映了历史各个时代的政治、经济、文化、科技、艺术、风俗等特点和水平，具有重大的历史价值和旅游开发价值，是人文旅游资源的重要组成部分。由于距离现代生活时代久远，大部分历史文物古迹难以完整保存，因此不是所有历史文物古迹都可成为旅游资源，需要通过考证、分析及一定的复原工作，才能展现历史文物古迹的旅游价值，如西安半坡遗址的复原。历史文物古迹旅游资源是历史文物古迹中能够吸引旅游者前去参观游览并获得一定的经济效益、社会文化效益的旅游吸引因素（旅游吸引物）。

二、历史文物古迹旅游资源的分类

（一）按照历史阶段进行划分

历史文物古迹按历史阶段可以分为古人类遗址遗迹（旧石器时代人类遗址、新石器时代人类遗址）、古代遗址遗迹（商周遗址、秦汉遗址、三国两晋南北朝遗址、隋唐遗址、宋元明清遗址）和近现代史迹。

（二）按照文物古迹的形式、特点划分

按照文物古迹的形式、特点可分为居住遗址、生产遗址、古战场遗址、古城与村落遗址、古建筑遗址、摩崖石刻遗址。

（三）按照人类活动类型进行划分

按照所反映的人类活动的类型，可以分为生产活动类（如生产工具、生产场所等）、生活类（如都城遗址、炊器等）、精神类（如绘画、雕塑等）。

综合以上分类方式，结合旅游资源开发的需要，本书将历史文物古迹旅游资源按照古人类遗址、古都和古战场遗址，古建筑类旅游资源，古代陵墓类旅游资源，名人遗迹与近现代重要史迹这四大类作以介绍。

第二节　古人类文化遗址、古都和古战场遗址

一、古人类文化遗址

古人类文化遗址是指从人类形成到有文字记载以前的人类活动遗址，包括古人类化石、原始聚落遗址、生产工具和生活用品等。我国古人类文化遗址起源于黄河流域和长江流域，按照劳动工具的不同，可以将古人类文化遗址分为旧石器时代人类文化遗址和新石器时代人类文化遗址。

（一）旧石器时代人类文化遗址

旧石器时代是从距今 300 万年左右的猿人形成到距今约 1 万年，其标志为“打制石器”。虽然当时的劳动工具以打制石器为主，但也会使用木器、骨器、角器和蚌器，过着原始采集和狩猎生活，生产性经济尚未出现，以天然的产物作为食物，主要利用山洞或山崖裂隙栖息，当时猿人已开始使用天然火，古人学会了人工取火，从而结束了人类早期的“茹毛饮血”的状况。山顶洞人装饰品的出现，表明我国的原始居民已经产生了审美观念，这是原始艺术的萌芽。这一时期还产生了原始的宗教观念，图腾崇拜就是其表现方式。

根据其旧石器时代人类与今天人类的接近程度，可以将旧石器时代分为 3 个发展阶段：

1．旧石器时代早期的直立人（猿人）阶段

距今 200 万年至二三十万年，迄今已发现猿人化石和相对应的旧石器时代早期遗址有

数十处之多。主要遗址有云南元谋人遗址（距今 170 万年前）、陕西蓝田人遗址（距今 80 万～65 万年前）、周口店北京人遗址（距今 69 万年前）等。

（1）**云南元谋人遗址**　1965 年发掘的元谋人遗址位于中国西南部云南省元谋县大那乌村北约 500m 的山麓，它是迄今为止所发现的中国人最早的老祖先的遗址。遗址中发掘的元谋人化石被正式定名为“直立人元谋新亚种”，简称“元谋人”，是目前中国发现的最早的人类化石之一。元谋人遗址的发现，证明了云南高原是人类早期活动的重要地区之一，是研究猿人化石地理分布、体质形态演变等方面的重要依据。

图 6-1　蓝田人复原像

（2）**陕西蓝田人遗址**　1963 年发掘的陕西蓝田人遗址位于中国西北部陕西省的蓝田县，其中发现的公王岭化石是亚洲北部迄今为止最古老的直立人化石。蓝田人属早期直立人，学名为“直立人蓝田亚种”。遗址中除了发掘出早期直立人的蓝田人骨骼化石外，还出土了大量以三棱大尖状器为特色的石器，发现了用火的遗迹，为研究古人类进化提供了宝贵的实物资料。图 6-1 所示为蓝田人复原像。

（3）**周口店北京人遗址**　位于北京市西南房山区周口店镇龙骨山北部，是世界上迄今为止人类化石材料最丰富、最生动、植物化石门类最齐全、而又研究最深入的古人类遗址。1921—1927 年先后 3 次在“北京人”洞穴遗址外发现 3 枚人类牙齿化石，1929 年中国古生物学家裴文中在此发现原始人类牙齿、骨骼和一块完整的头盖骨，并找到了“北京人”生活、狩猎及使用火的遗迹，证实 50 万年以前北京地区已有人类活动。考古学家开始在这里发掘，发现了距今约 60 万年前的一个完整的猿人头盖骨，定名为北京猿人（图 6-2）。该遗址为研究人类早期的生物学演化及早期文化的发展提供了实物依据，成为古人类研究史上的里程碑。1987 年 12 月，周口店北京人遗址被联合国教科文组织世界遗产委员会批准为世界文化遗产。

图 6-2　北京猿人铜像

2．旧石器时代中期的早期智人（古人）阶段

早期智人阶段距今二三十万年至四五万年，其最大特点是猿人体质上遗留的原始特征逐渐趋于消失，主要遗址有大荔人遗址（距今 20 万年前）、许家窑人遗址（距今 10 万年前）、丁村人遗址（距今 10 万年前）等。

（1）**大荔人遗址**　1978 年发掘的大荔人遗址位于陕西渭南市的大荔县段家乡的解放村附近的甜水沟，时代为中更新世末期，大约距今 10 余万年，是旧石器时代从猿人到人过渡的一个代表。“大荔人”是中国华北地区旧石器时代的早期智人化石，对于研究中国及东亚地区早期人类的演化史以及汾渭谷地早期人类的活动具有非常重要的意义。

（2）**许家窑人遗址**　1974—1975 年多次发掘的许家窑人遗址位于山西阳高和河北阳原交界的许家窑村附近。许家窑人遗址距今约 10 万年，属旧石器时代中期，是迄今为止我国旧石器时代中期古人类化石、动物化石、文化遗物最为丰富和规模最大的遗址。许家窑人是“北京人”的后裔，大约在10万年前迁徙西行，遇“大同湖”阻隔，于是在此定居。许家窑人遗址，将早期的“北京人”和晚期的“峙峪人”联结起来，充当了过渡的桥梁，使人类进化的历程得以完整。

(3) **丁村人遗址** 1953年发现的丁村人遗址位于山西省襄汾县丁村附近的汾河两岸，1954年大规模发掘时发现了3枚人类牙齿，这3枚牙齿是中国人的牙齿，表明生活在汾河岸边的丁村人距今10万年左右。也就是说，丁村人介于北京猿人和山顶洞人之间，正好弥补了这23万年到1.8万年间的空白。其发现扩大了人们对汾河流域旧石器文化的认识，同时也为探索华北古文化的来龙去脉提供了重要的资料。

3．旧石器时代晚期的晚期智人（新人）阶段

距今约5万年左右至1万年，人类体质形态的原始性质完全消失，氏族公社形成，母系氏族公社就产生于这一时期。这一时期最重要的遗址是北京山顶洞人遗址（距今18 000年前）。

山顶洞人因为发现于北京市周口店北京人遗址顶部的山顶洞而得名。该洞穴于1930年发现、1933—1934年集中发掘，出土了石器、骨角器和穿孔饰物，并发现了中国迄今所知最早的埋葬。山顶洞人处于母系氏族公社时期，过着群居生活，工具共有，一起劳动，共同分配食物，没有贫富贵贱的差别，还会与其他部落的人互相交换生活用品。山顶洞人已经学会了磨光、钻孔和人工取火，靠采集、狩猎为生，并会捕鱼。山顶洞人是晚期智人的主要代表，处于猿人向人类演变的最后一个阶段，对于研究人类历史具有重要意义。

（二）新石器时代人类文化遗址

新石器时代是以使用磨制石器为主要标志的历史时期，距今大约1万至5千年前，属于原始社会中后期。新石器时代以农耕和畜牧为主，制陶、铜器工艺发达，出现了原始艺术和原始宗教，也是我国统一多民族形成的时期。这个时期还没有文字记载，但留下了诸多神话传说，如盘古开天地、黄帝同炎帝和蚩尤大战等。我国发现的新石器时代古人类文化遗址有7 000多处，主要分布在黄河中下游的关中、晋南、豫西、山东等地和长江中下游的太湖平原和江汉平原，如河南渑池仰韶文化遗址、山东泰安大汶口文化遗址、陕西西安半坡文化遗址、浙江余姚河姆渡文化遗址和郑州新郑裴李岗文化遗址。

这一时期包括母系氏族中后期和父系氏族两个阶段。

1．母系氏族公社

母系氏族公社是以母系血缘为纽带组成的生产、生活单位，当时人“只知其母，不知其父”，伏羲氏乃其母大迹而生就是这种生活方式的体现。女娲是母系氏族公社时期的一位带领人们开辟荒原，与自然搏击的女首领。母系氏族公社时期遗址主要有河南新郑裴李岗文化（距今8 000年前）遗址和陕西西安半坡文化（距今五六千年前）遗址。

(1) **新郑裴李岗文化遗址** 1977年发掘的裴李岗文化遗址位于河南省新郑市区西北约8km的裴李岗村西，面积2万m^2，该遗址是目前已知的华北地区最早的新石器文化，填补了我国仰韶文化以前新石器时代早期的一段历史空白。

(2) **陕西半坡遗址** 1952年发现、1954—1957年发掘的半坡文化遗址位于陕西省西安市东郊，面积约 5 万 m^2，是黄河流域一处典型的原始社会母系氏族公社村落遗址，属新石器时代仰韶文化，1957 年建成博物馆。

2. 父系氏族公社

父系氏族公社是以父系血缘为纽带组成的生产、生活单位，开始由“从妻居”转变为“从夫居”。这一时期的典型代表是山东大汶口文化中晚期（距今 4 000 年前）遗址。大汶口文化遗址（图 6-3）在 1959 年首次发掘，是新石器时代后期父系氏族社会的文化典型。大汶口文化的发现，为山东地区的龙山文化找到了渊源，也为研究黄淮流域及山东、江浙沿海地区原始文化提供了重要线索。

图 6-3 大汶口文化遗址

这一时期男性在生产经济生活当中居于主体地位，出现了农业和家畜饲养业，农业和家畜饲养业的出现提高了生产力，改善了生活条件。在这一时期遗址中出土的稻谷遗存、兽骨遗迹，以及石铲、石镰都是当时农业和家畜饲养业已经产生的明证。农业的出现使人类开始了定居的生活。在北方，半地穴式房屋和平地而建的房屋比较常见，而南方由于天气潮湿的原因，建筑则以木构地面建筑为主。原始聚落中有居住区、墓葬区和制陶区等功能分区。

这一时期，原始艺术和原始宗教持续发展。陶器、玉器更为丰富和精致，其上的装饰图案十分匀称美观，在一些地区还发现原始社会晚期人类遗留下来的岩画，如江苏连云港市郊将军岩发现的一幅岩画，刻在严整光亮的黑色岩石上，画法简练古朴。原始宗教崇拜的对象更为丰富和复杂，祖先崇拜从女性开始，父系制度确定以后普遍供奉男性祖先。在龙山文化等父系氏族遗址中有象征男性特征的模型，是这一崇拜的体现。占卜在原始人的生活中非常常见，在龙山文化遗址中发现有用羊、牛、猪等兽骨占卜后遗留的卜骨。父系氏族公社晚期出现了私有制和贫富分化，反映在随葬品上，大汶口文化的一些大墓，随葬品多达 180 余件，而另一些墓葬中却无任何随葬品。

二、古都遗址

古都遗址又称古城遗址，一般是指废弃而不再使用的城市的废墟。中国 5 000 多年的历史兴衰演变，无数古城及不少具有相当规模的都市，有湮没在荒烟蔓草中毫无遗迹可寻的，也有残破或完整地遗留至今的。但是中国作为文明古国，保留有自夏商周以来历朝的古城池遗址遗迹，著名的有夏代晚期都城河南偃师二里头遗址、商都殷墟遗址、西周都城丰镐遗址、春秋战国时期齐国都城临淄遗址、汉长安城遗址、洛阳汉魏古城遗址、山西平遥明城池遗址、西藏古格王国遗址、西北丝绸古道楼兰古城遗址等。那些虽然为时间风霜所摧残，几乎成为废墟的古城，承载着整个一部中国的历史，而在今天也成为历史兴衰演变的见证。由于其独特的历史价值，许多古城在今天成了旅游热点，以西安、南京、北京、洛阳、开封、杭州、安阳等七大古都为代表。如今的游客们来到这些古城参观，不仅是观赏古城风光，也是对历史进行一次实地学习。

在诸多古都遗址中，较具代表性的算是商都殷墟遗址了。殷墟位于河南省安阳市西北郊，是商朝晚期的都城，距今已有 3 000 多年的历史，是中国历史上第一个有文献可考，并为甲骨文和考古发掘所证实的都城遗址。这里发掘了中国出土最大的青铜器——司母戊鼎、中国最早的车马遗迹——殷墟车马坑、中国最早的文字——甲骨文（图 6-4）。1961 年，殷墟被公布为第一批国家重点文物保护单位。2001 年，殷墟被评为“中国 20 世纪 100 项考古大发现”之首。2006 年，殷墟被列入《世界遗产名录》。殷墟发现的大量都城建筑遗址和以甲骨文、青铜器为代表的丰富的文化遗存，展现了中国商代晚期辉煌灿烂的青铜文明，标示了殷墟作为中国古代第一个有文字可考的古都地位。

图 6-4 殷墟遗址内的一处甲骨窟穴

三、古战场遗址

古战场就是古代战役或战争的地点，历史遗存的古战场一般都是有险要据守的地形，并留下一些著名战争遗迹的地方。这些古战场，以及与之相关的历史战役、历史事件、历史人物和历史传说具有丰富的历史内涵，成为吸引游客的重要因素。例如，宜昌、江陵和武汉一带的赤壁和夷陵的古战场，晋楚城濮之战、齐魏马陵之战、楚汉成皋之战、曹袁官渡之战、东晋淝水之战的古战场以及山西的雁门关和甘肃的玉门关等，都是中国著名的古战场。目前，已经进行旅游开发的古战场主要包括三国赤壁古战场、晋城长平古战场、重庆钓鱼城古战场、当阳市长坂坡古战场等景区。

三国赤壁古战场景区位于湖北省赤壁市赤壁镇，是三国时期著名战役“赤壁之战”古遗址。当年孙权、刘备联军在此巧用火攻大败曹操，曹操败走华容道，从而奠定了魏、蜀、吴三分天下的局面。“七五”期间将赤壁战场列为第二类重点旅游项目，“八五”期间推出著名的“三国”旅游线，有摩崖石刻、翼江亭、拜风台、凤雏庵、三国影视城等几十个历史文化景点。

四、古道路遗址

古代人民为了交通联系方便而开凿修建道路，后来由于自然或历史的原因，许多古道成了遗迹，但却蕴藏着丰厚的历史文化意义。譬如为打通秦岭南北的屏障，战国时期和北魏时期人们修建了武关道、子午道、金牛道等栈道，这些栈道至今遗迹尚存。秦始皇修驰道，为天子所专用；汉代所修的驿道通达西南少数民族地区；唐朝和明朝时期也通过修筑驿道与少数民族进行联系交流。丝绸之路中外闻名，是古代中国最长的国际性通道，古代人民为交通联系方便开凿道路，形成了综合交错的古代道路网络。丝绸之路是我国古代最长的国际性道路，被称为最早的“欧亚大陆桥”。丝绸之路遗迹有克孜尔千佛洞、敦煌莫高窟、楼兰古城等。沿着丝绸之路，人们可以观赏到戈壁、沙漠、绿洲、雪峰等自然奇观，还可以领略到古长城、古烽燧、古佛寺以及古石窟等人类思想和艺术的结晶。丝绸之路路线图，如图 6-5 所示。

图 6-5　丝绸之路路线图

第三节　古建筑类旅游资源

建筑是凝固的艺术，是人类文明的一个重要标志。俄罗斯作家果戈里曾经说过："建筑同时还是世界的年鉴，当歌曲和传说都缄默的时候，只有它还在说话。"可以说，每一个典型的建筑，都展现了不同民族、不同国家的历史与文化。

一、古建筑概述

根据时间划分，建筑可以分为古代建筑和现代建筑两大类。古建筑是古代人们用土、木、石等材料，运用建筑技术及艺术，建造的供人们生活、生产或进行其他活动的房屋或场所。中国的古建筑以木结构建筑为主，西方的传统建筑以砖石结构为主。一般认为，古代世界曾经有过大约 7 个主要的独立建筑体系，即古埃及建筑、古代西亚建筑、古代印度建筑、古代美洲建筑、中国古建筑、古代欧洲建筑和伊斯兰建筑。其中，中国古建筑、古代欧洲建筑和伊斯兰建筑并称为"世界三大建筑体系"。

中国古建筑作为世界上唯一以木结构为主的建筑体系，是世界上延续历史最长、分布地域最广的独特建筑体系。但由于一些自然或人为的原因，我国许多古建筑都遭到了破坏，遗留下来的比较稀少，因此非常珍贵。中国现存最古老的木结构建筑是山西五台山的佛光寺大殿，是 1937 年梁思成夫妇发现的，在《中国建筑史》的第五章第二节隋唐实物中对这个最古老的木结构建筑进行了详细的介绍："唐代木构之得保存至今，而年代确实可考者，唯山西五台山佛光寺大殿一处而已。寺于唐代为五台大刹之一，见于敦煌壁画五台山图，榜曰'大佛光之寺'。其位置在南台之外为后世朝山者所罕至，烟火冷落，寺极贫寒，因而得幸免重建之厄……除殿本身为唐代木构外，殿内尚有唐塑佛菩萨像数十尊。梁下有唐代题名墨迹，拱眼壁有唐代壁画。此四者一已称绝，而四艺集于一殿，诚我国第一国宝也。"

二、中国古建筑的发展与艺术特征

（一）中国古建筑发展历程

我国古建筑始于北京猿人加工利用天然山洞时期，至今已有大约 50 万年的悠久历史。从原始社会居住在树上到寻找自然山洞，从在山洞居住到挖穴而居，从穴居逐步升至地面，成为半穴居，直到距今约一万年的旧、新石器时代之交时，人们的定居要求开始增强，建造了具有基础、墙壁、屋顶的地面房屋。

总的来说，我国的建筑体系经历了原始社会、商周、秦汉、三国两晋南北朝、隋唐五代、辽宋金元、明清 7 个时期，约 7 000 年的发展历程。较早的遗迹以浙江河姆渡遗址干栏式房屋、西安半坡遗址的方形或圆形浅穴居为代表。中国古代建筑，无论是宫殿、寺庙、陵寝，还是园林、民居，都是特定历史时期政治、经济、文化、技术诸方面条件的综合产物。我国古代建筑的全部历史，可以分为 4 个大的阶段：

1．萌芽与成长阶段

这一时期是从原始社会到秦汉时期，以秦汉为代表。从公元前 21 世纪开始，第一个奴隶制国家夏的建立，标志着我国进入了奴隶制社会。奴隶制社会到公元前 5 世纪前后结束，这一时期建筑技术与艺术得到了迅速发展，基本上形成了中国古建筑独特的结构体系和艺术风格，以城市和宫殿为代表。据考古发掘，我国新石器时代的主要住房有半地穴式建筑和桩上建筑两种形式。

商代有了成熟的夯土技术，曾建造过规模宏大的宫室和陵墓。春秋战国时期，宫室大多建在高大的夯土台上面，木结构建筑技术已日渐完善，这一时期还出现了瓦，解决了屋顶防水的问题。

秦代出现了砖和彩画，汉朝末期出现了佛教建筑。宫殿和祭祀建筑都是汉代非常重要的建筑，宫殿规模宏大，祭祀建筑则追求象征含义。秦汉时期的建筑规模更加宏大，组合形式多样化，以“豪放朴拙”的风格著称。这一时期总的特点是人们已经掌握了夯土技术，烧制了砖瓦，建造了石建筑，主要建筑类型有宫殿、陵墓、祭祀建筑、万里长城、驰道和水利工程等。

2．成熟与高峰阶段

这一时期是从魏晋南北朝经隋唐到宋，以隋唐为代表。魏晋南北朝时期，砖瓦的产量、质量以及木构架技术得到了一定程度的提高，佛寺、佛塔和石窟大量出现，成为仅次于宫殿的重要建筑类型。到了隋唐时期，尤其是盛唐时期，政治安定、经济繁荣，砖的应用更加广泛，琉璃的烧制更加进步，建筑构件的比例逐步趋向定型化，建筑艺术取得了空前成就，达到了发展的高峰期。这一时期，开凿了大运河，修建了安济桥。隋唐建筑类型以都城、宫殿、佛教建筑、陵墓和园林为主，呈现出“雄浑壮丽”的建筑风格：宫殿建筑追求舒适大气，布局严谨；佛教建筑追求华丽的风格；陵墓都是依山而建；私家园林出现，其艺术性甚至超越了皇家园林。

宋朝建筑的规格一般比唐朝小，建筑风格呈现出秀丽、绚烂、多变的特点。北宋时期，《营造法式》一书出现，它是我国第一部有关建筑设计及技术经验总结的完整巨著，主要记录了官家大式、大木等做法，系统地反映了官式建筑的发展水平。

总之，在隋、唐、宋3个朝代，我国古代建筑在城市建设、木架建筑、砖石建筑、建筑装饰、设计和施工技术方面都取得了巨大的发展，是我国古代建筑的成熟时期。

3．充实与总结阶段

这一时期是从元朝至明清，以明清为代表。元朝时期，出现了钟、鼓楼和演戏的舞台，但主要是兴建大量藏传佛教寺庙及伊斯兰教礼拜寺，而藏传佛教和伊斯兰教的建筑艺术影响到了全国。明清时期建筑艺术达到了高峰期，这一时期砖的生产大量增加，琉璃瓦的数量及质量都超过以往，官式建筑实现了高度标准化、定型化，呈现出“精细富缛”的艺术风格。宫殿注重丰富细腻的内涵，祭祀建筑的布局更加严整细致，佛寺、佛塔的发展有所衰退，皇家、私家园林更加追求细节的艺术风格。明清时期，最突出的成就就是发展了民间建筑和少数民族的建筑，充实了传统建筑文化的内容，最终形成了各地区、各民族建筑的多种风格。

4．东西方建筑兼容并蓄、多元化发展阶段

这一时期是从清末开始直至今天，该阶段是现代建筑艺术形成和巩固时期，现代建筑艺术指的是中国19世纪中叶以来的建筑艺术及其风格。鸦片战争之前，中国的建筑形式是以高度成熟的木构架体系为主体的多民族建筑体系，具有独特的传统风格，西式建筑很少，只有一些早期的教堂、圆明园西洋楼和广州十三夷馆等。鸦片战争后，随着殖民主义、帝国主义的入侵，西方建筑大量进入中国，近代建筑持续不断地在中国出现，中国近代的新建筑体系也就因此诞生，形成了中国近代新旧建筑体系并存，中西建筑风格相互渗透、融合的局面。早期的外来建筑，大多是西方古典式或殖民式的建筑，如外国领事馆、洋行、俱乐部、饭店等。而各地的教堂，除少数采用中国式外，大部分都是哥特式、罗马式、文艺复兴式与俄罗斯式等。

新中国成立后，中国建筑进入了新的历史时期，引入了外国的材料设备、建筑的理论和理念，促进了我国建筑业的发展，打开了我国建筑开放、兼容、多元化发展的新局面。

（二）中国古代建筑艺术特征

我国古建筑经过长时期的发展，吸收了中国其他传统艺术形式的特点，有着深厚的文化传统和独特的艺术成就，主要特征有以下几个方面：

1．以木构架为主要结构方式

我国古代建筑普遍采用木构建筑，即以木栏、木柱、木梁、木椽等构成房屋的主要框架。中国古代建筑用立柱和纵横梁枋组合成各种形式的梁架，屋顶与房檐的重量通过梁架传递到立柱上，让立柱来承受建筑物的重量，墙壁只起遮蔽和隔断空间的作用。

我国的木结构建筑普遍采用榫卯结合，榫卯的特点是越压越紧，而越拉越松。因此，我国建筑师在建造大殿时采用了侧脚和升起的建筑艺术，使水平与垂直构件结合得更加牢固，也使整座房屋的重心格外稳定。另外，榫卯结构还有很好的弹性，受到一定的震动时，往往只晃动一下，就能恢复到原来的位置，所以有“墙倒屋不塌”一说。我国的木结构建筑既能达到实际功能的要求，经受地震的严峻考验，又展现出坚固雄伟、典雅壮观的建筑风格，保证了建筑的艺术水平。

2．采用中轴线对称的庭院式组群布局，特别注重群体组合的美感

中国古代十分讲究“礼”，所以古代建筑结构，以平面铺展和匀称为主，且又等级分明，如我国古建筑的布局，普遍采用中轴线布局，把重要的建筑物布置在中轴线上，次要的建筑物则被对称地列于中轴线的两侧，其中主体建筑按照“正殿高大，而重院深邃”的原则，设于南北中轴线的北部，这种布局的方法，突出了皇权至上的思想和严密的等级观念。强调中轴对称的建筑很多，中国的寺庙就是一个典型。中国古代寺庙的布局一般都是将主殿——大雄宝殿放在轴线的重要位置上，配殿居前后左右，空间层层递进，如河北正定隆兴寺。

我国的古建筑多以群体形式出现，即由若干单体建筑和一些围廊、围墙、屏障等环绕组成一个个庭院式的建筑群，并且相当讲究群体的水平布局，重视各部分的内在联系。在外部表现方面，注意“藏”与“露”的辩证关系，更多地讲究主体建筑的“藏”，追求主题的含蓄性。丰富多变的空间分割形成了建筑艺术意境的丰富性，许多古建筑群，以及古建筑内部都通过巧妙的分割，达到了“景随步移”“步步有景”的效果。中国的这种庭院式的组群布局所造成的艺术效果与欧洲建筑相比有它独特的艺术魅力，就像一幅中国画长卷，必须一段段地逐渐展看，不可能同时全部看到，如北京的故宫。

3．色彩、雕刻装饰等艺术手段的运用

这是我国古建筑的一个显著特点，为了避免门、窗、柱受到日晒雨淋的侵蚀，古人在房屋上采用了油漆彩画的艺术手法。色彩的运用使我国的建筑更富有装饰性，自唐代起黄色为皇室特用的色彩，其下依次为赤（红）、绿、青、蓝、黑、灰。皇宫寺院用黄、红色调，绿、青、蓝等为王府官吏之色，民舍只能用黑、灰、白等色。以瓦为例，古建筑的屋顶用料以瓦为主，主要有釉质琉璃瓦和灰陶瓦。琉璃瓦颜色丰富，以黄色、绿色和蓝色为主。封建社会中期，黄色为五色的中心，被尊为帝王之色，黄琉璃成为皇宫主体建筑的专用色，王公贵族只可用绿琉璃瓦覆顶。例如，祈年殿的三重檐顶，所用琉璃瓦全部都是湛蓝色，这种色彩用来象征蓝天。实际上，祈年殿初建时，三层殿顶的琉璃瓦是 3 种不同的颜色。上层蓝色琉璃瓦，代表着皇天“上帝”，代表天；中层黄色琉璃瓦，代表着人间天子；下层绿色琉璃瓦，代表着凡世臣民，代表着世间万物。

从不同地域上讲，南方和北方的建筑色彩形成鲜明对比，南方的建筑色彩比较淡雅，多用白墙、灰瓦和黑、墨绿等色的梁柱，形成秀丽淡雅的格调；北方的建筑色彩则追求红色、黄色，以亮丽的风格著称，与之相反。例如，明清北京皇家建筑，其基本、典型的色调为黄、红两色。一般而言，品位较高的建筑，为了显示皇亲国戚尊贵的地位，大部分都是黄瓦红墙。

除了色彩，古建筑还采用了其他的艺术手段，如精美的雕刻装饰艺术，雕饰的题材非常丰富，有各式各样的动物花卉、人物故事、山水名胜、历史故事等；还有室内半隔半透的空间分隔艺术，有落地罩、鸡腿罩、花罩、飞罩、圆光门等；同时还出现了藻井、屏风、楹联题刻等艺术手法。

4．鲜明的性格和特定的象征含义

标准化的建筑个体要通过建筑空间的组合来表达个性，中国古代建筑注重表现建筑的性格和象征含义。比如说，可以利用环境渲染出不同情调和气氛，使人从中获得多种审美感受；可以通过规定不同的建筑等级，如色彩、式样、装饰等，用以表现社会制度和建筑内容；还可以利用匾额、摩崖碑刻等文字形式来展现古建筑的内涵与性格。特定的象征主题一般都是一些重要的建筑，如宫殿、坛庙、寺观等，如秦始皇营造咸阳，以宫殿象征紫微，渭水象征天汉，上林苑掘池象征东海蓬莱。

5．注重建筑物与环境协调，强调天人合一的思想

中国古代的建筑非常重视建筑与环境的关系，注重借天成、地势、景物进行建筑布局，或者在建筑附近通过堆筑假山、开渠引水等手段求得建筑与其自然环境、人工景色的和谐统一。

儒家、道家认为，人和天地万物是紧密联系的关系，是不可分割的共同体。这种“天人合一”的思想，是传统美学观念的核心之一，促使人们去探求自然、亲近自然、开发自然，追求一种中和、平易、含蓄而深沉的美。例如，皇家建筑中的龙、凤雕饰，各地建筑上以“吉祥如意”为主题的“福、禄、寿、喜”及诗画装饰等都充分体现了中国建筑“天人合一”的思想。

6．以人体尺度为出发点，不求高大永恒

中国古典建筑以人体尺度为原则，要求适度的“大壮”，又要“适形”。中国建筑的庞大，是以小尺度单位的“院”为基础不断发展的。中国古典建筑理念认为，不论建筑群多么庞大，人在其中活动，所感受到都应是与人相亲和的尺度。因此，建筑高度和空间都控制在适合人居住的尺度范围内，具有初级的人体尺度思想，即使是皇宫、寺庙也不能造得太大。在建筑材料上，与西方建筑以石头为主要材料相反，受中国文化非永恒思想的影响，中国古建筑使用的是木材，不追求永久性，体现了非永恒的思想。

三、中国古建筑的等级与主要构件

中国的古建筑外观上和其他国家的许多建筑一样，分台基、屋身和屋顶 3 部分，建筑物的等级表现在各个方面，如台基、屋顶、屋身、彩画等。

（一）台基

台基又称为基座，是指高出地面的建筑物的底座。台基的主要用途是承托建筑物，还可以防腐、防潮，弥补了中国古代单体建筑不是十分高大雄伟的缺憾。台基一般可以分为普通台基、较高级台基、更高级台基和最高级台基 4 类。

1．普通台基

普通台基是用素土、灰土或碎砖三合土夯筑而成的，约高一尺（非法定计量单位，1 尺=0.33 米），常用于小式建筑，如图 6-6 所示。

图 6-6　普通台基

2．较高级台基

这种台基比普通台基高，常在台基上边建汉白玉栏杆，是用于大型建筑或宫殿建筑中的次要建筑。

3．更高级台基

这种台基即须弥座，佛教的佛座称须弥座，又称金刚座。“须弥”一词产生于古印度神话，据传须弥是位于世界中心、宇宙间最高的山，日月星辰围绕它出没回旋，三界诸天也依傍它层层建立。须弥座用作佛像或神龛的台基，以显示佛的崇高伟大。须弥座用砖或石砌成，上有凹凸线脚和纹饰，台上建有汉白玉栏杆，可以表示建筑的级别，常用于宫殿和著名寺院中的主要殿堂建筑。例如，故宫的三大殿三层台基采用的全都是须弥座形式，四周围以汉白玉栏板。

4．最高级台基

最高级台基由几个须弥座相叠而成，从而使建筑物显得更加宏伟高大，常用于最高

级建筑中，如故宫三大殿和山东曲阜孔庙大成殿，就建在最高级台基上。具体示例如图 6-7 所示。

图 6-7 最高级台基

（二）屋顶

屋顶古称屋盖，被誉为中国古建筑的冠冕，形式千变万化、瑰丽多姿，不仅为中国古建筑在美观上增添神韵，而且严格表现了建筑的等级制度。中国传统屋顶以重檐庑殿顶、重檐歇山顶为级别最高，其次为单檐庑殿、单檐歇山顶，主要可以分为以下 6 种形式：

1．庑殿顶

四面斜坡，有一条正脊和四条斜脊，屋面稍有弧度，又称四阿顶。它用于皇宫、庙宇等主殿，有单檐和重檐之分，重檐为贵。重檐庑殿顶，是在庑殿顶之下，又有短檐，四角各有一条短垂脊，共九脊。现存的古建筑物中，太和殿就是这类殿顶（图 6-8）。单檐庑殿顶，即重檐庑殿顶的上半部，是标准的四阿顶。庑殿顶一般只有最高级别的地方才能用，如太和殿、孔庙大成殿、祖庙等。

图 6-8 重檐庑殿顶的故宫太和殿

2．歇山顶

歇山顶是庑殿顶和硬山顶的结合，即四面斜坡的屋面上部转折成垂直的三角形墙面。有一条正脊、四条垂脊，四条戗脊组成，所以又称“九脊顶”。歇山顶可以分为单檐和重檐两种，其中重檐为贵。重檐歇山顶在古建筑房顶中排在第二位，在等级上仅次于重檐庑殿顶，较为典型的有天安门、太和门、保和殿、乾清宫等；单檐歇山顶，其外形为重檐歇山顶的上半部，一般用于配殿中，如故宫中的东、西六宫的殿宇等。重檐歇山顶的天安门，如图 6-9 所示。

图 6-9 重檐歇山顶的天安门

3．悬山顶

屋面上有一条正脊和四条垂脊，是五脊二坡的殿顶，两侧的山墙凹进殿顶，使顶上的檩端伸出墙外，又称为“挑山顶”。悬山顶此种殿顶，用处不少，如神橱、神库中的房屋等，如图 6-10 所示。

4. 硬山顶

硬山顶也是五脊二坡的殿顶，与悬山顶的不同之处是，两侧山墙从下到上把檩头全部封住，同屋面齐平，或略高于屋面山，墙大多用砖石。硬山顶一般见于宫墙中的两庑殿房和汉族民间的建筑之中。高出的山墙为风火山墙，它的作用主要是在发生火灾的时候，防止火势顺房蔓延。

图 6-10 悬山顶

图 6-11 硬山顶

5. 攒尖顶

攒尖顶形式多样，特征鲜明，顶部都有一个集中点，即宝顶。平面有方、圆、三角、五角、六角、八角、十二角等形状，上为锥形的屋顶，没有正脊，有若干屋脊交于上端，有单檐重檐之分。攒尖顶常用于面积不大的建筑，一般亭、阁、塔常用这种形式，如图 6-12 所示。

6. 卷棚顶

卷棚顶的最明显的标志是没有外露的主脊，即前后坡相接处不用脊而砌成弧形曲面，也是两坡顶的一种。卷棚顶在园林中居多，还有宫殿建筑群中，太监、佣人等居住的房间，也多是这种顶，如图 6-13 所示。

图 6-12 攒尖顶

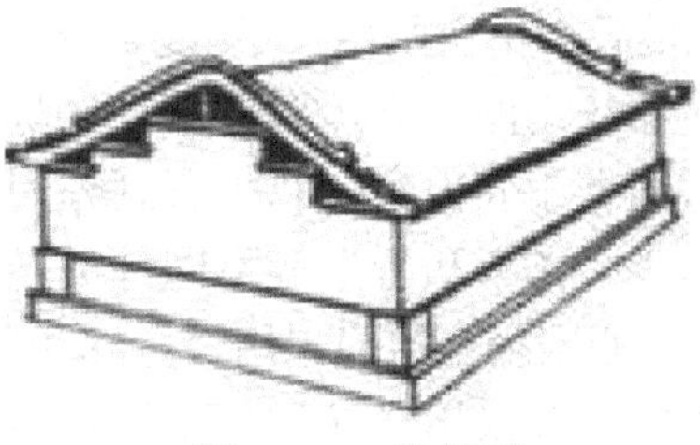

图 6-13 卷棚顶

（三）屋身

屋身主要包括木头圆柱、间、大梁、斗拱等几部分：

1. 木头圆柱

木头圆柱一般是用松木或桐木制成，放在石头为底的台上，用于支撑屋面檩条，形成梁架。

2. 间

中国古代建筑以间为单位构成单体建筑，再以单体建筑组成庭院，进而以庭院为单位，组成各种形式的组群。“间”就是由四根木头圆柱围成的空间，“开间”则是建筑的迎面间数，也称为“面阔”。建筑的纵深间数称“进深”。中国古代以奇数为吉祥数字，所以平面组合中绝大多数的开间为单数；而且开间越多，等级越高。9 是单数的最大数，在中国封建社会，9 是皇帝的专用数，尤其在建筑上，但是孔庙却是例外，如孔庙有 9 重（层）庙堂，有 9 进（排）庭院，它的正殿——大成殿，有 9 个开间。

3. 大梁

大梁也就是横梁，是架于木头圆柱上最主要的木头，它的作用是形成屋脊。大梁一般用松木、榆木或杉木制成，是中国传统木结构建筑中骨架的主件之一。例如，唐贞观年间所建的昭仁寺，寺内现存主要建筑物是一座九梁十八担的三间挑角大雄宝殿，殿内无立柱，全由四周大梁架叠而起，叫做八卦悬顶式结构，为我国古建筑中所罕见。

4. 斗拱

斗拱是中国传统木构架体系建筑中独有的构件，斗是斗形木垫块，拱是弓形的短木。斗拱最初孤立地置于柱上或挑梁外端，作用包括传递梁的荷载于柱身、支撑屋檐重量，以增加出檐深度。唐宋时，它同梁、枋结合为一体，除上述功能外，还成为保持木构架整体性的结构层的一部分。明清以后，斗拱的结构作用蜕化，成了在柱网和屋顶构架间主要起装饰作用的构件。这种弹性的结构形式，不仅外观优美，还坚固耐用、抗震性强。我国的一些高级木结构建筑如宫殿、坛庙、陵寝、寺观、城楼等都普遍使用斗拱。

（四）彩画

彩画具有悠久的历史，是一种特有的建筑装饰艺术，在我国古典建筑有着不可低估的作用。彩画最初的作用是为木结构防潮、防腐、防蛀，后来逐渐突出了其装饰性的特征，到宋代以后，彩画已经成为宫殿不可缺少的装饰艺术。彩画大致可以分为和玺彩画、旋子彩画、苏式彩画三个等级：

1. 和玺彩画

和玺彩画是清代官式建筑主要的彩画类型，仅用于皇家宫殿，坛庙的主殿及堂、门等重要建筑上，是彩画中等级最高的形式。“和玺彩画”以龙凤为主题，用青、绿、红 3 种底色衬托金色，梁枋上的各个部位则用“Σ”线条分开，大面积使用沥粉贴金，花纹绚丽、立体感非常强，从而达到富丽堂皇的效果。根据不同内容，和玺彩画分为“金龙和玺”“龙凤和玺”“龙草和玺”等不同种类。例如，太和殿、乾清宫、养心殿等宫殿多采用“金龙和玺彩画”；交泰殿、慈宁宫等处多采用“龙凤和玺”彩画；一些较次要的殿宇如太和殿前的弘义阁、体仁阁等使用的是龙草和玺彩画。图 6-14 所示为寿康宫内檐龙凤和玺彩画。

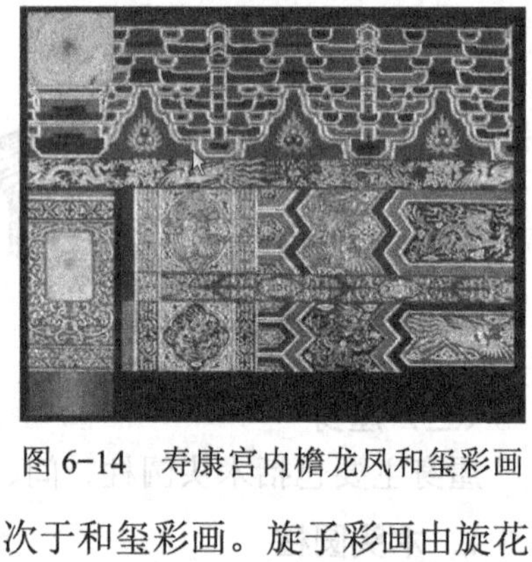

图 6-14　寿康宫内檐龙凤和玺彩画

2. 旋子彩画

旋子彩画以带卷涡纹的花瓣，即旋花为题材，等级仅次于和玺彩画。旋子彩画由旋花、旋眼、旋瓣组成，画面是简化形式的涡卷瓣旋花，有时也可画龙凤，两边用“Σ”线条框起，可以贴金粉，也可以不贴金粉。旋子彩画基本上可以分为金琢墨石碾玉、烟琢墨石碾玉两种。旋子彩画是明清官式建筑中运用最为广泛的彩画类型，一般官衙、庙宇、牌楼和园林中都采用，多用于次要宫殿，如北京故宫的南薰殿、长春宫。图 6-15 所示为故宫的旋子彩画。

3. 苏式彩画

苏式彩画源于江南苏杭地区，比前两种等级都要低。苏式彩画底色多采用土朱（铁红）、香色、土黄色或白色为基调，色调偏暖，画法灵活生动，题材广泛。典型的苏式彩绘是将檩枋联在一起，多用于园林和住宅。修饰复古的琉璃厂街道的铺面，多用这种彩绘。画面为山水、人物故事、民间传说、花鸟虫鱼等。苏式彩画可分为金琢墨苏画、金线苏画、海墁苏画等不同种类。其中，金琢墨苏画为上品，金线苏画为中品，黄（黑）线苏画及海漫苏画为一般做法，各有其风格与特点。颐和园的长廊、北京故宫的东西六宫都用这种彩画，如图 6-16 所示。

图 6-15　故宫的旋子彩画

图 6-16　颐和园长廊装饰的苏式彩画

（五）脊兽

脊兽是中国古代建筑屋顶的屋脊上所安放的兽件，用来镇妖驱邪、防雷和固定屋脊。其中正脊上安放吻兽或望兽，垂脊上安放垂兽，戗脊上安放戗兽，另在屋脊边缘处安放仙人走兽，合称脊兽。

正脊两端安放吻兽，面朝里的呈张嘴吞脊状。吻兽又名鸱吻、螭吻或鸱尾，传说中龙子之一，龙头鱼身，双目怒睁，张口吞脊，形象威猛神异，身有鱼鳞，背上插一剑，口润嗓粗而好吞，取其灭火消灾之意。

戗兽是安放在戗脊上的仙人和各种小兽，其数目与种类有着严格的等级区别，小兽越多，建筑级别越高，常见为 9、7、5、3 不等，均为奇数。戗兽从仙人骑兽（民间俗称骑鸡仙人）之后往上依次称之为龙、风、狮子、天马、海马、狻猊、狎鱼、獬豸、斗牛、行什。其中天马与海马、狻猊与狎鱼之位可置换。为了便于记忆，先人编了个顺口溜："一龙二凤三狮子，海马天马六狎鱼，狻猊獬豸九斗牛，最后行什像个猴。"因为严格的等级界限，古建筑上一般最多使用 9 个走兽，只有金銮宝殿（太和殿）才能十样齐全（图 6-17）。最多的是故宫太和殿上的装饰，在最后增加了一个行什，这在中国宫殿建筑史上是独一无二的，显示了至高无上的重要地位。中和殿、保和殿都是九个。其他殿上的小兽按级递减，而天安门上也是九个小兽。

图 6-17　故宫太和殿的戗兽

中国古代建筑大都为土木结构，因此，人们用瓦钉来固定住檐角最前端的瓦片，在对钉帽的美化过程中逐渐形成了各种动物形象，在实用功能之外进一步被赋予了装饰和标示等级的作用。这些美观实用的小兽端坐檐角，为古建筑增添了美感，使古建筑更加雄伟壮观，富丽堂皇，充满艺术魅力。

（六）藻井

藻井是一种具有神圣意义的象征，是古代建筑天棚中心凹进的部分，一般都在寺庙佛座上或宫殿的宝座上方，只能在宗教或皇室的建筑中使用。藻井的形状有方格形、六角形、八角形或圆形，上有雕刻或彩绘，常见的有“双龙戏珠”。藻井在古建中起装饰作用，有着重要的功能（图 6-18）。明代之后，藻井的顶心周围放置莲瓣，中心绘云龙。后来到了清代就成为了雕刻生动、口中悬垂吊灯的蟠龙。由于清代的藻井流行龙为顶心，于是便把藻井改称为龙井了。

北京的先农坛里，存放着一组精美的文物，是隆福寺正觉殿的一组明代藻井。这组藻井上下共有六层，每层圆形主框架上均细雕云纹图案，上面刻有各种造型，琼楼玉宇，天宫楼阙，天宫下是彩绘的 28 星宿神像。藻井的最下两层悬于室内天花之下，四角支撑点有木雕造型的四大天王，最上层顶盖为一幅沥粉贴金的深蓝色天文图，上绘观测者所在纬度能够看到的全天星象，有星星千余颗。这组藻井集建筑、宗教、天文、历史为一体，是研究明代历史不可多得的实物资料。

图 6-18　藻井

（七）山墙

山墙即房子两侧上部成山尖形的墙面。常见的山墙还有风火山墙，其特点是两侧山墙高出屋面，随屋顶的斜坡面而呈阶梯形。

四、中国古建筑的主要形式

中国的古建筑主要可以分为古代城防类建筑，宫殿类建筑，古代坛庙建筑，桥和水利工程建筑，民居建筑，牌楼、华表、阙、经幢建筑，古代陵墓建筑，以及宗教建筑、园林建筑等。由于古代陵墓类旅游资源、宗教文化旅游资源和古典园林旅游资源各自成一章节，这部分内容将在以后的章节中详细讲述。

（一）古代城防类建筑

中国古代城防类建筑主要包括古城墙和长城两大类。

1．古城墙

商代前期，人们为了防御外来的侵犯，在集居地的外围筑建夯土墙，再围以护城河，城池开始出现。城在古代有明显的防御功能，和池从商代起早已互相结合在一起。诸如城墙、垛口、射孔、城门、瓮城、千斤闸、护城河、吊桥、敌楼、马面等组成了一个完整的防御体系，目前作为旅游资源开发的古城墙主要包括西安（洪武三年）、平遥（洪武三年）、荆州（顺治三年）、兴城（乾隆四十六年）四大古城墙以及赣州宋代古城墙、开封清代古城墙等。

2．长城

长城是中国古代的军事防御工程，主要由关隘、城墙、城台、烽火台 4 部分组成。长城东起鸭绿江，西达嘉峪关，途经辽宁、河北、天津、北京、内蒙古、山西、陕西、宁夏、甘肃 9 个省、市、自治区，号称万里长城。

(1) 长城修建史　长城的修建年代因文献记载不详，学术界还没有形成统一的定论，目前一般认为可以上溯到春秋时期的楚国。约公元前 7 世纪，楚国最早修筑长城，西起湖北竹山，东至河南沁阳，全长约 1 509km。其后，齐、燕、赵、秦、魏、韩等国屡有修建。以后，西汉、东汉、北魏、北齐、北周、隋、辽、金、明各代均大规模修筑或增筑长城，一直到长城修筑史上的最后一个朝代——明代，大约共延续了 2 700 多年。长城显示了中华民族悠久的历史，反映了中国古代建筑工程技术的伟大成就，表现出中国古代各族劳动人民的坚强毅力与聪明才智，体现了中国自古以来形成的积极防御的战略思想。目前，古老的长城经过修整，许多区段成为游览胜地，尤其以山海关、八达岭和嘉峪关 3 段最为知名。

代表长城修筑史上 3 个高峰期的分别是秦长城、汉长城和明长城：

① 秦长城：秦朝是我国历史上第一个修筑长城的高峰。秦始皇灭六国，建立起第一个多民族统一的中央集权制封建国家，为防御匈奴侵扰、巩固边防，从公元前 214 年起，花了 10 年左右的时间，把秦、赵、燕三国的长城连成一体，修建了西起甘肃临洮，东至辽东，长约 1 万多里的长城，称为万里长城。

② 汉长城：汉朝是修筑长城的第二个高峰，称为外长城，西起新疆罗布泊，东到鸭绿江口，全长 1 万多公里，是中国历史上最长的长城。

③ 明长城：明代是修筑长城的第三个高峰，西起嘉峪关，东到山海关，长 6 350km。明长城修筑规模之宏大，防御组织之完备，所用建筑材料之坚固，都大大超越以前各个朝代。

（2）**长城组成部分** 长城作为防御工程，主要由关隘、城墙、城台、烽火台 4 部分组成：

① 关隘：是长城沿线的重要驻兵据点，位置多选择在出入长城的咽喉要道上。例如，山海关扼华北和东北的咽喉要道，是明长城东部最重要的关隘。

② 城墙：是长城的主体，气势磅礴，雄伟高大。城墙的顶部是军队防御活动场所和通道，是联系雄关、隘口、敌台等的纽带，特别坚固。一般设有女墙、垛口、瞭望口、射洞以及排水沟，内外檐墙多用巨砖、条石等包砌，内填黄土、碎石，还有上、下城墙的马道和梯道。

③ 城台：为了有效地防御，在外城墙上往往每隔 70m 左右就有一个突出墙外的台子，分墙台、敌台、战台 3 种。

④ 烽火台：烽火台也称作烽燧、烽堠、烟墩、墩台、狼烟台等，是利用烽火、烟气以传递军情的建筑。如遇有敌情，白天燃烟、悬挂旗子、敲梆或放炮，夜间燃火或点灯笼。烽火台通常设置在长城内外最易瞭望到的山顶上，一般是用土筑或石砌成的一个独立的高台，台子上有守望房屋和燃烟放火的设备，台子下面有士卒居住守卫的房屋和羊马圈、仓房等建筑。

（二）宫殿类建筑

宫，最初是对房屋、居室的通称；殿，是指古代的高屋。宫殿建筑，是皇帝为了巩固自己的统治，突出皇权的威严，满足物质生活和精神生活的需要而建造的规模巨大、气势雄伟的建筑物。

1. 宫殿建筑的发展历程

根据考古发掘证明，早在夏商时期就已经出现了宫殿；东周时期，宫殿的规模更加宏大；春秋至战国时期，宫殿建筑的风尚是大量建造台榭，在高大的夯土台上再分层建造各种壮丽宏伟的木构建筑，同时还要让建筑物更能表现帝王至高无上的权威；秦汉以来，从秦朝开始，“宫”成为皇帝及皇族居住的地方，宫殿则成为皇帝处理朝政的地方，秦汉时期的宫殿多分离，规模更加宏大；到了隋唐，宫殿建筑改用“三朝五门”的周制；宋代宫殿没有唐代的规模大；元代的宫殿创造了游牧生活民俗和喇嘛教建筑、西亚建筑特有的风格；明清时期宫殿得到了进一步的发展。

由于朝代更迭及战乱，中国古代宫殿建筑留存下来的并不多，现存主要有北京故宫、沈阳故宫，还有西安的几处汉唐两代宫殿遗址。例如，秦朝的阿房宫，唐代诗人杜牧曾作《阿房宫赋》，对这座宫殿进行了形象的描述，“覆压三百余里，隔离天日”。汉朝在长安的三大宫殿——长乐宫、未央宫和建章宫。唐代建都长安后，兴建了大明宫、太极宫和兴庆宫。保存得最完好，而且规模最宏伟、最有代表性的宫殿是北京故宫，旧称“紫禁城”。宏伟壮丽的紫禁城是明、清两代的皇宫，南面正门是中轴线的起点——午门，故宫的主体建筑都位于这条中轴线上，宫室等其他建筑在中轴线两侧对称排列分布。在这条中轴线上，按照“左祖右社，前朝后寝”的传统形制，故宫主要分成“外朝和内廷”，外朝以三大殿——太和殿、中和殿、保和殿为主。内廷的中心是“后三宫”——乾清宫、交泰宫、坤宁宫，比三大殿略小，整体布局很相似，又依次列于中轴线上。东西两侧是供嫔妃们居住的东西六宫，即民间所说的“三宫六院”。

2．宫殿建筑布局的特点

（1）**前朝后寝、三朝五门** 古代宫殿建筑物自身也被分为两部分，即“前朝后寝”。“前朝”是帝王上朝治政、举行大典之处，“后寝”是皇帝与后妃们居住生活的所在。所谓三朝，是指外朝、中朝和内朝；五门则指天安门、端门、午门、太和门和乾清门。

（2）**左祖右社** 由于中国的礼制思想里包含着崇敬祖先、提倡孝道和重五谷、祭土地神的内容，中国宫殿的左前方设祖庙（也称太庙），供帝王祭拜祖先，右前方设社稷坛，供帝王祭祀土地神和粮食神（社为土地，稷为粮食），这种格局被称为“左祖右社”。

（3）**严格的中轴对称** 宫殿建筑强调中轴线和对称布局，集最高等级于一体。“9”在古代是一个神秘的数字，9为奇数之极，又叫天数，封建帝王自命为真命天子，9就成了帝王之尊的数字了。故宫的角楼为九梁十八柱、七十二条脊，三数之和为九十九。

（4）**体现阴阳五行学说** 阴阳学说来自《易经》。正所谓“太极生两仪，两仪生四象，四象生八卦”，这种学说将世界的变化归集于阴、阳矛盾对立统一的变化。阴阳不是固定的，它们会随外部条件的变化而互相转化。这种学说认为阴阳两种相反的气是天地万物的源泉。阴阳相合，万物生长，在天形成风、云、雷、雨各种自然气象，在地形成河海、山川等大地形体，在方位则是东、西、南、北四方，在气候则为春、夏、秋、冬四季。五行说则是将世界万物都看作是由金、木、水、火、土构成的，五行有相生相克，相生关系为木生火、火生土、土生金、金生水、水生木，相克关系为木克土、土克水、水克火、火克金、金克木（图6-19）。

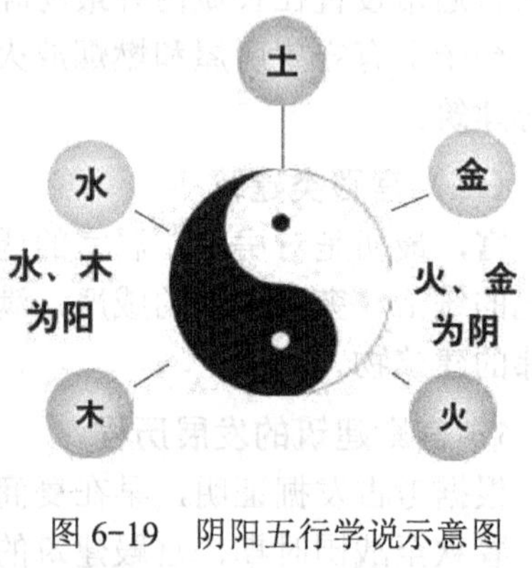

图6-19 阴阳五行学说示意图

（5）**以黄色和红色为主** 黄色在我国古代被视为最尊之色，只有皇帝才能享用，有“中央属土，土为黄色”之说。因此我国自宋代起，皇宫的殿顶多用黄色琉璃瓦遮盖。而红色在我国民俗中，则代表了吉祥、喜庆、幸福，还有庄严的意味，在建筑色彩上也属最高等级，所以宫殿的宫墙、檐墙，以及门、窗、柱都用红色，尤其以朱红色为主。

（三）古代坛庙建筑

我国古代坛庙建筑庄严古朴，气势雄伟，是祭祀神灵的场所。最初的祭祀活动是在林中空地的土丘山上进行，后逐渐发展成用土筑坛。坛是台形的建筑，是中国古代祭祀社、稷、天、地、日、月、山川的场所，可以分为天坛、地坛、日坛、月坛、社稷坛。坛在早期除用于祭祀外，也用于举行会盟、誓师、封禅、拜相、拜师等重大仪式。后来，坛逐渐成为封建社会最高统治者专用的祭祀建筑。坛的形式多依阴阳五行说，主体建筑随天、地等不同祭祀对象而有圆有方，由土台变为砖石砌，并且发展成宏大建筑群。中国历代对各种坛的建筑制度亦各有不同，如北京安定门外的地坛公园，是明、清封建帝王每年夏至祭祀地神的地方。明初，天、地一起合祭，地点就是现在的天坛。明嘉靖九年在此另建地坛，才开始天、地分祭。庙是祭祀先祖、先贤的场所，庙分宗庙（先祖庙）、君师庙和神庙。在祭祀先贤的建筑中，除庙之外，还有祠。各代坛庙数量日益增多，制度日益完善，大致可以分为 5 大类：

1．太庙与社稷坛

祭祀祖先的庙，又称太庙，与宫殿同为等级最高的古建筑，北京太庙是唯一保存下来的中国古代太庙建筑。社稷坛就是封建帝王祭祀土神和五谷神的地方，社稷坛的主体建筑是社稷坛和拜殿。例如，明清时期的北京社稷坛，设三层方台，汉白玉砌筑，坛上铺五色土，中黄、东青、南红、西白、北黑，象征金、木、水、火、土五行，以象征“普天之下莫非王土”和祈求全国风调雨顺、五谷丰登。

2．祭祀天地、山川、神灵的坛庙

祭天的坛呈圆形，称“圜丘”，地坛为方形，寓意于我国古代天圆地方之说。除祭祀天地之外，秦汉已专门祭祀泰山，以后固定五岳、五镇、四渎、四海为朝廷设祭。如北京的天坛、地坛、日坛、月坛、先农坛，泰山的岱庙，嵩山的中岳庙，衡山的南岳庙，华山的西岳庙，辽宁的北镇庙，广州的南海神庙都非常有名。其中，北京的天坛是明清皇帝祭天和祈祷丰年的地方，是保存下来的封建帝王祭祀建筑中最完整、最重要的一组建筑，也是现存艺术水平最高、最具特色的优秀古建筑群之一。而泰山的岱庙规模很大，是按照唐宋以来祭祀建筑中最高标准、仿效帝王的宫城体制修建的，是中国著名的古建筑群之一。

3．孔庙等名人祠庙

人们为了纪念某些名人的功德，专门在各地建立了各种祠庙。最著名的是奉祀孔子的曲阜孔庙，又称文庙。孔丘被奉为儒家之祖，汉以后历代帝王大多崇奉儒学，敕令在京城和各州县建孔庙。山东曲阜孔庙规模最大，与孔府、孔林简称“三孔”，被联合国批准列为世界文化遗产。奉祀三国时代名将关羽的庙称关帝庙，又称武庙。除了奉祀圣贤的，还有奉祀名臣义士的，如北京文天祥祠、山东邹县孟轲庙、山西解州关帝庙、山西太原邑姜祠（晋祠），以及四川成都和河南南阳奉祀三国著名政治家诸葛亮的“武侯祠”等。

4．家庙

唐朝出现了家庙，是指有官爵者祭祀先祖的宗庙，一般位于住宅的东面。较为有名的家庙有安徽龙川胡氏祠堂、广州的陈家祠堂等。

5．神庙

神庙是在城市和乡村中祭祀与人民生活有密切关系的神灵的小祠庙，如城隍庙、妈祖庙、土地庙、龙王庙等。这类祠庙的形式比较自由，有些是风景名胜所在，有些是集市场所。

（四）桥和水利工程建筑

1．桥

中国有“桥的国度”“桥的王国”之称。几千年来，我国的劳动人民建造了各式各样的桥梁，形成了自己独特的桥梁风格。从结构和形式上看，桥可以分为梁式桥、拱桥、悬索桥、浮桥、廊屋桥、铁桥、竹藤桥等。例如，杭州西湖断桥的“断桥残雪”令人流连忘返；扬州瘦西湖上的二十四桥使人眷恋难忘；北京颐和园昆明湖上的十七孔桥叫人陶醉其间。泉州的洛阳桥、北京的卢沟桥、河北的赵州桥与广东的广济桥并称为我国古代四大名桥。

(1) **洛阳桥** 洛阳桥（图 6-20）原名万安桥，我国现存最早的海港梁式大石桥，位于泉州东郊的洛阳江上。宋代泉州太守蔡襄主持建桥工程。从北宋皇祐四年（公元 1053 年）至嘉祐四年（公元 1059 年），前后历时 7 年之久。桥北有昭惠庙、真身庵遗址；桥南有蔡襄祠，著名的蔡襄《万安桥记》碑就在这个祠内。洛阳桥的建造，是对世界桥梁科学的一大贡献。由于当时洛阳江阔水深，造桥工匠创造了一种新型桥基—— 筏形基础，就是沿着桥的中轴线抛置大量石块，并向两侧展开相当的宽度，形成一条连结江底的矮石堤，然后在上面建造船形墩；他们又在桥下养殖大量牡蛎，把桥基涵和桥墩石胶合凝结成牢固的整体。这就是造桥史上最别出心裁的“种蛎固基法”，也是世界上第一个把生物学运用于桥梁工程的创举。

(2) **卢沟桥** 卢沟桥（图 6-21）初名“广利桥”，在永定河上，永定河旧称卢沟河，桥因此而得名。卢沟桥始建于金大定二十五年（1189 年），距今已有近 800 多年的历史，是北京现存最古老的石质多拱桥。桥东的碑亭内立有清康熙帝重修卢沟桥和乾隆帝所题“卢沟晓月”汉白玉碑一块，为“燕京八景”之一。桥上两侧有望柱和栏板，每个望柱上都有石狮，石狮头上、背上、腹部、爪下都藏有小石狮，形态各异。意大利旅行家马可 · 波罗在他的游记中，称赞“它是世界上最好的、独一无二的桥”。

图 6-20 洛阳桥

图 6-21 卢沟桥

(3) **赵州桥** 赵州桥（图 6-22）又名安济桥，建于隋大业年间，是著名匠师李春建造。赵州桥是当今世界上现存最古老的单跨石拱桥。因桥洞顶左右两端的拱肩内各有两个圆弧形小拱，可在洪水到来时减小水流阻力，加速排洪，又可减轻桥身重量，设计构思独具匠心，是世界造桥史的一个创造。赵州桥造型艺术十分优美，桥两边的栏板和望柱上，雕刻有各种蛟龙、兽面、竹节、花饰等，艺术风格豪放而新颖，刻工精细，意境深远。整个大桥堪称是精湛的艺术珍品，隋唐艺术的精华，有“水从碧玉环中过，人在苍龙背上行”之说。赵州桥距今已有上千年的历史，经历了数次水灾、战乱和地震的考验，仍然坚固稳定。1991 年，赵州桥被美国土木工程师学会认定为世界第十二处“国际土木工程历史古迹”，并赠送铜牌立碑纪念。这标志着赵州桥已与埃及金字塔、巴拿马运河、巴黎埃菲尔铁塔等世界著名历史古迹并称而齐名。

(4) **广济桥**　广济桥（图 6-23）俗称湘子桥，位于广东潮州古城东部，是我国古代著名的开启式石桥，曾被著名桥梁专家茅以升誉为“世界上最早的启闭式桥梁”。桥中段用 18 艘梭船连成浮桥，能开能合，当大船、木排通过时，可以将浮桥中的浮船解开，让船只、木排通过。然后再将浮船归回原处。这是中国、也是世界上最早的一座开关活动式大石桥。桥墩巨大，全部用花岗石块砌成，是中国桥梁建筑中的一份宝贵遗产。1958 年由于交通需要，将浮桥拆除，改为直通大桥，1977 年再次重修。

图 6-22　赵州桥

图 6-23　广济桥

2．水利工程

水利在我国有着重要的地位和悠久的历史，各朝各代基本上都把兴修水利作为治国安邦的大计。我国有许多著名的水利工程建筑，其中京杭大运河、灵渠、都江堰和坎儿井并称为我国古代四大水利工程。

(1) **京杭大运河**　京杭大运河（图 6-24）是世界上开凿最早、水道最长的人工运河，北起北京，南到浙江的杭州，流经北京、河北、天津、山东、江苏、浙江 6 个省市，沟通了海河、黄河、淮河、长江、钱塘江 5 大水系，全长 1 794km。大运河从公元前 486 年始凿，至公元 1293 年全线通航，前后共持续了 1 779 年。

图 6-24　京杭大运河

（2）**灵渠** 又称湘桂运河，位于广西壮族自治区兴安县。公元前223至前214年，秦始皇为统一岭南派史禄等人开凿。灵渠是一条跨越湖南湘江和广西漓江两大流域的古运河，与陕西的郑国渠、四川的都江堰一道并称为“秦朝三大水利工程”。灵渠分南北两渠，主要工程包括铧嘴、天平（又称铧堤）、渠道、陡门和秦堤。灵渠对维护国家统一、促进中原与岭南经济文化交流作出了重要贡献。

（3）**都江堰** 著名的古代水利工程都江堰，位于四川都江堰市境内的岷江上，是战国末期蜀郡太守李冰父子主持兴建，渠首主要由鱼嘴分水堤、宝瓶口引水工程和飞沙堰溢洪道三大工程组成，建于公元前256年，至今已有2 000多年的历史，是全世界迄今为止，年代最久、唯一留存、以无坝引水为特征的宏大水利工程。两千多年来，它一直发挥着防洪灌溉作用，使成都平原成为沃野千里的天府之国。如今，都江堰旅游区已经成为世界文化遗产、国家5A级旅游景区、国家级风景名胜区。都江堰水利工程示意图，如图6-25所示。

（4）**坎儿井** 主要分布在新疆的吐鲁番、哈密、库车等地区，尤以吐鲁番最多。坎儿井是中国干旱地区各族劳动人民在长期生活中为适应干旱地区的自然环境而造的一种地下水利工程，由竖井、暗渠、明渠、涝坝4部分组成：①竖井，主要是为挖暗渠和维修人员出入出土用的；②暗渠，是坎儿井的主体；③明渠，就是暗渠出水出到农田之间的水渠；④涝坝，就是暗渠出水口，修建一个蓄水池，积蓄一定水量，然后灌溉农田，逐渐形成沙漠中的绿洲。新疆境内的坎儿井全长五千多公里，是全世界最大的地下水利灌溉系统。坎儿井地下水利工程，如图6-26所示。

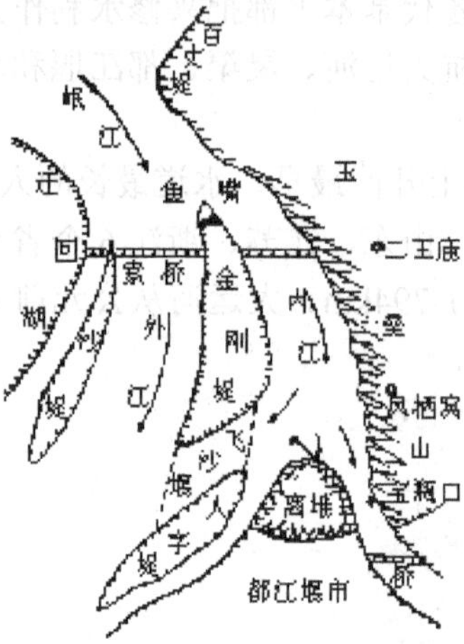

图6-25 都江堰水利工程示意图

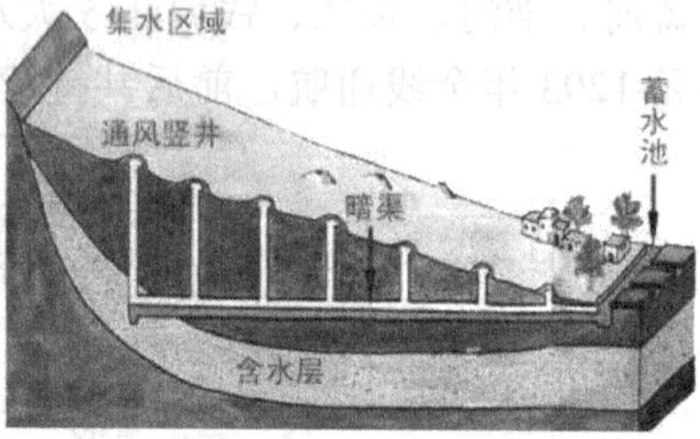

图6-26 坎儿井地下水利工程

（五）民居建筑

传统民居是根据不同的自然环境、历史文化、经济状况以及生活习惯、民风民俗等，因地制宜，就地取材建造起来的。民居作为一个物质环境是与人们的观念、意识及文化背景密不可分的，民居的建造也是一种文化现象。中国民居作为中国建筑的一部分，独具特色，装饰也丰富多彩，具有较高的审美价值。

张驭寰在《中国古代建筑百问》一书中，提出可以根据房屋的式样、建筑材料、构造方法、类型、民族以及地理情况来对民居进行划分。例如，按照材料划分，有草顶房、泥土顶房、灰土顶房、砖顶房、瓦顶房；根据构造方法，有木结构、砖构造、土造房屋、砖木混合式房、砖石混合式房；根据类型划分，有吊角式、井干式、干栏式、穹窿式、环形土楼式、窑洞式、天幕式、绑扎式、干扎垒、土坯砌筑式、穴居式，另外有合院式（三合院式、四合院式）、连排组合式；根据民族可分为满族、回族、维吾尔族、白族、黎族、侗族、基诺族、蒙古族、藏族民居等；根据地理情况可分为舟山防风民居、海江渔船民居、客家民居、泉州民居、拉萨民居、云南个旧民居、剑川民居、大理民居、海东民居、甘南民居、甘西民居、哈萨克族民居、藏族喇嘛庙及喇嘛住宅、内蒙古喇嘛庙及喇嘛住宅、北大荒民居、西部碱土平房等。

一般我们将中国民居建筑分为北方院落民居、南方院落民居、南方天井民居、岭南客家集团民居、西北窑洞民居和南方自由式民居。中国古民居中，元代以前的很少保留至今，现存的绝大多数都是明、清两代的民居，如徽州古民居、山西平遥民居、北京四合院和福建土楼、粤东围拢屋等，都堪称中国古民居的杰作。其中北京四合院、陕北窑洞、广西干栏式建筑、云南“一颗印”和客家民居被称为中国民居五大特色。

1. 北京四合院

中国的四合院历史悠久，早在 2 000 多年前就有四合院形式的建筑出现。四合院是封闭式的住宅，由正房、倒座、东厢房和西厢房四座房屋在四面围合，形成一个口字形，里面是一个中心庭院，对外只有一个街门，关起门来自成天地，院内的四面房子都向院落方向开门，具有很强的隐秘性，非常适合独家居住。由于院落宽敞，可在院内植树栽花、饲鸟养鱼、叠石造景。最具有代表性的四合院就是北京的四合院。北京四合院（图 6-27），是我国北方住宅建筑中一种传统的布局形式，体现了我国“前堂后寝”的礼制规格。

2. 陕北窑洞

窑洞是中国西北黄土高原上居民的古老居住形式。当地人住窑洞的历史已经有几千年了，窑洞里的生活也别有情趣。远在 4 000 多年前，生活在陕西省北部黄土高原上的人们就有挖穴而居的习俗。窑洞是天然黄土中的穴居形式，冬暖夏凉，不破坏生态，不占用良田，是经济省钱的建筑方式。直到今天，窑洞式房屋还广泛分布在黄土高原。陕北窑洞有靠山土窑、石料接口土窑、平地石砌窑多种，一般城市里以石、砖窑居多，而农村则多是土窑或石料接口土窑。窑洞的主要形式有地坑窑、沿崖窑、锢窑。窑洞的布局十分灵活，多随地势挖掘，无固定的朝向，由成排的圆拱组成重重叠叠、高低错落的村落。

图 6-27　北京四合院

3. 广西干栏式建筑

竹楼是我国典型的干栏式建筑，俗称高脚房屋，又称“干栏”“干阑”等。其特征是房屋离开地面，用石柱、木柱或竹柱支撑着，房的屋脊长于屋檐，正脊两端向上翘起，具有防潮、通气等优点。我国傣族、壮族、布依族、侗族、水族、高山族、布朗族、苗族、瑶族、哈尼族、基诺族至今仍然居住在干栏式建筑里（图 6-28）。一楼用于圈养鸡、鸭、牛等牲畜，二楼住人，以保持屋内的干燥。壮族人因为相信世间万事都有灵性，所以对居所十分在意，避免大门对开，有些甚至不装后门，以防财物丢失。

4. 云南“一颗印”

“一颗印”属于汉式合院建筑，是彝族土掌房发展飞跃的形式之一。“一颗印”建筑（图 6-29）是由正房与厢房组成的，对称平稳，方方正正，瓦顶土墙。从空中往下看，整个布局如同一枚印章，自成一体。“一颗印”住宅起通风、采光、排水的作用，又是交通的核心，也是厅堂的扩大空间。

图 6-28 干栏式建筑

图 6-29 “一颗印”建筑

5. 客家民居

客家民居是中国闽南地区的大土楼，是客家人为维护自己创造的一种独特的建筑形式，一般用生土夯起一两米宽的厚重外墙，内建有三至五层木结构的房子，房间达一二百间，可住几十户人家。整座楼，形同古罗马帝国城堡，外形有方、圆、扇、伞等形状，全楼只有一个大门，具有对称整齐、构造精巧、坚固经久、防盗、抗震、防潮、阳光充足、冬暖夏凉等特点。客家民居建筑形式，主要有方楼、圆楼、府第式的三堂屋和五凤楼、围龙屋。例如，客家人在闽西山区就以圆形建造房屋，祈求万事和合、子孙团圆。“承启楼”是永定县最大的圆形土楼，俗称“圆寨”（图 6-30）。

图 6-30 客家土楼

中国各少数民族的住宅丰富多彩，独具民族和地方特色。除上述民居建筑形式之外，还有藏族和居住在四川等地的羌族的碉房（碉楼）、云南大理的石头房、东北的木构架四合院，江南青瓦粉墙的四水归堂式住宅、内蒙古与西北游牧民族的蒙古包、鄂温克族的仙人柱和新疆维吾尔族冬暖夏凉的“阿以旺”等，都极具旅游开发价值。

（六）古代建筑小品

1. 牌坊、牌楼

牌坊、牌楼原是建在里坊入口处旌表孝义的建筑，随着时间的推移，成为一组建筑的序幕或入口的标志。由于牌坊、牌楼具有较强的衬托作用，所以至明清大都设在苑囿、寺观、陵墓的前面，起点缀和装饰作用。牌坊与牌楼还是有所区别的，牌坊是用华表柱加横梁构成，横梁上不起楼，即不加斗拱和屋檐；而牌楼的横梁上是有斗拱和屋檐的（图 6-31）。牌坊可以分为贞节牌坊、功德牌坊、祭坛牌坊、山门牌坊和街道牌坊等。我国著名的牌坊很多，其中十三陵长陵神道入口的石牌坊全用汉白玉砌成，浑然一体，雕龙琢云，鬼斧神工，匠术精绝，是现存我国最大的石牌坊。

2. 华表

华表又称擎天柱，在秦汉已有，是一种标志性或纪念性的独立木柱，柱上有横木，在汉代时称桓表，常以浮雕成装饰物，古代设置在城垣、桥梁、宫殿或陵墓、宗庙旁作为装饰性用的巨大柱子。华表一般由柱础、柱身、柱顶组成，明以后柱础一般为莲花柱座，柱身以圆形为主，也有八棱形、方形等，柱身一般雕有螭龙、卷草等图案，柱顶上部横一云板，称为承露盘，盘中蹲坐一怪兽，叫“犼”。汉代时，华表多为木制，顶上立有白鹤，到了明代逐渐用石柱代替了木柱。后来为了坚固，改用石柱，现存的华表都是石制的。我国华表的杰作是北京天安门前后的两组四座汉白玉华表（图 6-32）。

图 6-31　牌楼

图 6-32　华表

3. 阙

阙是指城门两旁的高台，一般建于宫殿、陵寝、祠庙等建筑群的两侧，是中间有道路的高台建筑。最早在西周时已有这种建筑，阙通“缺”，因左右分列，中间形成缺口，故称阙。北京故宫的午门，其形制就是由阙发展而来的。阙多为石头雕刻，外观大体分为阙座、阙身与阙檐 3 部分（图 6-33）。最初，阙是为了显示威严、供守望用的，后来逐渐演变为显示门第、区别尊卑、崇尚礼仪的装饰性建筑。著名的有山东嘉祥武梁祠阙，四川梓潼李业阙、杨公阙、贾公阙等。

4. 经幢

幢，原意是中国古代仪仗中的旌幡，是由竿上加丝织物做成的，又称幢幡。在印度佛教传入之后，佛经或佛像最初是写在丝织的幢幡之上的，为了保持经久不毁，后来改为刻在石柱上，因为刻的主要是《陀罗尼经》，因此称为经幢。经幢一般由幢顶、幢身和基座3部分组成，主体是幢身，刻有佛教密宗的咒文或经文、佛像等，多呈六角或八角形，基座和幢顶则雕饰花卉、云纹以及佛、菩萨像（图 6-34）。唐宋以来，著名的经幢有五台山佛光寺的唐代经幢、河北赵州陀罗尼经幢、上海松江唐代经幢等。

5. 碑

关于碑的起源有多种说法，有的认为最初是指竖立在宗庙大门内系牲口的石头，有的认为碑起源于古代的棺木入墓穴的木柱。碑建筑主要包括3部分，即碑首、碑身和碑座。东汉顺帝起开始盛行石碑，南北朝时，碑首开始用佛像或雕龙。我国现存有许多碑，如山东曲阜孔庙的十二御碑（图 6-35），玉虚宫泰山庙中米芾题的“第一山”刻碑。

图 6-33 阙

图 6-34 经幢

图 6-35 孔庙御碑

6. 影壁

古代称为萧墙，是一种饰以浮雕的墙壁，常用于宫殿、寺庙、祠观、府第、宅邸的主入口大门，使大门内隐而不露，增加层次和空间感。影壁由台基、壁身、壁顶组成，样式多种多样。宫殿的影壁尤以九龙壁最为尊贵，现存最早、最大的九龙壁是山西大同代王府九龙壁（图 6-36），它与北京故宫、北海的九龙壁合称为我国三大九龙壁。

图 6-36 九龙壁

五、中国古代建筑的旅游价值与功能

中国古建筑历史悠久，类型丰富，对于旅游业的发展有着重要的意义。古建筑作为旅游景区的一个重要组成部分，具有多种旅游功能，主要表现为以下几个方面：

（一）展现了极强的美学意蕴，具有高度的观赏价值

古建筑被赋予美的内涵，美学观赏价值非常高，有含蓄之美、幽曲之美、方正之美或对称之美，吸引了众多的游客。如北京颐和园中的长廊，是中国“廊”建筑中最大、最长的游廊，也是世界第一长廊。长廊建筑形式独特、绘画丰富多彩，廊上绘有传统故事或花鸟鱼虫的图画万余幅。在长廊漫步，景随步移，廊内的图画与廊外的楼台亭阁，令游人目不暇接、兴趣盎然，充分展示了中国古建筑独特的美感。

（二）增强游人审美和愉悦的满足感

古建筑艺术的风格、构图、尺度等，都是从人的审美心理出发，能够让游客产生审美和愉悦的感受。旅游者的感受可以分为3个层面，即直观感受、审美感受和愉悦的感受。其中，古建筑的造型、外观，能让旅游者产生一种强烈的直观感受；古建筑的空间视角，即环境，能影响旅游者的活动，从而使旅游者获得一定的审美满足感；古建筑的意境，即表现出某种象征含义，能够引发旅游者的想象力，从直观感受进入悠远、深邃的意境之中，增强游客审美和愉悦的满足感，这也是古建筑旅游功能的最高境界。

（三）更好地衬托了其他相关旅游资源，相得益彰

古建筑不是独立存在的，而是和其他旅游资源共同存在的。因此，古建筑旅游资源应该和相关旅游资源相结合，统筹规划、合理布局、加强管理，从而带动当地其他旅游资源的开发建设。如古建筑类、民俗风情类、文化艺术类旅游资源之间可以实现互补、共同发展。

（四）具有文化、科学考察价值和教育意义

“建筑是石头的史书”，只有大量古建筑的存在，才能有力地证明城市的悠久历史，提高城市的文化氛围。中国的古建筑，是灿烂的中华古代文化艺术中最具独特魅力的部分，是中国古文化、古文明的标志和象征。古建筑凝聚着中国古代各阶层人民的智慧和才能，是一个民族不同历史时期政治、经济、文化、科技等条件的综合产物，是自然科学与人文科学的完美结合。它包含了历史学、文化学、哲学、美学、考古学、宗教学、民族学以及旅游学等不同学科的内容，充分展示了民族文化。古建筑的存在，已远远超出了其作为建筑本身的价值和意义，不仅可以丰富旅游者的历史文化知识，还具有一定的科学考察价值和教育意义。

第四节 古代陵墓类旅游资源

古代的埋葬方式主要有土葬、火葬、水葬、天葬、野葬、树葬、悬棺葬、崖洞葬等形式。从旅游角度来看，土葬、悬棺葬的形式最具旅游资源价值，尤其是土葬，因地面和地下有实物，又有较佳的自然环境，是山水风光、建筑和文物的综合体。

一、陵墓的历史演变

陵墓的出现，源于人类出于对先人的崇敬。在原始社会，人死后没有墓，大约在新石器时代出现了葬人的土坑。陵墓的发展经历了漫长的历史时期：周朝出现了有封土的坟头；

秦汉时期出现了“封土为陵”，西汉在秦葬制度基础上，大规模修建陵墓，首创“陵邑”制度，迁天下富豪于此居住，为帝王守陵，首开陵前设置石像生之先河，而东汉帝陵多集中在洛阳邙山，自古有“生于苏杭，葬于北邙”之说；唐代自李世民开始普遍采用“依山为陵”的规制；宋代又再次恢复了“方上”的形式；明清两代的陵墓形式发生了重大的变革，即采用宝城宝顶的形式，规模更加宏伟壮观。

二、陵墓的基本类型

陵墓建筑是有所区别的，旧时帝王墓称作陵，王侯墓称作冢，圣人墓称作林，百姓墓称作坟，如被尊为“武圣”关羽的墓就称作“关林”。一般可以将中国古墓葬分为帝王陵寝、纪念性陵墓、崖墓及悬棺葬 3 种：

（一）帝王陵寝

历代帝王都提倡厚葬，往往用大量人力物力来修建规模巨大的陵墓以及用来供奉、祭祀、朝拜的建筑。因此，帝王陵寝包括陵墓及其附属建筑两大部分，其中，陵是帝王的坟墓，寝是帝王灵魂生活起居的场所。

陵寝地面的主要建筑有石牌坊、大红门、神道、石像生等，石像生是侍立神道两侧的石人石兽，如獬豸、角瑞、麒麟、朱雀、骆驼、象、马、狮、虎、羊等。陵前的石像生还有规定：三品以上，石人、石兽 6 个（石人、石虎、石羊各 2 个）；五品以上，石人、石兽 4 个（石人、石羊各 2 个）。帝陵前使用天禄和麒麟，王公墓前则使用狮子。

我国的帝王陵寝不仅数量众多、历史悠久，而且布局严谨、建筑宏伟、工艺精湛，具有独特的风格，在世界文化史上占有重要的地位。我国著名的帝王陵墓有秦始皇陵、唐乾陵和昭陵、明孝陵和十三陵、清东陵和西陵。西安陵墓的历史价值非常高，如秦始皇陵的兵马俑和铜车马，可以与《荷马史诗》中记载的人类纪元前的七大奇迹相媲美，堪称纪元前的第八大奇迹；而昭陵墓前的六匹骏马的浮雕，是李世民戎马一生的写照，也是国宝级的贵重文物，号称“昭陵六骏”，它们分别是白蹄乌、特勒骠、飒露紫、青骓、什伐赤、拳毛马呙；乾陵的无字碑更是为后人津津乐道，有人说是武则天认为自己“功高德大”难以言表，有人则认为是武则天表示自己的“千秋功过”要留给后人评说。

（二）纪念性陵墓

除帝王陵墓外，我国还有数量众多的纪念性陵墓，这些陵墓都是为了纪念诸如古代圣贤、诗人画家、政治思想家之类的名人的墓，一般规模不大，墓中殉葬品不多，甚至没有。但它们以其墓主的名声吸引着人们，成为人们对墓主寄托怀念之情或敬仰之情，是人们瞻仰、游览的风景佳地。代表性的建筑有黄帝陵、炎帝陵、舜陵、禹陵等，山东曲阜的孔林、河南洛阳的关林等，湖北秭归的屈原墓、陕西韩城的司马迁墓、四川成都的武侯祠、内蒙古呼和浩特的昭君墓、浙江杭州的岳飞墓等。

（三）崖墓及悬棺葬

崖墓就是沿着山崖处人工凿成洞，当地人称“蛮子洞”。崖墓最深达 90m，小的约 6m，宽达 10m 左右，高达 2.8m，由墓门、享堂、墓道和棺组成。崖墓出现时间为东汉到南北朝时期，分布在四川宜宾、乐山、彭山一带。墓内外浮雕有车辇图、牧马图、宴乐图、车骑图，还有荆轲、孙叔敖等故事。

悬棺是在悬崖高处，凿孔，安设木桩，然后将棺木放在桩上。在我国分布于 3 处：宜宾地区兴文和珙县、三峡、武夷山九曲溪。宜宾地区是西南一支少数民族僰人的聚居地。僰人在明朝一次反抗中被全部消灭，余者融于汉族和彝族。三峡悬棺多在风箱峡中，人称“风箱”（图 6-37）。武夷山九曲溪小藏峰岩壁上因棺木如船形，人称“船棺”。

图 6-37　三峡悬棺

陵墓在旅游业中占有重要的地位，具有极大的旅游价值，地上地下建筑辉煌，殉葬品丰富、出土文物众多；具有较高的科学研究价值和历史文化价值；环境优美，风景秀丽，兼具观赏、避暑、休憩等多种功能。

第五节　名人遗迹与近现代重要史迹

一、历史名人遗迹

历史名人，是指对政治、经济、文化有贡献、有影响的人物。在中国数千年的历史长河中，在经济、政治、文化上涌现出了无数杰出的英才和伟人，他们对历史的贡献和影响，使他们的故居、所到之处以及墓葬等地都对今天的人们构成了强大的吸引力，因此也成了备受关注的旅游热点。如秦始皇命人修建的阿房宫，山东曲阜的孔府，湖北秭归的屈原故里，陕西韩城市的司马迁故里、太史祠、太史公墓，四川成都的杜甫草堂，山东淄博蒲松龄的聊斋等，它们的魅力不会因时间久远而褪色，反而如酒愈久愈醇。

具体而言，名人遗迹可以分为帝王、政治家、思想家、科学家、文人、宗教人士、英雄人物等。历史上有名的帝王如秦始皇、唐太宗、康熙、乾隆等；知名的政治家有管仲、晏婴、伍子胥、张良、诸葛亮、孙中山等；思想家有老子、孔子、韩非子、墨子、荀子、孟子、朱熹等；科学家有张衡、华佗、祖冲之等；文人墨客有屈原、李白、杜甫、白居易、苏轼、柳宗元、韩愈、欧阳修、曹雪芹、蒲松龄等；宗教人士有玄奘、慧能、张三丰等；英雄人物有项羽、岳飞、戚继光等。除此之外，还有伟大的地理学家、旅行家和探险家徐霞客，医学家李时珍、张仲景、孙思邈等。

二、近现代历史遗址遗迹

1840 年鸦片战争的爆发是中国近代史的开端。此后，中国人民为争取独立、民主，同帝国主义、封建主义和官僚资本主义进行了不屈不挠的斗争，留下了许多革命遗址、遗迹和文物，其中著名的遗址有：清末洋务运动时建立的开滦矿务局码头遗址，标志着禁烟运动伟大胜利的广东虎门遗址，抗英斗争中遗留下来的广东虎门炮台，辛亥革命爆发地武昌起义军政府遗址，南京市东郊钟山风景名胜区的孙中山陵园，纪念京汉铁路工人大罢工的郑州二七纪念塔，南京大屠杀遇难同胞纪念馆等。这类遗址为了解近现代历史提供了广泛的实物证据，同时也具有很高的教育价值，为我们今天提供了丰富的旅游素材，对于怀念先烈、教育后人、争取尽快把我国建成富强、民主、文明、和谐的社会主义现代化国家有着重要作用。

本章小结

历史文物古迹旅游资源主要包括古人类遗址、古都和古战场遗址，古建筑类旅游资源，古代陵墓类旅游资源，以及名人遗迹、近现代重要史迹。通过本章的学习，需要了解各类历史文物古迹旅游资源的基本概念、分类及著名的旅游景点；理解各类人文旅游资源的含义、类型、特点及其他基本内容；正确认识各类人文旅游资源与旅游之间的关系，掌握各类人文旅游资源的旅游价值。

思考与练习

一、名词解释

1．历史文物古迹

2．古人类文化遗址

二、填空题

1．北宋时期，______一书出现，它是我国第一部有关建筑设计及技术经验总结的完整巨著，主要记录了官家大式、大木等做法，系统地反映了官式建筑的发展水平。

2．陵墓作为旅游资源，可分为______、______和悬棺墓。

3．泉州的洛阳桥、北京的卢沟桥、河北的______与广东的______并称为我国古代四大名桥。

4．______是我国古代最长的国际性道路，被称为最早的“欧亚大陆桥”。

5．______、______和______并称为“世界三大建筑体系”。

三、单项选择题

1．郑州附近及安阳小屯古城遗址分别为______代（朝代）中晚期城池遗址。

A．夏　　B．商　　C．唐　　D．宋

2．下列遗址属于新石器时代遗址的是______。

A．云南元谋人遗址　　B．陕西蓝田人遗址

C．周口店北京人遗址　　D．陕西半坡遗址

3．下列属于古战场遗址的是______。

A．偃师二里头遗址　　B．商都殷墟遗址

C．晋城长平　　D．西周都城丰镐遗址

4．______是世界上开凿最早、水道最长的人工运河。

A．京杭大运河　　B．灵渠　　C．都江堰　　D．坎儿井

5. ______以龙凤为主题，用青、绿、红 3 种底色衬托金色，梁枋上的各个部位则用“Σ”线条分开，大面积使用沥粉贴金，花纹绚丽立体感非常强，从而达到富丽堂皇的效果。

A. 旋子彩画　B. 新式彩画　C. 苏式彩画　D. 和玺彩画

四、简答题

1. 中国的古代建筑有什么艺术特征？
2. 中国宫殿建筑布局的特点是什么？

五、论述题

近些年，我国某些景区已经开始涨价，你认为世界遗产性质的景区涨价是否合适？请提出合理的建议。

六、案例分析

名人故居遭拆，建筑保护之殇

名人故居，在世界各国都是一种宝贵的文化遗产。这些历史上文人墨客、政治家等具有一定影响力的人物曾经居住的地方，是经历了时间的洗刷依然保存下了这些人物日常生活的点点滴滴、具有一定文化价值的特殊文物，更是一种特殊的文化载体。

众所周知，梁思成和林徽因夫妇，作为中国杰出的建筑学家，他们是中华人民共和国国徽和人民英雄纪念碑的设计者。为了纪念梁思成先生，中国建筑设计的国家奖就叫做“梁思成奖”。1930—1937 年，梁思成、林徽因离开沈阳回到北平，把家安在了北京总布胡同 24 号院。这一时期，也是梁思成和林徽因两人对中国建筑史及文物保护作出重要贡献的时期。如今半个多世纪过去了，老北京城已经被拆得七零八落，大部分四合院也都消失在岁月之中，但拆迁的脚步却从未停止。

2012 年 1 月 27 日有媒体报道称，北京东城区总布胡同 24 号院梁林故居突遭拆除，几成瓦砾，引起社会各界的强烈关注。北京市文物局声称自己并不知晓，而开发单位华润集团富恒房地产开发公司声称，由于担心梁林故居因陈旧出现险情，对其进行了“维修性拆除”。

对于梁、林故居是否属于“不可移动文物”、拆迁行为是否违规、“维修性拆除”之说能否成立的争论至今未决。名人故居保护在“开发”围剿中举步维艰的境地让人扼腕：拆的是房子，痛的却是文化。

位于南京新街口的著名民国建筑张治中公馆，也被曝光北楼已成某豪宅的售楼处，南楼挂牌 6 000 多万元进行销售。从北京的梁林故居，到济南的英领事馆，从重庆的蒋介石行宫，再到南京的张治中公馆，不少名人故居、历史遗存都在“维修性拆除”或者“保护性拆除”的幌子下惨遭破坏。著名作家冯骥才对《中国青年报》记者说：“作为文物保护专家，我们只有呼吁和心疼的份儿，但文物保护的主体不是我们这些人，而是某些政府部门。”

部分有识之士认为，一个城市，没有了像名人故居这样的古建筑，也就是说没有了优秀的历史文化遗产，就根本无法体现古文化特点，同时悠久的历史文化传承也就被割断了。目前，有一部分被列为“全国重点文化遗产保护单位”的名人故居被保护得很好，但仍有一些尚未挂牌但仍具保护价值的名人故居，由于自身的损坏，同时也未曾引起重视保护，渐次坍塌荒弃或者部分被拆。在上海市静安区的徐志摩旧居，其原貌是上海滩老式石库门洋房，徐志摩和陆小曼两人正是在此创作了《爱眉小札》《媚轩琐记》《小曼日记》等脍炙人口的佳作名篇。现在楼宇已被拆迁，只留下弄堂口挂着的一个铭牌。

对于名人故居的保护，全国各地过去主要依据《文物保护法》的原则，将名人故居作为不可移动的文物，这是必须的，但又是不够的。据2011年底国家文物局第三次全国文物普查统计结果显示，全国登记的不可移动文物总量当中，新发现登记不可移动文物总量为536 001处，约4.4万处不可移动文物已消失。在经济利益的背后，在推土机的轰鸣声中，镌刻着一个民族文化记忆和精神灵魂的名人故居有的被拆得七零八落，有的则被弃于荒草废墟中，更有甚者，早已被夷为平地。名人故居的现状与未来让所有关注历史、关注名人文化的人感到担忧。

名人故居是一种不可再生资源，它不仅具有建筑之美，还是社会生活的记录与承载者，是对名人精神与文化的继承和延续，是与后辈人在情感、精神方面联系与沟通的桥梁，也是文化遗产的重要组成部分。因此，对现存名人故居进行系统、全面的认定，制定合理的保护措施，用发展的眼光，寻求名人故居的保护与现代城市发展的一种平衡，是每一个市民义不容辞的责任，更是社会与时代的要求。

【思考】名人故居有什么重要性？如何更好地保护名人故居？

第七章

宗教文化旅游资源

学习目标

1. 了解宗教文化的起源和类别。
2. 正确认识宗教文化在旅游发展中的作用。
3. 全面掌握道教、佛教、伊斯兰教、基督教等宗教的基本知识和旅游应用。
4. 了解目前知名的宗教文化类旅游景区。

第一节　宗教文化旅游资源概述

一、宗教文化的起源

“宗教”一词，英文为Religion，源于拉丁文Religio，意为“有限者（人）与无限者（神）的结合”。宗教产生于史前社会后期，是一种信仰，一种观念，一种社会现象，一种社会意识形态。宗教作为历史的产物，它相信和崇拜超自然的神灵，并广泛存在于人类历史社会之中，因此也必定有其产生、发展和演变过程。宗教的发展变化经历了原始宗教和神学宗教两个时期，它的产生有其自然和社会历史条件下的认识根源和社会根源。

当今世界上信仰宗教的人占总人口的一半以上，遍布世界各国及其各个地区。仅在进入阶级社会后，就出现了诸多宗教体系，如道教、基督教、佛教、伊斯兰教、印度教、犹太教、锡克教和神道教等。其中，基督教、佛教和伊斯兰教并称世界三大宗教。

我国对宗教采取科学的态度，政府对宗教实行信仰自由的政策，公民有信仰宗教的自由，也有不信仰宗教的自由，所有正常的宗教活动，均受国家法律保护，也要求信教群众爱国守法，尽公民义务。坚持政治上团结合作，信仰上彼此尊重，努力促进国际间宗教信徒的友好往来。

二、宗教文化与旅游

宗教一般是由共同的信仰、道德规范、礼仪、教团组织等要素构成的。宗教文化是人类传统文化的重要组成部分，宗教的观念和行动是伴随一定的社会历史条件产生和发展并受其制约的。同时，它影响到人们的思想意识、生活习俗等方面，并渗透到文学艺术、天文地理等领域，是旅游资源的重要组成部分。而旅游既是一种经济现象，又是一种社会文化现象，现代旅游是一种大规模的各种文化的交流，它所产生的社会影响，对宗教文化所起的作用，随着旅游业的发展，已越来越受到有关方面的关注，所以，宗教文化与旅游业的关系是密切的，是互相联系、互相影响的。宗教文化资源的利用和开发，有利于形成有特色的旅游产品，开拓新的旅游市场，吸引游客，对旅游业的发展具有重要的意义；而旅游业的发展，也有利于宗教文化的继承、传播、交流和研究。宗教文化与旅游业的关系是相辅相成、共同发展的。

宗教旅游，是指以宗教朝觐为主要动机的旅游活动。开发宗教文化资源，对旅游业的发展具有重要的意义，而旅游业的发展，也有利于宗教文化的继承、传播、交流和研究。宗教文化与旅游业的关系是相辅相成、共同发展的。

目前，各种宗教信徒总数约占世界人口的60%以上，许多国家都非常重视宗教文化资源的开发，以朝圣、做弥撒、烧香拜佛、考察研究为主要内容，因为虔诚的宗教信仰和强烈的求知欲望都会转化为旅游动机，世界上一些著名的宗教圣地，如沙特阿拉伯的麦加（伊斯兰教克尔白圣殿）、耶路撒冷（基督教耶稣圣墓教堂、伊斯兰教阿克萨清真寺、犹太教所罗门圣殿）、伯利恒（犹太教古以色列大卫王的故乡、传说中耶稣降生之所）、梵蒂冈（世界天主教的中心）都成了国际旅游业发达的地方。

中国宗教种类齐全，既有土生土长的宗教如道教，也有外来宗教，如佛教、伊斯兰教和基督教等，更有受外来宗教影响而产生的具有中国民族特色的宗教，如历史上的明教、白莲教等。仅国务院公布的三批全国重点文物保护单位中，各种宗教名胜古迹就有150多处，全国各省、市、自治区与宗教有关的名胜古迹共有3 000多处。丰富的宗教文化资源吸引了海内外信徒、专家学者和一般游客。佛教文化对中国有着深刻的影响，并逐渐形成了适应中国国情的佛教教规、礼仪和宗派，留下了许多著名的寺院、石窟和佛塔，其数量之多、艺术之精、历史之久是中外驰名的。国务院公布的汉族地区全国重点佛教寺院就有142 座。丰富的佛教文化具有同一性中的差异性、特殊性：同是佛寺，五台山的宏伟建筑与九华山的民舍构造就各具一格；同为雕塑，山西云冈的石雕和天水麦积山的泥雕、泥塑就表现出两种不同的艺术技巧。如果进一步分析的话，则会发现佛教的三大建筑会因不同的时代、不同的宗派和不同的地区而显示出不同的风采。

再以“妈祖”为例，每逢妈祖诞辰（农历三月二十三日）湄洲祖庙内外人山人海，香火鼎盛，各地游客纷至沓来，以台湾最为突出，总要抬着妈祖像回来探亲、进香还愿。

当然，由于宗教信仰的不同，宗教派别的差异，全世界的宗教信徒都有自己向往的圣地，在宣传招徕过程中，应当有针对性，才能取得理想的效果。首先，根据宗教文化的特点，丰富旅游商品，增收创汇是我们应当重视的，如出售各种宗教纪念品，佛教的木鱼、进香袋、数珠、雕像，提供斋饭，道教的“八仙过海”“福禄寿三星”画幅、介绍宗教名胜古迹的书籍。以佛教圣地普陀山为例，其针对游客的类型、特点，结合本地的实际，出售各种各样反映普陀山风貌的图像和以观音菩萨为主的佛像，发挥了独特的优势，带来了良好的经济效益。其次，可以利用宗教节日，促进旅游业的发展。随着宗教文化的传播，一些宗教节日由于符合人们的心理要求，不仅是信徒的节日，也成了民间流行的节日。基督教的圣诞节、复活节等节日流行全球，傣族的浴佛节（泼水节）、伊斯兰教的古尔邦节也逐渐被人们所接受，其新奇感和神秘感颇具魅力。

宗教音乐艺术以其深邃淡泊的旋律、独特的风格吸引了人们，特别是佛教音乐、基督教的圣歌圣乐都深受信徒的欣赏，成为举行宗教仪式和欢庆宗教节日必不可少的内容。

宗教文化也可以通过间接的形式影响旅游业的发展。宗教文化中的许多人物、故事和传说非常生动，被搬上了电影、电视和文学作品并广为传播。如《西游记》中的观音菩萨，唐僧取经的故事和一些风景名胜，如火焰山等。《八仙过海》中的道教名山、故事都随着电视、小说的传播而被越来越多的人所接受，并激起一些潜在旅游者参加旅游活动。电影《少林寺》的上映，也使少林寺成为广大武术爱好者和旅游者的必到之地。

（一）宗教文化旅游资源的特点

1. 具有极强的吸引功能

宗教文化旅游资源的内容非常丰富，如宗教建筑的塑像、壁画、名僧名诗都是极其重要的旅游吸引物，而宗教氛围的神秘性，也使游人产生了猎奇的心理和新奇感，吸引了众多的游人。另外，宗教教义的哲理性，也对游客有一定的吸引力。

2. 具有极高的观赏价值和考察研究功能

宗教旅游资源具有很强的文化氛围，其形式和存在都具有一定的历史依据，不能随意仿造，不像其他景观可以随意移动，否则就会失去价值和功能。因此，宗教名胜具有极高的观赏价值和考察研究的功能。我国佛教的寺庙和道教的宫观一般都建在山清水秀的地方，且寺庙建筑与大自然融为一体，体现了“天人合一”的精神境界，是极佳的旅游胜地，如我国山西浑源悬空寺，即在壁立千仞的陡崖建造殿阁楼宇，被视为中华一绝，吸引了众多游人（图 7-1）。

图 7-1　山西浑源悬空寺

3. 具有深厚的文化内涵

宗教艺术是人类艺术宝库中的一个重要组成部分，宗教旅游资源是特殊的文化旅游资源，宗教圣地一般具有特定的肃穆、虔诚、神秘的文化氛围。不同的宗教代表不同的文化环境和历史背景，如佛教文化中注重红色和黄色，伊斯兰教则更偏好白色。另一方面，由于宗教旅游资源文化属性的限制，宗教旅游资源的开发限制性较大，既要突出宗教特色，还要符合宗教教义、风俗等要求，如饮食、纪念品的设计都要符合宗教教义的特点。

（二）宗教文化旅游资源的吸引力

宗教对游人向来具有很强的吸引力，其原因包括 3 个方面：一是宗教本身；二是宗教建筑；三是宗教艺术成就。

1. 宗教本身

宗教旅行是人类最古老的旅行形式之一，从古代起，宗教朝圣就是推动人们外出旅行的重要因素之一，而且延续至今仍然有很大的吸引力。教徒们组成的旅游团体到世界各地、各教派的圣地去朝拜，传教士四处周游布道，从而产生了数量众多的宗教信徒旅游者。比如，由于伊斯兰教鼓励每个穆斯林平生都要到圣地麦加去朝觐一次，因此，至今伊斯兰教圣地麦加每年都有数百万穆斯林从世界各地云集于此。我国的四大佛教名山、四大道教名山及一些著名的寺庙宫观更是每天香火不断，从各地来朝拜的香客络绎不绝。与此同时，宗教活动不仅对于众多的教门弟子有着极大的吸引力，同时也引起了大量非教徒的兴趣。旅游者中，大多数人的目的并不在于对宗教的虔诚，而是被宗教这种人类文化现象所具有的神秘感所吸引，这说明宗教本身就是一种旅游资源。

2. 宗教建筑

不同的历史时期，世界各地都建有各式各样的宗教建筑，人们出于对宗教的崇拜，著名的宗教建筑几乎都成为当时建筑的典范。很多宗教建筑本身就是名胜古迹，不仅规模宏大，而且体现了一定历史时期的建筑风格和建筑艺术水平。如巴黎圣母院、罗马圣彼得教堂、西藏布达拉宫、北京雍和宫等，都是所属时代建筑艺术的代表之作。另外，由于人们对神佛的敬畏，相对而言宗教建筑受人为破坏较轻，而且后世不断整修，这是很多著名的宗教建筑得以保留至今的重要原因。由于其历史久远和高超的建筑艺术水平，加上它们往往拥有各种不同风格的雕塑、壁画等宗教艺术品，因此很多宗教建筑都成了名胜古迹，成为今天重要的旅游资源。

3. 宗教艺术

除宗教建筑外，宗教艺术成就也是极富魅力的旅游资源。各种宗教都有自己的艺术表现形式，宗教艺术所涉及的内容非常广泛，包括绘画、雕塑、音乐、书法等，许多杰出的艺术家都曾致力于宗教题材的创作，并取得了卓越的成就，而流芳百世。如中国历史上著名的宗教画家就不乏其人，有东晋、南北朝时期的顾恺之、张僧繇、曹仲达，唐代的吴道子，清代的朱耷、石涛等，他们的艺术造诣很深，而且各有其独特风格。

第二节 佛教旅游资源

一、佛教概述

（一）佛教的起源

佛教起源于公元前 6—公元前 5 世纪的古代印度，创始人为古印度迦毗罗卫国净饭王的太子乔达摩·悉达多，他被佛教徒称为“释迦牟尼”，意为“释迦族的圣人”。乔达摩·悉达多所处的时代大约相当于中国的春秋末年，即与中国孔子所处的时代相当。他有感于人生的万般痛苦，29 岁时离开王宫，经过 6 年的艰苦探索修行，35 岁时彻底“大觉悟”而成道，80 岁时圆寂。他在南亚次大陆创立了佛教，提出众生平等的思想。佛教的基本教义是“四谛”说，即苦谛、集谛、灭谛和道谛，把人生看作是一个因果轮回的苦海，通过自我的修道，进入到涅槃境界，即不生、不灭、永远超脱的最高理想境界。

佛教向亚洲各地传播大致可分为南北两个方向。南传佛教以小乘佛教为主，北传佛教以大乘佛教为主。7～8 世纪，佛教分别由印度和中国汉族地区传入西藏，形成藏语系佛教。目前，佛教主要集中在东亚和东南亚一带。佛教从西汉传入中国内地，东汉明帝永平十年（公元 67 年）在洛阳建造了中国历史上第一座寺院白马寺，一般认为该寺的建成是佛教传入我国的最早时间。

魏晋南北朝时期，佛教在中国盛极一时，其影响波及各个阶层。它作为一种外来文化，开始以一种融和的姿态进入中国文化的主体。佛教逐渐变成了一支很有影响的意识形态和社会力量，引起代表中国传统文化的儒、道两教的关注。在不断的冲突中，三教相互渗透，它们冲突的过程也正是融合的过程。

北魏时期，全国大量兴建佛寺，还开凿了云冈、龙门、巩义、敦煌、麦积山等著名石窟，雕塑的佛像和绘制的壁画不计其数。这些石窟的开凿使得中国的雕塑和绘画艺术得到很大推动。这一时期的画匠在遵循佛教图本的同时，不断加入个人的理解和想象，具有时代特征的审美情趣渗透其中，使得佛教的文化艺术逐渐中国化，最终汇入中原文化的母体之中，成为传统文化的延续和补充。与此同时，南朝梁武帝也对佛教大肆推崇。《南史·郭祖深传》载："时帝（梁武帝）大弘释典，将以易俗，故祖深尤言其事，为都下佛寺五百余所，僧尼十余万，资产丰沃。所在郡县，不可胜言。"杜牧诗"南朝四百八十寺，多少楼台烟雨中"也印证了这一点。

隋唐时期，佛教逐步与中国传统文化相融合，适合中国国情的佛教礼仪法规基本完成，从而形成了法相宗、三论宗、天台宗、华严宗、禅宗、净土宗、密宗、律宗等八大宗派。此后的一千余年中，佛教一直都占据着中国宗教的主体地位，也代表着一支强大的文化力量。

（二）佛教的发展历程

印度佛教的发展大体经历了 4 个时期：

1．原始佛教时期（从公元前 6 世纪中叶至公元前 4 世纪中叶）

原始佛教是释迦牟尼创教及其弟子相继传承时期的佛教，坚持佛陀时代的生活体制与禅修方法。

2．部派佛教时期（从公元前 4 世纪中叶至公元 1 世纪中叶）

在释迦牟尼逝世 100 年后，佛教内部由于对戒律和教义看法的不同，开始分裂，最初分裂为大众部（北传）和上座部（南传），这被称为根本二部，以后又从两个根本部中分裂为十八部或二十部，从分裂至大乘佛教兴起前的阶段被称为部派佛教时期。

3．大乘佛教时期（从公元 1 世纪中叶至公元 7 世纪）

大约兴起于公元前 1 世纪左右，以后逐渐发展，成为印度佛教的主流。大乘佛教的兴起，是以逐渐在印度各地出现一大批不同种类的经典为标志。这些经典都是借佛的名义，宣扬新的思想。重要的典籍有般若类、华严类、法华类、涅柴类、唯识类、大集类等。它们自称是"大乘"，所以有了"大乘佛教"一词。

4．密教时期（从公元 7 世纪至公元 13 世纪初）

密教是佛教和印度教结合的产物，它以繁琐神秘的咒术、仪礼为特征，于 8 世纪达到巅峰。

（三）佛教基本教义

佛教的基本教义是“三法印”“四圣谛”“八正道”“十二因缘”。

（1）**三法印** 是指佛教用以衡量天下事物是否合乎教义的三条准绳，即“诸行无常”“诸法无我”“涅槃寂静”，即“四大皆空”。

（2）**四圣谛** 是指苦谛、集谛、灭谛、道谛。“谛”即真理。佛教的基本教义是“四谛”说，把人生看作是一个因果轮回的苦海，通过自我的修道，进入到涅槃境界，即不生、不灭、永远超脱的最高理想境界。

（3）**八正道** 是指佛教认为通向最高境界“涅槃”的8种正确途径：正见、正思、正语、正业、正命、正精神、正念、正定。

（4）**十二因缘** 包括无明缘、行缘、识缘、名色缘、六入缘、触缘、受缘、爱缘、取缘、有缘、生缘、老死缘，为佛教“三世轮回”的基本理论，是对人生苦难的缘由所作的分析。

（四）佛教经典

佛教的经典是《三藏经》，是由经、律、论三部经组成，总称“三藏经”或“大藏经”。

（五）佛教的传播

佛教从陆路上分别向南北两个方向传播，形成了三条传播路线。由于传入的时间、途径、地区和民族文化、历史背景不同，中国佛教形成汉地佛教、藏传佛教和云南地区上座部佛教三大派系。

（1）**北传佛教** 从古印度向北，经过帕米尔高原传入我国，史称北传佛教。北传佛教以大乘佛教为主，故又称汉语系佛教。

（2）**南传佛教** 从古印度向南，史称南传佛教。南传佛教主要以小乘佛教为主，又称巴利语系佛教或上座部佛教。

（3）**藏传佛教** 主要由印度和中国中原地区传入西藏、青海、内蒙古、四川、甘肃，佛教中的密教与当地的古老宗教——苯教相结合，而形成了具有西藏地方特色的宗教——喇嘛教，又称藏传佛教或藏语系佛教。

（六）佛教供奉对象

佛教供奉的对象主要分为佛、菩萨、罗汉及护法天神等。

（1）**佛** 即佛陀，意思是“觉”“知觉”。它有自觉、觉他、觉行三层含义。佛是佛教徒信仰的最高尊神。佛无量无数，中国佛寺常供有释迦牟尼三身佛（即法身佛、报身佛和应身佛）、横三世佛（又名三方佛，即娑婆世界释迦牟尼佛、东方净琉璃世界药师佛和西方极乐世界阿弥陀佛）、竖三世佛（又名三世佛，即现世佛释迦牟尼佛、过去佛燃灯佛和来世佛弥勒佛）、五方佛和活佛等。

（2）**菩萨** 是仅次于佛的神，即自觉、觉他者，是菩提萨埵的简称。人们比较熟知的菩萨有文殊菩萨（专司智慧）、普贤菩萨（专司理德）、观世音菩萨（又称“大悲菩萨”）、地藏菩萨和大势至菩萨等。其中，文殊、普贤和观世音菩萨并称为“三大士”，加上地藏菩萨并称为“四大士”，再加上大势至菩萨并称为“五大士”。

(3) **罗汉** 全称是阿罗汉，也就是自觉者，有十六罗汉、十八罗汉和五百罗汉的说法。

(4) **护法天神** 是印度神话中惩恶扬善的天神，有四大天王、二十诸天、韦驮、二王尊和伽蓝神等。

四大天王代表风调雨顺，分别是：①南方增长天王，身青色，手持青光宝剑一口，职“风”，风取剑“锋”的谐音；②西方广目天王，身红色，手持碧玉琵琶一面，职“调”，取琵琶“调”弦；③北方多闻天王，身绿色，手持混元珍珠伞一把，职“雨”，伞是下雨的象征；④东方持国天王，身白色，手持紫金龙、花狐貂，职“顺”，意思是龙为蛇类，可以顺着捋，貂也可以顺着毛抚摸。

二十诸天指的是，除了四大天王之外，还有大梵天王、帝释尊天、密迹金刚、大自在天、大功德天、韦驮天神、大辩才天、坚牢地神、菩提树神、日宫天子、月宫天子、鬼子母神、摩利支天、散脂大将、娑竭罗龙、阎摩罗王。

二、佛教旅游资源的分类

（一）佛教建筑旅游资源

佛教建筑整体的特点是：重檐式的庙宇，并与石窟、塔、雕塑相结合；采用沿中轴线对称的院落式布局，结构严谨，占地面积大；颜色多红色，给人以稳重、庄严、神秘之感；远离闹市，坐落在名山胜水间，这是佛教教义要求僧侣修身养性、远离尘世的体现。佛教建筑旅游资源基本上可以分为佛塔、石窟、寺院三大类。

1. 佛塔

塔是起源于南亚的古印度佛教建筑。释迦牟尼涅槃后，按传统方式火葬，将遗骨（舍利）分藏于几处“塔”中。塔的梵语译音又称“窣堵波”，即坟冢。塔，原是当地的一种坟，造型简单一致，是覆钵式，上面有长柱形标志“刹”。后来，为了突出佛教的特点，实现塔在中国完全佛教化，让塔成为佛教的象征性、标志性建筑，就改宅为寺，在寺前建塔、在宅院中心建塔，形成了以塔为中心、殿为附属的成组宗教性建筑群。当时的寺院习惯被称为“浮图祠”，“浮图”就是“塔”的音译。步绕诚心礼塔，亦即礼塔中舍利，成为当时佛教信徒的主要巡礼内容。隋唐以后，从以塔为中心逐渐演变为以高大的佛阁为中心。白马寺木塔与印度的“窣堵波”不同，白马寺木塔是佛教与中国传统建筑形式相结合而创造出来的一种全新的建筑艺术。我国目前保存的古塔上千座，大致有以下 4 种类型：

(1) **楼阁式塔** 是我国历史上出现的最早、建筑形式最高大、采用最多的一种建筑形式。塔身为一座多层楼阁，每座都有飞檐翘角、斗拱、平座和门窗，可以登临眺望。塔顶是一个高大华丽的塔刹，尖顶直刺云天。这种形式的塔，巍峨、壮观，在我国古塔中占的数量最多，历史最悠久，造型也最优美。著名的有陕西西安的大雁塔（图 7-2）、山西应县木塔、河南开封铁塔、福建泉州开元寺双塔等。

(2) **密檐式塔** 密檐式塔基为须弥座，第一层的塔身高度特别显著，上饰以佛龛、佛像，雕以门窗、柱子、斗拱。自第二层起层层塔檐紧密相邻，塔上没有门窗，只有一些通光的小孔，内部大都为实心，不能登临远眺。河南登封嵩山嵩岳寺塔是我国现存最早，且艺术水平最高的砖造密檐塔（图 7-3）。

图 7-2 西安大雁塔

图 7-3 嵩岳寺塔

（3）**喇嘛塔** 由于喇嘛教的兴盛，元明清时期的佛塔较多地采用了藏式的、喇嘛教式的形状，一般称作“喇嘛塔”。塔基是在正方形的基础上变化发展起来的十字折角形，有一折、二折、三折，其中许多都是二折。塔基的立面，大多是线角刚直的平台座和须弥座，从一至五层。塔基的内部，一般建内室，供奉佛像，最多的可达九层之高。喇嘛塔的塔身，一般都是几何形状的覆钵体，早期的塔身呈圆拱造型，明末和清代时期则呈圆锥形。在喇嘛塔的造型中，塔刹有着非常重要的作用，可以增加塔的高度。喇嘛塔的外面涂灰刷浆，所以通体洁白，又称白塔。著名的喇嘛塔有北京妙应寺白塔、北海琼岛白塔、山西五台山的白塔（图 7-4）等。塔颈上一般有十三层相轮，称十三天，顶上还有华盖和仰月宝珠等装饰。

（4）**金刚宝座塔** 元明清时期，在喇嘛教的影响下，出现了这种形式的塔。金刚宝座塔是密宗派的塔，都以砖、石砌筑，用来供奉金刚界五智如来。金刚宝座塔是由 5 座金刚塔及一个近似正方形的石砌宝座组成，中塔为主塔，塔身较高大，四角的 4 座塔略为矮小。现存至今比较典型的金刚宝座塔有北京碧云寺塔（图 7-5）和呼和浩特慈灯寺塔。

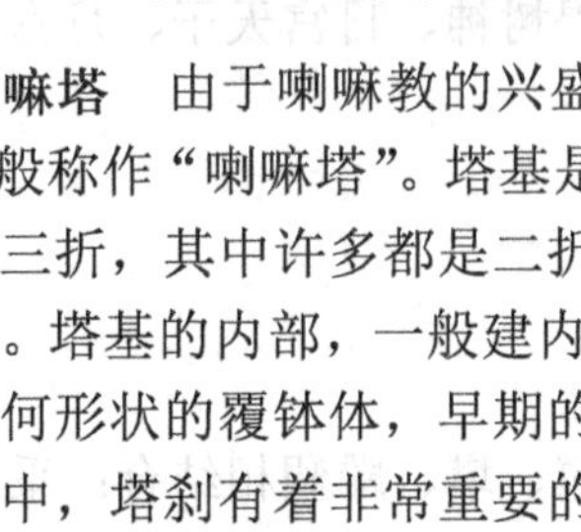
图 7-4 五台山大白塔

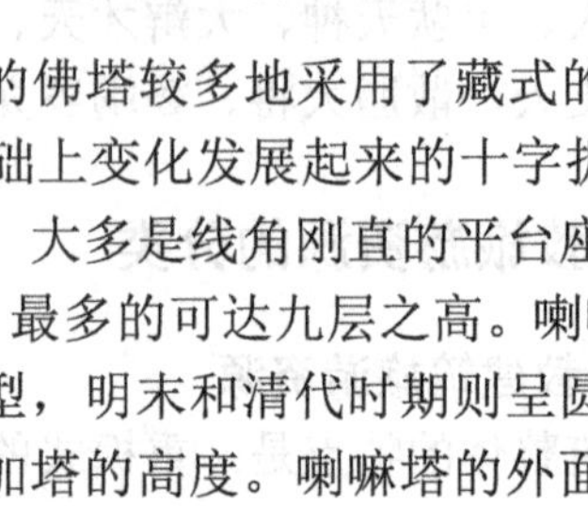
图 7-5 北京碧云寺塔

2．石窟

石窟艺术是古代建筑、雕塑、绘画、书法综合艺术的珍贵遗产，起源于印度，是古代印度的佛教徒在山崖陡壁上开凿洞窟形状的佛寺建筑供修行用。最初，南亚次大陆佛教徒早期活动场所多为石窟居室，中置象征物，如塔，四周小龛式居室住人。后来影响传至我国，发展成中国特有的石窟艺术，蜚声世界。石窟的主要类型可分为龛形窟、中心柱形窟、前廊列柱形窟、前堂后室形窟和大厅式窟 5 种类型。目前，世界上发现最早的石窟寺是公元前 1～2 世纪始开凿的印度阿旃陀石窟。

大约在 3 世纪左右，石窟寺沿丝绸之路传入中国，与中国古老文化相结合，得以迅速发展。佛教文化的传入为石窟艺术的产生准备了条件，在南北朝时期的大发展开创了石窟艺术的宏大局面，唐宋时期达到了发展的高峰，宋代以后进入发展的晚期。

目前，中国保存完好的石窟数量之多，内容之丰富，时间连续性之强，分布地域之广，均为世界之最。窟内所保存的雕刻、泥塑、壁画、绘画，均代表着世界石窟艺术的最高成就。例如，天山南麓的克孜尔千佛洞，位于新疆拜城县东的木扎提河畔，是我国分布最西的石窟群，同时也是全国现存开凿最早的佛教石窟群和天山南麓最大的佛教石窟群。克孜尔千佛洞开凿始于公元3世纪，比敦煌石窟最早的石窟早大约1个世纪。这个石窟作为佛教传入我国的历史见证，以及作为新疆地区宗教文化发展的历史见证占有特殊重要的地位。我国四大著名的石窟是敦煌莫高窟、大同云冈石窟、洛阳龙门石窟和甘肃麦积山石窟。

3. 寺院

寺，本来是汉代从事某项具体工作的中高级官署的通称，如太仆寺、鸿胪寺等。禅宗兴起后，提倡“伽蓝七堂”制度，这是佛寺向普及化、专业化发展的标志。七堂是指佛殿、法堂、僧堂、库房、山门、西净（厕所）、浴室等寺院的主要建筑。只有具备七堂，才能称伽蓝。

寺院中，往往设有“五大堂口”及其他小型机构以处理事务。五大堂口为禅堂、客堂、库房、斋堂、衣钵寮，大的寺院还有云水寮等辅助机构。八大执事就是指五大堂口的主要负责人及其他寺院重要执事僧，包括监院（库房负责人）、知客（客堂负责人）、僧值（又名纠察）、维那（寺院监察）、典座（斋堂负责人）、寮元（云水堂负责人）、衣钵（方丈堂负责人）及书记。

寺庙的建筑布局一般是将主要建筑摆放在南北中轴线上，附属设施安放在东西两侧。由南往北，主要建筑依次是牌坊、山门殿、天王殿、大雄宝殿、法堂、藏经楼、方丈室等。这些都是坐北朝南的正殿，东西配殿有伽蓝殿、祖师堂、观音殿、药师殿等。大寺院的罗汉堂也常设于西侧院中。寺院的主要生活区常集中在中轴线左侧（东侧），包括僧房、香积厨（厨房）、斋堂（食堂）、职事堂（库房）、茶室（接待室）等。

（1）**三门殿**　佛寺大门称作“山门”，一般有三个门，象征“三解脱门”，即空门、无相门、无作门。这三座门常盖成殿堂式，叫做山门殿或三门殿，殿内有两大金刚力士像，左称密迹金刚，右称那罗延金刚，俗称哼哈二将。

（2）**天王殿**　由山门往北，第一重殿是天王殿，殿中供奉的是大肚弥勒，面朝南。他的背后是韦驮菩萨，面向北。二者背靠背，中间隔张板壁。弥勒东西两边供奉的是四大天王像。

（3）**大雄宝殿**　天王殿再往北，是正殿，俗称“大殿”，正名“大雄宝殿”，是供奉佛教最高层——佛的大殿。供奉的主要佛像称为“本尊”，又称为“主尊”，一般有一、三、五、七尊4种。供三尊佛的，叫三佛同殿。

1）供奉三身佛：中尊为法身佛（毗卢遮那佛），代表佛教真理（佛法）凝聚所成的佛身；左尊为报身佛（卢舍那佛），经过修习得到佛果，享有佛国（净土）之身；右尊为应身佛（又称化身佛，即释迦牟尼佛），指的是佛为超度众生、随缘应机而呈现的各种化身。

2）供奉横三世佛：正中为娑婆世界的释迦牟尼佛，胁侍为文殊、普贤两位菩萨；左侧为东方净琉璃世界的药师佛，胁侍为日光、月光两位菩萨；右侧为西方极乐世界的阿弥陀佛，胁侍为观世音、大势至两位菩萨。其中，东方净琉璃世界药师佛、日光菩萨和月光菩萨，又称“东方三圣”，而西方极乐世界阿弥陀佛、观世音菩萨和大势至菩萨，又称“西方三圣”。

3）供奉竖三世佛：正中为现在佛，即释迦牟尼佛；左侧为过去佛，即燃灯佛；右侧为未来佛，也就是弥勒佛。

大殿后的一进院落布局一般是正房为法堂；再一进院落，正房常为两层楼阁式，即千佛阁和藏经阁。院落内的厢房，则作为菩萨殿、药师殿等殿堂或禅房使用。

我国著名佛教寺院有河南嵩山少林寺、北京雍和宫、西藏布达拉宫、青海塔尔寺、杭州灵隐寺、广州光孝寺等。

（二）佛教雕塑艺术旅游资源

佛教雕塑主要是指寺院和石窟中雕刻、塑造的佛像，以及各种金、石、玉、木、陶等雕刻而成的器皿等艺术品。从雕塑艺术的角度，可以分为浮雕和圆雕两大部分。

1．浮雕

浮雕是一种在平面上雕出凸起形象的雕塑艺术，主要用于装饰，它为圆雕造像提供了一种背景或氛围，有助于增强圆雕造像的表达效果与感染力，如五台山普化寺槛墙上出现了孙悟空大闹芭蕉洞、盘丝洞、琵琶洞等故事的浮雕（图 7-6）。佛教浮雕中，常见的装饰图案有边饰、莲花、火焰纹、化佛、动物、佛龛、佛塔、佛柱与飞天等。

2．圆雕

圆雕是一种立体艺术，主要用于表现佛教身躯、头面等富于体积感的部分。圆雕造像是表达佛教信仰的主体形式，是人们顶礼膜拜的偶像。佛教圆雕作品主要是人物造像，包括佛教诸神和供养人等，如河南龙门石窟、山西大同云冈石窟的造像宁静、洒脱、飘逸，充满智慧的神态。图 7-7 所示为白玉圆雕布袋和尚。

图 7-6 五台山普化寺浮雕

图 7-7 白玉圆雕布袋和尚

（三）佛教绘画艺术旅游资源

佛教绘画是以佛教为题材的绘画，一般是指在石窟的石壁或寺庙的墙壁上所作的画，可以分为壁画和帛画两种。通常包括一般性佛教绘画、佛教壁画和佛教建筑彩绘三部分。一般性佛教绘画以卷轴、屏障、扇面等为载体，多流行于世界各地；佛教壁画和佛教建筑彩绘则与佛教建筑融为一体，是佛教建筑装饰艺术的一部分。佛教壁画题材大致可以归纳为 6 种类型：经变、本生故事、佛传故事、佛教诸神图像、供养人像、装饰图案。唐朝，许多画家都专注于创作壁画、如阎立本、吴道子、王维等；宋代以后，墓室壁画有所衰落，但是寺庙的壁画发展仍然不错。我国著名的佛教壁画有甘肃敦煌莫高窟的壁画、新疆克孜尔石窟的壁画等。敦煌的佛教壁画，大体可以分为三大类：佛传故事，即释迦牟尼的生平；佛本生故事，即释迦牟尼前几世修行的事迹；因缘故事，即佛如何度化俗人，使他们改恶向善终成正果。

图 7-8　堆绣

帛画是画在丝织品上的画，藏传佛教地区的佛教帛画称唐卡。青海省塔尔寺“三绝艺术”有两绝是佛教绘画，即堆绣（图 7-8）和壁画，还有一绝是酥油花。

（四）四大菩萨道场

“天下名山僧占多”，中国有很多的佛教名山，其中五台山、峨眉山、九华山、普陀山并称为中国佛教四大名山。山西五台山自汉代起就成为文殊菩萨的道场，有五大禅处，即显通寺、塔院寺、菩萨顶、殊像寺和罗睺寺；四川峨眉山为普贤菩萨道场，佛教古迹有报国寺、万年寺、清音阁、仙峰寺与九老洞；安徽九华山成为地藏菩萨的道场，有化城寺、月身宝殿、百岁宫；浙江普陀山为观音菩萨的道场，有普济寺、法雨寺、慧济寺等。

（五）佛事活动

佛教中佛事活动主要有僧尼的日常行事、忏会和法会以及佛教节日活动等。寺院内重要的佛事活动有水陆法会、众姓道场、忏法、焰口施食、斋天和放生等。佛教最重要的节日有佛诞节、成道节、盂兰盆节等。

1. 佛诞节

每年阴历四月初八是佛诞节，是纪念释迦牟尼诞生的节日。每逢此日，寺院里焚香设斋供佛，并用五色香水浴佛，在汉族地区变成盛大的群众性庙会，如青海塔尔寺要从四月初八到十五进行大型的佛事法会。这一天，也是傣族的泼水节。在泼水节期间，人们走村串寨，泼水三天，以祝福岁岁平安，共祈消灾灭病，年成丰收，幸福快乐。

2. 成道节

传说阴历十二月初八这天，释迦牟尼在在菩提树下觉悟成道。为纪念这一天，就以米和果物煮粥供佛，俗称“腊八粥”。后来，逐渐变成民俗，以庆丰收，迎春节。

3. 盂兰盆节

阴历七月十五，是佛家超度历代宗亲的佛教仪式。盂兰是梵语，意思是倒悬。“盆”是汉语，指的是盛供品的器皿，意思是可以解先亡之倒悬之苦。这个节日同中国儒家孝道相结合，成为孝亲节。到宋元以后，逐渐变为祭亡人的鬼节，放河灯和焚法船，成为民间风俗。

此外还有其他一些节日，如正月初一是弥勒佛诞生日，二月二十一日是普贤诞生日，二月十九日是观音诞生日，四月初四是文殊生日，六月十九日是观音成道日，七月三十日是地藏王生日，九月十九日是观音出家日，九月三十日是药师佛生日，十一月十七日是阿弥陀佛诞生日。

第三节 道教旅游资源

一、道教概述

（一）道教的起源

道教是中国固有的本土宗教，尊老子为教祖，称“太上老君”，以《道德经》为经典，道教标志为八卦太极图。信仰道教的主要是汉族，在羌族、白族、壮族等少数民族中亦有传播。

道教认为，道是宇宙万物的本原，道生气，气生万物，道是产生和支配天地万物的造物主，是至高无上、具有神秘力量的人格化的神，是最值得崇敬的。而“德”是道的显现，“德”是道的行动。在万物中除了人居住的世界外，还有神仙居住的所谓十大洞天、三十六小洞天、七十二福地。

隋唐至北宋时期，道教得到了大力发展。到了元朝中后期，道教形成正一道和全真道两大派为主导的局面，道教达到鼎盛时期，明朝后期开始走向衰败。

（二）道教的两大教派及教义

南北朝以后，道教在理论和组织形式上逐渐完整，唐宋时达到鼎盛。金元时，发展形成了以王重阳为首的“全真道”和以张天师为首的“正一道”。

1. 道教的教义

道教的根本信仰是“道”；追求长生不老，肉身成仙；主要道规是“三皈五戒”，三皈即皈道、皈经、皈师，五戒是一不杀生、二不偷盗、三不邪淫、四不妄语、五不酒肉。

2. 道教的经典和标记

道教的经典是《道藏》，道教的标记是太极八卦图（图 7-9）。

图 7-9 太极八卦图

（三）道教供奉的对象

道教是一个多神的宗教，神仙众多，主要有以下几种：

1. 三清

三清殿内，供奉的是道教最高贵的神——三清（图 7-10），中间是玉清元始天尊（天宝君），左边是上清灵宝天尊（太上道君），右边是太清道德天尊（太上老君）。其中，太上老君被奉为道教鼻祖的老子的化身。

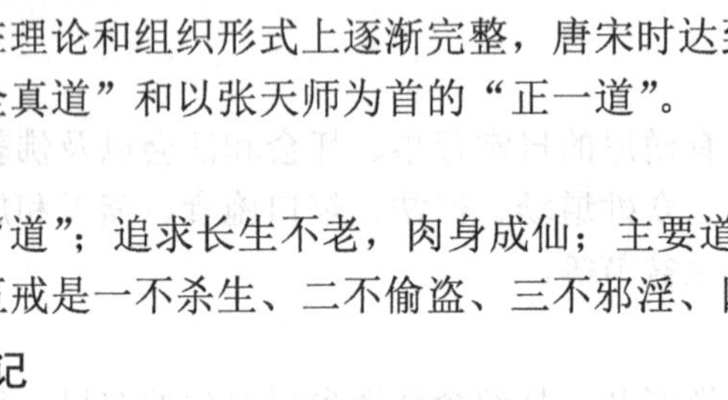

图 7-10 三清

2．四御

四御是仅次于三清，主宰天地万物的四位天帝，即昊天金阙至尊玉皇大帝、中天紫微北极太皇大帝、勾陈上宫天皇大帝和承天效法后土皇地祇。

3．四方之神

四方之神指的是东方青龙、西方白虎、南方朱雀、北方玄武，分别代表了四方的二十八宿。

4．八仙

八仙即持鱼鼓的张果老、持宝剑的吕洞宾、持笛子的韩湘子、持荷花的何仙姑、持葫芦的铁拐李、持扇子的汉钟离、持玉板的曹国舅、持花篮的蓝采和。西安八仙宫的八仙殿就供奉着八仙神像。

5．其他民间影响很大的俗神

民间影响较大的俗神有妈祖、灶君、财神、土地神、城隍、门神、药王、瘟神、蚕神、文昌帝君等。

二、道教旅游资源分类

（一）道教建筑

道教最主要的建筑称为“观”，有道宫、道观、道院等。道教宫观的建筑形式和布局与佛教寺院的建筑大体相仿，一般仍采用殿式建筑和中轴线院落式布局，中轴线上依次为牌坊、山门、水池和桥、灵官殿、玉皇殿、老律堂、丘祖殿、三官殿、四御殿和三清阁。北京白云观是道教全真派的圣地，号称“全真第一丛林”，是我国北方道教的中心，现为中国道教协会所在地。著名的宫观还有河南鹿邑太清宫、江西贵溪龙虎山上清宫、苏州玄妙观、茅山元符宫、成都青羊宫、沈阳太清宫、山西芮城永乐宫以及福建莆田妈祖庙。

湄洲妈祖庙是最早、最大的妈祖庙，被誉为海上龙宫，创建于北宋雍熙四年，规模宏伟，富丽堂皇，成为世界各地妈祖庙的祖庙。每年农历正月十五元宵节、三月十二妈祖诞辰、九月初九妈祖升天日，游人络绎不绝，前来朝拜妈祖。

（二）四大道教名山

青城山、武当山、龙虎山、齐云山为中国四大道教名山。

1．青城山

青城山位于四川省都江堰市，是著名的道教发源地，主峰海拔 2 434m，气候适宜，茂林修竹，终年青翠，有“青城天下幽”一说。青城山的道教遗迹有天师洞、上清宫。

2．武当山

武当山位于湖北省丹汉口市，主峰天柱峰海拔 1 612m。武当山道教活动历史悠久，古建筑规模宏大，有我国道教第一名山之称。武当山古称太和山，明永乐年间，明成祖朱棣在武当山修建了八宫、二观、三十六庵、七十二岩庙，形成了全国道教圣地中首屈一指的庞大古建筑群，其中紫霄宫、南岩石殿、天柱金殿等久负盛名。武当山是我国道教著名福地，并以武当拳发祥地而闻名天下。武当山以雄为主，兼有险、奇、幽、秀等特点，是最大的道教道场。

3．龙虎山

东汉时，正一道的创始人张道陵曾经在龙虎山炼丹，是道教正一天师的祖庭，有“丹成而龙虎现”的传说，此山因此而得名。龙虎山位于江西省鹰潭市的贵溪县境内，是国家自然文化双遗产、国家 5A 级旅游景区、世界地质公园和世界自然遗产。

4. 齐云山

齐云山位于黄山脚下，因其“一石插天，与云并齐”，故名齐云山。它是一处以道教文化和丹霞地貌为特色的山岳风景名胜区，历史上有“黄山白岳甲江南”之称，齐云山有奇峰、怪岩、飞涧、河、湖、泉、潭、瀑，构成了一幅山清水秀、峭拔明丽的自然图画。清乾隆帝巡游江南时曾赞誉齐云山是“天下无双胜境，江南第一名山”。

（三）道教艺术旅游资源

道教文学、音乐、造像和壁画等有很强的艺术魅力。道教建筑中常用的装饰图案有八卦太极图、暗八仙、自然景观图案以及动植物等图案，如灵芝、仙鹤。

现存较为著名的造像有泉州北郊清源山宋代老君像巨型石刻、晋祠彩塑等。最有代表性的道教壁画是泰山岱庙的《泰山神启跸銮图》和山西永乐宫壁画。山西永乐宫壁画不仅是元代壁画的杰出代表，也是中国现存古代壁画中最宏大、最壮观的作品。

第四节 基督教旅游资源

一、基督教概述

（一）基督教的起源与发展

基督教起源于公元1世纪中期古罗马帝国统治下的巴勒斯坦地区，相传为犹太的拿撒勒人耶稣所创立，信奉者称耶稣为基督。中世纪时，基督教在欧洲占统治地位。11世纪基督教分裂为天主教（罗马公教）和东正教。16世纪宗教改革运动中，新教又从天主教中分裂出来，在中国新教又称为耶稣教或基督教。以后，基督教各派逐渐传遍世界各大洲，对欧美各国历史、文化有深远影响。

据《大秦景教流行中国碑》记载，基督教是唐朝贞观年间传入中国的，得到皇帝和大臣们的敬仰，准其建寺度“僧”传教，唐玄宗曾令“建立坛场”，当时称为景教，但信者不多，发展缓慢。唐武宗灭佛时波及景教，景教徒被勒令还俗，因此便衰落了。一直到元代才以“也里可温教”之名重新传入，元亡后，也随之销声匿迹。明代后期，基督教第三次进入我国，其中传教者最有名的就是利玛窦、汤若望等人。

鸦片战争后，基督教被称作“洋教”。随着帝国主义的入侵，基督教才大规模传入中国，基督教在中国的活动日益频繁，在传教的同时，还开办医院、学堂、慈善机构，传播西方文化。现教徒遍布世界各地，中心在欧洲。

（二）基督教的教义

基督教的基本教义是，上帝是人类万物的创造者和主宰，但人类一开始就犯下罪孽，苦难深重，只有上帝之子耶稣基督（救世主）才能拯救人类，人们要忍受人间苦，死后升入天堂；不信仰上帝，不思改悔的罪人，死后灵魂受罚、下地狱。基督教的教义包括上帝创世说、三位一体说、原罪救赎说、天堂地狱说。

（三）基督教的经典与标志

基督教的经典为《圣经》。《圣经》包括《旧约全书》和《新约全书》两部分。基督教的标志是“十”字架，象征耶稣受难。

二、基督教旅游资源分类

（一）基督教建筑

教堂为基督教的主要建筑，是教徒们举行宗教活动的场所，在其发展过程中形成了独具风格的建筑类型，主要有罗马式、哥特式、文艺复兴式以及近现代的建筑风格。其中，尤以哥特式影响时间最长，其高大的空间，加上呈向上之势的塔顶、尖拱，体现出宗教超凡脱俗的精神，易使人产生腾空而起、飞向天国的神秘感。基督教建筑的特点：教堂讲究立面效果，非常注重柱式结构，以圆柱、柱础、柱顶的不同搭配形成不同风格，一般是尖顶、尖拱、簇柱林立，长形玻璃窗装饰为特征；二是神像、雕刻、壁画、浮雕、绘画众多。北京西什库教堂是一座典型的西欧哥特式建筑。上海徐家汇天主教堂属于罗马式建筑风格，是上海最大的天主教堂。哈尔滨南岗区圣•尼古拉教堂是俄国东正教在我国所建教堂中比较著名的一座，人们俗称其为“喇嘛台”。广州圣心大教堂是国内最大的一座以高直尖顶为特色的哥特式建筑群。

（二）基督教节日旅游资源

基督教最重要的节日有圣诞节、复活节、圣灵降临节，合称基督教的三大节日。

1．圣诞节

圣诞节是纪念耶稣诞生的节日，但《圣经》并没有记载，原始基督教也没有这个节日，直到4世纪下半叶才渐渐流传此节。基督教成为罗马国教之后，公元345年，罗马教会将罗马原始宗教信仰的太阳神的生日12月25日正式定为圣诞节，沿袭至今。如今，圣诞节已经成为信仰基督教国家的重大的世界性的节日。在圣诞之夜，基督教会将举办一系列的弥撒活动，至于圣诞老人和圣诞树，只是民间的风俗而已。12月24日至翌年1月6日为圣诞节期，在这期间，各国基督教徒要举行隆重的纪念仪式，圣诞之夜，即25日零时，基督教会要隆重举行“子时弥撒”，天将破晓时要举行“昧爽弥撒”，25日上午举行“天明弥撒”。

2．复活节

每年春分月圆后第一个星期日为复活节。据福音书记载，耶稣被钉死在十字架上的3天后复活，为了纪念，特定为复活节。复活节的庆祝一般从复活节前的一个星期就开始了，一直持续到复活节当天。不同的国家，在复活节举行不同的庆祝活动。

3．圣灵降临节

复活节后第50天，以纪念圣灵降临，也称五旬节。

第五节　伊斯兰教旅游资源

一、伊斯兰教概述

（一）伊斯兰教的起源

伊斯兰教也称回教、清真教，公元7世纪初兴起于阿拉伯半岛，主要分布在亚洲、非洲和东南欧，是仅次于基督教的世界性第二大宗教。麦加、麦地那和耶路撒冷，被称为伊斯兰教世界的圣地。

唐、宋、元三代是伊斯兰教在中国传播的主要时期。唐初由中亚传入，以穆罕默德为教主，伊斯兰教的信徒称穆斯林，意为“顺从者”，即信仰安拉（真主）、服从安拉、服从先知的人。伊斯兰教的主要经典为《古兰经》，伊斯兰教的宗教义务有 5 项，我国俗称五功，即念、礼、斋、课、朝。

伊斯兰教至今对中国文化，尤其是对回族、维吾尔族等少数民族有着极大的影响。从唐朝到宋代，穆斯林在沿海各商埠集居，建立礼拜寺；元朝时，大批信奉伊斯兰教的波斯人、阿拉伯人迁入中国，政府专门设立了管理伊斯兰教的机构；清代实行民族歧视政策，虽然也允许穆斯林入仕，但常对他们的聚居地进行镇压，穆斯林不堪清政府的压迫，多次发动起义。

（二）伊斯兰教的教义

伊斯兰教的教义核心内容是“安拉是唯一的真神”“穆罕默德是安拉的使者”。具体内容由 3 部分组成：

1．六大信仰

信安拉、信使者、信天使、信经典、信前定、信后世。

2．五功

伊斯兰教的宗教义务有 5 项，我国俗称五功，即念功、礼功、斋功、课功、朝功。

3．善行

穆斯林应遵守伊斯兰教的道德规范，约束自己的言行。

（三）伊斯兰教的经典与标志

伊斯兰教的主要经典为《古兰经》。

二、伊斯兰教旅游资源分类

（一）伊斯兰教的建筑

清真寺是我国对伊斯兰教寺院的称号，是伊斯兰教徒聚会礼拜的场所，也称为礼拜寺。国外绝大多数伊斯兰教寺庙和我国沿海与新疆的某些清真寺，均采取阿拉伯或中亚风格，大殿上均有圆顶建筑，有的还单独建有尖塔。我国中部地区大部分著名清真寺大多采纳以中国传统的殿宇式四合院为主的建筑样式。

伊斯兰教的建筑特点是：清真寺多为圆穹窿顶，一般是由中间大两旁小的 3 个圆穹窿顶组成，顶部收束呈尖锥状，上有月亮状装饰物。清真寺建筑风格严谨、质朴，主要包括礼拜大殿、邦克楼、讲堂、浴室以及阿訇办公居住用房等。清真寺中的礼拜大殿是其主要建筑，殿内不设偶像。

我国采取传统建筑形式的清真寺中，规模最大、保存最为完整的是西安化觉巷清真寺。我国著名的清真寺建筑还有广州怀圣寺、泉州清净寺（圣友寺）、杭州凤凰寺（真教寺）、扬州仙鹤寺、北京东四清真寺、新疆喀什的艾提尕尔清真寺、宁夏同心清真大寺、西宁东关清真大寺等。例如，位于福建省泉州市的清净寺，外形保留了中世纪阿拉伯普遍流行的风格。广州怀圣寺是我国始建年代最早的清真寺之一，具有浓郁的阿拉伯建筑风格。新疆喀什的艾提尕尔清真寺是目前全新疆最大的清真寺和伊斯兰教活动中心，具有浓郁的伊斯兰艺术风格，同时也兼有维吾尔族古代建筑的特色。

（二）伊斯兰教的节日

伊斯兰教的主要节日有开斋节、古尔邦节和圣纪节。

1．开斋节

开斋节在新疆地区称为“肉孜节”，按伊斯兰的传统，每年教历 9 月为斋月，成年健康的穆斯林将全月封斋。在斋月里，白天不食不饮，禁房事，直至日落才可以用“开斋饭”，黎明前吃“封斋饭”。

2．古尔邦节

古尔邦节又称宰牲节，在每年教历 12 月 10 日举行。每逢伊斯兰教历 12 月 10 日，许多虔诚的穆斯林会从各地赶往圣地麦加参加朝觐活动。我国的穆斯林在这个节日还会走亲访友、扫墓和诵经祈祷。

3．圣纪节

圣纪节又称圣纪日，在教历 3 月 12 日，相传为穆罕默德诞生和归真（逝世）的日子。这一天要举行圣会，诵读《古兰经》，讲述穆罕默德的生平业迹、朗诵纪念穆罕默德的诗文等，还要通过炸油香、熬肉粥、设宴会等方式来表示怀念。

本章小结

宗教旅游，是指以宗教朝觐为主要动机的旅游活动。开发宗教文化资源，对旅游业的发展具有重要的意义，而旅游业的发展，也有利于宗教文化的继承、传播、交流和研究。通过本章的学习，要理解宗教、宗教旅游、宗教文化的概念与内容；正确认识宗教文化与旅游之间相辅相成、共同发展的关系；掌握佛教、道教、基督教、伊斯兰教 4 个主要宗教的起源与发展、教义、经典与标志；充分了解佛教、道教、基督教与伊斯兰教旅游资源的分类、建筑、道场及宗教节日等主要内容。

思考与练习

一、名词解释

1．宗教文化

2．宗教旅游

二、填空题

1．世界三大宗教指的是____________、____________、____________。

2．宗教对游人具有很强的吸引力，其原因包括3个方面，即___________、___________、___________。

3．天山南麓的___________，位于新疆拜城县东的木扎提河畔，是我国分布最西的石窟群，同时也是全国现存开凿最早的佛教石窟群和天山南麓最大的佛教石窟群。

4．道教的经典是___________，道教的标记是___________。

5．佛教建筑旅游资源基本上可以分为___________、___________、___________三大类。

三、单项选择题

1．我国沿海地区的清真寺多为______建筑。

A．殿宇式　　B．宫殿式　　C．尖塔圆顶式　　D．哥特式

2．______是宗教建筑中最醒目的建筑物。

A．大雄宝殿　　B．佛塔　　C．观音殿　　D．藏经楼

3．下面哪一项不属于我国四大佛教名山之一？

A．武当山　　B．峨眉山　　C．普陀山　　D．五台山

4．下面哪个节日不是伊斯兰教的节日？

A．开斋节　　B．古尔邦节　　C．圣纪节　　D．盂兰盆节

5．道教三清殿内供奉的是道教最高贵的神——三清，其中______被奉为道教鼻祖老子的化身。

A．天宝君　　B．太上道君　　C．太上老君　　D．文昌帝君

四、简答题

1．宗教文化旅游资源都有哪些特点？

2．佛教建筑的整体特点是什么？

五、论述题

1．我们国家对宗教的态度是什么样的？

2．宗教文化与旅游之间是什么样的关系？

六、案例分析

西部旅游经济区暨五龙寺宗教文化园策划方案汇报会召开

五龙寺宗教文化园项目投资方——武汉华旗地产、江南农业公司在会上介绍了该项目的建设定位以及具体策划方案。五龙寺宗教文化园坐落在汤八公路以南，距离应城市区约 5km，据介绍，该项目规划和建设将通过对佛教哲学圆融的智慧以及道家哲学庞博的理解挖掘，形成天人合一、以人为本、贵和尚中、刚健有为的文化精神，建成有深厚文化底蕴的宗教旅游项目，该项目前期投资 800 万元，计划用 3 年时间，总投资 4.2 亿元，建成以五龙寺宗教文化园为龙头，以新农村为依托，以生态农业为基础的三大产业。

与会各单位负责人对五龙寺宗教文化园策划方案提出了意见和建议，并结合本地区、本部门实际，汇报了为西部旅游产业发展所做的配套和服务工作。

在听取了各单位的汇报后，湖北省应城市领导作重要讲话，指出旅游业有很多好的题

目，有很多好的内容，不能想得太大，要务实一点、贴近一点，考虑旅游经济的商业化和市场化，考虑到旅游经济的循序渐进和积累过程；内容不能太杂，每一个景点和景区，一定要突出主导特色，错位发展，相互映衬，以吸引游客；定位不能太低，定位过低将难以为继，不能保持可持续发展。

针对五龙寺宗教文化园项目的策划方案，应城市领导提出了几项具体建议：景点建设要充分考虑道路安全问题，统一在八汤路以南建设，形成整体；要多挖掘文化底蕴，把汤池温泉、五龙寺、矿山公园有机结合到一起，让人们在游玩、休闲、祈福的同时，心灵得到慰藉和满足，五龙寺可重点围绕龙文化进行策划，研究道路和房屋布局；策划的标准要高，要体现自己的特点。

针对我市西部旅游经济区旅游产业发展，应城市领导强调，一定要丰富文化底蕴，做好文化底蕴挖掘，要进行思想采购，借鉴外地的先进思想，围绕做文化来经营旅游；要适度造势，汤池温泉要全力打造"中国温泉示范区"，旗帜鲜明地把这个牌子亮出来，应城国家矿山公园从招商过程到项目建设过程都要有目标定位，不求太大，但也一定要适度造势；要切合实际，充分挖掘，把应城的历史典故、传说充分挖掘，并融合到各个景点中去。

要加快项目进展，主打项目和龙头项目要加快启动，2014 年汤池温泉二期，应城国家矿山公园、五龙寺宗教文化园 3 个主打项目启动，将变过去"一花独放"为"多点开花"，将逐步形成错位发展的旅游产业定位，形成旅游经济多点支撑，农家乐、农业休闲观光配套项目要跟进，基础设施建设要有所动作，环境整治要加强，镇村环境整治要建立长效机制。

市领导最后强调，要做足市场文章，围绕旅游经济商业化和市场化，提倡政府"无为而治"，提供服务、优化环境、解决具体问题，不提倡政府具体从事旅游产业，要用市场的办法来策划推进项目，用市场的办法来解决景点修缮，用市场的办法来盘活旅游资源，盘活旅游景点，用市场的办法来进行旅游广告经营，展示文化内涵。市领导还对西部旅游经济区建设专班和经费等几项具体工作进行了安排和部署。

【思考】根据以上资料，谈谈你如何看待宗教旅游资源开发？

第八章

古典园林旅游资源

学习目标

1. 掌握园林的概念和中国古典园林的特点。
2. 掌握园林的主要类型。
3. 了解园林的组成要素、构景手法和建筑类型。

第一节 古典园林的概念与特点

一、园林的概念

园林是在一定地段范围内，利用并改造天然山水地貌，或者人为开辟山水地貌，结合树木花草的种植和建筑的营造等途径创造而成的由山水、花木、建筑等组合而成的具有居住、游览等功能的优美而舒适的空间环境。

二、中国古典园林的特点

（一）师法自然，高于自然

这是中国古典园林的本质特征。中国古典园林在布局方式上以师法自然为原则，但是又跳出直接模仿的局限，而是在尊重自然的基础上改造自然。总体上，中国古典园林着力追求一种“虽由人作，宛若天开”的艺术效果。

（二）建筑美与自然美的高度统一

中国古典园林在建造建筑时，注重淡化人工痕迹，使建筑与自然环境融为一体。为使园林建筑与山水地形取得协调，采取各种顺应自然、因地制宜的做法。

（三）诗情画意

中国古典园林无论是在利益、布局，还是在造型、技法方面都受到了中国山水画的影响。诗是语言艺术，画是造型艺术，而中国园林则是二者之综合的立体艺术。因此，在园林建设中，无时无处不在追求诗情画意美。

一件成功的园林作品，通常具有浓厚的诗画情趣。在整个园林的布局中，有前奏、起始、展开、转折、高潮和尾声的连续变化，如乐如诗。为达到“人在诗画中游”的审美效果，造园者“以画入园，因画成景”，运用各种构景手法，努力营造了“画境”。

尤其是宋代以来的很多园林设计由画家主持，或有画家参与，绘画理论对园林艺术起到了指导作用。因此，有人称中国古典园林是一幅幅立体的中国山水画，园林中的山、水、花木与建筑相映成趣，具有诗情画意。

（四）意境的运用

中国园林艺术十分注重意境的营造，讲究心与物、情与景、意与境的交融与渗透。我国园林的意境是借助于山、水等造景元素所构成的立体画面来传达的，其中，一些园名、景题、刻石、匾额、楹联等更是直接通过文学艺术来表达并深化园林意境的内涵的。一言以蔽之，我国古典园林美学讲究“山川与予神遇而迹化”，在极为有限的空间里实现人与自然的神交。如无锡寄畅园的“知鱼槛”，是借观赏鱼乐之景，表达造园者受庄子思想影响，向往逍遥无为、隐居山林的志趣。

第二节　中国古典园林的组成要素

中国古典园林的组成要素大致包括置石叠山、理水、植物花木配置和建筑营造等。我国古典园林是再现自然山水式园林，通过对山石、水、植物和建筑等景观元素的有机整合，把人工美和自然美巧妙地结合在一起，实现了本于自然又高于自然，从而做到了“虽由人作，宛若天开”。

一、置石叠山

置石叠山是中国造园的传统。中国古典园林中的山具有真山和假山之分，真山如颐和园的万寿山。但我国大多数园林的山是假山。园林中假山置石的审美功能主要在于造景、点缀空间，将园林分割成不同的空间，以形成可游可观的立体景观，并增添自然美。假山或以土为主，或以石为主。但是有土无石，难以形成雄奇威峻的山势；有石无土，难生草木，缺乏生气。因此，置石叠山，多土石兼用，以求自然野趣。

假山有层峦叠嶂的大型假山，由峰、峦、谷、涧、洞、径、桥、平台以及瀑布等组合而成，可供人攀登望远；也有精巧玲珑的小品，主要供人观赏，点缀庭园。假山又可以分为写意假山与象形假山。

（1）**写意假山**　是取真山的山姿山容与气势风韵，经过艺术概括、提炼，在现代园林里，以小山之形传大山之神。这类以某种真山的意境创作而成的山林，有着丰富的想象和品位的余地。

（2）**象形假山**　是模仿自然界动物的形体动作而堆叠起来的，如苏州狮子林的假山。狮子林全园采用湖石做材料，以表现狮趣为造型中心，在园的中心堆叠出一座重岩叠嶂的山体，几乎在每一个石峰上都有一只惟妙惟肖、栩栩如生的狮子。

二、理水

在中国传统的自然山水园中，水和山同样重要，水景同山石一样也是构成古典园林不可缺少的基本要素。因此，大凡造园都要理水。

理水，是对自然的河、湖、溪、涧的艺术概括，它以或聚或分的方式，构成湖海、池沼、溪涧、泉瀑等水体，并以山石点缀为驳岸、石矶等，表现出水面的平远辽阔或水径的曲折幽邃，以聚的方式和以分的方式构成的水体各具特点。聚水则成湖、海、池、沼，具有平远宽广、一望无际、境界开阔的特点。整个园林以水体为中心。沿水四周环列建筑，从而形成一种向心、内聚的格局，使得有限的空间显得开朗，这就是集中用水的园林的风格，如杭州西湖。分水则成溪、涧、泉、瀑、源，化整为零，把水面分割成互相连通的若干小块，这样便可因水的来去无源流而产生隐约迷离和不可穷尽的幻觉。分散用水还可以随水面的变化而形成若干大大小小的中心。凡水面开阔的地方都可因势利导地借亭台楼阁或山石的配置而形成相对独立的空间环境；而水面相对狭窄的溪流则起沟通连接的作用，这样，各空间环境既自成一体，又互相连通，从而具有一种水陆萦回、岛屿间列和小桥凌波而过的水乡气氛。

三、植物花木配置

我国古典园林从其草创阶段开始就离不开植物的配置。在我国留存于世的一些古典园林中，植物占有很重要的地位和作用，许多景观的形成都与植物有着直接或间接的联系，它们有的以直接观赏植物花木为主题，有的则是借花木而间接地抒发某种意境和情趣。

中国古典园林花木的配置有自身的特点：

1）讲究因地制宜，自然而然。古典园林的植物一律采取自然式种植，与园林风格保持一致。花草树木多散步于假山、路边、廊前、阶下，有单株、双株、多株、丛植几种形式，不拘格式。

2）在配置花木时，十分注意同周围山水、建筑等的配合与协调。由此形成了一些规律性的做法，如高山栽松、岸边植柳、山中挂藤、水上放莲、修竹千竿等。

3）注重花木的象征意义，如牡丹富贵、芍药荣华、莲花吉祥、杨柳妖娆多姿、苍松高尚、秋菊傲霜、松竹梅为“岁寒三友”等。

归纳起来，以植物的生态习性为基础，创造地方风格；以文学艺术为蓝本，构造出诗情画意之情趣；以设计者的学识、修养与品位，创造具有特殊韵味的多种风格；以师法自然为原则，完善和弘扬中国园林自然观的理念，这 4 个方面共同作用，从而形成了中国园林植物景观的独特风格。

四、建筑营造

建筑是一个重要的园林景观元素，在山石、水、植物和建筑等几大景观元素中，建筑的人工雕琢色彩最浓，其材料虽然来自于自然界中，但已经过了人的全面加工和改造，几乎以完全非自然的形态呈现在人们面前。一般来说，建筑在园林中除了有造景的作用外，同时还有供人游览、观赏和休息的功能，如园林中常见的亭台、轩、榭、桥等。

在我国古典园林中，建筑必须根据对自然景观的研究，符合自然环境的整体要求和观赏要求，务必“得体合宜”，但由于摆脱了道德伦理观念的制约，园林建筑避免了我国其他建筑的程式化约束，较多地体现了自由创造的艺术魅力。在我国古典园林的建筑设计中，通常运用了多种构景手法，如借景、障景、框景、漏景、对景和分景等，此外对建筑选址、样式等都有仔细的斟酌和严格的讲究。在我国园林中虽然自然景观是主体景观，但造景的中心通常是园林建筑。

至于建筑的风格，总体看来与我国其他建筑风格的地域差异基本一致，即北方建筑布局严整，色彩强烈，显得淳厚大气，而南方园林建筑则布局较自由灵活，青瓦素墙，少施色彩，显得朴素清雅。

第三节　中国古典园林的构景手法

中国古代园林构景，十分注重人与自然的协调和谐，运用多种构景手法表现自然之美，以求达到最佳境界。中国古代园林构景基本手法有主景与配景、层次与景深、借景与屏景、对景与抑景（障景）、分景与隔景、夹景与框景、透景与漏景、点景与题景等，其手法因园林性质、规模，因地而宜、因时而异。

一、主景与配景

主景或主景区是风景园林的构图中心，处理好主配景的关系，就取得了提纲挈领的效果。突出主景的方法有以下 5 点：

1）主景升高或降低法，如“主峰最宜高耸，客山须是奔趋”，或四面环山，中心平凹。

2）轴线对称法，包括绝对与相对的对称手法。

3）“百鸟朝凤”或“托云拱月”法，也叫动势向心法，即把主景置于周围景观的动势集中部位。

4）构图重心法，把主景置于园林空间的几何中心或相对重心部位，使全局规划稳定适中。

5）园中之园法，不少大面积风景区或园林在关键部位设置园中园，以其局部之精微而取胜。

二、层次与景深

没有层次就没有景深。中国园林，无论是建筑围墙，还是树木花草、山石水景、景区空间等，都喜欢用丰富的层次变化来增加景观深度。景深一般分为前（景）、中（景）、后（背景）3 个大层次，中景往往是主景部分。当主景缺乏前景或背景时，便需要添景，以增加景深，从而使景观显得丰富。尤其是园林植物的配植，常利用片状混交、立体栽植、群落组合、季相搭配等方法，取得较好的景深效果。有时为了突出主景简洁、壮观的效果，也可以不要前后层次。

三、借景与屏景

《园冶》云："嘉则收之，俗则屏之"，讲的是周围环境中有好的景观，要开辟透视线把它借进来，如果是有碍观瞻的东西，则将它屏障起来。有意识地把园外的景物"借"到园内可透视、感受的范围中来，称为借景。借景是中国园林艺术的传统手法。一座园林的面积和空间是有限的，为了丰富游赏的内容，扩大景物的深度和广度，除了运用多样统一、迂回曲折等造园手法外，造园者还常常运用借景的手法，收无限于有限之中。借景的类型有以下5点：

(1) **远借** 就是把园林远处的景物组织进来，所借物可以是山、水、树木、建筑等。成功的例子很多，如北京颐和园远借西山及玉泉山之塔，避暑山庄借僧帽山、留锤峰，无锡寄畅园借惠山等。为使远借获得更多景色，常常需登高远眺。要充分利用园内的有利地形，开辟透视线，也可堆假山叠高台，山顶设亭或高敞建筑（如重阁、照山楼等）。

(2) **邻借（近借）** 就是把园子邻近的景色组织进来。周围环境是邻借的依据，周围景物只要是能够利用成景的都可以借用，不论是亭、阁、山、水、花木、塔、庙。例如，苏州沧浪亭园内缺水，而临园有河，则沿河做假山、驳岸和复廊，不设封闭围墙，从园内透过漏窗可领略园外河中景色，园外隔河与漏窗也可望园内，园内园外融为一体，就是很好的一例。再如，邻家有一枝红杏或一株绿柳、一个小山亭，亦可对景观赏或设漏窗借取。

(3) **仰借** 系利用仰视借取园外景观，以借高景物为主，如古塔、高层建筑、山峰、大树，包括碧空白云、明月繁星、翔空飞鸟等，如北京的北海借景山、南京玄武湖借鸡鸣寺均属仰借。仰借视觉较疲劳，观赏点应设亭台座椅。

(4) **俯借** 是指利用居高临下的俯视观赏园外景物，登高四望，四周景物尽收眼底。所借景物甚多，如江湖原野、湖光倒影等。

(5) **应时而借** 系利用一年四季、一日之时，由大自然的变化和景物的配合而成的景观。对一日来说，日出朝霞、晓星夜月，以一年四季来说，春光明媚，夏日原野，秋天丽日，冬日冰雪。就是植物也随季节转换，如春天百花争艳，夏天浓荫覆盖，秋天层林尽染，冬天树木姿态，这些都是应时而借的意境素材，如"苏堤春晓""曲院风荷""平湖秋月""断桥残雪"等。

四、对景与抑景（障景）

对景多用于园林局部空间的焦点部位。多在入口对面、甬道端头、广场焦点、道路转折点、湖池对面、草坪一隅等地设置景物，一则丰富空间景观，二则引人入胜。一般多用雕塑、山石、水景、花坛（台）等景物作为对景。抑景或障景，是指以遮挡视线为主要目的的景物。中国园林讲究"欲扬先抑"，也主张"俗则屏之"。二者均可用抑景障之，有意组织游人视线发生变化，以增加风景层次。障景多由山石、树丛或建筑小品等要素构成。

五、分景与隔景

分者将空间分开之意，隔者将景物隔离之意，二者类似而略有不同。多用分法进行景区划分，分而不离，有道可通。也可用隔法进行景物隔离，隔而不断，景断意联。如颐和园入口区用宫墙将空间分离层次，又用牡丹台（自然式台岗）隔挡视线，但隔而不断。人们通过堑道，绕过山口，则豁然开朗而至昆明湖景区。然而湖上又有十七孔桥分隔水面成南北两片，西堤分湖面为东西两部分，万寿山分昆明湖为前湖后湖，确实分而不离，隔而不断，水陆相通，层次幽深。

六、夹景与框景

在人的视野中，两侧夹峙而中间观景为夹景，四方围框而中间观景则为框景，这是人们为组织视景线和局部定点定位观景的具体手法。类似照相取景一样，往往达到了增加景深、突出对景的奇异效果，夹景多利用植物树干、断崖、墙垣、建筑等形成；框景多利用建筑的门窗、柱间、假山洞口等。选择特定角度，撷取最佳景观。

七、透景与漏景

两者近似，略有不同。按山石品评标准，前后透视为“透”，上下漏水为“漏”。这里，景前无遮挡为“透”，景前有稀疏之物遮挡为“漏”，有时透漏可并用（“漏”的程度大到一定时便为“透”）。在园林中多利用景窗花格、竹木疏校、山石环洞等形成若隐若现景观，增加趣味，引人入胜。

八、点景与题景

在风景园林空间布局中，除了主景定位外，与主景和主景区有视线直接和间接联系的部位，如山顶、山脊、山坡、山谷、水中、岸边、瀑侧、泉旁、溪源以及凡在风景视线而又处于视线控制地位或景区转折点上，经常利用山石、植物、建筑和雕塑等景物作为景点，以打破空间的单调感，从而增加意趣，起到点景作用。

我国园林善于抓住每一景观特点，根据它的性质、用途，结合空间环境的景象和历史进行高度概括，常作出形象化、诗意浓、意境深的园林题咏。其形式多样，有园额、对联、石碑、石刻等。题咏的对象更是丰富多彩，无论是亭台楼阁、大门小桥、假山泉水、名木古树还是自然景象都可给以题名、题咏，如颐和园、知春亭、爱晚亭、南天一柱、迎客松、兰亭、花港观鱼、碑林等。不但丰富了景的欣赏内容，增加了诗情画意，点出了景的主题，给人以艺术联想，并有宣传装饰和导游的作用。各种园林题咏的内容和形式是造景不可分割的组成部分，我们把创作设计园林题咏称为题景手法，它是诗词、书法、雕刻、建筑艺术的高度综合。

第四节　中国古典园林的主要类型

中国古典园林按不同的标准有不同的分类结果，按照园林的艺术风格可划分为北方园林、江南园林和岭南园林，按照园林的营造功能和目的可以分为皇家园林、私家园林和寺观园林。

一、园林的艺术风格类型

中国古典园林植根于自然，强调与所处环境的和谐一致，因中国南北方自然地理条件相去甚远，各地的经济、文化背景也不同，便形成了风格各异的3种流派。

（一）北方园林

我国北方园林主要分布在北京、西安、洛阳、开封等一些历史悠久的城市，其中尤以北京园林为代表。我国北方古典园林经历了很长的发展过程，由最初供帝王游猎和蓄养禽兽的“苑囿”不断演变，至明清时期，大规模的帝苑形成，主要集中在北京城，颐和园为其代表作（图8-1）。

图8-1 颐和园

受服务对象、地区气候条件、传统和风俗习惯等诸多因素的综合影响，中国北方园林的整体风格表现为：布局较严整；建筑较敦实、厚重、封闭；尺度与宫殿建筑相比尽管较小，但相比其他类型的园林建筑则大得多；色彩处理方面，一些主要的园林建筑依然十分富丽堂皇。总体看来，我国北方园林面积一般较大，多野趣，风格趋于粗犷豪放。与北方自然景观的风格融合在一起。

颐和园，位于北京西北郊，是清朝皇家避暑的行宫，是我国目前保存规模最大、最完整的古典园林，总面积达290公顷，其中水面占3/4。颐和园是利用昆明湖、万寿山为基址，以杭州西湖风景为蓝本，汲取江南园林的某些设计手法和意境而建成的一座大型天然山水园，也是保存得最完整的一座皇家行宫御苑，被誉为皇家园林博物馆。

颐和园的造园艺术汲取了全国著名园林的造园精华，依山傍湖，布局巧妙。其间有众多的殿、堂、楼、阁、廊、榭、亭、桥等建筑物，建造精巧，特色独具，布局得体，点缀于湖光山色之中，宛若天成。

颐和园是对中国几千年封建社会皇家园林的总结，代表了皇家园林的最高成就，也是至今保存得最为完好的皇家园林，因其本身所具有的深厚的园林文化、历史内涵，颐和园被列入“世界文化遗产”。

（二）江南园林

我国古典园林发展以江南地区水平最高，数量最多，园主多为达官、巨富、文人骚客等。以宅园为代表的江南园林是中国封建社会后期园林发展史上的一个高峰，从而使其顺理成章地成为中国园林的典型代表和后世效法的楷模。江南园林大多集中于长江以南之江、浙、沪一带，其中尤以太湖平原一带数量最多，艺术水平最高。这一带素有水乡泽国之称，气候温和湿润，园石、河湖较多，植物丰富，为园林的营造创造了天然的条件。江南园林主要特点有：

1）多属私园，园主多是文人学士出身，能诗善画，园林风格以清高风雅、淡素脱俗为最高追求，充溢着浓郁的书卷气。

2）园林的主要功能是修身养性、闲适自娱。

3）面积规模较小，一般只有几亩至十几亩，小者仅一亩半亩。

4）造园家的主要构思是“小中见大”，即为了扩大景物的深度和广度，运用迂回曲折、借景等造园手法，收无限于有限之中，造成一种似乎深邃不尽的意境，扩大人们对于实际空间的感受。

5）大多以水面为中心，四周散布建筑，构成一个个景点，再由几个景点围合成景区。

6）园石以太湖石和黄石为主，叠石以秀、奇为风格。

苏州古典园林为江南园林的代表。现已被列入“世界文化遗产”。历史上苏州有名园200余处，其中尤以沧浪亭、网师园、拙政园、留园成就最高，并分别代表了宋、元、明、清四个朝代的艺术风格。现代园林学者陈从周说：“余谓以静观者为主之网师园，动观为主之拙政园，苍古之沧浪亭，华瞻之留园，合称苏州四大名园。”

1．网师园

网师园为十亩小园，其妙在有山有水、有亭有阁有桥而不显拥挤繁乱。园中有池居中，间有假山，水虽不阔却因曲岸而生动，山虽不高却依势而雄浑，又石桥长仅三四尺，亭阁贴水，花木低矮，通向园中之路曲折通幽，所以小园之景显得幽雅情致。园中小亭（月到风来亭）檐角翼然，据说江南园林中其翘是最高的，追求“万尖飞动”的意境，加之乌瓦和朴素的装饰，屋顶语言在这里表达了迥异于北方的轻灵的动感。水面在小小的网师园中成为主角，建筑、林木、山石都依水势而布置，满园景物苍古素雅，倒映在池水中。网师园是小园，故游园以静观细品才见佳境。

2．拙政园

拙政园位于苏州娄门内，是苏州最大的一处园林，也是苏州园林的代表作。拙政园隐喻回归田园，其第一代园主王献臣因不容朝廷而辞官回乡，在苏州一佛寺遗址置地营造园林。“拙政”二字取自潘岳《闲居赋》：“灌园鬻蔬，以供朝夕之膳，是亦拙者之为政也。“拙政园之所以宜动观是因为其大，它现在的面积是网师园的 6 倍。为园之道疏难密易，阔难狭易，拙政园正因为成功地克服了这些困难才成为大型私家园林中的优秀作品。

园主当时请著名画家和书法家文徵明协助规划，并作图 31 幅，拙政园中部以水为主体，但水不居中，两座岛山将水面分割成迂回复杂的水面，各式小桥贴水而建，低栏曲折而连通岛山，亭阁楼台或在山顶，或依水边，而四面景色依园中主体建筑远香堂的视景被赋予了不同的画境。图 8-2 所示为拙政园一角。

图 8-2　拙政园一角

3．沧浪亭

沧浪亭位于苏州城南。所谓“苍古之沧浪亭”，首先是指沧浪亭园史的久远。苏州名园中以它的历史最为久远和最负盛名，北宋诗人苏舜钦是它的第一代园主，距今已有900多年的历史。至元代沧浪亭已废弃，现在的布局是清初所为（图8-3）。

与苏州其他园林相比，沧浪亭显得比较特别，园内并无水景，只有一座突兀的假山，山成为园中的绝对主角。亭阁游廊环山而建，山上土石相间，石径曲折有致，林木葱郁，尤其山下小院中枫杨数株，巨干撑天，古意森森。沧浪亭园中虽无水，园外却有葑溪活水，于是临溪建贴水长廊，又以院墙隔之，使廊的园内一半远观山景，园外一半向墙外挑出，专看葑溪水色，又借助墙间花窗、亭台和溪流水声，将远山近水融为一体。

图8-3 沧浪亭一角

4. 留园

留园坐落在苏州市阊门外，始建于明代，清代时称“寒碧山庄”，俗称“刘园”，后改为“留园”。留园在苏州四大名园中是保存最为完整的。留园的几任园主多是官僚富商，对于经营古朴疏朗的山水意境并不十分热衷，留园的山水园景主要集中在西部（图8-4）。

图8-4 留园一角

留园佳绝之处在于园中的建筑布局，它拥有苏州诸园中最宽敞的主厅、最昂贵的用材、最大的庭院山石和最著名的园林建筑景观，所谓华瞻正是言此，即园中之景以富丽取胜。留园主要建筑有涵碧山房、明瑟楼、远翠阁、曲溪楼、清风池馆等处。留园内建筑的数量在苏州诸园中居冠，其在空间上的突出处理，充分体现了古代园林建筑师的高超技艺和卓越智慧。

在江南，以私家园林著名的城市还有历史上曾辉煌一时的扬州。明时随着经济实力的大增，扬州地区掀起了建园高潮，从而出现了扬州“园林之胜甲天下”的盛况，至清中晚期，瘦西湖两岸园林交错，亭塔相映，声名更胜苏州。现今该地区著名的园林有个园、寄啸山庄等。此外，江南之地著名的私家园林还有无锡寄畅园、南京瞻园、绍兴沈园等。

（三）岭南园林

岭南为古之五岭以南，今为广东、广西一带。岭南园林以广东园林为代表，其风格介于北方皇家园林与江南私家园林之间，既有北方园林的稳重和敦实，也有江南私家园林的素朴和典雅。岭南园林以宅园为主。园中一年四季植物景观丰富，建筑物洗练简洁。广州、潮州、番禺、佛山、顺德、东莞等地皆有名园，其中尤以顺德清晖园、东莞可园、佛山十二石斋（梁园）和番禺余荫山房著名，四者合称“岭南四大园林”。其中佛山梁园因其面积、园艺、石景和水色等都胜于其他三园而居于岭南四园之首。

梁园由群星草堂、汾江草庐、寒香馆等多个群体组成，主体位于松风路先锋古道，其他则位于松风路西贤里及升平路松桂里。梁园为清代佛山诗书画家梁蔼如、梁九章、梁九华和梁九图叔侄四人于嘉庆年间（1796—1850）历时40余年陆续建成，园中亭台楼阁、石山小径、小桥流水、奇花异草布局巧妙，尽显岭南建筑特色。这里的建筑物以竹、木为基调，显示出缚紫为扉，列柳成行，依水画堤的意境，展示珠江三角洲特有的田园风韵，体现造园者追求远离烦嚣、贴近自然的独特构思。图 8-5 所示为岭南园林示意图。

图 8-5　岭南园林

二、园林的功能类型

按照园林的营造功能和目的，中国古典园林可以分为皇家园林、私家园林、寺观园林几类。

（一）皇家园林

皇家园林，又称苑囿、宫苑，是皇家所有，专供帝王休憩游乐的园林。典型的皇家园林有北京的颐和园、河北承德的避暑山庄等。皇家园林的特点如下：

1）规模宏大，以真山真水为造园要素，造园手法近于写实。

2）景区范围大，景点多，景观丰富。

3）功能内容和活动规模丰富盛大，几乎都附有宫殿。

4）布局严整，风格富丽华彩，渲染出一片皇家气派。

5）非常重视选址。

6）建筑造型凝重平实，豪华宝贵。

（二）私家园林

私家园林是供皇家的宗室外戚、王公官吏、富商、文人休闲的园林，集中分布在江苏南部、浙江北部、上海一带，通称江南园林。相对于集中在北京一带恢宏博大、富丽堂皇的皇家园林而言，传统私家园林一般规模较小，以淡雅精致、自由写意的风格见长。不仅如此，私家园林更以其浓厚的古典诗画底蕴和强烈的民间文化气息，将人文与建筑艺术相融合，成为可居、可游、可赏、宅院合一的珍贵艺术景观。现存的著名的私家园林有苏州的拙政园、留园等。

（三）寺观园林

寺观园林，又被称为宗教园林，占地广，多坐落在山林。寺观园林同真山真水融为一体，借助自然风景构成。寺庙建筑布局多为轴线对称式建筑配置，追求肃穆、庄严、神秘的色彩；园内广植特定品种树木（主要是松柏），以充分体现宗教所需要的特殊气氛。北京大觉寺、碧云寺，西藏拉萨罗布林卡是现存的著名寺观园林。

第五节　中国古典园林的建筑类型

古典园林中的建筑形式多样，有厅、堂、楼、阁、馆、轩、斋、榭、舫、亭、廊、桥、墙等多种类型。

一、厅

厅是满足会客、宴请、观赏花木或欣赏小型表演的建筑，它在古代园林宅第中发挥公共建筑的功能。它不仅要求较大的空间，以便容纳众多的宾客，还要求门窗装饰考究，建筑总体造型典雅、端庄，厅前广植花木，叠石为山。一般的厅都是前后开窗设门，但也有四面开门窗的四面厅。

二、堂

堂是居住建筑中对正房的称呼，一般是一家之长的居住地，也可作为家庭举行庆典的场所。堂多位于建筑群的中轴线上，体型严整，装修瑰丽。室内常用隔扇、落地罩、博古架进行空间分割。

三、楼阁

东汉许慎的《说文解字》提到："楼，重屋也。"所谓楼，是指两层与两层以上的建筑物。楼是中国建筑的重要类型之一，其体量一般比较高大，通常因远超出周围建筑而成为主景。我国有江南三大名楼，即湖南的岳阳楼、湖北武昌的黄鹤楼、江西南昌的滕王阁。园林中的楼略有不同，一般用作卧室、书房或用来观赏风景。阁与楼近似，但较小巧，一般用来藏书、观景，也用来供奉巨型佛像。

阁可以说是中国传统楼居的一种，其造型一般是四周设栏杆回廊或隔扇，可以供远眺、游憩、藏书与供奉佛像之用。北京颐和园佛香阁为典型的阁式建筑。

四、榭

古代台上有屋叫榭，榭是一种开敞建筑。最高的榭原本是讲武、阅兵和供帝王狩猎的地方，后来才逐渐成为园林等建筑中的小品，是园林中游憩建筑之一，建于水边。榭的基本特点是临水，尤其着重于借取水面景色，一般都是在水边筑平台，平台周围有矮栏杆，显得十分简洁大方，如苏州拙政园的芙蓉榭。被毁的圆明园中也有许多水榭。

五、舫

舫一般是指在园林湖泊的水边建造起来的一种船形建筑，俗称旱船，又名“不系舟”。舫不能移，只供人游赏、饮宴及观景、点景。舫与船的构造相似，分头、中、尾 3 部分。船头有眺台，作赏景之用；中间是下沉式，两侧有长窗，供休息和宴客之用；尾部有楼梯，分作两层，下实上虚。著名的有颐和园中的石舫——清宴舫（图 8-6）、苏州拙政园香洲、苏州怡园画舫斋。

图 8-6　颐和园的石舫

六、廊

廊是一种“虚”的建筑形式，由两排列柱顶着一个不太厚实的屋顶，其作用是把园内各单体建筑连在一起。廊一边通透，利用列柱、横楣构成一个取景框架，形成一个过渡的空间，造型别致曲折、高低错落。廊的类型可分为双面空间、单面空间、复廊和双层廊等，从平面来看，廊又可分为直廊、曲廊和回廊、爬山廊、水廊、桥廊等，如北京陶然亭公园名亭园内的桥廊。

七、亭

古人云：“亭者，停也。”亭作为一种中国古老的建筑门类，是供人休憩的。园林中的亭体积小巧，种类多，结构与构造比较简单，功能单一，分布广，布局灵活。亭在园林中的作用是供人休憩、纳凉避雨的，还可以点缀景观。古人云：“堂以宴，亭以憩，阁以眺，廊以吟。”从亭的平面来看，园林中的亭，姿韵典雅，形式多变，有三角、四角、五角、六角、梅花、八角乃至十字形、圆形、扇形、伞形、蘑菇形等不一而足。从立体构形来说，亭又可分为单檐、重檐和三重檐等类型。我国四大名亭是安徽滁州醉翁亭、北京陶然亭、湖南长沙爱晚亭、杭州西湖湖心亭。

八、塔

塔是重要的佛教建筑。在园林中往往是构图中心和借景对象。塔是宗教建筑中最醒目的建筑物。我国最早建造的塔都是木塔。

九、桥

我国古典园林中，在组织水面风景中，桥是必不可少的组景要素，具有联系水面风景点，引导游览路线，点缀水面景色，增加风景层次等作用，小桥流水已经成为园林中的典型景色。桥的主要类型有步石（又叫汀步、跳墩子）、梁桥、拱桥、浮桥、吊桥、亭桥与廊桥等。庭园中的拱桥多以小巧取胜，如网师园的石拱桥以其较小的尺度、低矮的栏杆及朴素的造型与周围的山石树木配合得体。

十、墙

园林的围墙，用于围合及分隔空间，有外墙、内墙之分。墙的造型丰富多彩，常见的有粉墙和云墙。粉墙外饰白灰以砖瓦压顶。云墙呈波浪形，以瓦压饰。墙上常设漏窗，窗景多姿，墙头、墙壁也常有装饰。

本章小结

古典园林在有限的空间里，构筑了使人“可赏、可游、可居”的环境，具有很高的观赏和游览价值，是旅游资源中一种重要的类型。中国古典园林属于写意自然山水型园林，“师法自然而高于自然”。无论是选址、布局，还是山水的整理、树木花草的布置，都能同周围环境相和谐，再现自然美是这一类园林的艺术匠意。本章论述了古典园林旅游资源的概念、特点、主要类型、组成要素以及古典园林的构景手法和建筑类型等基本理论，对部分古典园林旅游资源的典型代表进行了概述与分析。

思考与练习

一、单项选择题

1．苏州现存古典园林中建园历史最早的是_____。

A．拙政园　B．沧浪亭　C．狮子林　D．留园

2．在园林建筑中起到“点景”与“引景”的作用是______。

A．楼阁　B．廊　C．亭　D．桥

3．广东四大园林中保存原貌最好的古典园林是______。

A．余荫山房　B．清晖园　C．梁园　D．可园

4．______被认为是苏州古典园林中以少胜多的典范。

A．网师园　B．留园　C．拙政园　D．环秀山庄

5．站在杭州白堤垂柳下观赏远景时，西湖美景因为有倒挂的柳丝作为装饰而生动起来，这就是造园手法中的______。

A．抑景　B．框景　C．借景　D．添景

二、多项选择题

1．皇家园林的特点有______。

A．规模宏大　B．常用假山假水

C．建筑体型较大　D．精致细腻精美

E．建筑色彩富丽堂皇

2．按占有者身份划分，下列属于皇家园林的是______。

A．北京颐和园　B．北京恭王府　C．北京北海公园　D．承德避暑山庄

E．苏州拙政园

3．既是中国四大园林又是苏州四大名园的是______。

A．狮子园　　B．留园　　C．拙政园　　D．豫园

E．沧浪亭

4．以下关于江南类型园林的正确描述有______。

A．园林地域范围小　　B．园林建筑淡雅朴素

C．河湖、园石、常绿树木较多　　D．园林景致细腻精美，明媚秀丽

E．园林建筑物都较高而宽敞

5．下列说法正确的是______。

A．北京的颐和园、恭王府、北海公园都是皇家园林

B．拙政园、留园、恭王府都是私家园林

C．拙政园、留园是私家园林，避暑山庄、北海公园是皇家园林

D．北京的颐和园、恭王府是皇家园林，绍兴沈园、上海豫园是私家园林

E．北海公园、颐和园是皇家园林，拙政园、恭王府是私家园林

三、问答题

1．什么是园林？中国古典园林有哪些特点？

2．中国古典园林的艺术风格类型有哪些？

3．中国古典园林的基本组成要素有哪些？

4．中国古典园林的构景手法有哪些？

第九章

民风民俗旅游资源

学习目标

1. 掌握民风民俗旅游资源的定义和特点，民风民俗旅游资源的旅游功能及分布。
2. 了解民风民俗的概念和类型。
3. 熟悉我国民风民俗旅游资源的基本情况和分布。

第一节　民风民俗的概念和类型

一、民风民俗的概念

民风民俗是特定社会文化区域内历代人们共同遵守的行为模式或规范。人们往往是以习惯上，将由自然条件的不同而造成的行为规范差异，称之为“风”；而将由社会文化的差异所造成的行为规则之不同，称之为“俗”。所谓“十里不同风，百里不同俗”正恰当地反映了风俗因地而异的特点。

二、民风民俗的类型

民风民俗基本包括生产劳动民俗、日常生活民俗、社会组织民俗、岁时节日民俗、人生仪礼、游艺民俗、民间观念、民间文学等。按照它们在现实生活中所体现的方面，可以分成物质生活民俗、社会生活民俗和精神生活民俗。

（一）物质生活民俗

物质生活民俗包括土地和村落、房屋建筑、劳动（渔猎、畜牧、农业、林业、手工业）、民间技术和科学、民间立法、民间医药、服饰、器物和工具、饮食、交通运输、交换贸易等方面的民俗。

（二）社会生活民俗

社会生活民俗包括家族和亲族、民间组织、交际活动、人生礼仪、岁时风俗、吉庆娱乐、游戏和竞技等方面的民俗。

（三）精神生活民俗

精神生活民俗包括认识和观念、祭祀礼仪、巫术和宗教、伦理道德、习惯、语言民俗等方面的民俗。

三、民风民俗的特点

（一）群体性

群体性是指民风民俗的产生、传承和发展是群体活动的结果。首先，民俗是由个人创造，经群体相应，达成共识，最终形成的。其次，民风民俗的传承离不开群体，只有依靠群体行为，民风民俗才能代代相传，薪火不熄。再次，民俗的发展，是群体活动的结果。民俗的形成、发展和传承的每个环节都经过群体的不断补充、加工、充实和完善。

（二）地域性

地域性是指不同地域拥有不同的民俗事象，或者同一类民俗事项的内容与形式在不同地域存在差异。民俗地域性特征的形成，与各个地区的自然资源、生产力的发展水平以及当地的社会传统习惯等密切相关。

（三）民族性

民族性是指任何民俗事象，都是在一个民族特有的历史文化与社会生活的背景中形成的，并通过民族特有的心理与行为习惯体现出来，成为一个民族约定俗成的东西，而且这些事象具有不同于其他民族的特征。

（四）传承性

传承性是指民俗在约定俗成后，其核心的内容与形式就在一定的群体和地域中世代相传，在相当长的历史时期内保持稳定不变。首先，民风民俗在其核心内容与形式保持不变的情况下，不同时代往往在发展中体现传承。其次，民俗以稳定不变的形式世代传承。最后，民俗的跨地域或民族的传播是民俗传承的变异形式，主要表现为民俗事象影响地域范围的扩大和传承民众数量的增加。

（五）变异性

变异性是指民俗事象在传承过程中，其内容、形式、属性等发生了或多或少的变化。导致民俗变异的原因复杂多样，主要有两个方面：一是自然环境的改变导致了民俗的变异；二是社会环境的改变导致了民俗的变异。

变异性与传承性是民俗的两个矛盾统一的主要特征。传承性强调民俗的稳定，变异性强调民俗的发展。民俗的变异是传承基础上的变异，民俗的传承是变异过程中的传承。

第二节　民风民俗旅游资源的旅游功能及分布

一、民风民俗旅游资源的概念和特征

（一）民风民俗旅游资源

不同的自然和社会环境，形成了丰富多彩的民风民俗资源，其与旅游产业的结合，形

成了民俗旅游资源。民俗旅游资源是对旅游者具有吸引力，具有一定旅游功能和旅游价值的民俗事象的总和。民俗旅游资源是人文旅游资源中最绚丽多彩的部分，文化内涵丰富。具体来讲，民俗旅游资源是指各个民族、各个地区因其受到不同历史文化、自然环境、民族传统、科技水平等的影响，在生产和生活各个方面表现出来的特殊的民风民俗，如生活习惯、节日庆典、服饰装束、民间艺术、工艺特产、烹调技术、精神风貌、人生礼仪、丧葬习俗、宗教信仰等。

（二）民风民俗旅游资源的特点

民俗旅游资源是具有多种属性和特征的文化现象，其存在的形式、内容和类型等丰富多彩。从民俗旅游资源的旅游功能与旅游价值的角度来看，主要具有以下特征：

1．广泛性

民风民俗旅游资源是广泛存在的。民俗广泛存在于某一地域范围或某一民族，广泛存在于人们生活的一切过程，广泛存在于任何季节和时间。民风民俗几乎无处不在，包罗万象。不同的地域，演绎不同的民俗风情，如在美丽的苗乡，常常会碰到一队队青年男女聚集在山坳、路旁、村边对歌的快乐景象。一些地域性很强的生活习俗更让人感觉新鲜、有趣，如新西兰毛利人最流行的见面礼是“碰鼻礼”。

2．自然性

无论是服装、饮食、居民、交通用具，还是社会礼仪、节日节庆、宗教信仰活动，凡是能够成为旅游资源的民俗事项和载体，都是一个民族或地区人们生活的真实反映。任何背离真实性原则的“创造”，还有盲目的“现代化”都会造成对民俗旅游资源的破坏。民俗旅游资源的最大魅力就是在于真实地反映一个国家、一个地区、一个民族人们的生活原貌，让旅游者感受到一种未加雕琢的“原汁原味”的异域风情。当旅游者走进北京四合院和主人一起包饺子，走进蒙古包喝一口香喷喷的奶茶，和傣族人一起过一次泼水节，这一切都是不需要排练的，一切都是质朴和自然的。

3．丰富性

民俗风情是长期延续和积累逐渐形成的社会生活方式，风尚习俗，涵盖面广，内容多。游客在旅游过程中可以时时刻刻感受到不一样的民俗风情，如“陕西八大怪”“云南十八怪”等，这些生活中方方面面的风俗习惯都能带给游客不一样的感受。

4．文化性

民俗旅游资源在一定程度上是文化的展示形式，具体表现为不同的文化层面，包括物质文化、精神文化和制度文化。文化是民俗旅游的根本因子，民俗旅游扎根于富饶的文化土壤之中，其蓬勃发展得益于以深厚的文化内涵为基础。此外，民俗旅游具有很强的文化价值和文化意义，民俗旅游有利于各民族的文化传承，有助于对民族文化的了解，可以促进物质文明和精神文明建设，并且能增强民族凝聚力。因此，民俗旅游不仅仅是一项促进经济发展的旅游活动，更是一种有利于共建和谐社会的旅游形式。

5．参与性

民俗旅游资源不同于地貌旅游资源，只能具有观赏价值。民俗旅游既可观赏又可参与。许多游客去旅游少不了乘飞机、火车、轮船等，但如果可以感受一下原始交通工具，一定会别有风味。在林海雪原里，可以感受一下狗拉雪橇，还有牛皮船、羊皮筏子等，这些形式多种多样的传统文化不仅引起游客的好奇，还能使传统历史得到传承。

二、民俗风情旅游资源的旅游功能

民风民俗本身具有 3 大功能，即历史功能、教育功能和娱乐功能。这些功能在旅游中都能很好地发挥出来，转变为旅游功能。

（一）获得知识和美的享受

通过民俗风情旅游，可以获得很多方面的知识，如历史的知识。民俗学家把民俗称为活的社会“化石”，把民俗事象作为“历史的教材”。同时，民俗民风从不同的侧面反映了社会文化，具有极高的美学特征，参与民风民俗旅游可以体验极大的美学鉴赏和享受的过程。

（二）满足猎奇和求新求异的心理

民俗风情具有极大的民族差异性和地域差异性。所谓“十里不同风，百里不同俗”，一个地方司空见惯的事情，对另一个地方的人来说却十分新奇。不同的民族、地域之间差异巨大，特色鲜明，民俗民风旅游资源有利于满足旅游者对旅游的猎奇心理，具有独特的吸引力。

（三）沟通民众感情和心灵

民俗风情充分表露了民众的感情和心理，并充满了民众的智慧。作为异族或异地人的旅游者，到民俗地区去旅游，必然要和当地人进行各种交往。在交往中，总会接触到许多新奇的事物、新奇的思想，引起心灵的颤动，产生潜移默化的作用。在交往中，还可以相互了解，加深感情，增进友谊。因此民俗旅游是沟通民众感情和心灵的良好途径。

（四）陶冶情操，加强修养

美丽的异地风景和纯朴的民俗风情，尤其是许多民族尊老爱幼、热情好客、互帮互助等良好社会习尚，往往使游人感叹不已，并从中得到教育和熏陶，从而提高文明礼仪修养，提高道德水平，这就是民风民俗教育功能的体现。

（五）发展经济，旅游扶贫

越是边远地区和少数民族聚居的地方，因其与外界较为隔绝，越能够保留相对古老的纯粹的民俗事项，因而这样的地区发展民俗旅游条件极佳。民俗旅游资源越独特，越纯朴，对旅游者吸引力就越大。而我国边远地区和少数民族地区，因为自然和历史等多方面的原因，经济发展相对落后，发展旅游事业对当地大有裨益。

三、我国民风民俗旅游资源的分布

我国民俗旅游资源分布广泛，极为丰富多彩。不仅有各具特色的自然风光、风景名胜，还有文物古迹、人文景观、民俗建筑、特殊风俗、民族艺术、传统习俗、节日活动等。充分地开发利用这些资源，对于推进旅游事业的发展、密切城乡关系、扩大国内外交流、弘扬中华民族文化、调剂与丰富人们生活质量、推进人类文明进步以及加快我国社会主义现代化建设，都有重要和积极作用。

（一）不同种类民风民俗旅游资源在我国的分布

我国的民风民俗旅游资源，主要有各民族各地区的民居、服饰、饮食、节日、歌舞、神话、传说、史诗等方面。

1．民居

民居是普通老百姓的休息场所。这些民居建筑土生土长、不拘一格，与自然环境和谐相处，带有醉人的乡土气息，体现了特定人群的价值观和美学观。它们是劳动人民智慧的结晶。世界各民族和地区的人民因地取材创造了各式各样的房屋建筑式样。根据民居景观式样可分为洞穴式（如北方的窑洞）、干栏式（如傣族的竹楼、泰国的高脚屋）、帐篷（如蒙古包）、长屋、庭院住宅等。

我国历史悠久，疆域辽阔，自然环境多种多样，社会经济环境亦不尽相同。在漫长的历史发展过程中，逐步形成了各地不同的民居建筑形式，这种传统的民居建筑深深地打上了地理环境的烙印，生动地反映了人与自然的关系。

中国北方黄河中上游地区窑洞式住宅较多，在陕西、甘肃、河南、山西等黄土地区，当地居民在天然土壁内开凿横洞，并常将数洞相连，在洞内加砌砖石，建造窑洞。窑洞防火，防噪声，冬暖夏凉，节省土地，经济省工，将自然图景和生活图景有机结合，是因地制宜的完美建筑形式，渗透着人们对黄土地的热爱和眷恋。中国南方民居以江苏民居和福建民居为代表。江苏民居以苏州为代表。素有“东方威尼斯”之称的苏州水网密布，地势平坦，房屋多依水而建，门、台阶、过道均设在水旁，民居自然被融于水、路、桥之中，多楼房，以砖瓦结构为主。青砖蓝瓦、玲珑剔透的建筑风格，形成了江南地区纤巧、细腻、温情的水乡民居文化。由于气候湿热，为便于通风隔热、防潮防雨，院落中多设天井，墙壁和屋顶较薄，有的有较宽的门廊或宽敞的厅阁。福建民居中闽西南地区的客家人土楼是一种特殊农村住宅。土楼外形有方、圆之别，酷似庞大碉堡，其外墙用土、石灰、沙、糯米等夯实，厚 1m，可达 5 层高；由外向内，屋顶层层下跌，共三环，主体建筑居中心；房间总数可达 300 余间，十几家甚至几十家人共居一楼。福建境内山地丘陵占 80%以上，地形复杂，历史上匪盗现象较为严重，中原汉族迁居此地后，为御匪盗防械斗，同族数百人筑土楼而居，故形同要塞的土楼，防御功能突出。此外，福建地处东南沿海地震带，气候暖热多雨，坚固的土楼既能防震防潮又可保暖隔热，可谓一举数得。

此外，我国还有丰富多样的少数民族民居，其中包括侗族的鼓楼、傣族的竹楼、藏族的碉房、蒙古族的蒙古包等。

2．服饰

服饰的发展，受很多客观因素与主观因素的影响。首先是自然环境，尤其是气候的影响；其次是与当地生产方式、生活方式有关；再次，服饰的传承与一个民族的历史及文化紧密相联。服饰主要由服装与饰物两部分组成，即服装部分是由上衣、裤、帽、鞋袜等组成，饰物部分是由人体的头、手、足、颈等部位所佩戴、刻绘和装饰的各种饰物组成。我国有 56 个民族，56 个民族服饰习俗各不相同，如色彩艳丽的蒙古袍，做工精细的藏袍，维吾尔族的绣花帽，纳西族人的七星披肩，苗族人的银首饰等。服饰是一个民族的外在标志，是游客最能直接体验到的异域风情。

3．饮食

饮食民俗，亦称食俗、食风、食性、食礼或食规，它是指有关食物和饮料，在加工、制作和食用过程中形成的风俗习惯及礼仪常规。食俗隶属于生产消费民俗的范畴，是民俗中最活跃、最持久、最有特色、最具群众性和生命力的一个重要分支。中国饮食民俗是构成中国饮食文化的要素，与中国烹饪的关系非常密切。不仅烹调原料的开发，膳食结构的调配，炊饮器皿的择用，工艺技法的实施，养生食疗的认识，筵席燕赏的铺排，风味流派的孕育和烹调理论的建立，会受到食俗的制约；而且烹调意识中的人情味，厨房设施里的乡土情，酒楼的商招，厨师的行话，还有乡规民约、社交仪礼、民族食风、饮食忌讳，以及四时八节的大菜和小吃，各地肴馔的品味和审美，也都有食俗的“酵母”在里面发生作用。中国烹饪在世界上独享盛誉，是世界三大烹饪流派（另有法国和土耳其）之一，也是中国文化四绝之一。中国有八大菜系，即鲁菜、川菜、粤菜、淮扬菜、闽菜、浙菜、湘菜、徽菜。其实，京、沪菜和其他许多菜系也都很有名，所以中国又有十大菜系甚至是十二菜系之说。总之，中国的饮食种类丰富多彩，饮食文化源远流长。

4. 节日

民间节庆是指民间传统的庆祝或祭祀的节日和专门活动。各民族的传统节日都是该民族经济生活、宗教信仰、文化娱乐、社会交往和民族崇拜等民风民俗的集中体现，是古老的民族文化习俗的重要组成部分。最能体现风土民情和民俗习惯的就是丰富多彩的岁时节俗，无论是中国还是外国，这方面体现都非常突出。中国传统节日有春节、元宵节、清明节、端午节、中秋节，以及少数民族的火把节、泼水节、新米节、开斋节、雪顿节等。节日不仅活跃了民众生活，也让旅游者丰富了知识，感受到了不同的异国风情。此外，少数民族信仰、禁忌、节日及娱乐民俗也是多姿多彩的，诸多民俗风情使游客的旅游行程更加丰富多样。

此外，中华民族上下五千年，留下了璀璨的歌舞、神话、传说、史诗等民风民俗旅游资源，类型多样，品种丰富，艺术和美学价值极高。

（二）我国民风民俗旅游资源的地域分布情况

1. 东部与沿海地区

江苏省：山清水秀，名胜古迹甚多，自然风光与人文景观交相辉映。南京有六朝胜迹。无锡集江、河、湖、泉、洞之美于一体，构成江南水乡的特有风貌。苏州的古典园林，温雅自然、精巧幽深，与著名的传统纺织品苏绣、宋锦和湖笔及昆曲、评弹、吴歌等一起具有吴文化的特色。扬州的瘦西湖、个园、何园集“南秀北雄”于一体，大明寺内有著名的鉴真纪念堂，当地漆器和玉器工艺品风靡海内外。另外，还有镇江的山林寺院，陶都宜兴的竹海，连云港的神仙世界花果山、石海崎岖的东磊、古迹荟萃的锦屏山、风平浪静的墟沟海滨浴场等。

浙江省：山川秀丽，江河、湖、海、山、林、石应有尽有，而且人文景观丰富，全省有国家级风景名胜区 7 个。素有“上有天堂，下有苏杭”之称的杭州市是浙江省的省会。

安徽省：有九华山和黄山山系，风景雄奇。太平湖四周青山环绕，湖中岛屿山色清新，风光优美。歙县、寿县、亳州为中国文化名城，凤阳县的明皇陵和中都城为国家级文物保护单位。

福建省：历来是对外开放的门户，汉起唐盛的海上丝绸之路始点就是泉州。明朝航海家郑和在福州建造了当时世界上最大的航海船“宝船”，七下西洋，是世界航海史上的壮举。闽北武夷山“美境甲东南”和莆田湄洲岛是闻名的旅游度假地。湄洲岛上的妈祖是海峡两岸供奉的海上女神，每年吸引数万台胞来此地朝圣。另外，还有福州的鼓山、于山，泉州的九日山、清源山，福鼎的太姥山，厦门的鼓浪屿、南普陀寺。泉州开元寺、福州涌泉寺、莆田广化寺、漳州南山寺是全省古代四大名寺。

江西省：拥有千姿百态的地形地貌和绚丽多彩的自然风光。这里有：庐山的奇松怪石、云雾雪景、飞泉瀑布；井冈山的群山大谷、巨瀑群和珍稀动植物；三清山奇峰异石，险瀑怪松；鄱阳湖水景及候鸟保护区；景德镇的陶瓷文化；南昌、井冈山、瑞金、安源的革命圣迹；九江、彭泽、萍乡、婺源的溶洞；南昌的滕王阁、佑民寺、玉隆万寿宫；吉安青原山净居寺、白鹭洲、吉州瓷窑遗址、文天祥故里；赣州的通天岩、八境台、郁孤台、梅关古道；抚州的汤显祖遗迹、麻姑山；宜春的宜春台、化成岩；鹰潭的龙虎山仙水岩、嗣汉天师府。圭峰丹霞地貌、婺源的明清居民古建筑群以及铅山河口古镇等也特色鲜明，享誉中外。

山东省：名山大川独具特色。西部济南、泰安、曲阜一带为山水圣人旅游区，主要有泰山，济南的泉水，曲阜的孔庙、孔林、孔府。东部青岛、烟台、威海为海滨旅游区，是海光山色交相辉映、港湾景色宜人的旅游避暑胜地。中部的潍坊、淄博为中心的千里民俗旅游区，有 40 多个景点，3 个民俗旅游村庄。此外还有高密的民间艺术，诸城的恐龙化石，临朐的山旺生物化石，潍坊风筝博物馆。山东省经常举办潍坊国际风筝会、曲阜国际孔子文化节和泰山国际登山节等大型节庆旅游活动，海内外的影响力极大。

海南省：全国最大的热带宝地，有种类繁多的动植物和药物资源、水产资源。许多地方建有现代化的橡胶园和荔枝园、红毛丹园等热带水果园，还有蝴蝶馆、禽鸟园、海洋馆等，以及黎族、苗族民族园（村）、文化园，均可供旅游。

2. 中部地区

河南省：有众多的文物古迹，丰富的人文景观，是华夏文明主要发祥地之一，是中华文明始祖轩辕黄帝的诞生地和建都地。河南地下文物居全国之首，地上文物居全国第二，有闻名于世的仰韶文化、庙底沟文化和裴李岗文化遗址；有中国最早的“龙”图腾（蚌塑龙）；有最早的人工冶金实物，虢国贵族墓葬的“天下第一剑”；有最早的关隘，灵宝县的函谷关；有最古老的阙，中岳嵩山的汉三阙；有最古老的长城，建于春秋时期的南召县楚长城；最早的古城堡，登封王城遗址；有最早的国家监狱，汤阴羑里城，是商末殷纣王囚禁周文王的地方；有中国第一座佛教寺院白马寺，中国禅宗祖庭少林寺；有最早的测景台和观星台；最大的古塔群，少林寺塔林；有最早的砖塔，嵩岳寺塔；还有闻名于世的殷墟，甲骨文；有中国三大石窟艺术宝库之一的龙门石窟、古墓博物馆、开封大相国寺等文化古迹。此外，河南省还是中国姓氏的主要发源地之一，是中国台湾地区 70%的客家人 48 个姓氏的祖居地，又是少林拳和陈氏太极拳的发源地。

陕西省：中华民族发祥地之一，有百万年前的蓝田猿人，距今 6 000 余年的母系氏族社会的村落遗址“半坡”文化遗址，有天下第一陵（黄帝陵和炎帝神农祠）。西安是古代建都时间最长的城市。珍贵文物达 200 多万件，居全国之首。西安还有著名的秦始皇陵兵马俑被誉为“碑石的森林、书法的海洋、艺术的宝库”的西安碑林，以及唐代法门寺。世界四大名塔之一的大雁塔和保存最完整的古城垣、西安城墙等驰名中外。陕西的自然景观有：骊山何其秀，华山何其峻，太白何其雄；汉中南湖、凤翔东湖波平如镜，水碧如蓝，一片阴柔妩媚之美；壶口瀑布惊涛拍岸，一派阳刚强悍之气，吸引了海内外旅客。陕西西安是古代丝绸之路的起点，古朴端庄、雄伟瑰丽的陕西历史博物馆，馆藏文物 37 万件，其中珍贵文物近2万件，国宝级文物18件（组），被誉为“华夏珍宝库”，达亚洲一流水平。另外，还有延安凤凰山、杨家岭、枣园、王家坪、清凉山和西安事变与八路军西安办事处等革命遗址。

甘肃历史悠久，是中华文化的发祥地之一，华夏始祖伏羲氏在这里推八卦、授渔猎，马可·波罗东游中国时也曾在此停留。作为我国东南部通向西北的交通要道、汉唐丝绸之路的必经之地，甘肃大地上散布着上千处人文景观，其中有堪称世界石窟壁画艺术宝库的敦煌莫高窟、万里长城的最西端嘉峪关、以泥塑著称于世的天水麦积山石窟等。此外，永靖县炳灵寺石窟保存着1 000多年各个朝代的历史文物；夏河县拉卜楞寺，其规模仅次于拉萨的布达拉宫，是藏传佛教格鲁派六大宗主寺院之一；平凉崆峒山，秦皇、汉武都曾拜谒过，为我国道教第一名山。

宁夏回族自治区，是中华文明的发祥地之一，位于“丝绸之路”上，历史上曾是东西部交通贸易的重要通道。作为黄河流经的地区，这里同样有古老悠久的黄河文明。早在3万年前，宁夏就已有了人类生息的痕迹。公元1 038年，党项族的首领李元昊在此建立了西夏王朝，并形成了西夏文化。西夏王陵是国家4A景区，位于银川市西夏区，是中国现存最密集的帝王陵区，被世人称为“东方金字塔”。宁夏从北周起，引水种稻，植桑养蚕，栽杨插柳，培李种桃，因此有“塞北江南”之美称。此外还有灵武县水洞沟旧石器时代的文化遗址和固原县须弥山的石窟。宁夏是中国最大的回族聚居区，在国内外都享有盛名。在这里生活着228万回族群众，约占全国回族人口总数的1/5。作为宁夏主体民族的回族，在历史上全民信仰伊斯兰教，并把宗教看作容纳和融合其他民族成员的根本前提。在宁夏回族自治区聚居地区，建有不同建筑形式和不同规模的清真寺3 000座，有阿訇大约4 000名，回族群众的宗教生活得到了满足，宗教活动自由，在这里可以体会到纯正的回族民俗文化风情。

3．西南地区

四川省，有着光辉灿烂的文化。根据考古发现，200多万年前旧石器时代早期，四川便开始有了人类活动。四川境内有已被命名的旧石器时代文化遗址四处。距今7 000～8 000年的时候，四川地区逐渐进入新石器时代。新石器时代遗址分布很广，已发现200多处，其中最具代表性的有广汉三星堆遗址、什邡桂圆桥遗址、广元营盘梁遗址、西昌礼州遗址等。四川有14个民族，除了各有特色的婚姻、丧葬、服饰、居住等，还有多种多样的民间盛会。如成都花会、康定跑马山转山会、乐山龙舟会、凉山火把节、自贡恐龙灯会。此外，四川的饮食、烹调技艺，味道多，变化大，富有特色，驰名中外。茶馆遍布城乡，既是休息、饮茶之处，也是娱乐、社交之地，颇有魅力。

贵州省，是古人类发祥地之一，早在24万年前就有人类居住、活动，有旧石器时代早期的“黔西观音洞文化”，晚期直立人的“桐梓人”，早期智人的“水城人”和盘县“大洞人”，晚期智人的“兴义人”、普定“穿洞人”、桐梓“马鞍山人”“白岩脚洞人”和安龙“观音洞人”。贵州省民族风情古朴浓郁，有反映民族建筑艺术风格多姿多彩的鼓楼花桥、吊脚楼、石头寨、楼上楼，有丰富多彩的民族传统节日、婚喜敬客、节日庆典等生活习俗。著名的民族节日，有苗族的姊妹节、龙船节和芦笙节，布依族的六月六歌节，彝族的火把节，水族的端节等，这些民族节日活动以它们漂亮的服饰，精致的技艺，古朴的内容，反映了各民族的历史文化、社会愿望和民族情怀。

云南省素有植物王国、动物王国、药物宝库、天然花园、香料之乡等美誉，有独特的高原风光和热带雨林，多姿多彩的民族风情以及众多的历史遗迹。昆明、大理和丽江是国家级历史文化名城。古人用"彩云南现"来遥指这片神秘的云岭高原。"一山不同族，十里不同天"，在这块红土高原上，生息繁衍着 26 个自强不息的民族，由于各自不同的自然环境，呈现出不同的社会文化形态和各民族丰富多彩的风俗民情，是一个活的历史博物馆。每一个民族的衣、食、住、行，以及婚恋、丧葬、生育、节典、礼仪、语言、文字、图腾、宗教、禁忌、审美，莫不结撰为个性鲜明的文化链。纳西族的东巴文化、大理的白族文化、傣族的贝叶文化、彝族的贝玛文化……泼水节、刀杆节、插花节、火把节、木鼓节、三月街……神话、史诗、歌舞、绘画、戏曲、古乐……莫不独具特色，深邃而幽远。

西藏自治区，是一个令人神往的地方。它有壮丽的山河、丰富的物产、勤劳的民族，有众多的名胜古迹，有世界屋脊的气候特点，有雪域高原。同时西藏也是我国藏传佛教的圣地，向有"小西天"之称。藏族群众基本全民信奉喇嘛教。全区寺庙多达 1 400 余座，著名的有哲蚌寺、扎什伦布寺、色拉寺、楚布寺等。寺庙僧民超过 5 万人，藏族人喜欢青稞酒，爱吃牛羊肉。西藏的人文景观，重要的有历史文物、文化遗迹、寺院建筑、民俗风情、工艺特点，如布达拉宫、八廓街、大昭寺、扎什伦布寺、古格王朝遗址、藏族歌舞、藏戏等。游人都赞叹西藏"神奇""浪漫"，特色浓郁，颇具魅力。

本 章 小 结

民风民俗广泛地存在于每一个群体与个体的生活中，它类型多样，特色鲜明，体验性强，接受度高，具有强大的吸引力、生命力和可开发性。民俗民风资源具有强大的旅游功能，成为民俗民风旅游发展的基础。我国历史悠久，疆域辽阔，民族众多，民风民俗旅游资源丰富多彩，拥有发展民俗旅游得天独厚的条件，随着旅游资源向深度和广度开发，回归传统，面向民俗，寻找文化差异的民风民俗旅游必然成为新的增长点。掌握民风民俗旅游的特点和功能，了解我国民风民俗旅游资源的分布和文化内涵，有利于把握民风民俗旅游资源的分类和调查，从而开发符合地域特点、满足市场需求的民俗旅游产品。

思考与练习

一、名词解释

1. 民风民俗
2. 民风民俗旅游资源
3. 民间节庆

二、填空题

1．民俗风情旅游资源的旅游功能有____________和____________。

2．导致民俗变异的因素主要有两个：一是____________，二是____________。

三、多项选择题

民风民俗本身有哪些功能______

A．历史功能　　B．教育功能　　C．娱乐功能　　D．旅游功能

四、简答题

民风民俗旅游资源的特点是什么？

五、论述题

举例说明我国民风民俗旅游资源种类的多样性和地域的差异性。

第十章

都市城镇类旅游资源

学习目标

1. 理解历史文化名城的概念和特点。
2. 掌握历史文化名城、特色小城镇、现代都市的类型和地域分布。
3. 了解八大古都的基本情况。
4. 熟悉最新的历史文化名镇、名村的名单，了解典型现代都市的城市概况。
5. 正确认识如何做好历史文化名城的保护与开发工作。

第一节　历史文化名城

一、历史文化名城的概念

《中华人民共和国文物保护法》中第十四条规定："保存文物特别丰富并且具有重大历史价值或者革命纪念意义的城市，由国务院核定公布为历史文化名城。保存文物特别丰富并且具有重大历史价值或者革命纪念意义的城镇、街道、村庄，由省、自治区、直辖市人民政府核定公布为历史文化街区、村镇，并报国务院备案。历史文化名城和历史文化街区、村镇所在地的县级以上地方人民政府应当组织编制专门的历史文化名城和历史文化街区、村镇保护规划，并纳入城市总体规划。历史文化名城和历史文化街区、村镇的保护办法，由国务院制定。"

二、我国主要的历史文化名城

我国历史文化名城数量很多，国务院于 1982 年、1986 年和 1994 年先后公布了三批国家级历史文化名城，共 99 座。此后，分别于 2001 年增补 2 座，2004 年增补 1 座，2005 年增补 1 座，2007 年增补 7 座，2009 年增补 1 座，2010 年增补 1 座，2011 年增补 6 座，2012 年增补 2 座，2013 年增补 4 座，2014 年 8 月之前增补 2 座，共计 125 座（琼山市已并入海口市，两者算一座)。被列入名单的均为文物资源特别丰富、具有重大历史价值或者纪念意义且正在延续使用的城市。

历史文化名城基本上可以分为：①历代王朝的首都，如北京、西安、洛阳、开封、南京、安阳；②少数民族历史文化名城，如喀什、日喀则、丽江；③军事重镇，如徐州、襄阳、榆林、镇江；④手工、商业城市，如扬州、天津、上海；⑤港口城市，如宁波、福州、泉州、广州；⑥文化名城，如常熟、漳州、歙县；⑦名人故里，如韩城、淮安、亳州；⑧革命纪念地，如延安、遵义、南昌；⑨风景游览城市，如桂林、杭州、昆明。这些历史文化名城至今仍保留着当初的历史痕迹，反映了城市的历史面貌，是当代人了解历史的重要途径。中国历史文化名城名单（1982—2014.8)，见表 10-1。

表 10-1　中国历史文化名城名单（1982—2014.8）

直辖市	北京市、天津市、上海市、重庆市
河　北	保定市、承德市、正定县、邯郸市、山海关区
山　西	平遥县、大同市、新绛县、代县、祁县、太原市
内蒙古	呼和浩特市
黑龙江	哈尔滨市、齐齐哈尔市
吉　林	吉林市、集安市
辽　宁	沈阳市
江　苏	南京市、徐州市、淮安区、镇江市、常熟市、苏州市、扬州市、无锡市、南通市、宜兴市、泰州市
浙　江	杭州市、绍兴市、宁波市、衢州市、临海市、金华市、嘉兴市、湖州市
福　建	福州市、泉州市、漳州市、长汀县
江　西	南昌市、赣州市、景德镇市
安　徽	亳州市、歙县、寿县、安庆市、绩溪县
山　东	济南市、曲阜市、青岛市、聊城市、邹城市、临淄区、泰安市、蓬莱市、烟台市、青州市
河　南	郑州市、洛阳市、开封市、安阳市、南阳市、商丘市、浚县、濮阳市
湖　北	武汉市、荆州区、襄阳市、随州市、钟祥市
湖　南	长沙市、岳阳市、凤凰县
广　东	广州市、潮州市、肇庆市、佛山市、梅州市、雷州市、中山市
广　西	桂林市、柳州市、北海市
海　南	海口市
四　川	成都市、自贡市、宜宾市、阆中市、乐山市、都江堰市、泸州市、会理县
云　南	昆明市、大理市、丽江市、建水县、巍山县、会泽县
贵　州	遵义市、镇远县
西　藏	拉萨市、日喀则市、江孜县
陕　西	西安市、延安市、韩城市、榆林市、咸阳市、汉中市
甘　肃	张掖市、武威市、敦煌市、天水市
青　海	同仁县
宁　夏	银川市
新　疆	喀什市、吐鲁番市、特克斯县、库车县、伊宁市

三、中国八大古都

一般认为，中国城市最初形成于中原文明的发祥地黄河流域，历史文化名城不仅是中华民族珍贵的文化遗产，而且也是整个人类文明的瑰宝。而古都作为历史上国家的政治、经济、文化中心，在历史文化名城中价值最高。在中国，历史文化名城旅游资源中的地位尤其重要。关于古都的说法，有好几种，最早的是四大古都，即西安、洛阳、南京和北京；1920 年，学术界提出了把开封也列为古都之一，形成了五大古都的说法；1930 年，出现了把杭州列入古都之列的六大古都的说法；1988 年，地理学家谭其骧提议将安阳列入古都之列的七大古都；2004 年，中国古都学会认定郑州为第八大古都。按定都时间先后，古都包括洛阳（从夏朝始）、郑州、安阳、西安、开封、南京、杭州和北京。由于中原地区不仅是中华文明和中华民族的主要发源地，而且长期是中国古代的政治、经济和文化中心，所以八大古都中有四个位于河南。

（一）北京

我国的首都北京是一座有着悠久历史的文化古城，先后有六个王朝和政权建都于此，历时 800 多年。北京有距今约 50 万年前的“北京人”遗址、1.8 万年前的山顶洞人的遗迹。公元前 11 世纪，当时周召公封于蓟，国号燕。由于北京靠燕山，俯视中原的地理位置，成了兵家必争之地。一般认为，北京作为都城的历史，是从辽金时期开始的。辽太宗会同六年（938 年），在北京建“陪都”，称“南京”，亦称“燕京”。金海陵王天德三年（1151 年），在此建“中都”。元太祖成吉思汗征伐中原，攻下金的中都，放火焚烧，后元世祖忽必烈定都燕京，开始修建规模更为宏大的元朝“大都”。明太祖洪武元年（1368 年），大将徐达攻破大都后，将百年都城的主要建筑夷为平地，改名“北平”。后明成祖（1403—1424 年在位）将都城由南京迁到北京，他在位 22 年，用了 19 年修建北京的内城及天坛等。清朝初年及兴盛时期，在明朝的基础上进行大规模建造，尤其是完成了北京的园林艺术布局。但清朝后期，尤其是 1860 年英法联军和 1900 年八国联军两次攻入北京，对北京的名胜古迹造成了巨大的、难以恢复的破坏。

北京具有深厚的文化内涵，是其他古都无法超越的。北京旅游资源内容之多、品位之高雄居中国都城榜首，大致可以分为以下几类：

1．皇家建筑

北京拥有大量皇家建筑，包括宫殿王府、皇家园林、坛庙陵寝等。帝王宫殿主要是故宫，故宫原是明清两代的皇宫，后改为故宫博物院，始建于明永乐四年至十八年（1406—1420 年），是我国现存最大最完整的古代宫殿建筑群和世界最大的皇宫之一。皇家园林主要有颐和园、圆明园、畅春园、静宜园（香山）、静明园（玉泉山）、北海公园等。其中颐和园是目前保存比较完整的清代皇家园林。著名的坛庙有太庙、天坛、社稷坛、地坛、日坛、月坛等。其中以天坛规模最大，最具特色。帝王陵寝有明十三陵。

2．宗教寺观

北京的宗教建筑历史悠久，规模宏大，主要有潭柘寺、戒台寺、云居寺、法源寺、大钟寺、五塔寺、妙应寺白塔、雍和宫、白云观等。

3．古代文化遗存

比较著名的有八达岭长城，是明长城中现存最好的一段，还有早已被列入《世界遗产名录》的周口店北京猿人遗址等。1929 年，周口店的龙骨山上发掘出了猿人头盖骨化石，受到了全世界的瞩目。

除此之外，北京还有著名的燕京八景，即居庸叠翠、琼岛春阴、太液秋风、卢沟晓月、西山晴雪、蓟门烟树、玉泉趵突和金台夕照。

（二）西安

西安古称长安，是陕西省的省会。110 万年前的蓝田人和新石器时代的“半坡”“姜寨”先人就在这里繁衍生息。从公元前约 11 世纪初到公元 10 世纪初，先后有西周、西汉、新莽、西晋、前赵、前秦、后秦、西魏、北周、隋、唐共 11 个朝代在西安附近建都，历时 1 100 多年。西安旅游资源极为丰富，种类齐全、品位高、知名度高，其中古陵墓、古遗址等文物古迹最为突出，在全国首批重点保护的文物中，西安的古陵墓有 19 座，主要有黄帝陵、秦始皇陵、汉武帝刘彻的茂陵、霍去病墓、唐太宗李世民的昭陵、武则天的乾陵。

西安的旅游名胜还有蓝田猿人遗址、半坡遗址、丰镐遗址、阿房宫遗址、汉长安遗址、唐长安遗址、唐建大雁塔、小雁塔、明建钟鼓楼、明城墙、西安碑林、陕西省历史博物馆、骊山国家级风景名胜区等。西安非常著名的关中八景，分别是华岳仙掌、骊山晚照、灞柳风雪、曲江流饮、雁塔晨钟、咸阳古渡、草堂烟雾和太白积雪。

（三）南京

南京又称金陵，是江苏省的省会，位于江苏省西南部、长江下游南部。早在春秋时期，这里先是吴王夫差铸剑的冶城，后来，越王勾践卧薪尝胆、发愤图强，灭掉吴国，南京又成为越国之地。楚威王灭越之后，认为南京有“王气”，为了镇住这股“王气”，永保楚地平安，楚威王命人在南京钟山埋了许多黄金，于是南京又称为“金陵”。三国时期，孙权移都到南京，其后到公元 589 年之间，先后有东晋，南朝的宋、齐、梁、陈在此建都，故南京有“六朝古都”之称。明洪武元年（1368 年），明太祖朱元璋在此创建明朝，改称南京，是为南京市名之始。

南京文化古迹遍布，主要有石头城遗址、玄武湖、莫愁湖、雨花台，以及南京长江大桥、南京大屠杀遇难同胞纪念馆等。其中，南京大屠杀遇难同胞纪念馆是让后人记住 1937 年 12 月 13 日，日本攻占南京后，在南京进行了灭绝人性的大屠杀，持续 6 周之久，杀害了 30 多万中国人。

南京的钟山有中山陵、明孝陵（明代朱元璋的陵墓）、灵古寺等旅游资源；栖霞山有栖霞寺、千佛岩等古迹，“栖霞红叶”是金陵四十八景之一。另外，还有六朝古墓、太平天国王府遗址、梅园新村、燕子矶等景点，一起构成了南京独特的城市风貌。

（四）开封

开封市位于河南省中东部，是我国的八大古都之一，是国务院首批公布的国家级历史文化名城。春秋战国时期，郑庄公命郑邴在郑国东北边境，即今朱仙镇附近的古城村筑城，取“开拓封疆”之意命名，开封从此得名。开封历史悠久，早在北宋时期这里就是全国的政治、经济、文化中心，也是世界上最繁华的都市之一，素有“国际都会”之称，张择端的《清明上河图》生动描绘了当时开封的繁华景象。

各个朝代的更迭交替给开封留下了众多的历史古迹，但黄河下游的洪水及中原的战乱，使这一古都的历史文物频遭厄运。除铁塔、龙亭、相国寺、繁塔、禹王台、镇河铁犀等古迹外，几乎均为后来重建。开封的仿古建筑群风格鲜明多样，宋、元、明、清、民初各个时期特色齐备，新建的宋都御街古朴典雅，再现了北宋京城的风貌。

开封是有名的书画之乡、戏曲之乡，历史上曾产生过“苏、黄、米、蔡”四大书法派系，又是豫剧祥符调和河南坠子的发源地，还有著名的传统工艺品汴绣。开封的菊花也享有盛名，每年的10～11月都会举办“菊花花会”，此时的古都开封就成了菊花的海洋。

（五）洛阳

河南省的洛阳三面环山，北依邙山、黄河，南临洛河，居关中与华北平原军事交通要道。远在六七千年前，洛阳已进入母系氏族社会，著名的仰韶文化即首先发现于洛阳西北的仰韶村。公元前770年至公元935年间，东周、东汉、曹魏、西晋、北魏、隋、唐、后梁、后唐等9个朝代都曾在此建都，唐代洛阳达到鼎盛，历时千余年，素有“九朝古都”之称。

洛阳的名胜古迹很多，最著名的有龙门石窟、白马寺等。龙门石窟是佛教圣地，已经被列入世界文化和自然遗产之列。龙门石窟中最早开凿的古阳洞，不仅集中了北魏时期许多石雕精品，而且碑刻题记众多，是龙门书法艺术的宝库，魏碑体书法名碑“龙门二十品”有19品位于古阳洞内。

北宋洛阳的园林盛极一时，洛阳古墓博物馆是世界上最大的古墓群，此外还有二程墓、白园、关林、周公庙、杜甫祠、仰韶文化遗址等历史遗迹。唐三彩是洛阳著名的陶器艺术品，洛阳的牡丹花更是有“洛阳牡丹甲天下”的美名。

（六）杭州

杭州为浙江省省会，是中国最著名的旅游城市之一。杭州作为古都的时间不长，曾作为唐末五代十国的吴越王朝以及南宋的首都，先后历时200余年。但是，杭州有着得天独厚的自然风光，加上人文旅游资源丰富，是我国重要的风景旅游城市和历史文化名城。钱塘自古繁华，素有“人间天堂”之誉，元朝时曾被意大利著名旅行家马可·波罗赞为“世界上最美丽华贵之城”。

杭州旅游资源丰富，西湖是杭州旅游资源中的明珠，西湖十景以其独特的魅力吸引了众多的游人。西湖十景分别是苏堤春晓、平湖秋月、花港观鱼、柳浪闻莺、双峰插云、三潭印月、雷峰夕照、南屏晚钟、曲院风荷和断桥残雪。杭州的人文古迹众多，保存有良渚文化、吴越文化和南宋文化遗址。杭州的古墓中，占有重要地位的是民族英雄的墓地，如岳飞墓、于谦墓。杭州知名的景点还有灵隐寺、飞来峰、六和塔等，而观虎跑泉、品龙井茶已经成为在杭州旅游必不可少的清雅之事。

杭州的旅游节庆活动丰富多彩，常年举办的大型旅游节庆活动有上半年的“西湖之春”旅游节和下半年的杭州金秋国际旅游节，此外还有国际茶文化节、西湖桂花节等。

（七）安阳

安阳是国家历史文化名城，是甲骨文的故乡，又是《易经》的发祥地。安阳作为古都历史最早，从公元前1378年盘庚迁殷到商纣被灭，历时273年。从东汉末年直到两晋、南北朝时期，以邺城为中心的安阳先后成为曹魏、后赵、冉魏、前燕、东魏、北齐的都城。

安阳曾经是商王国的都城，直到武王灭商。安阳殷墟就是当年的国都所在地。这里出土了甲骨文、青铜器、宫殿遗址，有王陵区、平民区、铸铜遗址、手工作坊以及大型祭祀场等。安阳是民族英雄岳飞的故里，有岳庙、岳飞故里等。清末军机大臣袁世凯不得意时，名“回籍养疴”，实未回原籍，而隐居安阳，袁世凯死后所葬之地袁林现为安阳市博物馆。安阳的名胜古迹还有修定寺塔、文峰塔等。

（八）郑州

郑州市地处中华腹地，九省通衢，北临黄河，西依嵩山，是河南省省会，全省的政治、经济、文化中心，是中国历史文化名城、中国优秀旅游城市、国家园林城市、全国卫生城市。

郑州历史悠久，早在 3 600 年前就是商王朝的都邑之一，夏、商、管、郑、韩 5 次为都，隋、唐、五代、宋、金、元、明、清 8 个朝代都在此设州，是中国八大古都之一和“世界历史都市联盟”成员。悠久的历史和灿烂的文明给郑州留下了丰富的人文景观，全市共有国家级文物保护单位 43 处。为了纪念 1923 年的“二七大罢工”，在京汉铁路总工会旧址建有“二七”纪念堂；市中心建有“二七”广场和“二七“纪念塔。这里有以少林寺、中岳庙、中岳嵩山为主的嵩山风景名胜区，以黄河风景名胜区、大河村原始村落遗址为主的黄河历史文化风景名胜区，以及轩辕黄帝故里、北宋皇陵、河洛汇流、浮戏山、康百万庄园等名胜古迹。这里还有我国最早的天文建筑周公测景台和元代观星台，中国宋代四大书院之一的嵩阳书院，我国现存最大的道教建筑群中岳庙等。在郑州周围，还有星罗棋布的古城、古墓葬、古建筑、古关隘和古战场遗址，著名历史人物列子、子产、杜甫、白居易、高拱等出生在郑州。位于嵩山的少林寺，是我国享誉海内外的佛教寺院，以禅宗和武术并称于世。现在嵩山少林寺景区是国家 5A 级旅游景区，联合国教科文组织将“天地之中”8 处 11 项历史建筑列为世界文化遗产，包括少林寺建筑群（常住院、初祖庵、塔林）、太室阙、和中岳庙、少室阙、启母阙、嵩岳寺塔、会善寺、嵩阳书院、观星台。

郑州交通地位重要，是我国公路、铁路、航空、通信兼具的综合性交通枢纽。京广、陇海两大铁路干线穿城而过，正在建设中的中国南北、东西方向的两大高速铁路干线也在郑州交汇。公路交通方面，107 国道、310 国道和京珠、连霍高速公路，以及境内 18 条公路干线，交织构成了四通八达的交通网络，是全国七个公路交通主枢纽城市之一。航运方面，郑州新郑机场是 4E 级国际机场，是中国民航局确定的中国八大区域性枢纽机场之一。

四、历史文化名城的保护与开发

历史文化名城旅游资源是自然景观和人文景观的结合体，种类丰富，在我国人文旅游资源中占有非常重要的地位，具有极高的历史、科学和美学欣赏价值，吸引了众多的游人前来观光游览。如素有“恐龙之乡”之称的四川自贡，发掘了大量的恐龙化石，特别是 1972 年在自贡大山铺发现的恐龙窝，是世界恐龙发现史上的重大收获。

正确处理历史文化名城旅游资源的保护和开发的关系，是实现旅游业可持续发展的关键。根据《文物保护法》中第六十九条的规定，历史文化名城的布局、环境、历史风貌等遭到严重破坏的，由国务院撤销其历史文化名城称号；历史文化城镇、街道、村庄的布局、环境、历史风貌等遭到严重破坏的，由省、自治区、直辖市人民政府撤销其历史文化街区、村镇称号；对负有责任的主管人员和其他直接责任人员依法给予行政处分。这个制度为我国将特定城市作为历史文化遗产保护对象提供了法律依据，对这些城市的保护、规划和发展起到了重要作用。

历史文化名城的保护与开发是当前我国城市建设发展的重要议题，如何在城市现代化建设的过程中实现历史文化名城的保护与开发的和谐发展，受到了社会各界广泛的关注。历史文化名城保护与开发并举，是其发展的前提和基础，也是提升形象和最终实现可持续发展的必然要求。为了更好地实现历史文化名城的保护、传承和可持续发展，1999 年，全国历史文化名城的代表在国家历史文化名城年会上达成了 9 条共识，一致通过了《昆明宣言》。在此基础上，2005 年 11 月，在国家历史文化名城年会上通过了《肇庆宣言》，呼吁用科学发展观统领历史文化名城保护工作。历史文化名城的保护与开发是一个长期的工作，不仅应注重保护名城的历史文化风貌，加强环境的保护，还要不断地创新，开发新产品，从而实现保护与开发并举，实现旅游业的可持续发展。

江苏省社科院副院长、研究员叶南客在《南京经济》上撰文指出，历史文化名城保护中存在的难点和误区，有以下几点主要原因和亟待引起各方重视的问题：①少数地区的领导及群众重视不够、保护意识还不到位；②有法不依，经费投入不足；③对历史文化名城及该名城的名人、文物的研究不足；④名城资源的利用存在过度和不足的矛盾；⑤名城拥有的名特优产品和风味食品的纯正性受到损害；⑥旅游从业人员文化素养亟待提高；⑦有的名城、名镇、名村、名建筑存在诸如安全隐患等多项问题。

建设部原副部长在2002年全国文物工作会议上提出了做好历史文化名城保护工作的8项措施，分别是：①抓紧立法工作，使历史文化名城保护工作有法可依；②在坚持依法行政的原则下，加强名城保护工作重要性的宣传与对有关人员的培训；③加强全国历史文化名镇（名村）的保护工作，更大范围地保护好历史文化遗产；④积极争取长期设立国家级的历史文化名城保护专项资金；⑤鼓励地方在遵守国家有关法规的前提下，结合本地实际情况，制定历史文化名城保护的相关规定和政策措施；⑥充分发挥国家对历史文化名城保护的监督职能，尝试建立国家规划监督员制度；⑦在城市规划和管理工作中，进一步重视历史文化名城保护相关内容；⑧对历史文化名城的称号实行动态的管理。

第二节　特色小城镇

一、中国历史文化名镇、名村

为了更好地保护、继承和发展我国优秀建筑历史文化遗产，弘扬民族传统和地方特色，建设部、国家文物局决定，在全国选择一些保存文物特别丰富并且具有重大历史价值或革命纪念意义，能较完整地反映一些历史时期的传统风貌和地方民族特色的镇（村），分期分批公布为中国历史文化名镇和中国历史文化名村，并制定了《中国历史文化名镇（村）评选办法》。根据各地评选推荐，2003 年 10 月，建设部、国家文物局决定公布山西省灵石县静升镇等 10 个镇为第一批中国历史文化名镇、北京市门头沟区斋堂镇爨底下村等 12 个村为第一批中国历史文化名村（表 10-2）；2005 年 9 月 16 日公布的第二批，共 34 个镇、24 个村（表 10-3）；2007 年 5 月 31 日公布的第三批，共 41 个镇、36 个村（表 10-4）；2008 年 10 月 30 日公布的第四批，共 58 个镇、36 个村（表 10-5）；2010 年 7 月 22 日公布的第五批，共 38 个镇、61 个村（表 10-6）；2014 年 3 月 10 日公布的第六批，共 71 个镇、107 个村（表 10-7）。

表 10-2 中国历史文化名镇、村（第一批）

中国历史文化名镇名单	中国历史文化名村名单
01．山西省灵石县静升镇	01．北京市门头沟区斋堂镇爨底下村
02．江苏省昆山市周庄镇	02．山西省临县碛口镇西湾村
03．江苏省吴江市同里镇	03．浙江省武义县俞源乡俞源村
04．江苏省苏州市角直镇	04．浙江省武义县武阳镇郭洞村
05．浙江省嘉善县西塘镇	05．安徽省黟县西递镇西递村
06．浙江省桐乡市乌镇	06．安徽省黟县宏村镇宏村
07．福建省上杭县古田镇	07．江西省乐安县牛田镇流坑村
08．重庆市合川县涞滩镇	08．福建省南靖县书洋镇田螺坑村
09．重庆市石柱县西沱镇	09．湖南省岳阳县张谷英镇张谷英村
10．重庆市潼南县双江镇	10．广东省佛山市三水区乐平镇大旗头村
	11．广东省深圳市龙岗区大鹏镇鹏城村
	12．陕西省韩城市西庄镇党家村

表 10-3 中国历史文化名镇、村（第二批）

中国历史文化名镇名单	中国历史文化名村名单
01．河北省蔚县暖泉镇	01．北京市门头沟区斋堂镇灵水村
02．山西省临县碛口镇	02．河北省怀来县鸡鸣驿乡鸡鸣驿村
03．辽宁省新宾满族自治县永陵镇	03．山西省阳城县北留镇皇城村
04．上海市金山区枫泾镇	04．山西省介休市龙凤镇张壁村
05．江苏省苏州市吴中区木渎镇	05．山西省沁水县土沃乡西文兴村
06．江苏省太仓市沙溪镇	06．内蒙古土默特右旗美岱召镇美岱召村
07．江苏省姜堰市溱潼镇	07．安徽省歙县徽城镇渔梁村
08．江苏省泰兴市黄桥镇	08．安徽省旌德县白地镇江村
09．浙江省湖州市南浔区南浔镇	09．福建省连城县宣和乡培田村
10．浙江省绍兴县安昌镇	10．福建省武夷山市武夷乡下梅村
11．浙江省宁波市江北区慈城镇	11．江西省吉安市青原区文陂乡渼陂村
12．浙江省象山县石浦镇	12．江西省婺源县沱川乡理坑村
13．福建省邵武市和平镇	13．山东省章丘市官庄乡朱家峪村
14．江西省浮梁县瑶里镇	14．河南省平顶山市郏县堂街镇临沣寨（村）
15．河南省禹州市神垕镇	15．湖北省武汉市黄陂区木兰乡大余湾村
16．河南省淅川县荆紫关镇	16．广东省东莞市茶山镇南社村
17．湖北省监利县周老嘴镇	17．广东省开平市塘口镇自力村
18．湖北省红安县七里坪镇	18．广东省佛山市顺德区北滘镇碧江村
19．湖南省龙山县里耶镇	19．四川省丹巴县梭坡乡莫洛村
20．广东省广州市番禺区沙湾镇	20．四川省攀枝花市仁和区平地镇迤沙拉村
21．广东省吴川市吴阳镇	21．贵州省安顺市西秀区七眼桥镇云山屯村

（续）

中国历史文化名镇名单	中国历史文化名村名单
22．广西壮族自治区灵川县大圩镇	22．云南省会泽县娜姑镇白雾村
23．重庆市渝北区龙兴镇	23．陕西省米脂县杨家沟镇杨家沟村
24．重庆市江津市中山镇	24．新疆维吾尔自治区鄯善县吐峪沟乡麻扎村
25．重庆市酉阳土家族苗族自治县	
26．四川省邛崃市平乐镇	
27．四川省大邑县安仁镇	
28．四川省阆中市老观镇	
29．四川省宜宾市翠屏区李庄镇	
30．贵州省贵阳市花溪区青岩镇	
31．贵州省习水县土城镇	
32．云南省禄丰县黑井镇	
33．甘肃省宕昌县哈达铺镇	
34．新疆维吾尔自治区鄯善县鲁克沁镇	

表 10-4　中国历史文化名镇、村（第三批）

中国历史文化名镇名单	中国历史文化名村名单
01．河北省永年县广府镇	01．北京市门头沟区龙泉镇琉璃渠村
02．山西省襄汾县汾城镇	02．河北省井陉县于家乡于家村
03．山西省平定县娘子关镇	03．河北省清苑县冉庄镇冉庄村
04．黑龙江省海林市横道河子镇	04．河北省邢台县路罗镇英谈村
05．上海市青浦区朱家角镇	05．山西省平遥县岳壁乡梁村
06．江苏省高淳县淳溪镇	06．山西省高平市原村乡良户村
07．江苏省昆山市千灯镇	07．山西省阳城县北留镇郭峪村
08．江苏省东台市安丰镇	08．山西省阳泉市郊区义井镇小河村
09．浙江省绍兴市越城区东浦镇	09．内蒙古自治区包头市石拐区五当召镇五当召村
10．浙江省宁海县前童镇	10．江苏省苏州市吴中区东山镇陆巷村
11．浙江省义乌市佛堂镇	11．江苏省苏州市吴中区西山镇明月湾村
12．浙江省江山市廿八都镇	12．浙江省桐庐县江南镇深澳村
13．安徽省肥西县三河镇	13．浙江省永康市前仓镇厚吴村
14．安徽省六安市金安区毛坦厂镇	14．安徽省黄山市徽州区潜口镇唐模村
15．江西省鹰潭市龙虎山风景区上清镇	15．安徽省歙县郑村镇棠樾村
16．河南省社旗县赊店镇	16．安徽省黟县宏村镇屏山村
17．湖北省洪湖市瞿家湾镇	17．福建省晋江市金井镇福全村
18．湖北省监利县程集镇	18．福建省武夷山市兴田镇城村
19．湖北省郧西县上津镇	19．福建省尤溪县洋中镇桂峰村
20．广东省开平市赤坎镇	20．江西省高安市新街镇贾家村
21．广东省珠海市唐家湾镇	21．江西省吉水县金滩镇燕坊村
22．广东省陆丰市碣石镇	22．江西省婺源县江湾镇汪口村
23．广西壮族自治区昭平县黄姚镇	23．山东省荣成市宁津街道办事处东楮岛村
24．广西壮族自治区阳朔县兴坪镇	24．湖北省恩施市崔家坝镇滚龙坝村
25．海南省三亚市崖城镇	25．湖南省江永县夏层铺镇上甘棠村
26．重庆市北碚区金刀峡镇	26．湖南省会同县高椅乡高椅村
27．重庆市江津市塘河镇	27．湖南省永州市零陵区富家桥镇干岩头村
28．重庆市綦江县东溪镇	28．广东省广州市番禺区石楼镇大岭村
29．四川省双流县黄龙溪镇	29．广东省东莞市石排镇塘尾村

（续）

中国历史文化名镇名单	中国历史文化名村名单
30. 四川省自贡市沿滩区仙市镇	30. 广东省中山市南朗镇翠亨村
31. 四川省合江县尧坝镇	31. 广西壮族自治区灵山县佛子镇大芦村
32. 四川省古蔺县太平镇	32. 广西壮族自治区玉林市玉州区城北街道办事处高山村
33. 贵州省黄平县旧州镇	33. 贵州省锦屏县隆里乡隆里村
34. 贵州省雷山县西江镇	34. 贵州省黎平县肇兴乡肇兴寨村
35. 云南省剑川县沙溪镇	35. 云南省云龙县诺邓镇诺邓村
36. 云南省腾冲县和顺镇	36. 青海省同仁县年都乎乡郭麻日村
37. 西藏自治区乃东县昌珠镇	
38. 甘肃省榆中县青城镇	
39. 甘肃省永登县连城镇	
40. 甘肃省古浪县大靖镇	
41. 新疆维吾尔自治区霍城县惠远镇	

表 10-5　中国历史文化名镇、村（第四批）

中国历史文化名镇名单	中国历史文化名村名单
01. 北京市密云县古北口镇	01. 河北省涉县偏城镇偏城村
02. 天津市西青区杨柳青镇	02. 河北省蔚县涌泉庄乡北方城村
03. 河北省邯郸市峰峰矿区大社镇	03. 山西省汾西县僧念镇师家沟村
04. 河北省井陉县天长镇	04. 山西省临县碛口镇李家山村
05. 山西省泽州县大阳镇	05. 山西省灵石县夏门镇夏门村
06. 内蒙古自治区喀喇沁旗王爷府镇	06. 山西省沁水县嘉峰镇窦庄村
07. 内蒙古自治区多伦县多伦淖尔镇	07. 山西省阳城县润城镇上庄村
08. 辽宁省海城市牛庄镇	08. 浙江省龙游县石佛乡三门源村
09. 吉林省四平市铁东区叶赫镇	09. 安徽省黄山市徽州区呈坎镇呈坎村
10. 吉林省吉林市龙潭区乌拉街镇	10. 安徽省泾县桃花潭镇查济村
11. 黑龙江省黑河市爱辉镇	11. 安徽省黟县碧阳镇南屏村
12. 上海市南汇区新场镇	12. 福建省福安市溪潭镇廉村
13. 上海市嘉定区嘉定镇	13. 福建省屏南县甘棠乡漈下村
14. 江苏省昆山市锦溪镇	14. 福建省清流县赖坊乡赖坊村
15. 江苏省江都市邵伯镇	15. 江西省安义县石鼻镇罗田村
16. 江苏省海门市余东镇	16. 江西省浮梁县江村乡严台村
17. 江苏省常熟市沙家浜镇	17. 江西省赣县白鹭乡白鹭村
18. 浙江省仙居县皤滩镇	18. 江西省吉安市富田镇陂下村
19. 浙江省永嘉县岩头镇	19. 江西省婺源县思口镇延村
20. 浙江省富阳市龙门镇	20. 江西省宜丰县天宝乡天宝村
21. 浙江省德清县新市镇	21. 山东省即墨市丰城镇雄崖所村
22. 安徽省歙县许村镇	22. 河南省郏县李口乡张店村
23. 安徽省休宁县万安镇	23. 湖北省宣恩县沙道沟镇两河口村
24. 安徽省宣城市宣州区水东镇	24. 广东省恩平市圣堂镇歇马村
25. 福建省永泰县嵩口镇	25. 广东省连南瑶族自治县三排镇南岗古排村
26. 江西省横峰县葛源镇	26. 广东省汕头市澄海区隆都镇前美村
27. 山东省桓台县新城镇	27. 广西壮族自治区富川瑶族自治县朝东镇秀水村
28. 河南省开封县朱仙镇	28. 四川省汉川县雁门乡萝卜寨村
29. 河南省郑州市惠济区古荥镇	29. 贵州省赤水市丙安乡丙安村
30. 河南省确山县竹沟镇	30. 贵州省从江县往洞乡增冲村

（续）

中国历史文化名镇名单	中国历史文化名村名单
31. 湖北省咸宁市汀泗桥镇	31. 贵州省开阳县禾丰布依族苗族乡马头村
32. 湖北省阳新县龙港镇	32. 贵州省石阡县国荣乡楼上村（楼上古寨）
33. 湖北省宜都市枝城镇	33. 云南省石屏县宝秀镇郑营村
34. 湖南省望城县靖港镇	34. 云南省巍山县永建镇东莲花村
35. 湖南省永顺县芙蓉镇	35. 宁夏回族自治区中卫市香山乡南长滩村
36. 广东省东莞市石龙镇	36. 新疆维吾尔自治区哈密市回城乡阿勒屯村
37. 广东省惠州市惠阳区秋长镇	
38. 广东省普宁市洪阳镇	
39. 海南省儋州市中和镇	
40. 海南省文昌市铺前镇	
41. 海南省定安县定城镇	
42. 重庆市九龙坡区走马镇	
43. 重庆市巴南区丰盛镇	
44. 重庆市铜梁县安居镇	
45. 重庆市永川区松溉镇	
46. 四川省巴中市巴州区恩阳镇	
47. 四川省成都市龙泉驿区洛带镇	
48. 四川省大邑县新场镇	
49. 四川省广元市元坝区昭化镇	
50. 四川省合江县福宝镇	
51. 四川省资中县罗泉镇	
52. 贵州省安顺市西秀区旧州镇	
53. 贵州省平坝县天龙镇	
54. 云南省孟连县娜允镇	
55. 西藏自治区日喀则市萨迦镇	
56. 陕西省铜川市印台区陈炉镇	
57. 甘肃省秦安县陇城镇	
58. 甘肃省临潭县新城镇	

表 10-6 中国历史文化名镇、村（第五批）

中国历史文化名镇名单	中国历史文化名村名单
01. 河北省涉县固新镇	01. 北京市顺义区龙湾屯镇焦庄户村
02. 河北省武安市冶陶镇	02. 天津市蓟县渔阳镇西井峪村
03. 山西省天镇县新平堡镇	03. 河北省井陉县南障城镇大梁江村
04. 山西省阳城县润城镇	04. 山西省太原市晋源区晋源镇店头村
05. 上海市嘉定区南翔镇	05. 山西省阳泉市义井镇大阳泉村
06. 上海市浦东新区高桥镇	06. 山西省泽州县北义城镇西黄石村
07. 上海市青浦区练塘镇	07. 山西省高平市河西镇苏庄村
08. 上海市金山区张堰镇	08. 山西省沁水县郑村镇湘峪村
09. 江苏省苏州市吴中区东山镇	09. 山西省宁武县涔山乡王化沟村
10. 江苏省无锡市锡山区荡口镇	10. 山西省太谷县北洸镇北洸村
11. 江苏省兴化市沙沟镇	11. 山西省灵石县两渡镇冷泉村
12. 江苏省江阴市长泾镇	12. 山西省万荣县高村乡阎景村
13. 江苏省张家港市凤凰镇	13. 山西省新绛县泽掌镇光村
14. 浙江省景宁畲族自治县鹤溪镇	14. 江苏省无锡市惠山区玉祁镇礼社村
15. 浙江省海宁市盐官镇	15. 浙江省建德市大慈岩镇新叶村

（续）

中国历史文化名镇名单	中国历史文化名村名单
16. 福建省宁德市蕉城区霍童镇	16. 浙江省永嘉县岩坦镇屿北村
17. 福建省平和县九峰镇	17. 浙江省金华市金东区傅村镇山头下村
18. 福建省武夷山市五夫镇	18. 浙江省仙居市白塔镇高迁村
19. 福建省顺昌县元坑镇	19. 浙江省庆元县松源镇大济村
20. 江西省吉安市青原区富田镇	20. 浙江省乐清市仙溪镇南阁村
21. 河南省郏县冢头镇	21. 浙江省宁海县茶院乡许家山村
22. 湖北省潜江市熊口镇	22. 浙江省金华市婺城区汤溪镇寺平村
23. 湖南省绥宁县寨市镇	23. 浙江省绍兴县稽东镇冢斜村
24. 湖南省泸溪县浦市镇	24. 安徽省休宁县商山乡黄村
25. 广东省中山市黄圃镇	25. 安徽省黟县碧阳镇关麓村
26. 广东省大埔县百侯镇	26. 福建省长汀县三洲乡三洲村
27. 重庆市荣昌县路孔镇	27. 福建省龙岩市新罗区适中镇中心村
28. 重庆市江津区白沙镇	28. 福建省屏南县棠口乡漈头村
29. 重庆市巫溪县宁厂镇	29. 福建省连城县庙前镇芷溪村
30. 四川省屏山县龙华镇	30. 福建省长乐市航城街道琴江村
31. 四川省富顺县赵化镇	31. 福建省泰宁县新桥乡大源村
32. 四川省犍为县清溪镇	32. 福建省福州市马尾区亭江镇闽安村
33. 云南省宾川县州城镇	33. 江西省吉安市吉州区兴桥镇钓源村
34. 云南省洱源县凤羽镇	34. 江西省金溪县双塘镇竹桥村
35. 云南省蒙自县新安所镇	35. 江西省龙南县关西镇关西村
36. 陕西省宁强县青木川镇	36. 江西省婺源县浙源乡虹关村
37. 陕西省柞水县凤凰镇	37. 江西省浮梁县勒功乡沧溪村
38. 甘肃省榆中县金崖镇	38. 山东省淄博市周村区王村镇李家疃村
	39. 湖北省赤壁市赵李桥镇羊楼洞村
	40. 湖北省宣恩县椒园镇庆阳坝村
	41. 湖南省双牌县理家坪乡坦田村
	42. 湖南省祁阳县潘市镇龙溪村
	43. 湖南省永兴县高亭乡板梁村
	44. 湖南省辰溪县上蒲溪瑶族乡五宝田村
	45. 广东省仁化县石塘镇石塘村
	46. 广东省梅县水车镇茶山村
	47. 广东省佛冈县龙山镇上岳古围村
	48. 广东省佛山市南海区西樵镇松塘村
	49. 广西壮族自治区南宁市江南区江西镇扬美村
	50. 海南省三亚市崖城镇保平村
	51. 海南省文昌市会文镇十八行村
	52. 海南省定安县龙湖镇高林村
	53. 四川省阆中市天宫乡天宫院村
	54. 贵州省三都县都江镇怎雷村
	55. 贵州省安顺市西秀区大西桥镇鲍屯村
	56. 贵州省雷山县郎德镇上郎德村
	57. 贵州省务川县大坪镇龙潭村
	58. 云南省祥云县云南驿镇云南驿村
	59. 青海省玉树县仲达乡电达村
	60. 新疆维吾尔自治区哈密市五堡乡博斯坦村
	61. 新疆维吾尔自治区特克斯县喀拉达拉乡琼库什台村

表 10-7 中国历史文化名镇、村（第六批）

中国历史文化名镇名单	中国历史文化名村名单
01. 河北省武安市伯延镇	01. 北京市房山区南窖乡水峪村
02. 河北省蔚县代王城镇	02. 河北省沙河市柴关乡王硇村
03. 山西省泽州县周村镇	03. 河北省蔚县宋家庄镇上苏庄村
04. 内蒙古自治区丰镇市隆盛庄镇	04. 河北省井陉县天长镇小龙窝村
05. 内蒙古自治区库伦旗库伦镇	05. 河北省磁县陶泉乡花驼村
06. 辽宁省东港市孤山镇	06. 河北省阳原县浮图讲乡开阳村
07. 辽宁省绥中县前所镇	07. 山西省襄汾县新城镇丁村
08. 上海市青浦区金泽镇	08. 山西省沁水县嘉峰镇郭壁村
09. 上海市浦东新区川沙新镇	09. 山西省高平市马村镇大周村
10. 江苏省苏州市吴江区黎里镇	10. 山西省泽州县晋庙铺镇拦车村
11. 江苏省苏州市吴江区震泽镇	11. 山西省泽州县南村镇冶底村
12. 江苏省东台市富安镇	12. 山西省平顺县阳高乡奥治村
13. 江苏省扬州市江都区大桥镇	13. 山西省祁县贾令镇谷恋村
14. 江苏省常州市新北区孟河镇	14. 山西省高平市寺庄镇伯方村
15. 江苏省宜兴市周铁镇	15. 山西省阳城县润城镇屯城村
16. 江苏省如东县栟茶镇	16. 吉林省图们市月晴镇白龙村
17. 江苏省常熟市古里镇	17. 上海市松江区泗泾镇下塘村
18. 浙江省嵊州市崇仁镇	18. 上海市闵行区浦江镇革新村
19. 浙江省永康市芝英镇	19. 江苏省苏州市吴中区东山镇杨湾村
20. 浙江省松阳县西屏镇	20. 江苏省苏州市吴中区金庭镇东村
21. 浙江省岱山县东沙镇	21. 江苏省常州市武进区郑陆镇焦溪村
22. 安徽省泾县桃花潭镇	22. 江苏省苏州市吴中区东山镇三山村
23. 安徽省黄山市徽州区西溪南镇	23. 江苏省高淳县漆桥镇漆桥村
24. 安徽省铜陵市郊区大通镇	24. 江苏省南通市通州区二甲镇余西村
25. 福建省永定县湖坑镇	25. 江苏省南京市江宁区湖熟街道杨柳村
26. 福建省武平县中山镇	26. 浙江省苍南县桥墩镇碗窑村
27. 福建省安溪县湖头镇	27. 浙江省浦江县白马镇嵩溪村
28. 福建省古田县杉洋镇	28. 浙江省缙云县新建镇河阳村
29. 福建省屏南县双溪镇	29. 浙江省江山市大陈乡大陈村
30. 福建省宁化县石壁镇	30. 浙江省湖州市南浔区和孚镇荻港村
31. 江西省萍乡市安源区安源镇	31. 浙江省磐安县盘峰乡榉溪村
32. 江西省铅山县河口镇	32. 浙江省淳安县浪川乡芹川村
33. 江西省广昌县驿前镇	33. 浙江省苍南县矾山镇福德湾村
34. 江西省金溪县浒湾镇	34. 浙江省龙泉市西街街道下樟村
35. 江西省吉安县永和镇	35. 浙江省开化县马金镇霞山村
36. 江西省铅山县石塘镇	36. 浙江省遂昌县焦滩乡独山村
37. 山东省微山县南阳镇	37. 浙江省安吉县鄣吴镇鄣吴村
38. 河南省遂平县嵖岈山镇	38. 浙江省丽水市莲都区雅溪镇西溪村
39. 河南省滑县道口镇	39. 浙江省宁海县深甽镇龙宫村
40. 河南省光山县白雀园镇	40. 安徽省泾县榔桥镇黄田村
41. 湖北省钟祥市石牌镇	41. 安徽省绩溪县瀛洲镇龙川村
42. 湖北省随县安居镇	42. 安徽省歙县雄村乡雄村
43. 湖北省麻城市歧亭镇	43. 安徽省天长市铜城镇龙岗村
44. 湖南省洞口县高沙镇	44. 安徽省黄山市徽州区呈坎镇灵山村
45. 湖南省花垣县边城镇	45. 安徽省祁门县闪里镇坑口村
46. 广东省珠海市斗门区斗门镇	46. 安徽省黟县宏村镇卢村

（续）

中国历史文化名镇名单	中国历史文化名村名单
47. 广东省佛山市南海区西樵镇	47. 福建省龙岩市新罗区万安镇竹贯村
48. 广东省梅县松口镇	48. 福建省长汀县南山镇中复村
49. 广东省大埔县茶阳镇	49. 福建省泉州市泉港区后龙镇土坑村
50. 广东省大埔县三河镇	50. 福建省龙海市东园镇埭尾村
51. 广西壮族自治区兴安县界首镇	51. 福建省周宁县浦源镇浦源村
52. 广西壮族自治区恭城瑶族自治县恭城镇	52. 福建省福鼎市磻溪镇仙蒲村
53. 广西壮族自治区贺州市八步区贺街镇	53. 福建省霞浦县溪南镇半月里村
54. 广西壮族自治区鹿寨县中渡镇	54. 福建省三明市三元区岩前镇忠山村
55. 重庆市开县温泉镇	55. 福建省将乐县万全乡良地村
56. 重庆市黔江区濯水镇	56. 福建省仙游县石苍乡济川村
57. 四川省自贡市贡井区艾叶镇	57. 福建省漳平市双洋镇东洋村
58. 四川省自贡市大安区牛佛镇	58. 福建省平和县霞寨镇钟腾村
59. 四川省平昌县白衣镇	59. 福建省明溪县夏阳乡御帘村
60. 四川省古蔺县二郎镇	60. 江西省婺源县思口镇思溪村
61. 四川省金堂县五凤镇	61. 江西省宁都县田埠乡东龙村
62. 四川省宜宾县横江镇	62. 江西省吉水县金滩镇桑园村
63. 四川省隆昌县云顶镇	63. 江西省金溪县琉璃乡东源曾家村
64. 贵州省赤水市大同镇	64. 江西省安福县洲湖镇塘边村
65. 贵州省松桃苗族自治县寨英镇	65. 江西省峡江县水边镇湖洲村
66. 陕西省神木县高家堡镇	66. 山东省招远市辛庄镇高家庄子村
67. 陕西省旬阳县蜀河镇	67. 湖北省利川市谋道镇鱼木村
68. 陕西省石泉县熨斗镇	68. 湖北省麻城市歧亭镇杏花村
69. 陕西省澄城县尧头镇	69. 湖南省永顺县灵溪镇老司城村
70. 青海省循化撒拉族自治县街子镇	70. 湖南省通道侗族自治县双江镇芋头村
71. 新疆维吾尔自治区富蕴县可可托海镇	71. 湖南省通道侗族自治县坪坦乡坪坦村
	72. 湖南省绥宁县黄桑坪苗族乡上堡村
	73. 湖南省绥宁县关峡苗族乡大园村
	74. 湖南省江永县兰溪瑶族乡兰溪村
	75. 湖南省龙山县苗儿滩镇捞车村
	76. 广东省广州市花都区炭步镇塱头村
	77. 广东省江门市蓬江区棠下镇良溪村
	78. 广东省台山市斗山镇浮石村
	79. 广东省遂溪县建新镇苏二村
	80. 广东省和平县林寨镇林寨村
	81. 广东省蕉岭县南礤镇石寨村
	82. 广东省陆丰市大安镇石寨村
	83. 广西壮族自治区阳朔县白沙镇旧县村
	84. 广西壮族自治区灵川县青狮潭镇江头村
	85. 广西壮族自治区富川瑶族自治县朝东镇福溪村
	86. 广西壮族自治区兴安县漠川乡榜上村
	87. 广西壮族自治区灌阳县文市镇月岭村
	88. 重庆市涪陵区青羊镇安镇村
	89. 四川省泸县兆雅镇新溪村
	90. 四川省泸州市纳溪区天仙镇乐道街村
	91. 贵州省江口县太平镇云舍村
	92. 贵州省从江县丙妹镇岜沙村

（续）

中国历史文化名镇名单	中国历史文化名村名单
	93．贵州省黎平县茅贡乡地扪村
	94．贵州省榕江县栽麻乡大利村
	95．云南省保山市隆阳区金鸡乡金鸡村
	96．云南省弥渡县密祉乡文盛街村
	97．云南省永平县博南镇曲硐村
	98．云南省永胜县期纳镇清水村
	99．西藏自治区吉隆县吉隆镇帮兴村
	100．西藏自治区尼木县吞巴乡吞达村
	101．西藏自治区工布江达县错高乡错高村
	102．陕西省三原县新兴镇柏社村
	103．甘肃省天水市麦积区麦积镇街亭村
	104．甘肃省天水市麦积区新阳镇胡家大庄村
	105．青海省班玛县灯塔乡班前村
	106．青海省循化撒拉族自治县清水乡大庄村
	107．青海省玉树县安冲乡拉则村

二、特色旅游小城镇

特色旅游小城镇是指那些依托特色资源能够吸引游客的小城镇，我国能够发展旅游的特色小城镇很多，如有盐都之称的自贡，并称为江南水乡三古镇的周庄、同里与角直，绍兴水乡柯桥镇，山西省大寨村，江苏省江阴市华西村，新疆阿尔泰地区哈巴河县铁烈克提乡的白哈巴村、四川西南的原始纺织古镇田坝镇等。其中最有名的就是并称中国四大名镇的河南朱仙镇、江西景德镇、广东佛山镇和湖北汉口镇，以及成为时下旅游热点的漓江古城、丽江古城、阳朔古城、镇远古城、平遥古城、乌镇等。

（一）朱仙镇

朱仙镇位于河南省开封市，和广东的佛山镇、江西的景德镇、湖北的汉口镇并称我国的四大商埠重镇。相传朱仙镇在战国时期是朱亥故里，亥居仙人庄，故名朱仙镇。朱亥本是一位屠夫，因勇武过人，被信陵君聘为食客，以后曾在退秦、救赵、存魏的战役中立下了汗马功劳。朱仙镇的全盛时期是明末清初，镇内街道纵横、百货云集。贾鲁河将全镇分为东镇和西镇。明清两代东镇是重要市街。乾隆以后，因黄河决溢，镇中屡遭水患，东镇地势较低，商贾多由东镇移至西镇。朱仙镇木版年画起源于唐，兴于宋，鼎盛于明清，历史悠久，源远流长，是我国四大木版年画之一。朱仙镇木版年画种类繁多，有门画、灶画、中堂、桌裙、门头、影壁、斗方、对联等；内容有历史戏剧、演义小说、神话故事、民间传说，如长坂坡、铜锤换御带、撞山、岳飞大破金兀术、祭塔、哪吒闹海、罗焕跪楼等，并点缀很多美好雅致的吉庆图案，而且以色彩艳丽深沉、庄重浑厚、经久耐晒等优点著称（图 10-1）。

图 10-1　朱仙镇岳飞庙

朱仙镇中还有繁盛时期保留下来的杂货街、曲米街、油篓街、炮房街、沽衣街、京货街等许多街道名称，镇里最著名的商品有“西双泰”的竹竿青酒、“玉堂号”的豆腐干、“天义德”的红纸和门神等。贾鲁河从镇里南北穿过，把全镇分为东、西两部分。河上的大石桥和二板桥又把全镇连成一体，镇内除古色古香的旧式房外，又增添了林立的新式楼房，商业又呈现出一派欣欣向荣的景象，整个集镇幽雅、玲珑、别致。人们为了纪念民族英雄岳飞，全国先后在武汉蛇山（现为岳飞亭）、杭州、河南汤阴和朱仙镇修建了四座岳庙。朱仙镇的岳飞庙坐落在镇西北隅，建于明成化十四年（1478 年）。

（二）景德镇

景德镇位于江西省东北部，是享誉世界的“瓷都”，是国务院首批公布的全国 24 个历史文化名城之一。景德镇有千余年的制瓷历史，据史籍记载，早在汉代这里就开始生产陶瓷。北宋真宗景德元年年间，由于烧制的精美御瓷获真宗赞赏，瓷器上底款书“景德年制”，于是“天下咸称景德镇瓷器”，景德镇由此得名。经过长期的发展，景德镇瓷器逐渐形成了“白如玉、薄如纸、声如磬、明如镜”的独特风格。自元代开始至明清历代皇帝都派官员到景德镇监制宫廷用瓷，设瓷局、置御窑，创造出无数陶瓷精品，尤以青花、粉彩、玲珑、颜色釉四大名瓷著称于世。郭沫若先生曾以“中华向号瓷之国，瓷业高峰是此都”的诗句盛赞景德镇灿烂的陶瓷历史和文化（图 10-2）。

图 10-2　景德镇

（三）佛山镇

佛山地处珠江三角洲腹地，毗邻港澳，水陆交通四通八达。古籍记载：“诸宝货南北互输，以佛山为枢纽，商务益盛。”繁荣的商贸带动了以手工业为主的制造业迅速发展。到明清时期，佛山与湖北汉口镇、江西景德镇、河南朱仙镇合为“中国四大名镇”，逐步发展成为岭南地区商品集散地和冶铸、陶瓷、纺织、中成药等制造业的中心（图 10-3）。

图 10-3　佛山镇

（四）汉口镇

湖北省武汉市的汉口处于长江中游，古代以水运为主，有“九省通衢”之称，后铁路运输发展，水陆并运，因处于我国南北中间位置，与其他省市联系方便。汉口兴起始于明成化年间，汉水改道以后，利用长江、汉水的水运之便，以港兴商，以商兴市。明代中期，汉口从永宁巷发端，以码头集舟为市，逐渐成长为中国四大名镇之一。一脉相承至今，汉口有着 500 年经商的历史，早在 15～17 世纪清初的时候，汉口变成全国四大名镇之首，到了 1861 年汉口开埠，对外通商（图 10-4）。

图 10-4　汉口镇

（五）乌镇

乌镇位于浙江省桐乡市北端，是一座具有 6 000 余年悠久历史的江南水乡古镇，目前完整地保存着原有晚清和民国时期水乡古镇的风貌和格局。沿河成街，江南秀丽的水乡全靠这一条条河穿贯起来，慢悠悠地走在青石板路上，眼前延伸的便是一座座精致的桥，站在桥上看临桥的房屋，或许偶尔还能看见一个撑着油纸伞的姑娘，美丽而灵气，这便是乌镇的秀美。乌镇物产丰富，也是江南鱼米之乡，还生产精美的乌锦和丝绵，堪有丝绸之府的美称（图 10-5）。

图 10-5　乌镇

（六）西塘古镇

古镇西塘位于浙江省嘉兴市嘉善县，是一座已有千年历史文化的古镇，西塘河流密布，八面环水，呈现出一派宁静的水乡氛围。早在春秋战国时期就是吴、越两国的相交之地，故有“吴根越角”和“越角人家”之称。西塘虽然历史悠久，但是却是一个平民化的小镇，所有一切都如此朴素，没有周庄的繁华，没有同里的富甲之态，没有浓厚的商业氛围。“春秋的水，唐宋的镇，明清的建筑，现代的人”，是对西塘最恰当不过的形容，它以其独特的魅力吸引着众多游客的到来。（图 10-6）

图 10-6　西塘古镇

（七）同里古镇

同里位于江苏省吴江区，在太湖之畔，古运河之东，四面临水，被八湖环抱，八湖分别是同里、九里、澄湖、沐庄、白砚、叶泽、南星、庞山湖，有“东方威尼斯”之称，是名副其实的水乡古镇。始建于宋代，至今已有 1 000 多年的历史，同里有著名的“三多”，即明清建筑多、水乡小桥多、名人志士多，是江苏省最早也是唯一将全镇作为文物保护单位的古镇。1995 年更被列为江苏省首批历史文化名镇。这里风景优美，历史醇厚，文化厚重，是一个旅游的好去处（图 10-7）。

图 10-7　同里古镇

（八）平遥古城

平遥古城位于山西省北部，始建于西周宣王时期，旧称“古陶”。春秋时属晋国，战国时属赵国。秦置平陶县，汉置中都县，为宗亲代王的都城，在北魏时改名为平遥县。明代洪武三年扩建，距今已有 2 700 多年的历史。迄今为止，它还较为完好地保留着明、清时期县城的基本风貌，堪称中国汉民族地区现存最为完整的古城。正因为历史悠久，平遥古城在 1997 年 12 月被列入《世界遗产名录》。平遥古城还是著名的中国第一家票号“日升昌”的诞生地，古城街道两旁，老字号与传统名店铺林立，是最为繁盛的传统商业街，清朝时期平遥的南大街控制着全国 50%以上的金融机构，被誉为中国的“华尔街”，还有“大清金融第一街”的称号（图 10-8）。

图 10-8　平遥古城

第三节　现代都市风光

一、现代都市的基本概念

一般来说，现代化都市应具备以下几个条件：①有强大的经济基础，在市场上有聚集力、扩散力和影响力；②城市基础设施完善，具有枢纽功能、服务功能、金融功能和信息功能；③产业结构合理，第三产业发达，其中旅游业活跃，发挥着关联、带动作用；④人均总产值和人均消费水平高，科技成果转化生产快，教育发达，人才资源雄厚，劳动者素质高；⑤有高水平的社会管理和高质量的城市生态环境。根据这一标准，香港、北京、上海、广州、深圳、大连等城市都具有现代都市的潜力。

二、现代都市及其风光

（一）香港

香港位于中国广东南部珠江口东面，与西边的澳门隔江相对 61km，北距广州 130km，距上海 1 200km。香港包括香港岛、九龙半岛、新界 3 部分，总面积约 1 098km^2。香港属四季分明的亚热带气候。香港是生活的天堂，素有“东方明珠”“购物天堂”“饮食天堂”之称。

香港岛与九龙半岛之间是维多利亚港（图 10-9），面积 60km^2，是世界上最优良的不冻港之一。香港人口约600万，是世界上人口最稠密的地区之一。香港现今法定语言是中文和英文。香港是一个生活的天堂，集各式各样的欢乐于一地。在香港，既可以观赏到美丽的自然风光，又可以获得商业文明带来的种种享受。香港是一个年轻的城市，是一个充满奇迹和神话的城市，是一个令人无比激动的城市。

图 10-9 香港维多利亚港

1．城市特点

1）香港是一个集世界美食于一地的“美食天堂”，是著名的“美食之都”。游客在香港可以品尝到世界各地最可口的美酒佳肴。在这个国际性的大都市里，中菜主要有粤菜（包括潮州菜、客家菜）、京菜、川菜、上海菜（包括淮扬菜、安徽菜、宁波菜、苏州菜和杭州菜）；西餐以法国佳肴美酿为主流，也有带着浓厚日耳曼民族色彩的德、奥、瑞三国烹饪，洋溢着地中海特色的意大利餐厅，极富拉丁浪漫情调的墨西哥餐馆，古朴雅致的日本料理，充满热带风情的南洋食肆（包括新加坡、马来西亚、印尼菜）。此外，美式的牛扒屋、英式的酒馆午餐、葡国餐厅、泰国菜、越南菜、韩国菜、北欧的美食等，也在这里吸引了越来越多的“食客”。

2）香港是享誉世界的购物天堂，价格、种类、服务，都可以说名列世界之最。香港的大型购物商场、酒店商场、综合购物中心、百货公司、服饰店、市场和路边摊子等各色购物场所一应俱全，既有著名的世界品牌，也不乏物美价廉的货品，荟萃了中西精品。而且香港大部分进口货品都无须缴税（酒烟除外）。所以无论你是富豪还是平民，在香港都能找到物有所值的商品。

3）香港是一个快节奏的城市，紧张工作之后需要一个放松身心的环境，这也成就了香港发达的娱乐业。香港人对赛马的狂热举世无双，赛马活动的个人平均投注额是全球之冠。香港这个不夜城似乎没有一刻静下来，其夜生活之繁华璀璨，可与任何著名的国际大都会相媲美。

2．著名景点

1）太平山：又名扯旗山、维多利亚峰，位于香港岛西部，为港岛最高点，山顶有全港最高的公园，即山顶公园。夜登山顶，可俯瞰世界四大夜景之一的“香港夜色”。

2）浅水湾：位于香港岛南部，是香港著名的海滨浴场。此处沙滩广阔，浪平沙细，海水温暖，冬夏可浴。

3）大屿山风景区：大屿山是香港最大的岛屿，也是香港最大的郊野公园。岛上凤凰山为香港第二高峰，园内有本山最古老的寺院“鹿湖精舍”，有香港三大佛教圣地之一的宝莲禅寺，加上慈兴寺、灵隐寺、观音寺等众多寺院禅林，构成该园的最大特色。

4）宋城：是香港仿宋风格的建筑群，坐落在九龙荔园游乐场旁。城内全部景物是按宋代张择端的《清明上河图》画面原型设计建造，再现宋代东京汴梁风貌。

5）太空馆：位于九龙尖沙咀区南部，占地 8 万 m^2，是世界上最先进的太空科学展览馆之一。

6）海洋公园：是世界著名的海洋动物博物馆，也是亚洲最大的、具有国际先进水平的水陆游乐场。园内有亚洲第一个水上游乐中心——水上乐园，有世界上最长的室外自动电梯。

7）集古村：位于海洋公园南出口处东侧，是一个半博物馆式的、又富风情的历史生活展览区。集古村内主要布置古代各种宫室民宅、工艺作坊和商店饭馆。

8）香港迪士尼乐园：于2005年9月12日正式对外开放，位于香港大屿山的竹篙湾，靠近香港国际机场，与香港岛隔海相望。乐园占地126公顷，分4个主题园区，分别是美国大街小镇、幻想世界、明日世界和探险世界，除“美国大街小镇”这一主题区作为主要购物和餐饮区外，其他三个主题园区都有一到两个主要机动游戏，如飞越太空山、狮子王庆典和米奇梦幻曲等游戏项目。2009年，香港立法会通过“迪士尼连续3年每年扩建一个新园区计划”的申请，整体投入达36亿港元，园区总面积将因此增加23%。香港迪士尼乐园正式动工扩建3个主题区：灰熊山谷、迷离庄园、反斗奇兵大本营。新增的3个主题园区中，“灰熊山谷”和“迷离庄园”在启用5年内，为全球迪斯尼主题乐园中独有；“反斗奇兵大本营”则在启用5年内，为亚洲区内独有。2011年11月，“反斗奇兵大本营”开放，第二个扩建主题园区“灰熊山谷”于2012年7月14日开幕，而扩建工程最后的压轴大戏“迷离庄园”于2013年5月隆重登场。

9）著名的新八景：旗山星火、赤柱晨曦、浅水丹花、虎塔朝晖、快活蹄声、鲤门月夜、残堞斜阳、宋台怀古。

（二）上海

上海简称“沪”，位于中国大陆海岸线的中部，长江口南岸，是中国最大的经济中心之一，是一座充满生机、富有激情的世界性的大都市。中国社会科学院发布的《2014年中国城市竞争力蓝皮书：中国城市竞争力报告》蓝皮书中指出，上海在国内城市中仅次于香港，位列第二。

上海是中国四大直辖市之一，是中国最大的工业基地、商业城市、商品流通中心和重要的金融中心，也是中国东方最大的海、空交通运输中心。上海位于长江三角洲冲积平原，简称“沪”。上海是中国的历史文化名城，被誉为“江海之通津，东南之都会”。上海是近现代中国的“缩影”，拥有厚重的历史底蕴。这里有孙中山、宋庆龄、毛泽东、周恩来、鲁迅、李鸿章、蒋介石、宋子文等许多名人故居。上海新兴的金融证券、期货交易、外汇和技术等全国性市场的建立，确立了上海作为全国资源配置中心的地位，同时也加快了上海经济与国际接轨的步伐。2001年10月，APEC会议在上海举行，上海作为21世纪国际经济、金融、贸易中心之一的地位已初步确立。浦东开发区将建设成为一个外向型、多功能、现代化的新区。上海也是一座新兴的旅游城市，具有深厚的近代城市文化底蕴和众多的历史古迹，并成功举办了2010年世博会。

图10-10　上海浦东及东方明珠广播电视塔

上海是中国的历史文化名城，其知名景点有东方明珠广播电视塔（图10-10）、金茂大厦、上海国际会议中心、浦东国际机场，上海博物馆、上海大剧院、城市规划馆、人民公园、外滩建筑群、豫园、老城隍庙、地铁 1 号线、浦东滨江大道、轨道交通明珠线、上海图书馆、人民广场和新外滩等。

（三）广州

广州是广东省省会，著名的沿海开放城市，旅游资源丰富，其中以羊城新八景以及中山纪念堂、珠江两岸景观带、广州国际会展中心、广州新体育馆、广州艺术博物馆、六榕寺、洪秀全故居、宝墨园、番禺香江野生动物园、广州长隆夜间动物世界等景点最具盛名。

广州又称“羊城”“穗城”，因四季花开不败故又称花城。广州是汉唐以来海上“丝绸之路”的始发港，作为中国最早对外和从未关闭过的贸易通商口岸，在世界上占有相当重要的地位（图 10-11）。

图 10-11 广州

粤剧是广州地区最有代表性的地方剧，享有“南国红豆”的盛誉，流行于省、港、澳和东南亚等国家和地区。广东音乐源于广州和珠江三角洲，是吸纳了中原古乐、江南小调和昆曲等的精华，与本地民歌、民谣相结合而成的一种民间音乐。岭南画派是现代中国画派之一。广雕、广彩、广绣是驰名中外的工艺品。粤菜是中国一大菜系，菜谱上千种，食肆通宵达旦，“食在广州”闻名天下。广州的民间习俗很多，有举办花市与迎春花会，讲粤语、行花街、跳街舞、摆年橘、饮早茶、夜宵、喝凉茶、喝老火靓汤、舞狮子等。

（四）深圳

深圳是广东省省辖市。1979 年 3 月，中央和广东省决定把宝安县改为深圳市。1979 年 7 月，中央决定在深圳、珠海、汕头、厦门试办“出口特区”。同年 11 月，深圳市改为省属市。1980 年，深圳经济特区成立，并恢复宝安县建制，深圳市由深圳经济特区和宝安县构成。1988 年，国务院正式批准深圳市为计划单列市，并赋予其相当于省一级的经济管理权限。1993 年，宝安县撤县改为宝安、龙岗两区。罗湖区、福田区、南山区、盐田区位于经济特区内，宝安区、龙岗区地处经济特区外。

深圳是中国最重要的旅游城市之一，是重要的旅游创汇基地，其主题公园享誉海内外，如锦绣中华、中国民俗文化村、世界之窗、欢乐谷、青青世界、香蜜湖等景区。深圳盛产荔枝等名果，矿产资源主要为花岗岩、大理石等（图 10-12）。

图 10-12 深圳

（五）大连

大连市位于我国东北辽东半岛南端，东临黄海，西濒渤海，南与山东半岛隔海相望，北与东北大陆相接。虽然是大陆性气候，但具有明显的海洋性气候特点，有利于该地区的植物生长和人类的居住、旅游、疗养活动。

大连是中国北方著名的港口，素有“北方明珠”的美誉。大连的一大特色是以广场为中心，街道向四面八方辐射。大连的广场特别多，有大连星海广场、希望广场、五彩城珍珠广场、海之韵广场、中山广场、友好广场以及大连奥林匹克广场等。大连不仅广场多，广场文化也同样丰富多彩，有绿地、白鸽、雕塑、喷泉，还有全国独一无二的女骑警。

大连的服装节到现在已办了10多届，颇有特色；大连城市绿化覆盖率已达40%以上，人们称赞大连像新加坡一样，不是花园建在城市里，而是城市建在花园里。2001年，大连荣获“全球环境500佳”称号。大连海域辽阔，港湾和岛屿众多，主要港湾有大连湾、大窑湾、普兰店湾、金州湾等，许多港湾具有湾深港阔、不淤不冻、风平浪静等特点，主要岛屿有长山岛中的大、小长山岛，广鹿岛，獐子岛，长兴岛等。

大连有着阳光、大海、沙滩，可以说是中国最美丽、最浪漫的城市之一。大连的知名景点也非常多，主要有大连观光塔、大连俄罗斯风情街、大连星海国际会展中心、大连星海公园、大连老虎滩乐园、大连圣亚海洋世界、大连星海湾人工浴场、大连金沙滩海滨浴场、大连傅家庄浴场、大连童牛岭风景区、大连金石滩风景区、大连棒棰岛风景区、大连旅顺口风景名胜区等（图10-13）。

图10-13 大连

本章小结

历史文化名城指的是保存文物特别丰富并且具有重大历史价值或者革命纪念意义的城市，而保存文物特别丰富并且具有重大历史价值或者革命纪念意义的城镇、街道、村庄，由省、自治区、直辖市人民政府核定公布为历史文化街区、村镇。通过本章的学习，掌握历史文化名城的概念与特点，了解北京、西安、南京、开封、洛阳、杭州、安阳和郑州八大古都的基本概况和主要旅游资源；了解我国六批历史文化名镇、名村的名单，重点认识朱仙镇、景德镇、佛山镇、汉口镇等特色旅游小城镇的旅游资源情况；掌握现代都市的基本概念，了解香港、上海、广州、深圳和大连的主要旅游概况。

思考与练习

一、名词解释

历史文化名城

二、填空题

1. 中国八大古都中有4个位于河南，分别是_____、_____、_____、_____。

2. ________是北京目前保存比较完整的清代皇家园林。

3．联合国教科文组织将________8 处 11 项历史建筑列为世界文化遗产。

4．河南省的________与湖北的汉口镇、江西的景德镇、广东的佛山镇并称为我国历史上的四大名镇。

三、单项选择题

1．______是著名的中国第一家票号“日升昌”的诞生地。

A．平遥古城　B．乌镇　C．西塘古镇　D．同里古镇

2．______是生活的天堂，素有“东方明珠”“购物天堂”“饮食天堂”之称。

A．北京　B．上海　C．深圳　D．香港

3．下列哪个称呼不是属于广州的______。

A．羊城　B．穗城　C．山城　D．花城

四、简答题

1．历史文化名城可以划分为哪些类型？

2．现代化都市应该具备什么条件？

五、论述题

阐述如何做好历史文化名城的保护与开发工作。

六、案例分析

古镇周庄面临集体封杀

“如果带团，我会向游客推荐去角直或是锦溪，周庄过于喧嚣，连掏空了的古朴幽静都找不到了！”3 月 1 日，2005 年旅游联盟合作峰会在周庄落下帷幕，但参加会议的 100 多家国内各地旅行社老总却发出相同的声音——盛名之下的周庄，“小桥流水人家”的风韵已在江南其他水乡之后。因为国内众多旅行社的推荐，周庄由当年一个默默无闻的小镇发展成为一大旅游胜地。但如今，靠周庄发财的旅行社竟传出抵制的声音。难道周庄和旅行社间的“蜜月”结束了吗？2004 年 9 月门票涨价之后，周庄的旅游人数猛跌。

一、旅行社：古镇游不想推周庄

“刚带游客走进‘唐风孑遗’‘宋水依依’的石牌坊，还没见周庄的真面目，就可闻到阵阵猪蹄香。路边林立的小店，柜台上摆满酱红油亮的蹄膀，店主们竞相吆喝客人‘买上一只’。”中国神州旅游集团秘书长刘荣强指了指身旁“万三蹄膀”的招牌，说从没见过像“万三蹄膀”一样的密集度——10 米之内就会有 5 家，一家接一家。

而密集程度更高的是周庄镇内的三轮车工，他们身穿黄背心，积极上前揽客。“许多人都是在无奈之下乘车的，如果你不需要，他们会追着你走很长一段路，让你没有心情做任何事情！在饭店里、河道旁、小桥边，‘民间歌手’随意哼上几句小调，也都追着游人要钱。”说到周庄人的“热情”，刘荣强连连摇头。“等到天气再转暖些，周庄到处招展的小旗和刺耳的喇叭，狭窄的街巷和水道都塞满人，想在中意的景点留张影都要排很长的队，谁能忍受？”

刘荣强一再向记者强调，而今周庄最大的问题在于，商业气息已经浸染到每一个角落。大多数推周庄游的旅行社面临越来越多游客的埋怨，此后在古镇旅游上，角直、锦溪等幽静水乡成为众多旅行社的首选。

二、周庄：相比旅行团更欢迎散客

旅行社不满意，周庄却不买账。“如果百家旅行社真的不再带团前来，就当给周庄一个喘息的机会了。”按照江苏水乡周庄旅游股份有限公司经理张新妹的说法，2001 年成功地接待了 APEC 会议领导人配偶团访问后，周庄更是世界的周庄，每年有大量的中外散客前来旅游。“到现在，周庄的旅游早已告别依靠旅行社的阶段了。”

“在旅游旺季，周庄一天要接待 1 万多名游客。”周庄旅游股份公司办公室沈主任向记者倒苦水，周庄太“热”了，涨门票只是为了给它“降温”。当记者提及上海旅行社多家老总表示不推周庄推其他江南水乡的意向时，沈主任非常镇静。“周庄最大的客源在于散客：每年从上海旅游集散中心前往周庄的游客就有 20 万，而在每年 200 多万的游客中，还有 10% 的外国游人，这些才是周庄最看好的游客，也是其他水乡不能比拟的。”沈直言，从周庄保护的角度出发，周庄旅游更欢迎散客。

三、封杀理由

1．周庄“骄横”门票涨到 100 元

上海神州旅行社刘荣强指出，在旅行社看来，周庄“不怕你不来，不来也无所谓”的态度，甚至是“骄横跋扈”的——门票由 60 元飙升到 100 元；每一个入庄的游客要在入口接受强制性拍照，游客不乐意不说，还严重耽误了旅客的入庄时间；而最“苛刻”的在于，即使到周庄住宿的人，也一律被定性为“游客”，因此要在住宿费的基础上加 100 元的门票费……

对于旅行社而言，而今的周庄如同鸡肋。“和江南其他水乡相比，周庄颇为浮躁，这在短时间内很难改变；而与此同时，其他古镇的门票价远在周庄之下，即使涨价之后也维持在 60 元左右，更能为普通百姓接受。”按照旅行社老总的意思，重新选择周庄，需要理由，也需要时间。

2．破墙开店民风特色丢失

散客们碰到的，是生活在周庄的当地居民比他们的祖辈更夸张的笑容。苏绣周庄直销店的何建芬笑吟吟地向记者介绍，由于游人多，生意好做，她每年的收入超过两万元。何建芬的这个店面大约 $15m^2$，这在周庄镇最多算“中等个”。正因如此，周庄的不少居民都拆墙除瓦、破窗开店，$0.4km^2$ 的小镇上挤满了几百家商店。前两年频频传出专家呼声：“极具特色的民居消失了，周庄 100 多种风格和式样的窗户减少了！”

蹬三轮车的周先生说，在周庄人眼里，保护老房子是政府赚钱，但开店铺赚的可都是自己的。“以前有人说，游客到周庄要看的就是老房子，老房子拆掉了，客人就不来了。但如果不开店、不蹬三轮车，游客来了也白来！”像周先生这样的车夫，在周庄不下 1 000 人。

四、周庄现状

自 2005 年周庄古镇作为第一批进入“百元时代”的 5A 景区后，至今 9 年都未涨价，“不分淡旺季”。目前，周庄的门票价格为 100 元，工作人员为游客拍照并打印在门票上，持票人凭票可进出景区 3 天。

【思考】

（1）作为 2005 年第一批进入“百元时代”的 5A 景区，周庄涨价行为合理吗？结合其后续效应，谈谈其发展存在哪些问题？

（2）结合周庄的现状，思考周庄为何九年来都未涨价？景区门票价格的制定应考虑哪些因素？

第十一章

旅游商品类旅游资源

学习目标

1. 熟悉旅游商品的含义，弄清楚旅游商品和一般生活用品的主要区别。
2. 掌握旅游商品的特点和类型。
3. 了解旅游商品的地区分布。

旅游商品是旅游业中不可或缺的组成部分。开发与营销旅游商品对旅游景区来说，可直接体现它的发展水平，衡量其旅游业是否趋于成熟。特点鲜明、种类多样、品位上乘，且令游客爱不释手的旅游商品，不仅会给旅游区带来丰厚的经济效益，而且能够提升旅游目的地的声誉和知名度。有些好的旅游商品甚至可成为旅游区的文化名片和象征符号。

旅游商品的开发与营销是整个旅游业的重要组成部分。缺乏旅游商品的旅游目的地，是不成熟的旅游区。一个充满活力、人气旺盛的旅游景区不仅能在景点、项目上给游客带来愉悦，还要在旅游商品的选购方面充分满足消费者的需求，这样才能给旅游业带来更大的经济效益。旅游商品对旅游所产生的影响是巨大的。

第一节　旅游商品的含义与特点

一、旅游商品的含义

旅游商品是指以旅游者为购物对象的商品，是游客在旅游活动过程中所需求的生活的、精神的、审美的特殊物品。但是，旅游商品不同于一般意义的生活用品，它是游客在旅游过程中根据自己喜好和兴趣选择购买的特殊物品。从广义来说，它虽然也包括生活用品，但从狭义来讲旅游商品应该是有别于一般生活必需品的满足大众特殊需求的物品。

二、旅游商品的特点

旅游商品的特点有以下几个方面：

（一）鲜明的地方特色

旅游商品同生活必需品有明显的区别，那么它的卖点又是什么呢？这与人们的旅游初衷有直接关系。旅游在很大程度上是游客为了了解异国他乡的自然风光和风土人情。游客在亲眼目睹、切身体会目的地的民俗文化的同时，很想品尝和购买一些地方食物和商品，以此来满足意犹未尽的消费心理。这样，那些民族特色浓郁、地方特色鲜明的旅游商品往往成为新宠，受到游客的青睐。

（二）较高的文化品位

旅游商品从某种意义上来讲是一个地区民俗文化的集中体现，具有标志和象征意义。因此，旅游商品不仅要体现民族性和地方特点，而且还要有较高的文化品位，即产品要具有一定的文化内涵，制作工艺要精湛美观、独具匠心。

（三）有一定的纪念意义和收藏价值

人们购买旅游商品，除了直接用于消费之外，还作为纪念品，用于馈赠、收藏。一件好的旅游商品，特别是那些制作精美的旅游工艺品，对收藏爱好者来说，无疑是他们生活经历的信物，将会得到永久的珍藏。

（四）便于携带

游客外出旅行为的是便利轻松，所以应避免携带过多的物品。因此，旅游商品要尽可能便于携带。虽然有些商品很吸引人，但如果体积过大、过重，相信游客只能忍痛割爱，放弃购买。由此可见，不易破损、包装坚固、小巧玲珑的商品应该是旅游商品的一个最典型的特点。

第二节　旅游商品的类型与地区分布

一、旅游商品的类型

旅游商品的种类真可谓名目繁多，数不胜数。各个地区根据其不同的资源和文化特色，均可以研发出不同特点的旅游商品。因而，使不同地区的旅游商品都具有自己鲜明的“标签”，可以极大地丰富旅游商品的市场。虽然各地旅游商品各具特色，琳琅满目，但是从其基本的用途和特征上我们还是可以寻求到一些可遵循的规律，并加以归纳和分类。

根据市场分析，大体可以把旅游商品分为旅游纪念品、工艺美术旅游商品、轻纺旅游商品、土特产品等 4 大类。

（一）旅游纪念品

旅游纪念品是指具有特定寓意和符号的商品。它与主要用于观赏和品味，并给人以美的享受的艺术品虽有很多相同之处，但也有鲜明的区别。其特点是，小巧玲珑、制作精美、创意明确，多用于记事、保存或收藏，如纪念章、纪念封、纪念戳、纪念册、贺年卡和印制精美的景点门票等。旅游景区的纪念品不仅能够带来一定的经济利益，更重要的是对体现景区的整体层次和品位，树立景点品牌至关重要。

旅游纪念品是对旅行游览有纪念意义的商品，包括民间手工艺品，古文物复制、仿制品，以及各种旅游题材的小商品等。这些纪念品表现各地风俗民情和名胜古迹的特点，具有浓郁的民族和地方特色，旅游者可以从中感受到旅游地的独特之处并作为良好的礼物馈赠亲朋。

1. 民间手工艺品

民间手工艺品是中国56个民族和劳动人民艺术才智的结晶，具有鲜明的民族性和区域性，是各地风俗民情的纪念品，大致可分为娱乐性民间手工艺品、民族服饰及日用工艺品两类。

（1）娱乐性民间手工艺品 主要有年画、剪纸、乡土玩具、风筝、灯彩、皮影、木偶、香包、绣球几大类。

年画历史久远。在汉朝，民间就有在门上画勇士、贴门画的风俗，是人民美化生活、表达良好心愿的一种民俗艺术品，以天津杨柳青、山东潍坊、苏州桃花坞、河北武强、四川绵竹、湖南辰州、广东佛山、福建漳州等地的年画最为有名。

剪纸在民间更为普遍，样式有窗花、门笺、墙花、顶花、灯花、喜花等。一般说来，南方剪纸风格纤丽、玲珑剔透，北方剪纸风格粗犷有力。陕北窗花，犹如节奏自由的陕北小调“信天游”，风格质朴豪放。陕北人民对于窗花有着特殊的感情，许多妇女“上炕一把剪、下炕一把镰”，终生致力于窗花的创作。河北蔚县的点色戏曲人物，贵州台江等地的侗族剪纸，广西苗族的剪纸，云南省红河、曲靖、德宏、昆明、西双版纳、洱海一带的彝族、白族、傣族和汉族妇女所剪的各种鞋花、围腰花、礼花等颇富生活气息。佛山剪纸多用金、银、铜、锡箔为材料，錾花而后填彩，显得金碧辉煌。陕西户县生产的有《昭陵六骏》《十二属相》《乾陵宫女》《秦始皇》等旅游剪纸。

中国的民间玩具种类繁多，不可胜数，按原料区分大体上有泥、木、草、棕、竹、布几类。山东的布制玩具小老虎、狮子滚绣球、针扎、泥陶玩具、植物编织玩具、菏泽面塑、潍坊彩塑，陕西西安南郊的陶哨玩具“泥叫叫”，河北白沟河泥塑，广东南雄民间竹玩具，湖南长沙棕编玩具，江苏无锡惠山泥人，天津泥人，北京绢人等都有代表性，表现了民间丰富的想象力和独特的表现力。

风筝，古称纸鸢。中国风筝按其构造有“软翅”和“硬翅”之分。从题材上分有人物、动物、物品3种。人物，有传统中的人物或是传统戏剧中的角色，如孙悟空、钟馗、天女、哪吒、福禄寿三星等。动物，如鹰、蝴蝶、蜻蜓、沙燕、蜈蚣、游龙等。物品，如八卦、白菜、萝卜、扇子、花篮等。“软翅”风筝可以折叠起来，装在纸盒里，作为礼物赠送亲友。“硬翅”风筝的骨架为整体结构，在强风中能升得很高。中国最著名的风筝产地有天津、北京、南通和潍坊。潍坊还多次举办过国际风筝节，进行风筝比赛、表演和风筝技术交流。

灯彩，民间又叫“花灯”。江苏、北京、福建、广东、上海、安徽等地的花灯，都保持着地方特色。陕西的纸扎、竹骨，配以彩绘、剪纸的九莲灯、花篮灯、花鼓灯、猴爬杆、走马灯、火葫芦、四明灯以及各种动物形花灯等，雕制精美，颇有唐代遗风。广东佛山花灯，地方称为“灯色”，既有明代“纸马火龙”的热烈风采，又在装饰技巧上将剪纸用于花灯，增添了金碧辉煌之感。泉州传统花灯、精致的苏州花灯、上海的立体动物灯、南通的鸟灯、浙江的硖石灯等，各有特色。

皮影，又称“灯影”，是用驴皮、羊皮、牛皮等刻成各种人物、道具，然后利用灯光映射在银幕上，再配上唱词、音乐和提影人表演的一种民间戏曲艺术，主要流传于陕西、四川、北京和河北等地的农村。皮影材料透明，且施以镂刻、加染色彩，从而形成了强烈的装饰趣味，也是具有浓厚地方色彩的民间工艺美术品。

福建泉州有提线木偶和掌中木偶，木偶头雕刻艺术创作丰富，有《封神演义》《三国演义》《水浒传》等戏剧人物木偶头雕 280 余种。广东杖头木偶戏流传于粤西各地。1960 年在罗马尼亚举行的第二届国际木偶戏剧节上，《孙悟空三调芭蕉扇》获银质奖章。广东杖头木偶的面部器官及身躯关节灵活，往往同一部位有多种不同的活动方法，并应用不同的材料性能，表现发光、出火、喷烟、流水等，增加了趣味性。

香包，内装中药香料，在民间是一种驱虫辟邪的吉祥物，各地都有制作。其形制大体包括“五毒”、老虎、彩丝缠粽、缠线、如意形荷包等。土家族、满族、鄂伦春族、鄂温克族、蒙古族、达斡尔族等少数民族制作的香包，或装香料，或做烟丝袋，既是实用品，也是装饰品。1962 年以来，广东潮州工艺美术研究所组织结合国外圣诞节风俗，增加了小天使、圣诞老人、蜡烛、雪花等题材的香包玩具，满足了外国儿童的心理。

绣球，本是壮族等少数民族男女表达爱情的物品。一般用花布或绸缎包裹豆粟、棉籽，外套粉红色丝线。有圆、方、多角等不同形状，大者如拳，小者如蛋，上系绸带，下吊丝坠。1980 年，广西柳州市工艺美术研究所根据家喻户晓的民间故事《刘三姐》，制作了《刘三姐绣球》，荣获 1983 年国际旅游会议优秀作品奖。

中国民间手工艺品还有民间歌舞所用各种鼓、乐器、道具、大头娃娃、狮子头、面具和各种戏曲脸谱等。

（2）**民族服饰及日用工艺品** 中国民族服饰及日用工艺品带有强烈的民族风采，体现了民族文化的积累和升华，不仅是生活用品，而且有极强的观赏性。

中国民族服装特色各异，首先表现在面料上有许多著名品种，如江苏南通的“尺一王”“紫花”“芦菲花”土布，提花布，广西靖西县壮族、湘西苗族的扎染色布，云南的印锦、绣锦，新疆的“朝霞锦”，壮锦，黎锦，景颇锦，侗锦，瑶锦，土家锦，布依锦等。蓝印花布，遍及南北方，而各地织法、风格不尽相同。

蜡染，是中国古代优秀印染工艺之一，流传于少数民族地区。贵州、云南、江苏、浙江、上海等地都有生产。其中以贵州蜡染最为突出。蜡染，是用蜂蜡、树脂做防染剂，用植物蓝靛做染料，蓝白相间，比蓝印花布更多一层“冰纹”。其图案多是少数民族的艺术巧匠用蜡笔随意画成，造型大胆，构图丰满。贵州蜡染近年推陈出新，涌现出许多新花色，发展了一系列蜡染服饰、背包、台布和太阳帽等日用品及壁挂、布画等装饰品。

以各种面料制作的民族服装、服饰，五彩缤纷，除了 56 个民族各有特点的服装外，其局部装饰，更是千变万化。织造花边、花串，镶在衣服上，是普遍的装饰手段。

民族鞋帽往往是艺术佳品，如山东临沂虎头帽，江苏虎头鞋、猪头鞋，云南彝族姑娘帽，哈萨克族的男式“三叶帽”等，都受到中外游客的喜爱。

民间首饰，包括发饰、颈饰、耳饰、手饰、面饰、冠饰、带饰、佩饰等。

中国民间具有艺术特色的日用器皿难以计数，有木制、陶制、竹制、革制及纸制品等。贵州砂器，煞有古风。山东临沂砂器，通体发银光，所饰鲤鱼图案，粗犷有力，具有汉代画像石风貌。陕西陈炉的民间瓷器，有黑釉、铁锈花及青花等类。山东淄博的“福”字扁瓶、鱼鳞坛、四鼻子罐、大鱼盘等古朴典雅。山西“嘟噜瓶”带有浓厚的民间气息。

山东农民利用当地生产的麦秸、玉米皮、竹、柳、草等编制蓑衣、篮子、簸箕、筷笼、蒲团、笸箩、鱼篓、蟹筒等生活和生产用品，既实用又美观。

居住在内蒙古北部山区的鄂伦春族人民，用白桦皮和动物皮制作器皿，别具一格。藏族的生活用具多是砂器和木制品，粗犷朴实，有草原风味。四川新都生产的藏刀、新疆英吉沙小刀、内蒙古腰刀和桦木镶银碗，都是优秀的民族风俗旅游纪念品。

2．古文物复制、仿制品

随着“地下宝藏”的不断发掘及地面古迹的修缮开放，中国古文物复制、仿制工作开展很快，出现了一大批高质量的优秀作品。

陕西秦始皇陵兵马俑墓葬，宏伟壮观，是一项震惊世界的中国古代伟大工程，是当时塑造艺术和烧陶工艺的杰作。陕西制作的兵马俑复制、仿制品，大者如原型，小者仅几寸（非法定计量单位，1 寸=0.033 米），连同车马排成方阵，再现了千军万马、气势磅礴的气氛。秦铜车马仿制品也惟妙惟肖，车马、驭手的造型生动逼真。

四川出土文物东汉说书俑，是一件生动的民俗作品。说书人全神贯注的神态，说明了当时说唱艺术和雕塑水平之高，通过夸张的处理手法，更加突出了它的艺术魅力。复制的《说书俑》可以乱真。

中国彩陶源远流长，在新石器时代主要分布于黄河流域。现在甘肃、陕西、青海等地都有早期彩陶复制品，体现了半坡型、马家窑型、庙底沟型、半山型、马丁型等各类彩陶的特点，极具古风。新疆的仿古彩陶，被一些国家的高等学府作为教具，借以研究“古丝道”的历史文化。

在中国各地的古建筑、古墓穴中，保留了大量的壁画装饰。甘肃仿制敦煌莫高窟的大中壁画长卷，各种飞天单片、残片等，都为游人所喜爱。莫高窟彩绘菩萨小仿制品，便于携带，曾获 1983 年国际旅游会议优秀作品奖。陕西等地复制、仿制的古建筑装饰半瓦当、圆瓦当、花纹砖、画像砖、画像石等，也都别具韵味。

中国古代青铜器有大批优秀复制、仿制品。甘肃所作汉墓出土文物“马踏龙雀”复制品，神采飞动，风靡香港。

陕西等地仿古青铜器鼎、角、觚、尊、觥等，种类很多，质量很好。北京仿古小青铜器，仿大钟寺钟形景泰蓝烟具，铜制仿故宫金缸，仿故宫太和殿“二龙嬉戏白玉如意”，银花丝“天坛祈年殿”等，都是纪念佳品。武汉制作的仿湖北随州曾侯乙墓出土青铜编钟的珐琅镀金编钟、形体极小的小编钟，富有意趣。河南仿青铜器“兵马仪仗队”、山东仿古铜“孔子行教像”、山西软螺钿镶嵌“四马战车”、上海仿古青铜器“指南车”等，都是精品。

中国历代丝绸出土很多。湖北江陵战国樊墓丝绸仿制品金真丝大提花，色泽古雅，组织奇特，织造精美，纹样富于变化。

中国古字画，各地都有大量复制、仿制品。苏州仿古碑帖字画，西安碑刻拓片，制作优良，既是纪念品，又可供学习。

佛教在中国流传较广。山西仿云冈石佛“佛头壁挂”、仿华严寺辽塑菩萨胸像、上海象牙贴金上彩“上海玉佛寺玉佛”、北京艺术蜡仿“团城白玉佛”等，都是很好的旅游纪念品。

中国的漆器历史久远。湖北江陵出土的战国“漆凤鼓”、湖南长沙出土的战国“凤纹耳杯”、汉代的“三凤纹漆盒”“云纹漆器”等，都有精美的复制品。

其他文物复制、仿制品，如江西仿乾隆“青花雕纹文具”，上海墨晶仿清土炮，南京仿古汽车、仿明古灯车，同时又是首饰盒。湖北红木仿古编钟、重庆市万州区复制的陕甘宁苏区布币，都是珍贵的纪念品。

（二）工艺美术旅游商品

中国工艺美术品，以其浓厚独到的民族风格、地方特色、悠久传统在国际上久负盛名，是中国旅游商品的主要组成部分。中国工艺美术品，在新中国成立后，主要供应出口；改革开放以来，随着旅游事业的发展，在工艺美术优秀传统技艺的基础上，创作、生产了大批适合旅游者需要、富有纪念意义的旅游工艺品。在满足旅游者方面，取得了新的成就，进一步丰富和发展了中国工艺美术的品种与特色。

1. 雕塑工艺品

中国的雕塑工艺美术品类繁多，主要有玉器、象牙雕刻、骨刻、石雕、木雕、竹刻、刻砚及其他各种雕刻工艺。

北京玉器历史悠久，风格浑厚、雅丽、端庄，以刻画人物见长。不论是神佛、罗汉、武士、老翁，还是文人、仕女、仙姑、幼童，无不形神兼备，栩栩如生。立体花卉如珊瑚等，玲珑剔透，生气勃勃。

岫岩玉色浅绿，晶莹透明，为辽宁玉器的重要原料。锦州附近的大凌河流域，盛产红、蓝、绿、黑花、紫、白等玛瑙，各种玛瑙动物、花片、烟嘴、乳钵、镇纸、球等，都是精致的旅游纪念品。

甘肃酒泉自古出产夜光杯，唐代诗人王翰曾有“葡萄美酒夜光杯，欲饮琵琶马上催”的诗句，历代为众人传诵。夜光杯是用祁连山的老山玉、新山玉、河流玉等贵重玉石雕琢而成的，主色为黑、白、墨绿、乳白，式样精巧，其质如晶，薄如纸，杯内盛酒，在月光下反射奇光异彩，晶莹、清澈，烫酒不裂，寒冬不炸，是国外旅游者十分喜爱的工艺品。

广州象牙球，是中国牙雕的独特品种。它是由一块完整的象牙料，雕镂成一层套一层的球壳，层层都能转动自如，最多可达四五十层，在国际上享有“艺冠环球”的美名。象牙球的制作，要求艺人必须稳、准、细、巧，体现技巧与艺术的完美结合，具有玲珑剔透的特点。

浙江省是黄杨木雕的传统重点产区。黄杨木木质坚韧，纹理细密，色泽嫩黄。黄杨木圆雕工艺品精雕细刻，刀法圆转流畅，表现历史题材和现实生活的优秀作品层出不穷，如“钟馗”，形象生动，有力地刻画了“嫉恶如仇，除恶务尽”的人物性格。

端砚是中国名砚，产于广东肇庆，已有一千多年的历史。唐朝诗人李贺曾以“端州石工巧如神，踏天磨刀割紫云”的诗句，赞颂端州制砚人的技艺。端砚石质细腻、滋润，具有“发墨不损毫”“呵气研墨”的特点，并有罕见的透明晶莹的“石眼”。艺工根据石料的自然形状，制造出各种造型不同的砚台。当今端砚品种数量大增，不仅有大型的端砚，而且新增加了怀中砚、旅行砚等10多种小巧玲珑的袖珍砚。

2. 织绣工艺品

中国以“丝绸之国”闻名世界，织绣工艺具有悠久的历史和优秀的传统。中国的织绣工艺主要有刺绣、织锦、缂丝、抽纱、花边、绒绣、机绣、手工编结、珠绣、地毯等。

中国刺绣以苏绣、湘绣、粤绣、蜀绣为四大名绣，此外还有温州瓯绣、北京京绣、开封汴绣、武汉汉绣、山东鲁绣等名品。

中国织锦主要有南京云锦、四川蜀锦、杭州丝织品、苏州宋锦和漳绒、广西壮锦。

绣衣是在传统刺绣技法的基础上，吸收欧洲抽纱、服装的长处而创新的，现已成为中国旅游商品的一个重要品种，主要产地有广东潮州、浙江海门、江苏苏州和上海等地。潮州绣衣，曾荣获全国工艺美术品百花奖金杯奖。它有抽、雕、拉垫、平绣等多种针法，工艺精巧，变化多端。

中国地毯以手工地毯最为著名。天津地毯素以厚实牢固、图案瑰丽、剪片浮雕、水洗丝光、规格齐全五大特点著称。中国政府赠送给联合国的礼品中就有天津织成的宽 10m、高 5m、重 280kg 的“长城”挂毯。北京地毯质地柔软结实、图案古色古香，富有浓厚的东方艺术特色。新疆地毯的历史可追溯到东汉，具有典型的东方式地毯特征，毯面较薄，经纬道数密，图案布局严谨，庄重典雅，合子花、玫瑰花、石榴花以及一些服饰和民族建筑装饰被巧妙地揉进了地毯图案，形成新疆地毯“满地皆花”的民族特点。其他如风格古朴的宁夏仿古地毯，色彩绚丽的河北涿州金丝挂毯，图案新颖美观的辽宁锦州羊毛天然色地毯，湖北的无纺织条纹机织地毯，以及南京丝织天鹅绒地毯等，各具地方特色。

3．编织工艺品

中国广大农民和艺人利用多种竹、藤、棕、草、玉米皮、麦秸等原料，编织出造型优美，风格各异的篮、盘、帽、席、包、动物等手工艺品，美观实用。

竹编，有四川瓷胎竹编，福建细丝竹编，浙江东阳、嵊州市竹编，湖南水竹凉席以及安徽“舒席”等著名传统产品。在草编工艺品中，山东的草帽辫、玉米皮编，福建的马兰草、龙舌草编，四川的棕编，广东的藤编、葵编，以及江苏、河南、河北的柳编最为有名。

4．漆器工艺品

中国漆器一向在国际上享有盛誉。当代漆器主要分布于北京、福建、上海、江苏扬州、四川成都、重庆、山西平遥、贵州大方、甘肃天水、江西宜春、陕西凤翔等地。

中国雕漆，始于唐代。雕漆工艺的特点是技艺要求严格，工艺复杂，生产周期长。一件雕漆制品，先是用红铜或其他材料做内胎上彩漆，需涂数十层至百层，然后运用各种刀法精雕而成。北京雕漆在技艺上有很多创新，在传统的平雕基础上，创造了深浮雕、镂雕以及雕漆与镶嵌相结合的新技法。北京雕漆除仿制传统作品外，还生产了一些日用品，如盒、盘、文化用具、烟酒具、小首饰，以及一些具有民族特色的旅游纪念品等。

福州脱胎漆器，质地轻巧坚牢，造型古朴大方，色泽鲜艳，光亮如镜，具有独特的民族风格和地方特色。产品的品种繁多，有屏风、花瓶、磨漆画等陈设品，以及茶具、餐具、咖啡具、酒具、文具、家具等。脱胎漆器的制作十分独特，一般分为木模脱胎和石膏模脱胎两种。福州漆器的传统髹饰技法有黑推光、色推光、薄料漆、彩漆晕金等。新发展的技法有宝石闪光、沉花、仿彩窑变、仿青铜等，并与玉器、石雕、木雕等工艺相结合，使之更加绚丽多彩。

江苏扬州多宝嵌漆器，是中国漆器工艺中别具一格的品种。它选用翡翠、象牙、玛瑙、青玉、白玉、芙蓉石、水晶、木变石等名贵材料，利用其天然色泽，雕镂拼接于漆底之上，具有华贵、典雅的风格。扬州螺钿漆器早在明代已负盛名，它是把各色贝壳打磨成薄片，做出人物风景、亭台楼阁、花鸟鱼虫等图案，镶嵌于漆底上，再经髹饰、推光而成，称为平磨螺钿。精心选用蚌壳、云母、夜光螺等优质贝壳，刻成细若秋毫的点、丝、片等，嵌于漆器上，称为点螺，似星光点点，五光十色。扬州漆器的主要产品有屏风、挂屏、地屏、台屏、各式漆器家具和盘、盆、瓶等陈设用品 300 多种。

5．金属工艺品

中国的金属工艺，具有悠久的历史和优秀的艺术传统。远在殷商时期，青铜的冶炼技术便已达到惊人的水平。唐代的金银器皿，明代的景泰蓝早已世界闻名。当代中国金属工艺品主要有景泰蓝、烧瓷、金银器皿、花丝镶嵌、仿古铜器、斑铜、铁画等。

五彩缤纷的景泰蓝，是中国丰富多彩的文化艺术珍宝中的一颗明珠，是北京特有的传统工艺品之一。景泰蓝，又称“珐琅”，元代末年传入中国，盛行于明景泰年间。景泰蓝制作技艺精巧，兼收并蓄中国民族工艺宝库中陶瓷、织锦、刺绣等艺术精华，浑厚持重，富丽堂皇，既有丝绸织锦繁华的色彩，又有瓷器一般明亮滑润的质感，既是高级艺术欣赏品，也是生活实用品。除了瓶、炉、罐、鼎，又陆续增加了茶具、酒具、桌凳等共1 000多个品种。

斑铜，是云南省的传统工艺品，也是中国独特的一种金属工艺品。斑铜制造有几百年历史，民间艺人在长期的实践中，研究出铜、锌、金、银等金属合炼技术，采用特殊工艺使铜和其他金属混而不合，呈现出各种不规则的瑰丽花纹，色彩金黄交错，故名斑铜。斑铜的主要品种有孔雀瓶、镶花胆瓶、玉兰鱼嘴瓶、乌铜走银瓶、高足炉、佛手炉、文房用具、仿出土文物，以及各种动物如鹿、马、仿古牛、大象、大犀牛、孔雀等。

浙江龙泉生产的龙泉宝剑，是中国工艺美术中的传统名牌产品。龙泉宝剑已有2000多年的历史。相传春秋战国时期的名匠欧冶子奉越王之命铸剑，在龙泉县的秦溪山麓，利用当地铁矿与清冽的河水，铸造出了龙泉宝剑。1976年，湖北省楚墓出土了欧冶子铸造的两把越王剑，虽埋藏了千余年，仍光彩夺目，锋利异常，毫无铁锈。龙泉宝剑有四大传统特色：①开刃后锋利无比，硬剑能斩铜削铁而不卷刃；②刚柔并济，坚而不脱，韧而不曲，弹性好；③手工精磨，寒光逼人；④纹饰雕刻精细，风格古朴。至今，龙泉宝剑不仅保持和发扬了传统特色，而且在质量、造型、装潢等方面都有了很大的改进和提高。龙泉宝剑不仅是武术健儿的珍品，也是珍贵的旅游工艺品。在东南亚国家，华侨们喜欢把它悬挂在室内或床头，作为装饰和驱邪的吉祥物。

6．花画工艺品

中国工艺美术中的工艺花和工艺画，多姿多彩，品种繁多。工艺花主要包括绢花、纸花、绒花、羽毛花、塑料花等。主要产地有北京、江苏、上海、辽宁、湖北、福建等地，其中北京的绢花，扬州的通草花，辽宁的塑料花、羽毛花，湖北天门的塑料花等最为有名。

工艺画主要有贝雕画、羽毛画、树皮贴画、麦秸贴画、牛角画、软木画、竹帘画、棉花画、彩蛋画、邮票贴画等。辽宁又发展了薄木镶嵌画和彩石镶嵌画。

贝雕画是以贝壳为材料，取其自然形状及外表和内层的斑斓色彩，经过加工拼制而成，色泽绚丽，以大连、青岛作品为代表。大连贝雕“姑苏秀色”表现了苏州园林妩媚的特色，曾荣获1982年全国贝雕评比山水贝雕画第一名。

吉林盛产桦木皮，它有天然的白、灰、银灰、浅灰、赭等美丽的色彩，是制作树皮画的良好材料。树皮画的制作，经过压平、包装、晒干、粘贴等工序。吉林树皮画利用斑驳皱裂的老树皮，表现各种山石及盘根错节的老树，层次清晰，浓淡相宜。油画形式的树皮贴画，表现葡萄、花卉等颇有诗情画意。

福州软木画，是福建省独特的工艺品之一，它是以西班牙、葡萄牙等国的栓皮栎树的木栓层树皮（俗称软木）为材料，运用中国传统的雕刻技法，精雕巧镂，制成亭台楼阁、树木花草、栈桥船舫和人物等，又以通草刻成白鹤、孔雀粘贴于上，配以漆框而成，别具一番风韵。

广东潮州的麦秸贴画，是新中国成立后发展起来的民间工艺品，内容大多是南国风光。

麦秸细小而有光泽，经过刨片、着色、拼贴等工序，可成为变化多端、鲜丽夺目的工艺品。凡锦绣山河、人物花卉、飞禽走兽均可入画。品种有各种装饰画、装饰盒、贺年卡、书签、圣诞树饰物等，是极有情趣的旅游小工艺品。

7. 美术陶瓷

中国陶瓷源远流长。从新石器时代的彩陶发展至今，已有5000多年的历史。当代中国瓷器种类繁多，名品荟萃。诸如景德镇的青花瓷、粉彩瓷和颜色釉瓷，醴陵的釉下彩瓷，唐山的新彩瓷，浙江的龙泉青瓷等。此外，还拥有一批古代名窑瓷，如河南的钧瓷、河北的定瓷、陕西的耀窑瓷等，这些古代名窑产品，品种珍贵，古色古香，具有多种艺术风格。

江西景德镇俗称“瓷都”，历代瓷器大量销往国外。当代景德镇的瓷器，具有代表性的瓷种是传统彩绘装饰釉下青花、釉里红、釉上古彩和粉彩等。青花瓷是用高质青料在瓷胎上描绘纹样，露以透明的白釉，经高温一次烧成。釉面白中泛青，色彩青翠欲滴，是中国传统美术名瓷。青花玲珑瓷又名“米通”，国外称为“嵌玻璃的瓷器”。瓷上的“玲珑眼”是在瓷胎上雕空成米粒状，然后涂釉烧制而成，配上青花装饰，给人以玲珑剔透的美感。景德镇瓷器有各式中西餐具、茶具、酒具，还有花瓶、薄胎碗等高级陈设瓷及礼品瓷。颜色釉瓷，是以金属氧化物和各种天然矿石为色剂烧制出色釉，品种繁多，釉色变化多端，素有“人造宝石”之称。特别名贵的是其中的钧红、葵红、祁窑红、美人醉等品种。

钧瓷是宋代五大名窑之一钧窑（在今河南省禹州市）的产品。当今钧瓷产品有花瓶、花盆、炉、鼎、文具、动物摆设等300多种。钧瓷的胎质细腻坚实，叩之声音铿锵，圆润悦耳，造型端庄，古朴文雅，釉质晶莹、浑厚，有明快流动之感，釉中常呈现出珍珠点、鱼子纹、蟹爪纹和蚯蚓走泥纹等细纹。钧瓷不采用花纹装饰，而以“窑变”形成瑰丽的色彩引人入胜。钧瓷首创铜红釉，尔后有鸡血红、海棠红、胭脂红、玫瑰紫、茄皮紫、葡萄紫、大蓝、雨过天晴、鱼肚白等釉色，往往构成一种天然图画，红里带紫，紫中有青，白里有蓝，蓝里有红，相互渗化。

湖南醴陵瓷器，也是中国名瓷之一。瓷料好，瓷质洁白透彻，釉面光洁润泽，特别是釉下装饰最为著名。釉下彩是在素烧的坯胎上描绘或贴花，然后再敷以透明釉，经高温烧成，画面透过釉层显现出来，故为釉下彩。釉下彩瓷器具有色调清澈柔和、淡雅协调的特点。其釉面平滑光洁，便于清洗，不易腐蚀，不仅具有优美的艺术效果，还有良好的实用功能。1987年，醴陵釉下彩瓷器的花色品种已达600多种。装饰方法除了工笔、写意、喷花、印花等之外，还成功地移植了水墨大写意仿古图案及西洋画等。

浙江省的龙泉青瓷，有里外披釉、均匀光洁、晶莹润澈、似冰如玉的特点。南宋时分为“哥窑”与“弟窑”。“哥窑”瓷胎薄质坚，釉层饱满，以湖色釉见长，釉面呈现“鱼子碎”等自然纹片，具有美丽的装饰效果。“弟窑”瓷胎质尚白，釉层丰厚，釉色葱翠，以梅子青为贵，南宋时被称为青瓷代表。新中国成立后，龙泉青瓷生产有很大发展，制瓷艺人烧制出了具有传统特色的鱼尾大花瓶、凤耳牡丹瓶和精美的茶具、食具等产品。1972年美国总统尼克松访华时，龙泉青瓷曾作为礼品赠送美国人民。

中国的陶瓷产地分布广，历史悠久，有江苏宜兴陶，广东石湾陶，四川荣昌陶，湖北陶器，广西钦州坭兴紫泥陶，云南建水无釉细陶，安徽界首陶，湖南铜官陶，黑龙江绥棱陶，陕西、河南的“唐三彩”，山东淄博雨点釉陶，贵州牙舟陶，陕西陈炉陶等。

唐三彩是唐代盛期流行的一种彩陶，在陶胎上施黄、绿、白（或黄、绿、赭）3 种颜色烧成，因而得名。唐三彩中有蓝点者为珍品，称“三彩加蓝”。当今洛阳唐三彩，主要仿制洛阳唐代墓葬区出土的有代表性的作品，其中最优秀的是唐三彩马，大小各种姿态的马，威武神骏。

8. 其他工艺品

中国的工艺美术品，除了前面介绍的几大类以外，还有扇、伞、料器、内画壶、宫灯、手杖、绒鸟、工艺蜡烛等。

中国扇子，有折扇、羽毛扇、葵扇、竹编扇、麦秸扇等。杭州是中国折扇的主要产地，尤以“王星记”扇子为优，其创始人王星斋是清代光绪年间制作高档黑纸扇的名手。“王星记”的扇子由于选料考究，工艺精湛，花色时新，在当时就是帝王馈赠外国使节的珍贵礼物，现已发展为15大类，400多个品种，3 000多个花色。其中有黑纸扇、檀香扇、象牙扇、孔雀羽毛扇、女绢扇、宫扇、舞蹈扇、帽子扇、屏风扇、微型扇、自动扇以及评弹艺人用扇、魔术师用的三开扇、佛教用马元扇等。

苏州檀香扇，芬芳馥郁，纤巧玲珑，夏日一柄在手，香溢四座，既能清心醒脑，又可供艺术欣赏。苏州檀香扇选料很严，檀香木的品种有玫瑰香、地柏香、雪梨香、老山香和澳门香等。扇架木质纹理必须经过净、细、平、直等工序。扇面所用的丝绢系苏州特产丝绸，雪白匀净，并经加矾后使用，有色绢面，均须专业炼染，色泽透明纯净，经久不变。檀香扇的制作，以拉花、烫花、绘画、雕刻等装饰手法见长。檀香扇规格式样甚多，有男女各式近1 000种。

西湖绸伞，是杭州独特的手工艺品，造型精巧，结构轻便，工艺精致，张开成圆形，收拢似竹筒。伞头、伞柄造型借鉴西湖名胜“三潭印月”中的三潭，经艺术夸张而成，具有鲜明的地方特色和装饰趣味。西湖绸伞的品种现有10多种，有日用绸伞、儿童绸伞、彩虹绸伞、舞蹈伞、晴雨两用伞等。伞面图案工艺主要有刷花、绘画、刺绣3种，多以西湖名胜为题材，也有表现仕女及花鸟的。

（三）轻纺旅游商品

新中国成立后，轻工业、纺织工业得到了飞跃发展。轻纺产品与人们的生活紧密相连，也与旅游者的旅途生活分不开。轻纺工业部门大力开发旅游商品，为旅游者服务，也促进了轻纺市场的繁荣。

1. 轻工产品

（1）**玻璃搪瓷陶瓷制品** 如刻花、拉花、贴花玻璃水具、酒具、花瓶、烟缸、料器、餐具、罐、盘、筒等各种器皿，旅行保温瓶、保温筒、水杯。搪瓷陶瓷制品，如杯、盘、碗、碟、水壶、茶具、咖啡具、搪瓷艺术挂牌、纪念牌等。

（2）**化工日用品** 包括：高档卫生用品，如高档香皂、药皂、浴液、牙膏、卫生香；高档护肤用品，如香脂、香膏、营养液、防晒霜、防蚊油、发油、唇膏、香水等；高级衣物保护用品，如洗涤剂、鞋油、夹克油、小盒精装火柴等。

（3）**日用五金电器产品** 包括名牌刀剪、旅行刀剪、高级烟具、不锈钢餐具及器皿，以及金属纪念币、纪念牌、钥匙链、旅行闹钟、旅游用小电器产品等。中国著名的王麻子、张小泉剪刀历史悠久，质量优良。

（4）**文体用品** 诸如高级金笔、圆珠笔、铅笔、彩笔，各种小刀、转笔刀、裁纸刀等；各种本册，如相册、集邮册、高级手册、通讯录、名片夹、底片夹等；旅行娱乐体育用品，如棋、牌、球、钓鱼具、指南针、微型打气筒、望远镜、相机、胶卷，以及各式旅游手杖、旅行用桌、椅、床、帐篷；各种健身器材，如拉力器、健身球等。

（5）**毛皮革制品** 包括毛皮革服装、鞋帽、手套、名贵裘皮大衣、领子、围巾，皮毛褥子、靠垫、坐垫，皮件如旅游箱包、皮夹等。

（6）**羽绒制品** 包括：服装，如羽绒衣、裤、大衣、背心、手套；床上用品，如被、褥、靠垫、枕芯、睡袋等。

（7）**旅游食品** 包括高级糖果、糕点、名牌烟酒、风味食品、方便食品、饮料等。上海的大白兔奶糖、黑龙江的完达山奶粉、新疆葡萄干、青海牛肉干，都是名牌优质食品。茅台酒、五粮液、汾酒、董酒、西凤酒、剑南春、泸州老窖特曲、古井贡酒，是中国八大名酒。通化葡萄酒、中国红葡萄酒、张裕葡萄酒、金奖白兰地、桂花陈酒、桂林三花酒、长城白葡萄酒、王朝葡萄酒等为著名果酒。适应旅游需要的方便食品发展很快。携带方便的，有旅游软包装罐头、旅游组装食品等。食用方便的，有方便面条、方便米饭。营养滋补兼有药疗作用的，有四川保肝奶糖、保健太妃糖、安徽天麻糕、汕头快餐银耳等。各地还开发野生资源，以生产饮料及糕点，如猕猴桃、刺梨、桑葚、野葡萄等。

2. 纺织产品

（1）**针棉纺织品** 包括内衣、睡衣、浴衣、风雨衣、运动衣、手套、袜子、中西式服装、早晚礼服、婚礼服、旅行服装、旅行鞋帽、面巾、枕巾、茶巾、手帕、床单、床罩、台布、壁挂、窗帘、挎包、提包等。青岛登山装穿着气派、舒适，充满活力。青岛风景手绘汗衫、广东色织T恤衫很受旅游者欢迎。甘肃旅游纪念针棉织衫裤，采用汉砖拓片图案，有棉毛漂白长袖男衫、镶色女衫、“丝路”旅游短裤、汗布胸印图案圆领衫等品种。

（2）**丝绸及丝绸复制品** 在古代，丝绸就是蚕丝（以桑蚕丝为主，也包括少量的柞蚕丝和木薯蚕丝）织造的纺织品。现代由于纺织品原料的扩展，凡是经线采用了人造或天然长丝纤维织造的纺织品，都可以称为广义的丝绸。而纯桑蚕丝所织造的丝绸，又特别称为“真丝绸”。丝绸具有轻薄、合身、柔软、滑爽、透气、色彩绚丽、富有光泽、高贵典雅、穿着舒适等优点。盛泽、杭州、苏州、湖州并称中国四大丝绸之都。

绸缎按不同的标准有许多分类：按原料和组织方式可分为真丝绸、人丝绸、合纤绸、交织绸；按用途可分为服用绸、装饰类、工业绸、保健绸。

（3）**毛纺织品类** 包括羊毛衫、兔毛衫、高档毛衣、羊毛毡、围巾、头巾等。例如：青海省以牛、羊、驼毛衫，民族服装，手工藏毯等为代表的特色毛纺织品，都已经或即将成为青海特色旅游纪念品，鄂尔多斯纺织街分为纺织东街和纺织西街，主营羊毛纺织品，该街也被亲切地称为“羊毛一条街”。在这里可以买到阿尔巴斯山羊和鄂尔多斯细毛羊产出的羊绒品，这里的羊绒产品畅销海内外。

（四）土特产品

中国地域广阔，物产丰富，各地都有著名的土特产品。无论山货、水产、用品、食品、药材，无论种植、养殖、开采、加工，无论传统产品，还是新开发的品种，往往以其特有的性状和功能著称于国内外。

滩羊，是中国著名的裘皮羊品种，产于宁夏、甘肃、内蒙古、陕西四省区相毗邻的干旱荒漠地带。名贵的滩羊二毛皮是指滩羊羊羔出生一个月左右宰杀剥制的毛皮。这种毛皮毛花清晰、质地柔软、毛色洁白、光泽如玉，毛股有九道天然弯曲。滩羊二毛皮可做各式长短皮衣和皮褥子，既轻柔又美观，并有良好的防寒性能，被古人誉为“千金裘”。

枸杞，果实色泽红润，皮薄肉厚，籽少味甘，含有多种营养成分。其果实、根皮和嫩叶，在中医学上都是名贵药材，经济价值很高。以枸杞为原料的新型系列食品有枸杞鲜果罐头、枸杞酒、复方枸杞冲剂、复方枸杞膏、枸杞茶、枸杞露等，以产于宁夏地区为佳。

发菜，是一种营养价值较高的野生食用藻类植物，是中国著名的土特产之一。内蒙古所产的发菜数量多、质量好，居全国之冠，味鲜爽口，是宴席珍品。

安宫牛黄丸，是北京同仁堂制药厂的传统名牌产品，约有200年历史，是中国的珍贵成药之一。对于治疗高烧不退、昏迷、惊厥以及脑炎、脑膜炎、中毒性脑病、脑出血、败血病等重病，具有显著疗效。成品以纯金箔包裹，蜡皮密封，经久而不变质。

北京茯苓夹饼，是一种滋补性的小食品。以茯苓霜和白面做成薄饼，中间加蜜饯松果碎红，其形如满月、白如雪、薄如纸，珍美甘香，风味独特，所含茯苓，可益脾安神。

扇贝，是一种有名的浅海贝类，因其贝壳呈扇形而得名。辽宁沿海特别是大连地区的长海、金州区、旅顺口等地出产的扇贝较多。扇贝的闭壳肌经过加工即成为中国海产“八珍”之一的干贝。由于每个扇贝仅能取出一小块干贝，因此非常名贵。干贝肉质细嫩，味极鲜美。扇贝还是高档补品，有平肝、化痰、清热、补肾的功能。扇贝的两片扇形贝壳既薄又轻，壳面上有呈放射状排列的鳞形纹理，其颜色有紫褐、淡褐、粉红、杏黄等近300种，是制作贝雕、贝壳镶嵌工艺品的好材料。

二、旅游商品的地区分布

我国的旅游商品分布很广。由于资源、经济发展和文化艺术的不同特点，各地形成了具有不同特色的产品。

北京的工艺美术品在历史上就很发达，尤以玉、石、象牙雕刻工艺品、金属工艺品为最。北京景泰蓝，誉满中外，地毯、雕漆、挑补绣品、料器、内画壶、戏剧脸谱及民间绢人绢花等都很有特色。

上海是中国最大的工业城市，轻纺工业发达，产品质量精良。上海顾绣、绒绣有优良传统，绒线编织品非常著名，其针法、花式、图案繁多，男女套衫、大衣、裙子、童装、鞋帽、围巾等服装，是春秋季节人们普遍欢迎的时令商品。上海工艺花、金银首饰、草编织品也很有名。

江苏省是旅游商品的集中产地。南京织锦、苏州刺绣、缂丝、红木家具摆件、檀香扇、桃花坞木刻年画等名品，工艺精良。扬州漆器、常熟花边、无锡惠山泥人、宜兴紫砂陶、常州梳篦和南通彩锦绣等特色浓厚。

浙江省工业以轻工业、加工制造业、集体工业为主。杭州丝绸是很著名的旅游产品。杭州织锦精美华丽，西湖绸伞、王星记扇子以其鲜明的地方特色和装饰趣味，历来为游人所喜爱。

广东省的轻纺、工艺美术品品种较齐全，门类丰富。粤绣和抽纱刺绣、广东藤编、巧妙的广州象牙球、华丽的广州彩瓷、名贵的端砚及新会葵扇、潮州麦秸贴画、石湾陶、枫溪瓷、广州针织服装、旅游小食品均负盛名。海南省的椰雕、牛角制品等体现了浓郁的地方和民族风情。

四川蜀锦传统悠久，瓷胎竹编、银丝工艺品、梁平竹帘画别具一格。云南、贵州、西藏是少数民族聚集区，少数民族服饰具有鲜明的民族风格。云南斑铜、建水陶器、贵州蜡染、藏毯独具特色。

河南钧瓷、汝瓷，开封汴绣都是中国名品，古都洛阳的唐三彩复制品久负盛名。湖南湘绣、竹器、菊花石雕，湖北汉绣、云梦机织网扣、天门塑料花等，品种甚多。江西羽绒制品，景德镇名瓷，安徽宣纸，芜湖铁画各展风姿。

福建脱胎漆器、软木画、寿山石雕、泉州木偶、厦门珠绣拖鞋、德化白瓷、竹编品为福建特有品种。山东抽纱刺绣遍及民间，尤其是烟台等地的抽纱刺绣更是品种丰富、做工考究；玉米皮编织品是大力发展的品种；潍坊风筝和布玩具、博山内画壶、淄博瓷器等都是富有魅力的旅游纪念品。

在东北三省中，辽宁沈阳羽毛画、大连贝雕画全国闻名，吉林桦树皮贴画、通化仿兽皮、人参及人参制品、五味子等中草药，黑龙江玛瑙小件、麦秸挂件，也是旅游纪念佳品。

华北地区，天津“风筝魏”风筝、“泥人张”彩塑、杨柳青年画历来为人们所称道。河北丝毯、衡水内画壶、唐山瓷、定瓷，山西玻璃器皿、平遥漆器，内蒙古地毯、马鞍、腰刀、银器、桦木制品等民族工艺品，特色鲜明。

西北地区，甘肃漆器及文物复制仿制品、酒泉夜光杯，青海、宁夏牛羊毛皮，新疆地毯、花帽、民族乐器等，反映了西北地区及古丝绸之路的特有风情。古城西安，历史文物相当集中，大量出土文物的复制、仿制品，是很受欢迎的旅游商品。唐三彩、兵马俑、瓦当汉砖、字画碑帖不可胜数。民间布泥玩具、吉祥服饰、剪纸窗花风格纯朴、粗放。桂林的美陶制品及土特产品同样为游客所向往。

本章小结

本章主要学习了旅游商品的含义、特点、类型和地区分布。在理解旅游商品含义时，要注意区分我们日常生活中的一般生活用品和旅游商品两者的不同；结合当地旅游业发展实际，理解旅游商品的特点，并能够总结出当地旅游商品的类型及其分布情况。

思考与练习

一、单项选择题

1. 旅游商品的一个最典型的特点是______。

   A. 鲜明的地方特色　　B. 较高的文化品位

   C. 便于携带　　D. 有一定的纪念意义和收藏价值

2. 民间手工艺品、古文物复制、仿制品以及各种旅游题材的小商品等属于旅游商品四大类中的______。

   A. 土特产品　　B. 工艺美术旅游商品

   C. 轻纺旅游商品　　D. 旅游纪念品

3. 下列不属于娱乐性民间手工艺品的是______。

A．年画　B．蜡染　C．剪纸　D．香包

4．中国扇子，有折扇、羽毛扇、葵扇、竹编扇、麦秸扇等。______是中国折扇的主要产地。

A．苏州　B．上海　C．广州　D．杭州

5．______是中国最大的工业城市，轻纺工业发达，产品质量精良。

A．北京　B．郑州　C．上海　D．重庆

二、辨别题

1．从广义来说，旅游商品包括生活用品；从狭义来讲，旅游商品应该是有别于一般生活必需品的满足大众特殊需求的物品。

2．旅游商品的一个最典型的特点是具有鲜明的地方特色。

3．旅游纪念品是对旅行游览有纪念意义的商品。

4．剪纸、香包和年画属于娱乐性民间手工艺品。

5．茅台酒、五粮液、汾酒、劲酒、西凤酒、剑南春、泸州老窖特曲、古井贡酒，是中国八大名酒。

三、填空题

1．旅游商品指以______为购物对象的商品，是其在旅游活动过程中所需求的生活的、精神的、审美的特殊物品。

2．蜡染，是中国古代优秀印染工艺之一，流传于少数民族地区。贵州、云南、江苏、浙江、上海等地都有生产。其中以______蜡染最为突出。

3．中国最著名的风筝产地有天津、北京、南通和（潍坊）。______还多次举办国际风筝节，进行风筝比赛、表演和风筝技术交流。

4．中国刺绣以______、______、______、______为四大名绣，此外还有温州瓯绣、北京京绣、开封汴绣、武汉汉绣、山东鲁绣等名品。

5．日用五金电器产品包括名牌刀剪、旅行刀剪、高级烟具、金属纪念币、钥匙链、旅游用小电器产品等。中国著名的______、______剪刀历史悠久，质量优良。

四、名词解释

1．旅游商品

2．旅游纪念品

3．土特产品

五、问答题

1．举例说明旅游商品的特点。

2．什么是旅游商品？它和一般生活用品的主要区别是什么？

3．旅游商品的主要类型有哪些？

4．根据所学知识，结合实际，谈谈你家乡所在地的旅游商品类型及其在当地旅游业发展中的作用。

第十二章

旅游资源的精华——世界遗产

学习目标

1. 了解世界遗产的概念和由来。
2. 掌握世界遗产的分类。
3. 了解世界遗产的定义、标准和申报程序。
4. 了解中国世界遗产所包含的自然和文化内涵。
5. 了解世界遗产开发利用与保护的关系。

第一节　世界遗产概述

一、世界遗产的产生

（一）世界遗产产生的过程

尼罗河流域是人类文明的重要发祥地，在尼罗河谷有大量古人类文明的遗迹。20 世纪 50 年代，为有效地调节和分配水源，增加土地灌溉，提高粮食产量，埃及和苏丹政府计划修建阿斯旺大坝。但是，大坝修建后可能会淹没尼罗河河谷里的珍贵古迹，其中包括著名的努比亚遗址。努比亚遗址中最雄伟和神奇的建筑是阿布辛贝神庙。该神庙神奇之处在于其设计和建筑时，巧妙地融合了当时最先进的地理、天文、数学等知识，使阳光在每年的 2 月 21 日和 10 月 21 日两次穿过 60 多米长的甬道，直接照射在寺庙最内部拉美西斯二世的雕像上，营造了举世无双的“日出奇观”。当时的埃及政府在经济和技术上没有能力和技术保护这些文物古迹，就向联合国教科文组织求援。

1959 年，联合国教科文组织应埃及和苏丹两国政府的要求，对努比亚遗址发起了一个国际保护行动。该行动得到了 50 个国家的支持，筹集到了 4 000 万美元的资金，将阿布辛贝和菲莱神庙完整切割，搬迁到安全的地方并重新组合。

这次行动使得努比亚遗址免遭因人类经济活动而葬身水底的厄运，显示了国际合作共同保护杰出文化遗产的重要性。同时，也使人们在观念上得到更新，许多文物古迹虽然分布在某个国家，但其属于全人类。随着世界工业化进程的加速，世界的文化遗产、自然遗产正在受到严重的威胁，国际合作可以在保护遗产方面大有作为，联合国教科文组织在这方面应该有所作为。

1972 年 11 月 16 日，联合国教科文组织在巴黎通过《保护世界文化和自然遗产公约》（以下简称《公约》），是参与国家最多的公约。《公约》的任务之一是确定世界范围内的文化与自然遗产，以便国际社会将其作为人类共同遗产加以保护，是参与国家最多的公约。

（二）相关国家组织

1. 联合国教科文组织

联合国教育、科学及文化组织（简称联合国教科文组织，（UNESCO））是联合国专门机构之一，1946 年成立，总部设在法国巴黎。其宗旨是促进教育、科学及文化方面的国际合作，以利于各国人民之间的相互了解，维护世界和平。

2. 联合国教科文组织世界遗产委员会

联合国教科文组织世界遗产委员会是联合国教科文组织内政府间委员会，成立于 1976 年 11 月，由 21 名成员组成，负责《公约》的实施。委员会每年召开一次会议，主要决定哪些遗产可以列入《世界遗产名录》，对已列入名录的世界遗产的保护工作进行监督指导。委员会成员每届任期 6 年，每两年改选其中的 1/3。委员会内由 7 名成员构成世界遗产委员会主席团，主席团每年举行两次会议，筹备委员会的工作。

由于世界遗产逐年增多，世界遗产事务的日常工作日益繁重，1992 年联合国教科文组织正式设置了世界遗产中心（World Heritage Centre），即“公约执行秘书处”，与教科文组织总部同在巴黎。该中心协助缔约国具体执行《公约》，对世界遗产委员会提出建议，执行世界遗产委员会的决定。中国于 1985 年加入《公约》，成为缔约方。1999 年 10 月 29 日，中国成为世界自然与文化遗产委员会成员。

3. 国际古迹遗址理事会

国际古迹遗址理事会（ICOMOS）于 1965 年在波兰华沙成立，是世界遗产委员会的专业咨询机构。它由世界各国文化遗产专业人士组成，是古迹遗址保护和修复领域唯一的国际非政府组织，在审定世界各国提名的世界文化遗产申报名单方面起着重要作用。

4. 国际自然及自然资源保护联盟

国际自然及自然资源保护联盟（IUCN）于 1948 年 10 月 5 日在联合国教科文组织和法国政府在法国的枫丹白露宫联合举行的会议上成立，当时名为国际自然保护协会，1956 年 6 月在英国的爱丁堡改为现名，总部设在瑞士的格朗。该联盟的主要任务是影响、鼓励和帮助国际社会保护自然的完整性和多样性，确保自然资源的合理使用，确保其具有生态可持续性。

二、世界遗产的定义和种类

世界文化遗产和自然遗产是人类祖先和大自然的杰作，有效保护世界文化遗产和自然遗产，就是保护人类文明和人类赖以生存的环境。《公约》对文化遗产和自然遗产做了定义，它们是人类罕见的、目前无法替代的财富，是全人类公认的具有突出意义和普遍价值的文物古迹及自然景观。随着人们对世界遗产的认识不断加深，世界遗产的类型也在不断地增加。狭义的世界遗产包括世界文化遗产、世界自然遗产、世界文化与自然遗产和文化景观四类。广义的世界遗产，根据形态和性质可分为文化遗产、自然遗产、文化和自然双重遗产、文化景观遗产、记忆与文献遗产、人类口述和非物质遗产（简称非物质文化遗产）。

（一）世界文化遗产

1. 文化遗产的定义

《公约》规定文化遗产为：从历史、艺术或科学角度看，具有突出、普遍价值的建筑物、雕刻和绘画，具有考古意义的成分或结构，铭文、洞穴、住区及各类文物的综合体，如中国的故宫；从历史、艺术或科学角度看，因其建筑的形式、同一性及其在景观中的地位，具有突出、普遍价值的单独或相互联系的建筑群，如河南登封天地之中古建筑群、广东开平碉楼与村落等；从历史、美学、人种学或人类学角度看，具有突出、普遍价值的人造工程或人与自然的共同杰作以及考古遗址地带，如中国的长城、秦始皇陵兵马俑、北京周口店北京猿人遗址等。

文化遗产保护区包括历史建筑、历史名城、重要考古遗址和有永久纪念价值的巨型雕塑及绘画作品。

2. 文化遗产的标准

提名列入《世界遗产名录》的文化遗产项目，必须符合下列 6 项中的 1 项或几项标准：①代表一种独特的艺术成就，一种创造性的天才杰作；②能在一定时期内或世界某一文化区域内，对建筑艺术、纪念物艺术、城镇规划或景观设计方面的发展产生极大影响；③能为一种已消逝的文明或文化传统提供一种独特的至少是特殊的见证；④可作为一种建筑或建筑群或景观的杰出范例，展示出人类历史上一个或几个重要阶段；⑤可作为传统的人类居住地或使用地的杰出范例，代表一种（或几种）文化，尤其在不可逆转之变化的影响下变得易于损坏；⑥与具特殊普遍意义的事件或现行传统或思想或信仰或文学艺术作品有直接或实质的联系（只有在某些特殊情况下或该项标准与其他标准一起作用时，此款才能成为列入《世界遗产名录》的理由）。

（二）世界自然遗产

1. 自然遗产的定义

自然遗产的定义为：从美学或科学角度看，具有突出、普遍价值的由地质和生物结构或这类结构群组成的自然面貌；从科学或保护角度看，具有突出、普遍价值的地质和自然地理结构以及明确划定的濒危动植物物种生态区；从科学、保护或自然美角度看，具有突出、普遍价值的天然名胜或明确划定的自然地带。例如，中国的三江并流、九寨沟、武陵源、四川大熊猫栖息地等就是自然遗产。自然遗产保护区包括国家公园和其他早已指定的物种保护区。

2. 自然遗产的标准

提名列入《世界遗产名录》的自然遗产项目，必须符合下列 4 项中的 1 项或几项标准：①构成代表地球演化史中重要阶段的突出例证；②构成代表进行中的重要地质过程、生物演化过程以及人类与自然环境相互关系的突出例证；③独特、稀有或绝妙的自然现象、地貌或具有罕见自然美的地带；④尚存的珍稀或濒危动植物种的栖息地。

（三）世界文化与自然双重遗产

文化与自然双重遗产是指自然和文化价值相结合的遗产，如中国的泰山、黄山、武夷山、峨眉山与乐山大佛，又称“混合遗产”“复合遗产”“双重遗产”。在1986年泰山申报世界自然遗产之前，在世界遗产的分类中没有双遗产的类别，世界遗产委员会对泰山的评价是“庄严神圣的泰山，2000年来一直是帝王朝拜的对象，其山中的人文杰作与自然景观完美和谐地融合在一起。泰山一直是中国艺术家和学者的精神源泉，是古代中国文明和信仰的象征。”由于泰山的申报，让世界遗产有了文化与自然双重遗产这一类型。

（四）世界文化景观遗产

1. 文化景观的定义

文化景观这一概念是1992年12月在美国新墨西哥州圣菲召开的联合国教科文组织世界遗产委员会第16届会议时提出并纳入《世界遗产名录》中的。文化景观代表《公约》第一条所表述的“自然与人类的共同作品”。文化景观的选择应基于它们自身的突出、普遍的价值，其明确划定的地理—文化区域的代表性及其体现此类区域的基本而具有独特文化因素的能力。它通常体现持久的土地使用的现代化技术及保持或提高景观的自然价值，保护文化景观有助于保护生物多样性。

2. 文化景观的类型

一般来说，文化景观有以下类型：

（1）**由人类有意设计和建筑的景观**　包括出于美学原因建造的园林和公园景观，它们经常（但并不总是）与宗教或其他纪念性建筑物或建筑群有联系。

（2）**有机进化的景观**　它产生于最初始的社会、经济、行政以及宗教需要，并通过与周围自然环境的相联系或相适应而发展到目前的形式。

（3）**关联性文化景观**　这类景观列入《世界遗产名录》，以与自然因素、强烈的宗教、艺术或文化相联系为特征，而不是以文化物证为特征。庐山风景名胜区是我国“世界遗产”中的著名文化景观。

（五）世界记忆与文献遗产

联合国教科文组织认为，世界记忆即文献记录，它是全人类以文献形式保存和收集的记忆，是世界文化遗产的重要构成，记载了人类社会的重大变革、人类的重大发现和重大成果，是历史赋予全世界的、今人的和后代的共同文化财产。1978年11月28日，联合国教科文组织第20届大会会议通过《关于保护可移动文化遗产的建议》，提出，“文化遗产除了不可移动文化遗产外，也包括文献形态的可移动物品，即作为记录和传递知识、思想的文献遗产，如具有特殊意义的文件档案、照片、电影胶片、录音录像带、机读记录和手稿、古版图书、古籍抄本、现代图书等出版物”。

基于上述建议，在与国际档案理事会的共同努力下，联合国教科文组织于1992年启动了旨在国际范围内广泛开展抢救和保护包括手稿、档案、图书以及口述历史记录等具有突出的、普遍价值的世界级文献遗产的“世界记忆工程”，建立《世界记忆名录》，作为世界文化遗产的扩展和延伸。

（六）非物质文化遗产

根据联合国教科文组织颁发的《保护非物质文化遗产公约》的定义，非物质文化遗产是指被各社区、群体，有时是个人，视为其文化遗产组成部分的各种社会实践、观念表述、表现形式、知识、技能，以及相关的工具、实物、手工艺品和文化场所。这种非物质文化遗产世代相传，在各社区和群体适应周围环境以及与自然和历史的互动中，被不断地再创造，为这些社区和群体提供认同感和持续感，从而增强对文化多样性和人类创造力的尊重。

按上述定义“非物质文化遗产”包括以下方面：口头传统和表现形式，包括作为非物质文化遗产媒介的语言；表演艺术；社会实践、仪式、节庆活动；有关自然界和宇宙的知识和实践；传统手工艺。

三、世界遗产的标志

在世界遗产委员会第2届大会上（华盛顿，1978年），采用了由米歇尔·奥利夫（比利时著名图像设计师）设计的世界遗产标志（图12-1）。这个标志表现了文化与自然遗产之间的相互依存关系：代表大自然的圆形与人类创造的方形紧密相连。标志是圆形的，代表世界的形状，同时也是保护的象征。

世界遗产的标志可以在世界遗产中心、联合国教科文组织出版处和其他联合国教科文机构、各个缔约国负责实施《公约》的机构或国家委员会、世界遗产地等处使用。

图12-1　世界遗产标志

四、世界遗产的申报程序

根据联合国教科文组织文件，世界遗产的申报需要完成9个步骤：

1）一个国家首先要签署《公约》并保证保护该国的文化和自然遗产，成为缔约国。

2）任何缔约国要把本土具有突出普遍价值的文化和自然遗产列出一个预备名单。

3）从预备名单中筛选要列入《世界遗产名录》的遗产。

4）把填写好的提名表格寄给联合国教科文组织世界遗产中心。

5）联合国教科文组织世界遗产中心检查提名是否完全，并送交世界自然保护联盟和国际古迹遗址理事会评审。

6）专家到现场评估遗产的保护和管理情况。按照文化与自然遗产的标准，世界自然保护联盟和国际古迹遗址理事会对上交的提名进行评审。

7）世界自然保护联盟和国际古迹遗址理事会提交评估报告。

8）世界遗产委员会主席团的7名成员审查提名评估报告，并向委员会提交推荐名单。

9）由21名成员组成的世界遗产委员会最终决定入选、推迟入选或淘汰的名单。

第二节　中国的世界遗产

一、中国与《保护世界文化和自然遗产公约》

《保护世界文化和自然遗产公约》（以下简称《公约》是目前加入缔约国最多的国际公约之一。自1975年公约正式生效后，在全球范围内，迄今共有180个国家和地区加入《公约》成为缔约成员。截至 2014 年 6 月 25 日第 38 届世界遗产委员会大会在卡塔尔首都多哈闭幕，大会审议通过新增 26 项世界遗产。根据最新统计，《世界遗产名录》收录的全球世界遗产总数已增至 1 007 项，其中包括 779 项世界文化遗产（含文化景观遗产），197 项自然遗产，31 项文化与自然双重遗产，有 31 项遗产为两个或两个以上国家共有资产，这些遗产分布在 161 个国家。

我国于 1985 年 12 月 12 日成为《公约》缔约国，同年 12 月 22 日，经第六届全国人大常委会第十三次会议审批批准加入该公约。中国自加入公约以来，积极推动该公约在中国的实施，极大地促进了中国的遗产保护与管理。中国自 1986 年开始向联合国教科文组织申报世界遗产项目，1987 年 12 月，第一批中国文化和自然遗产长城甘肃—河北段、明清皇宫：北京故宫、秦始皇陵及兵马俑、甘肃敦煌莫高窟、北京周口店北京猿人遗址、山东-泰山风景名胜区共计 6 项被联合国教科文组织批准列入《世界遗产名录》。截至 2014 年，经联合国教科文组织审核被批准列入《世界遗产名录》的中国的世界遗产共有 47 处（表 12-1），其中世界文化遗产 31 处，世界自然遗产 9 处，文化和自然混合遗产 4 处，文化景观 3 处。在数量上居世界第二位，仅次于意大利（50 项）。北京拥有 6 项世界遗产，是世界上拥有遗产项目数最多的城市。

表 12-1　中国的世界遗产一览表（含跨国）（截至 2014 年 6 月，共 47 项）

序号	地域名称	批准时间	遗产种类
1	长城：甘肃—河北段	1987.12	文化遗产
	长城：辽宁九门口段	2002.11	文化遗产[①]
2	明清皇宫：北京故宫	1987.12	文化遗产
	明清皇宫：沈阳故宫	2004.7	文化遗产[②]
3	陕西秦始皇陵及兵马俑	1987.12	文化遗产
4	甘肃敦煌莫高窟	1987.12	文化遗产
5	北京周口店北京猿人遗址	1987.12	文化遗产
6	山东泰山风景名胜区	1987.12	文化与自然双重遗产
7	安徽黄山风景名胜区	1990.12	文化与自然双重遗产
8	湖南武陵源风景名胜区	1992.12	自然遗产
9	四川九寨沟风景名胜区	1992.12	自然遗产
10	四川黄龙风景名胜区	1992.12	自然遗产
11	西藏拉萨历史建筑群：布达拉宫	1994.12	文化遗产
	西藏拉萨历史建筑群：大昭寺	2000.11	文化遗产[③]
	西藏拉萨历史建筑群：罗布林卡	2011.12	文化遗产[④]
12	河北承德避暑山庄及周围寺庙	1994.12	文化遗产
13	山东孔孟文化历史建筑群：曲阜孔庙、孔府、孔林	1994.12	文化遗产
14	湖北武当山古建筑群	1994.12	文化遗产
15	江西庐山风景名胜区	1996.12	文化景观
16	四川峨眉山—乐山风景名胜区	1996.12	文化与自然双重遗产
17	云南丽江古城	1997.12	文化遗产
18	山西平遥古城	1997.12	文化遗产
19	江苏苏州古典园林：留园、环秀山庄、拙政园、网师园	1997.12	文化遗产
	江苏苏州古典园林：艺圃、耦园、沧浪亭、狮子林、退思园	2000.11	文化遗产[⑤]
20	北京颐和园	1998.11	文化遗产

（续）

序号	地域名称	批准时间	遗产种类
21	北京天坛	1998.11	文化遗产
22	重庆大足石刻	1999.12	文化遗产
23	福建武夷山	1999.12	文化与自然双重遗产
24	四川青城山—都江堰	2000.11	文化遗产
25	河南洛阳龙门石窟	2000.11	文化遗产
26	明清皇家陵寝：荆门明显陵、保定清西陵、唐山清东陵	2000.11	文化遗产
	明清皇家陵寝：北京明十三陵、南京明孝陵	2003.7	文化遗产⑥
	明清皇家陵寝：盛京三陵	2004.7	文化遗产⑦
27	安徽古村落：西递、宏村	2000.11	文化遗产
28	山西大同云冈石窟	2001.12	文化遗产
29	云南三江并流	2003.7	自然景观
30	高句丽王城、王陵及贵族墓葬：本溪桓仁、通化集安	2004.7	文化遗产
31	澳门历史城区	2005.7	文化遗产
32	四川大熊猫栖息地	2006.7	自然遗产
33	河南安阳殷墟	2006.7	文化遗产
34	中国南方喀斯特：重庆武隆、昆明石林、黔南州荔波	2007.6	自然遗产
	中国南方喀斯特：重庆金佛山、贵州施秉、广西桂林、广西环江	2014.6	自然遗产⑧
35	广东开平碉楼与村落	2007.6	文化遗产
36	福建土楼：漳州南靖、龙岩永定、漳州华安	2008.7	文化遗产
37	江西三清山	2008.7	自然遗产
38	山西五台山	2009.6	文化景观
39	河南登封天地之中古建筑群	2010.8	文化遗产
40	中国丹霞：遵义赤水、邵阳崀山、韶关丹霞山、鹰潭龙虎山、上饶龟峰、衢州江郎山、三明泰宁	2010.8	自然遗产
41	浙江杭州西湖	2011.6	文化景观
42	内蒙古元上都遗址	2012.6	文化遗产
43	云南澄江帽天山化石地	2012.7	自然遗产
44	新疆天山	2013.6	自然遗产
45	云南红河哈尼梯田	2013.6	文化遗产
46	大运河：北京市、天津市、河北省、山东省、河南省、安徽省、江苏省、浙江省	2014.6	文化遗产
47	丝绸之路：中国（河南省、陕西省、甘肃省、新疆维吾尔自治区）、哈萨克斯坦（阿拉木图州、江布尔州）、吉尔吉斯斯坦（楚河州）	2014.6	文化遗产

① 2002 年 11 月中国唯一的水上长城辽宁九门口长城通过联合国教科文组织的验收，作为长城的一部分正式挂牌成为世界文化遗产。

② 2004 年 7 月，沈阳故宫作为明清皇宫文化遗产扩展项目列入《世界遗产名录》。

③ 2000 年 11 月西藏拉萨大昭寺作为布达拉宫世界遗产的扩展项目被批准列入《世界遗产名录》。

④ 2001 年 12 月西藏拉萨罗布林卡作为布达拉宫历史建筑群的扩展项目被批准列入《世界遗产名录》。

⑤ 2000 年 11 月苏州艺圃、耦园、沧浪亭、狮子林和退思园 5 座园林作为苏州古典园林的扩展项目被批准列入《世界遗产名录》。

⑥ 2003 年 7 月北京市的十三陵和江苏省南京市的明孝陵作为明清皇家陵寝的一部分收入《世界遗产名录》。

⑦ 2004 年 7 月，盛京三陵作为明清皇家陵寝扩展项目列入《世界遗产名录》。

⑧ 2014 年 6 月，重庆金佛山、贵州施秉、广西桂林、广西环江作为扩展项目被批准列入《世界遗产名录》。

表 12-2 中国人类非物质文化遗产代表作名录（截至 2013 年）

序号	遗产项名称	批准时间
1	昆曲	2001 年 5 月
2	古琴艺术	2003 年 11 月
3	新疆维吾尔木卡姆艺术	2005 年 11 月
4	蒙古族长调民歌①	2005 年 11 月
5	中国传统桑蚕织技艺	2009 年 10 月
6	南音	2009 年 10 月
7	南京云锦织造技艺	2009 年 10 月
8	宣纸传统制作技艺	2009 年 10 月
9	侗族大歌	2009 年 10 月
10	粤剧	2009 年 10 月
11	格萨（斯）尔	2009 年 10 月
12	龙泉青瓷传统炼制技艺	2009 年 10 月
13	热贡艺术	2009 年 10 月
14	藏戏	2009 年 10 月
15	玛纳斯	2009 年 10 月
16	花儿	2009 年 10 月
17	西安鼓乐	2009 年 10 月
18	中国朝鲜族农乐舞	2009 年 10 月
19	中国书法	2009 年 10 月
20	中国篆刻	2009 年 10 月
21	中国剪纸	2009 年 10 月
22	中国传统木结构营造技艺	2009 年 10 月
23	端午节	2009 年 10 月
24	妈祖信俗	2009 年 10 月
25	中国雕版印刷技艺	2009 年 10 月
26	呼麦	2009 年 10 月
27	中医针灸	2010 年 11 月
28	京剧	2010 年 11 月
29	中国皮影	2011 年 11 月
30	中国珠算	2013 年 12 月

① 该项目与蒙古国共同申报。

第三节 世界遗产与旅游

一、世界遗产是旅游资源的精华

（一）世界遗产——旅游资源的精华

旅游资源的重要特征是必须具有观赏价值、独特性和区域性。世界遗产是人类罕见的、目前无法替代的财富，是全人类公认的具有突出意义和普遍价值的文物古迹及自然景观。

因此，世界遗产都是旅游资源，无论是自然的还是文化的，物质的还是非物质的，都可作为重要的旅游吸引物而存在。世界遗产有明确的定义和标准，有严格的申报程序，是人类罕见的和无法替代的，由此可知，世界遗产是旅游资源的精华，是具有世界性吸引力的旅游资源。

但是，世界遗产作为重要的旅游资源，其脆弱性和不可再生性表现得尤为突出。保护遗产不仅是人类文化发展的必需，也是现在和未来旅游业发展的必需。合理利用和保护好世界遗产，是发展旅游业的必要条件，是实现可持续发展的需要。

（二）世界遗产申报热潮

1996 年，世界旅游组织、世界旅游理事会与地球理事会联合制定了《关于旅游业的 21 世纪议程》，指出人类不能坐等“遗产和文化衰败下去”，要“合理利用遗产”“为资源创造经济价值，提供资源保护在财政上的支持。这些资源包括……世界自然、文化遗产……”。

1990 年代中期之后，越来越多的国家认识到申报世界遗产的重要性，它不仅将自己国家的遗产上升到全世界全人类共同保护的角度，而且有助于提高国家声誉和民族自尊心，同时还将带来国际水准的管理和监督机制以及国际力量提高遗产保护水平。在这一潮流的引领下，申报世界遗产逐渐在中国热了起来。

二、世界遗产的保护和可持续利用

（一）世界遗产旅游效益巨大

世界遗产作为旅游资源具有稀缺性。随着旅游业的发展，参观、感受世界遗产成为一种文化时尚。世界遗产地作为旅游资源开发具有巨大经济效益，使得各地争相申报世界遗产。

山西平遥古城于 1997 年被列入《世界文化遗产名录》，当时的门票收入仅 18 万元，到 2010 年，仅“十一”黄金周，它的旅游总收入就达到 1.06 亿元。同年被列入《世界文化遗产名录》的云南丽江，当时只有 3 000～5 000 名游客，至 2005 年就猛增到 430 万，旅游综合收入更是增长迅速，2009 年已高达 88.66 亿元。2007 年开平碉楼“申遗”成功，到 2009 年旅客数量增加 1 倍，当地农民分红收益也增加了近 10 倍。

（二）世界遗产利用中的问题

世界遗产作为旅游资源在开发中出现了许多问题，过度开发、错位开发、遗产资源浪费、蜕化以及遗产地环境被污染、生态系统失调等现象已屡见不鲜。例如，泰山上索道缆车川流不息，岱顶店铺林立，让人难以体会“天下第一山”的人文和自然美景；黄金周期间，最大容量不过 1 万多人的故宫一天之内竟涌入 10 余万游客；日游客环境容量 6 000 人的九寨沟景区日进沟人数超过 2 万余人。每年数百万游客的涌入，大批外地人占据的丽江古城，逐渐演变成了商贸旅游区……很多世界遗产虽然提高了知名度，产生了巨大的经济效益，形成了自身的文化品牌，但却似乎偏离了申报世界遗产是为了有效保护的初衷。1998 年，联合国教科文组织官员就曾对湖南武陵源的错位开发提出过严肃批评，如果再盲目建设，就将其列入《世界濒危遗产名录》。在 2007 年第 31 届世界遗产大会上，三江并流等 6 处中国世界遗产地因为保护不力受到关注。

（三）世界遗产的可持续利用

虽然有越来越多的项目被列入《世界遗产名录》，但对世界遗产的认知和文化遗产概念的认识，却没能在中国社会受到广泛关注和传播。中国故有的体制和观念，让人们依然将认识停留在孤立的“文物古迹”和“风景名胜”上，而非大遗产概念所具有的真实性、完整性。无论是对遗产概念的认识，还是规划、保护管理和利用的理念方面，都还没有实质的飞跃。

世界遗产保护的目标是保护世界遗产的真实性和完整性，使之永久地流传下去。因为首先它不仅属于一个国家、一个民族，还属于全人类；它不仅属于当代，更属于子孙后代。其次，要保证在任何遗产利用方式下，相关的国家和全民利益不致受损。遗产事业是大环境事业的一部分，是人类社会可持续发展的重要要求。它是中华民族文化的载体，不仅具有经济价值、短期效益，更具有社会价值、长远利益。

本章小结

世界遗产是经有关专家按照一定的程序严格评选出来的，是旅游资源的精华。本章介绍了《保护世界文化和自然遗产公约》产生的背景和过程，及其相关的国际组织，说明了世界遗产的定义、种类、标准、标志及申报程序，介绍了我国加入《保护世界文化和自然遗产公约》的时间及在其中的作用，讲述了我国历年申报世界遗产的情况及现有世界遗产的种类和数量，阐述了世界遗产作为旅游资源精华在开发中的问题及可持续利用。

思考与练习

一、单项选择题

1．世界遗产委员会成立于_______年。

A．1967　　B．1972　　C．1976　　D．1985

2．1972 年在巴黎举行的联合国教科文组织第_______届大会通过了《保护世界文化和自然遗产公约》。

A．1　　B．15　　C．17　　D．18

3．中国于_______年加入《保护世界文化和自然遗产公约》。

A．1967　　B．1985　　C．1987　　D．1990

4．2004 年 6 月 28 日在江苏省苏州市召开的世界遗产大会是第_______届。

A．25　　B．26　　C．27　　D．28

5．目前全球世界遗产最多的城市是_______。

A．巴塞罗那　　B．罗马　　C．北京　　D．巴黎

6．目前，拥有世界遗产最多的国家是_______。

A．西班牙　　B．意大利　　C．法国　　D．中国

二、填空题

1．截至2014年我国世界遗产数量仅次于____________居世界第二位。

2．截至2014年6月，我国共有世界遗产47处，其中自然遗产____________处、文化遗产____________处、混合遗产____________处、文化景观____________处。

3．我国的四处混合遗产分别是：____________、____________、____________和____________。

4．我国三处文化景观分别是：____________、____________和____________。

三、问答题

世界遗产标志的含义是什么？

四、案例分析

世界自然与文化双重遗产——泰山

泰山位于山东省泰安市之北，海拔1 532.7m，气势雄伟磅礴，享有“五岳之首”“天下第一山”的称号，是中华民族的精神象征，被誉为中国的“中华国山”，是中国国家的标志性景观。泰山于1987年被列入《世界遗产名录》，成为世界上第一个自然与文化双遗产。

泰山风景以壮丽著称。重叠的山势，厚重的形体，苍松巨石的烘托，云烟的变化，使它在雄浑中兼有明丽，静穆中透着神奇。泰山日出是岱顶奇观之一，也是泰山的重要标志。泰山著名风景名胜有天烛峰、日观峰、百丈崖、仙人桥、五大夫松、望人松、龙潭飞瀑、云桥飞瀑、三潭飞瀑等。数千年来，多位皇帝来泰山封禅。孔子留下了“登泰山而小天下”的赞叹，杜甫则留下了“会当凌绝顶，一览众山小”的千古绝唱。

泰山的形成，历经了自太古代至新生代各个地质时代的演变过程。泰山运动形成了巨大的山系，燕山运动奠定了泰山的基础，喜马拉雅山运动造就了泰山的雄伟和今日泰山的总体轮廓。泰山地区的寒武纪片麻岩群是华北台地的基底，地层剖面出露齐全，化石丰富，保存完好。泰山杂岩有20亿年的历史，是世界最古老的岩石之一。泰山有丰富的地壳运动遗迹，具有世界意义的地质科学研究价值。

泰山有丰富的生物资源，植被覆盖率达80%。泰山的古树名木，源于自然，历史悠久，现有34个树种，计万余株。其中著名的有汉柏凌寒、挂印封侯、唐槐抱子、青檀千岁、六朝遗相、一品大夫、五大夫松、望人松、宋朝银杏、百年紫藤等，每一株都是历史的见证，历经风霜，成为珍贵的遗产。

泰山是黄河流域古代文化的发祥地之一，留有大汶口文化、龙山文化遗存。现存古遗址97处，古建筑群22处。泰山是政权的象征，成为一座神圣的山。古代帝王登基之初，太平之岁，多来泰山举行封禅大典，祭告天地。先秦时期有72代君主到泰山封禅；自秦汉至明清，历代皇帝到泰山封禅27次。古代历朝历代不断在泰山封禅和祭祀，并且在泰山上下建庙塑神，刻石题字。古代的文人雅士更对泰山仰慕备至，纷纷前来游历，作诗记文。泰山宏大的山体上留下了20余处古建筑群，2 200余处碑碣石刻。

泰山儒、道、佛并存，发祥久远，佛教于公元4世纪中期传入泰山。公元351年高僧朗公首先到泰山岱阴创建了朗公寺和灵岩寺。魏晋南北朝时期，泰山较大的寺院有谷山玉皇寺、神宝寺、普照寺等。唐宋时，灵岩寺极为鼎盛。泰山道教早在战国时就有方士隐居岱阴岩洞；秦汉后祠庙林立，保留至今的有王母池（群王庵）、老君堂、斗母宫（龙泉观）、碧霞祠、后石坞庙、元始天尊庙等。其中以王母池为最早，创建于公元220年以前；以碧霞祠影响最大。

因深厚的文化内蕴，中国历史上产生了许多与泰山有关的成语、掌故；中国人有称岳父岳母为泰山泰水之俗，即因泰山之上有丈人峰；因德高望重或成就卓越而被众人所崇仰的人常被称为泰斗，其来源是古人认为泰山在五岳中最高，北斗星在众星中最明；泰山基础宽阔，形体集中，既非卧也非立，而是静坐于大地之上，给人以安稳与厚重之感，故中国成语中有“稳如泰山”“重如泰山”之说。此外，如“重于泰山，轻于鸿毛”“一叶障目，不见泰山”“有眼不识泰山”等成语，均源于古人关于泰山的诗文之中。

【思考】泰山作为世界第一个“文化和自然双重遗产”，其分别符合世界遗产的哪些标准？

第十三章 旅游资源与审美

学习目标

1. 掌握自然旅游资源的审美特征，人文旅游资源的审美特征。
2. 了解自然旅游资源形象美的具体表现。
3. 熟悉具有不同美学特征代表的旅游资源。

旅游资源同一般资源的最主要区别，就是它的美学特征，具有观赏性。虽然旅游动机因人而异、旅游内容丰富多彩，但观赏活动几乎是一切旅游过程都不可缺少的内容，有时更是全部旅游活动的核心内容。无论是“水光潋滟晴方好，山色空朦雨亦奇”的西湖美景，还是“大漠孤烟直，长河落日圆”的塞外风光，以及多姿多彩的文物古迹、民族风情、美食佳肴等，都无不具有观赏价值。观赏性是构成旅游资源吸引力的最基本要素。观赏性影响旅游资源的品质，一般来说，旅游资源的观赏性越强，对旅游者的吸引力就越大。例如，我国的万里长城、秦始皇陵及兵马俑、桂林山水，埃及的金字塔，古罗马的斗兽场，法国的埃菲尔铁塔，日本的富士山，美国的自由女神像等，都因观赏性较强，成为世界著名的旅游资源。

由于观赏性的基础地位，美学价值一般作为重要的开发内容。从一定意义上说，旅游资源的开发就是将资源中蕴涵的美充分体现出来，使游人能够察觉、享受，并在这一过程中发现美、提高美、创造美，从而产生愉悦感。旅游资源审美是指作为主体的旅游者对作为客体的旅游资源进行美学意义上的关照（感知和体验）、鉴赏和探求等，从而得到感官上、情绪上和心灵上的愉悦和满足。

美学效果成为衡量旅游资源开发利用程度及效果的主要标准之一。合理的开发应使旅游者在旅游过程中获得生理、心理两方面美的享受，起到陶冶性情，锻炼意志，树立理想，提高素质、培养情趣的作用。

由于旅游者性格、气质及审美能力、水平的差异，以及自然旅游资源和人文旅游资源的美感、丰度、价值、结构和布局因时因地的不同，旅游资源欣赏也是多层次和多样性的。首先我们要了解，自然旅游资源和人文旅游资源的审美特征和方法，认识美，欣赏美，才能开发美。

第一节　自然旅游资源的审美特征

旅游资源是指那些能使人们产生美感或爱好的、由各种地理环境或生物构成的景观。而自然旅游资源则是指那些能使人们产生美感或爱好的、由于各种地理环境或生物构成的自然景观。大自然是非常神奇的，人们在欣赏自然的时候所产生的一种愉快的心理体验就是审美。

一、形象美

旅游景观构成中最基本、最关键的因素形态是自然旅游景观的空间呈现形式的外在表现，主要由景观物体的线条、大小、高低、造型等要素组成。形态是景观的美学元素，是自然旅游景观形式美的最基本、最单纯、最直接、最外显的审美语言符号。景观形态美是旅游审美主体第一时间的第一审美知觉。

（一）雄

雄壮美是巨大的力的展示，具有动人心魄的气势，能够引发人们由衷的赞叹和敬仰。如浩瀚的海洋、汹涌的江河、“天下之雄”的泰山，都会使人产生仰慕敬畏之情。景观形势表现为高大壮阔、结构庞大、线条粗犷、数量众多、体积宏伟。景观在气势上表现为厚重雄宏，博大威严，磅礴壮观。东岳泰山以雄浑著称，素有“泰山之雄”的美誉，奉为“五岳之尊”。

（二）奇

奇特美既是自然界鬼斧神工创造出来的奇思巧构的体现，又是珍稀景观、特异资源的互相配合构成出人意料的情景。它能给人一种意外之喜，使人产生异乎寻常的审美感受。“天下之奇”的黄山，奇松千姿百态，怪石妙趣横生，云海变幻无穷，温泉益寿延年，令人心摇神荡。黄山堪称是我国名山奇特的代表，“黄山之奇”在于“奇松、怪石、云海、温泉”四绝，堪称“天下第一奇山”。明代旅行家徐霞客曾发出“五岳归来不看山，黄山归来不看岳”的惊奇感叹。

（三）险

险峻美是一种立体的张扬扩散的美，是异常咄咄逼人的美。由于客体的险峻危及主体的安全感，所以由险峻激发的美感也就更加淋漓尽致。“天下之险”的华山、黄山的“鲤鱼背”、“三根马尾吊半空”的浑源悬空寺等堪称“险”的代表，正是它们所体现出的险峻美的魅力，吸引众多“知其险却慕名而来”的游客，去充分展示“无限风光在险峰”的人生境界。“华山天险”已久负盛名，鸟瞰华山，犹如一方天柱拔起于秦岭诸峰之中，四壁陡立，几乎与地面成九十度角。黄山的天都峰、九华山的天台、峨眉山峨眉金顶也都富于险峻美。另外，一些常被称为“一线天”的既窄又深的峡谷，从峡中仰望，二壁撑天，视域狭窄，寒气逼人，加之谷底河水湍急、咆哮，呈现出一种险峻美。险峻美具有独特的魅力。五岳中，华山以天下险而著称。

（四）秀

秀丽与雄伟形成鲜明的景观形象对比。秀丽美是主客体化解冲突、相互抚慰、情景交融的审美过程，人们常会因秀美而释怀，体会甜美温馨的旅行生活。“天下之秀”的峨眉山、“如情似梦”的桂林山水、“淡妆浓抹总相宜”的杭州西湖，秀丽妩媚，令人陶醉。秀丽景观一般气候条件好，植被覆盖地表，溪流潺潺，山水交融。我国南方山水因雨量充沛，植被葱郁，呈现出一种富有生机的美，大多带有“秀丽”的特色，如黄山的奇秀，雁荡山的灵秀，庐山的隽秀，武夷山的神秀，峨眉山的雄秀，桂林山水的清秀。

（五）幽

幽深美是富于理性力度的宁静，是隐含深刻意味的旷远，是特殊氛围对人们情感世界的征服，自然旅游资源的幽深美有迂回曲折、“移步换景”之妙，而无一览无余之坦。“天下之幽”青城山、雁荡山筋竹涧、峨眉山黑龙江栈道，就是以幽取胜。富春江层峦叠嶂，迎山送水，移步换景，如入画中。长江三峡两岸悬崖绝壁，峡谷曲折幽深，气势磅礴，举世无双，巫山十二峰林立，犹如绵延不断、曲折迂回的画廊。

（六）旷

旷远美把美的视线放平放宽，欣赏荡旷高远的山水景观。旷远美具有雄浑、博大、深沉、单纯而富有变化之势，能使人们产生心旷神怡的审美感受，使人心胸开阔，心情豁达。杜甫的“会当凌绝顶，一览众山小”，范仲淹的“衔远山，吞长江，浩浩荡荡，横无际涯”，古诗“天苍苍，野茫茫，风吹草低见牛羊”，还有杜甫的“无边落木萧萧下，不尽长江滚滚来”，王勃的“落霞与孤鹜齐飞，秋水共长天一色”等，所描写的均是旷远美的景色。

（七）野

野即通常所谓天然未凿、富有野趣、古朴等。举凡能产生“野”的事物，必须是纯属自然，妙境天成，“天然无雕饰”，或保持较古朴而少受现代文明影响者。例如王维的《使至塞上》“大漠孤烟直，长河落日圆”；无名氏的《水调歌》“平沙落日大荒西，陇上明星高复低”等，是大漠荒原之野；李华的《春行即兴》“芳树无人花自落，春山一路鸟空啼”，是山林之野；李白的《送友人入蜀》“见说蚕丛路，崎岖不易行；山从人面起，云傍马头生”，是深山之野；岑参的《走马川行奉送封大夫出师西征》“君不见走马川，雪海边，平沙莽莽黄入天；轮台九月风夜吼，一川碎石大如斗，随风满地石乱走”，是边塞之野。还有美人天生丽质、村姑淳朴无娇，性格质朴、憨厚等，也常可称为“野”。现代文明的负面影响使人们产生了强烈的“重返大自然”的渴望，故当今野趣更成了人们追求的目标。野趣富有自在之情，自由之趣，苍凉之慨，悲壮之叹，使人童心不泯，使人率真磊落，人处此境会很自然地抛开社会生活中的等级高低、贫富差别等妨碍人们交往的观念。故探险旅游、访古旅游、采集旅游、自然保护区旅游、森林旅游、绿色旅游、野营野炊旅游等日益兴旺。

二、色彩美

色彩是旅游景观进入人们审美世界的第一感觉，是获取形式美感不可缺的要素。色是物的基本属性之一，凡物有其形即必有其色。山水草木，鸟兽虫鱼，朝辉夕阳，虹霓海市，矿物宝石，建筑和服饰，工艺美术，无不以其色彩而引人注目，有些还是主要吸引力之所在。色彩美又是人们最易感受而无需其他条件限制的一种美。比起形态来，色彩的审美意味更浓、更普遍、更复杂、更具有独立的审美价值。自然风景中的色彩美主要是由树木花草、江河湖海、烟岚云霞及阳光等构成，万象纷呈，极其丰富。五彩缤纷的自然色彩，最易于被人们直观地感受，给旅游者带来欢乐和幸福，带来赏心悦目的美感，乃至令人振奋和神往。

例如，水体的色彩的多变。水体的物理性能无色透明，但由于所含矿物质及水体自身的洁净程度不同，或受阳光、天色等因素的影响会呈现出不同的色彩。九寨沟的水、植物、动物、茎、叶、果、花、毛都有不同的色彩，形成了五彩缤纷的旅游景观。

自然景观四季的色彩美归纳为春翡、夏翠、秋金、冬银。天象景观充满了色彩美的神奇，主要有霞光、月色、佛光等。岩石的地理生成条件不同，也会呈现出黄、褐、红等多种色彩，如武夷山为典型的红色丹霞地貌。

从心理学角度讲，不同的色彩给人以不同的感觉：红、橙、黄给人温暖、运动和膨胀的感觉，青、蓝、绿、紫给人寒冷、遥远、静止与收缩之感。色彩既是旅游景观的外在表现，又是旅游审美主体重要的审美心理因素，这双重原因决定着色彩在旅游景观构美要素中的重要作用。

三、动态美

世间万物都无不在运动。无论人的眼睛是否能够察觉，或是在个人的一生中是否有机会察觉。月换星移、云岫飘忽、江河奔腾、百兽出没、花木摇曳、车驶舟行、生命演替乃至大陆升降、岩石风化，这些都是运动。运动有相对性，云飞而山摇，车行而地转，就是明显的例证。这是其空间位置相对变化的结果。有时相互间的空间位置并未改变，即一般所谓静止的物体，也能够产生动态。例如，由于地壳和岩浆运动造成倾斜的岩石“层理”（如武夷山的“五马奔朝”）或岩柱，风化作用形成的“风动石”，由于岩石纹理与植物共同组成的某种形态（如桂林漓江沿岸的“九马画山”），某些绘画和雕塑品，中国建筑中的飞檐等，都给人以动感。它们共同的特点是都打破了平衡的规律。庐山瀑布、黄果树瀑布，静中有动，动中有静。山为水动，水为山转。飞瀑、流水、风吹林动、流水飘烟、飞禽走兽等都使自然景观展示出动态美。动态美使人活泼、有朝气，激励人进取。

四、朦胧美

自然景观的朦胧美是一种特殊的意境美。朦胧美滋生于审美主体和审美客体的两方面。烟、雨、云、雾以及晨曦、暮霭都使自然景观呈现出朦胧美。因为照明强度较弱、距离较远、能见度较低或被其他事物半遮半掩所造成的虚无缥缈、似有若无的形象而产生美感。它同上述各种美感不同，上述各种美感都属于人们看得真、听得切、嗅得到、感受非常确切而产生的美感，而朦胧美则属于对象隐隐约约、半为感受半为想象而产生的美感。此种朦胧景观固然使人不能一览无余，不能看清观赏对象的细节，但也因而掩饰了其某些不足，丰富了景物层次，加强了纵深感，产生了动态美，尤其是给人留下了充分想象的余地，使一切更为生动活泼。苏轼认为杭州西湖不仅“水光潋滟晴方好”，周围一切历历在目，而且“山色空濛雨亦奇”，在烟雨朦胧中，一切都变得虚无缥缈，披上一层神秘奇妙的轻纱，所以更像那美丽无比的西施了。杜牧的《泊秦淮》“烟笼寒水月笼沙，夜泊秦淮近酒家”，王维的《汉江临眺》“江流天地外，山色有无中”，秦观的《踏莎行·郴州旅舍》“雾失楼台，月迷津渡，桃园望断无觅处”等所描写的都是朦胧景物之美。“卢沟晓月”为“燕京八景”

之一，其特色即是于月色朦胧中的卢沟桥最美，也正同游子的离情别绪相吻合。宋代画家郭熙在《林泉高致》中曾云：“山欲高，尽出之则不高，烟霞锁其腰则高矣；水欲远，尽出之则不远，掩映断其脉则远矣。”这是在自觉地运用朦胧美的效果。漓江美，而晨雾暮霭和烟雨迷蒙中的漓江更美。贺敬之将漓江描写为云中的神、雾中的仙。朦胧美最能引发人的想象力，使人思维活跃，启迪人的创造能力。

第二节　人文旅游资源的审美特征

人文旅游资源美泛指劳动创造的一切美好事物，它区别于自然景观美，又以自然美为素材、背景、陪衬、对象，往往是自然美和人工美的有机结合。人文旅游资源的美包含着人类文明的一切成就，是社会美和艺术美的有机结合，是真、善、美的统一。

一、历史价值美

人文旅游景观是历史的承载，反映着历史的面貌和演变、历史的差异、重大的历史事件、重要的历史人物、典型的历史遗存等。人文旅游资源是人为有意识活动的产物，是人类历史文化的结晶。古代中国是人类最早和最主要的发源地之一，曾经创造出辉煌灿烂的中华文明。悠久的历史、灿烂的文化使得中国人文旅游景观在世界文明史中占有特殊而崇高的地位。指南针、造纸术、印刷术和火药是中国著名的四大发明，是中华文化对世界文明的杰出贡献。万里长城和京杭大运河是世界上举世无双的伟大工程，是中华文化源远流长的象征。其他如古文化遗址、古都城、古建筑、古陵墓、古园林、古寺庙、古壁画以及灿若星辰的古文物等无不向世人诉说着岁月的沧桑和中华民族历史的悠久。

二、特色文化美

无论是自然景观还是人文景观，之所以能够给旅游者强大的震撼和吸引力，最根本的原因就在于它们无不打上了人类文化的“烙印”。但相比之下，人文景观的文化内涵更为明显、丰富而深刻。人文旅游资源是人类长期实践和创造的结果，是人类历史文化的产物或现代文明的结晶，是艺术家创造性劳动的产物。和普通实际生活的美相比，它具有更高、更强烈、更集中、更典型和更理想的特点，其审美意向和深刻蕴含是十分明显的。以中国古代建筑为例，北京的故宫是封建时代象征最高统治者无上权威的建筑群，它是以统治者“非壮丽无以重威”的思想为指导而建造起来的，其突出特点是森严、封闭而崇高。身处此地，建筑、雕塑、绘画连同历史册页都会与人们进行娓娓的对话，并满足不同层次的人们的各种审美要求。这便是特色文化的震撼力量，它不是其他的建筑所能代替的，它的特有性只属于古代中国。又如，万里长城是人类建筑史上罕见的古代军事防御工程，它以悠久的历史、浩大的工程、雄伟的气魄著称于世。虽然它在今天已失去了抵御外敌的作用，但它却象征着中华民族坚不可摧永存于世的意志和力量。北京的四合院更是中国传统文化的产物，它是几世同堂理想生活模式的典范，是忠孝伦理观念的物质表现形态。这些都是中国传统特色文化的体现，离开文化特色，它们就没有任何审美价值了。所以，不同国家、不同地域、不同民族的人文景观都是以其文化特色而取胜的。也正因为如此，人文景观的最重要的审美特征就是文化特色美。

三、独特意境美

意境，亦称为境界，是中国美学中一个重要的审美概念。我国人文旅游资源独特意境的构成，往往同时具有礼教的、自然的和宗教的三位一体的成分。它们或以有形表现无形，以物质表现精神；或以有限表现无限，以实境表现虚境；或小中见大、大中见小等。它们能最大限度地引发人们的共鸣和联想，使有限的具体形象和想象中的无限丰富形象结合起来，使再现真实景致与它所暗示、象征的虚境融为一体。人文景观往往因地而异，因时而变。不同的人文景观，具有不同的独特意境。置身故宫，感受到的是厚重的历史所承载的至高权威兴衰的曲折过程，但这一建筑群落严格的礼制秩序又以中轴对称的排列方式、前朝后寝的布局形制和墙面柱门的深红颜色显示出庄严、肃穆的气氛，足以引发人们沉重而理智的思考。目睹历代碑林，仿佛沐浴在翰墨溢香的殿堂，沉浮于中国书法艺术的时空走廊，而挥洒的疾徐、腾挪的韵致、错置的章法，分明见出各具形态的人格魅力。

四、隐秘幽玄美

人文旅游资源中有许多非常隐秘幽玄的东西，值得我们不断地去钩玄、抉微、探幽，以得其所以。中国人文旅游资源中，渗透着阴阳、五行、天干、地支、八卦、星宿、风水、天人合一等被高度抽象出的、看似非常简单的学问，其实是我们祖先的“文化智慧、科学哲学”发达的表现。解开这个智慧锦囊中蕴藏的“庐山真面目”，会给人们带来理智的提升、文化的滋养、心灵的愉悦、精神的享受。这是一种深层次的审美活动和审美享受。其实在我国众多的人文景观中都可以体味出各自特异的隐秘幽玄之美。例如，陕西的秦始皇陵，规模恢宏，建造不凡，其枕山抵河的位置，其陪葬墓坑的布局，其暗道机关的设置，都神秘莫测。山西平遥的王家大院，拥有山西“紫禁城”之美誉。一所普通农耕人家的宅院，发展到“士者经史传家，农者沃产遗后，工者彻通诸艺，商者逐利湖海”，简直是一部中国封建社会发展缩影的史书。这更不能不让人在这个院落中探其隐秘、究其幽玄，品味这个集建筑学、历史学、社会学、伦理学和语言文学、工艺美术等学科为一体的大型立体巨著。古代的宫殿、衙门，一例朝南开门，关乎风水一说；西汉马王堆的女尸，千年不腐，肌肉尚有弹性，涉及遗体保护的深邃秘方；陕西乾陵的无字碑，一反帝王树碑立传的常规，又是一个很有作为的女皇留给后人的一大谜团。如此等等，都展现着人文旅游资源隐秘幽玄中产生的空灵、睿智、迷离的审美特征。

本章小结

旅游是一项综合性的美的活动，集合自然美、生活美、艺术美于一身，能够最大限度地满足旅游者的审美需求。大自然的鬼斧神工和人类的劳动创造，为我们留下了丰富的具有旅游审美功能的自然资源和人文资源。通过学习自然旅游资源和人文旅游资源的不同审美特征，掌握自然旅游资源和人文旅游资源的评价因素，扩展其美学评价视角，进一步了解地区和国家的自然风光、文化艺术和民情风俗，加深对人类文明的体验，得到更深的美感享受和审美教育。

思考与练习

一、名词解释

旅游资源审美

二、填空题

自然旅游资源形象美表现为雄、奇、险、________、幽和________、________。

三、论述题

举例说明人文旅游资源的审美特征有哪些？

第十四章

旅游资源的调查与评价

学习目标

1. 掌握旅游资源调查的定义，旅游资源评价的定义，三三六评价法，六字七标准评价法，旅游资源评价国家标准，旅游资源调查的内容。

2. 了解旅游资源调查的作用，旅游资源调查的类型。

3. 熟悉旅游资源调查的程序，旅游资源定量评价的方法。

第一节　旅游资源的调查

一个区域旅游资源存量的多少决定其旅游业的发展规模和发展前景。弄清旅游资源的存量，查明可供利用的旅游资源，明晰旅游资源的属性、特色和功能，为旅游资源的科学评价奠定基础，为旅游开发与保护提供科学依据。

一、旅游资源调查的含义

旅游资源调查是指运用科学的方法和手段，有目的、有系统地收集、记录、整理、分析和总结旅游资源极其相关因素的信息资料，以确定旅游资源的存量状况，并为旅游经营管理者提供客观决策依据的活动。

旅游资源调查必须采用科学的方法和手段。旅游资源调查的范围，既包括旅游资源本身，又包括相关的影响因素。旅游资源调查过程即是，收集、记录、整理、分析和总结旅游资源信息资料的过程。旅游资源调查现实的目的就是确定某一区域旅游资源的存量状况，最终为旅游经营、管理、规划、开发、决策提供客观科学的依据。

旅游资源调查是进行旅游资源评价、开发、规划及合理利用保护的最基本的工作。通过调查，可以查明可供利用的旅游资源状况，系统而全面地掌握旅游资源的数量、质量、性质、特点、级别、成因、时代及价值等，为旅游资源评价、旅游资源开发奠定基础。

二、旅游资源调查的作用

（一）描述作用

旅游资源的调查，可以了解一个地区旅游资源的存量状况，摸清旅游资源的家底，掌握旅游资源的类型。对旅游资源的数量、类型、分布范围、面积大小、资源结构、资源品位等信息的全面搜集与描述，有助于全面认识该区域旅游资源的现状，为确定旅游资源的开发导向和旅游业的发展方向提供依据。

（二）诊断作用

旅游资源调查可以认清旅游资源的空间特征、时间特征、经济特征、文化特征等，以及各种特性形成的环境和成因、旅游资源的功能价值，尤其是旅游资源的时代变异性。

（三）预测作用

旅游资源调查可以充实和完善旅游资源信息系统，为旅游预测、决策奠定基础。旅游预测建立在旅游资源调查的基础上，以调查的信息数据资料为依据，对未来不确定事件或难以确定的事件有所估计。

（四）管理作用

旅游资源调查可以比较全面地掌握旅游资源开发、利用和保护的现状，有利于推动区域旅游资源的管理工作，从而制定切实可行的旅游资源保护措施。

（五）效益作用

旅游资源调查可以了解旅游资源产生的经济效益、社会效益和生态效益，这个过程本身就是旅游资源效益功能的体现。

第二节　旅游资源调查类型与内容

一、旅游资源调查类型

（一）按旅游资源调查需解决的问题划分

1．旅游资源概查

这是指对旅游资源的概略性调查或探测性调查。

2．旅游资源普查

这是指对旅游资源开发区的各种旅游资源及其相关因素进行综合调查。

3．旅游资源详查

这是指将概查和普查提出的结果，经过筛选，确定一定数量高品位、高质量的旅游资源景观作为开发对象，针对这些开发对象进行更详细的实地勘查。

（二）按旅游资源调查的不同对象划分

1．典型调查

根据旅游资源调查的目的和任务，在对被调查对象进行全面分析的基础上，有意识地选择一个或若干个具有典型意义或者代表性的单位进行调查研究。

2．重点调查

在调查对象中选择一部分对全局具有决定性作用的重点单位进行调查，以掌握调查对象总体基本情况的调查方式。

3．抽样调查

按照调查任务确定的对象和范围，从全体调查总体中抽选部分对象作为样本进行调查研究。

二、旅游资源调查的内容

（一）旅游资源环境调查

1．自然环境调查

（1）**调查区概况**　包括调查区名称、所在区行政归属、范围和面积、中心位置与依托城市。

（2）**地质地貌要素**　调查区岩石、地层、地质构造、地形地貌的分布特征、发育规律和活动强度，对调查范围的总体地质地貌特征有一个全面概括和了解。

（3）**水体要素**　调查区地表水与地下水的类型和分布，季节性水量变化规律和特征，可供开采的水资源，已发生和可能发生的水灾害及其对旅游资源的不利影响等。

（4）**气象气候要素**　调查区的年降雨量及其分布，气温、光照、湿度及其变化，大气成分及其污染情况，气候类型、特色及其变化规律等。

（5）**动植物要素**　调查区动物和植物特征与分布，具有观赏价值的动物和植物的类型和数量，特定生存环境下存在的珍稀动物和植物，调查其分布数量、生长特性和活动规律，可供游人观赏的客观条件和防护措施等。

2．人文环境调查

（1）**历史沿革**　主要了解调查区的发展历史，包括建制形成，行政区划的调整，曾经发生的历史事件，重要名人及其活动、经历对当地历史景观的影响。

（2）**经济环境**　主要了解调查区的经济特征和经济发展水平，包括经济简况、国民经济发展状况、国民生产总值、工农业生产总值、国民收入、人口与居民、居民收入水平、消费结构与消费水平、物价指数与物价水平、就业率与劳动力价格等。

（3）**社会文化环境**　主要了解调查区学校、邮电通信、医疗环卫、安全保卫、民族分布、职业构成、受教育程度、文化水平、宗教信仰、风俗习惯、社会审美观念、价值观念等情况。

3．政策法规环境调查

主要了解调查区内影响和制约旅游资源开发、管理的有关方针、政策，包括地区经济政策的连续性与稳定性、社会经济发展规划、对外政策的调整变化、旅游机构的设置变动，以及资源法、旅游法、环境保护法、旅游管理条例和旅游管理措施等的执行情况。

（二）旅游资源存量调查

1．类型调查

按一定的分类标准，将调查区内的旅游资源分类归并，以便更加明晰地认识旅游资源。

一般以国家旅游局制定的《旅游资源分类、调查与评价（GB/T 18972—2003)》为依据。

2. 特征调查

对调查区内各类旅游资源的特点、特性调查，同时进一步根据不同特征，按照国家旅游局规定的155个基本类型进行分类和特征描述。

3. 成因调查

调查区内各种不同类型的旅游资源，尤其是富有当地特色的旅游资源，在开展资源调查时，要了解其形成原因、发展历史、存在时限、利用的可能价值、自然与人文相互依存的因果关系。

4. 规模调查

调查包括资源类型的数量、分布范围和面积、各级风景名胜区、文物保护单位、自然保护区、森林公园等。

5. 组合结构调查

了解调查区旅游资源的组合结构，包括自然景观与人文景观的组合、自然景观内部的组合、人文景观内部的组合。

6. 开发现状调查

旅游资源包含已开发态、待开发态和潜在态3种形态。调查开发现状包括旅游资源现在的开发状况、项目、类型、时间、季节、旅游人次、旅游收入、消费水平，以及周边地区同类旅游资源的开发比较、开发计划等。

（三）旅游要素调查

1. 交通调查

交通调查包括公路、铁路、水路、航空交通状况，旅游汽车、出租车、景点缆车、高架索道、观光游船等设施，车站、码头、港口的数量和质量，交通工具与景区的距离、行程时间、路面质量、运输承受能力等。

2. 住宿调查

住宿调查包括饭店、旅馆、汽车旅馆、供膳寄宿旅馆、别墅、农舍式小屋、度假村、野营帐蓬、游船旅馆等多种住宿设施的规模、数量、档次、功能、分布情况、接待能力、床位数、房间数、客房出租率、营业收入、固定资产、利润总额等。

3. 餐饮调查

餐饮调查包括餐馆的规模、数量、档次、分布情况、名特小吃、特色菜品、卫生状况和服务质量等。

4. 其他服务设施调查

其他服务设施调查包括零售商店、购物中心、购物广场、旅游商品专卖店与专柜、高尔夫球场、影剧院、影视厅、音乐厅、娱乐中心、艺术中心、理发美容厅、咨询中心、会议中心、邮电通信、医疗服务、保险业务等的数量、分布、服务效率、服务人员素质、服务频率等。

（四）旅游客源市场调查

1. 旅游者数量调查

调查外国人、华侨、港澳台同胞、国内本土游客和外地游客的数量、国籍、年龄、性别、职业、入境方式、分布地区与民族类别等。了解最大和最小日客流量、月客流数、季客流量和年游客数量。了解游客滞留时间、过夜人数、自费与公务旅游的比例、团队与散客旅游的比例等。

2. 旅游收入调查

调查统计旅游者在吃、住、行、游、购、娱等方面的消费构成，人均日消费，最高与最低消费比例，调查日、月、季、年的旅游收入，海外游客创汇收入，国内游客旅游收入，以及旅游收入在当地国民经济中的比重、产生的社会贡献率等。

3. 旅游动机调查

调查包括健康运动消除紧张与不安的欲求，满足求知欲望的文化动机，探亲访友的交际动机，体现自尊、获取个人成就和为人类贡献的地位和声望动机等。

第三节 旅游资源调查程序与方法

一、调查程序

（一）调查准备阶段

明确调查问题→确定调查目标→调查方案设计→制订调查工作计划。

（二）调查实施阶段

1. 收集第二手资料

第二手资料是指为其他目的和用途而制作、收集的证据、数字、图件和其他现成的信息资料，但能为目前的旅游调查项目所利用。

2. 收集第一手资料（实地调查资料）

收集第一手资料包括概略调查、系统调查、详细勘查。

（三）旅游资源调查整理分析阶段

1. 整理资料

1）对资料进行鉴别、核对和修正，审查资料的适用性和准确性，剔除有错误的资料，并补充、修正资料，使其达到完整、准确、客观、前后一致。

2）应用科学的编码、分类方法对资料进行编码与分类，以便于分析利用。

3）采用常规的资料储存方法或计算机储存方法，将资料归卷存储，以利于今后查阅和再利用。

2. 分析资料

经过整理后的资料、数据和图件，应能表示某种意义，只有通过调查人员的分析解释，才能对资源调查项目产生作用。

3. 编写旅游资源调查报告

报告由标题、目录、概要、正文、结论与建议、附件几个部分组成。

第四节 旅游资源评价

一、旅游资源评价的概念

旅游资源评价是指以开发旅游为目的，依据旅游资源的分类标准和统一的评价体系对旅游资源单体本身进行的评价，从而确定开发的机会与约束。它是根据一定的要求选择评价指标因子，运用一定的科学方法对旅游资源价值进行评判和鉴定的过程，是旅游资源调查的进一步深化与延伸。

二、旅游资源评价的目的

1）对旅游资源类型、规模、结构、质量、功能和性质的评估，为旅游区的开发、规划和建设提供科学依据。

2）对旅游资源规模品位的鉴定，为国家和地区进行旅游资源分级规划和管理提供系统资料和判断对比标准。

3）对区域旅游资源的综合评价，为合理利用资源，发挥整体效应、宏观效应提供经验，为确定不同旅游地的开发建设时序提供依据。

三、旅游资源评价的方法

（一）旅游资源评价国家标准

2003 年国家旅游局颁布了，中华人民共和国国家标准 GB/T 18972－2003《旅游资源分类、调查与评价》标准，成为旅游资源分类、调查、评价的国家标准。

1. 评价体系

按照国标的评价标准，评价体系中设 3 大“评价项目”和 8 项“评价因子”（图 14-1）。具体赋分标准见表 14-1。

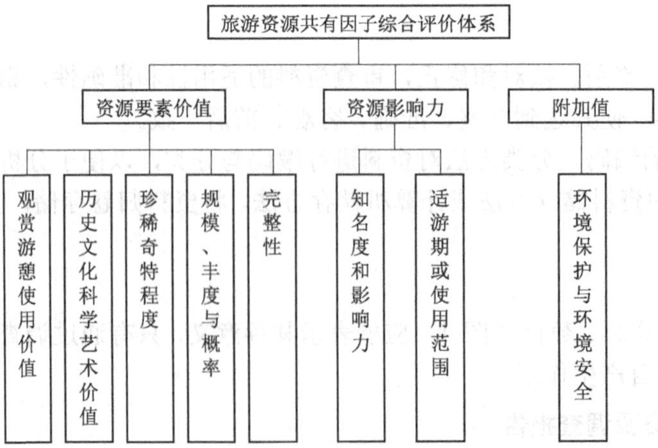

图 14-1 旅游资源共有因子综合评价体系

表 14-1　旅游资源评价赋分标准

评价项目	评价因子	评价依据	赋值
资源要素价值（85分）	观赏游憩使用价值（30分）	全部或其中一项具有极高的观赏价值、游憩价值、使用价值	30～22
		全部或其中一项具有很高的观赏价值、游憩价值、使用价值	21～13
		全部或其中一项具有较高的观赏价值、游憩价值、使用价值	12～6
		全部或其中一项具有一般观赏价值、游憩价值、使用价值	5～1
	历史文化科学艺术价值（25分）	同时或其中一项具有世界意义的历史价值、文化价值、科学价值、艺术价值	25～20
		同时或其中一项具有全国意义的历史价值、文化价值、科学价值、艺术价值	19～13
		同时或其中一项具有省级意义的历史价值、文化价值、科学价值、艺术价值	12～6
		历史价值，或文化价值，或科学价值，或艺术价值具有地区意义	5～1
	珍稀奇特程度（15分）	有大量珍稀物种，或景观异常奇特，或此类现象在其他地区罕见	15～13
		有较多珍稀物种，或景观奇特，或此类现象在其他地区很少见	12～9
		有少量珍稀物种，或景观突出，或此类现象在其他地区少见	8～4
		有个别珍稀物种，或景观比较突出，或此类现象在其他地区较多见	3～1
	规模、丰度与概率（10分）	独立型旅游资源单体规模、体量巨大；集合型旅游资源单体结构完美、疏密度优良；自然景象和人文活动周期性发生或频率极高	10～8
		独立型旅游资源单体规模、体量较大；集合型旅游资源单体结构很和谐、疏密度良好；自然景象和人文活动周期性发生或频率很高	7～5
		独立型旅游资源单体规模、体量中等；集合型旅游资源单体结构和谐、疏密度较好；自然景象和人文活动周期性发生或频率较高	4～3
		独立型旅游资源单体规模、体量较小；集合型旅游资源单体结构较和谐、疏密度一般；自然景象和人文活动周期性发生或频率较小	2～1
	完整性（5分）	形态与结构保持完整	5～4
		形态与结构有少量变化，但不明显	3
		形态与结构有明显变化	2
		形态与结构有重大变化	1
资源影响力（15分）	知名度和影响力（10分）	在世界范围内知名，或构成世界承认的名牌	10～8
		在全国范围内知名，或构成全国性的名牌	7～5
		在本省范围内知名，或构成省内的名牌	4～3
		在本地区范围内知名，或构成本地区名牌	2～1
	适游期或使用范围（5分）	适宜游览的日期每年超过300天，或适宜于所有游客使用和参与	5～4
		适宜游览的日期每年超过250天，或适宜于80%左右游客使用和参与	3
		适宜游览的日期超过150天，或适宜于60%左右游客使用和参与	2
		适宜游览的日期每年超过100天，或适宜于40%左右游客使用和参与	1
附加值	环境保护与环境安全	已受到严重污染，或存在严重安全隐患	–5
		已受到中度污染，或存在明显安全隐患	–4
		已受到轻度污染，或存在一定安全隐患	–3
		已有工程保护措施，环境安全得到保证	3

2．计分与等级划分

（1）计分　根据对旅游资源单体的评价，得出该单体旅游资源共有综合因子评价赋分值

（2）**旅游资源评价等级指标** 依据旅游资源单体评价总分，将其分为5级，从高级到低级为：

五级旅游资源，得分值域≥90分。

四级旅游资源，得分值域75～89分。

三级旅游资源，得分值域60～74分。

二级旅游资源，得分值域45～59分。

一级旅游资源，得分值域30～44分。

此外还有：

未获等级旅游资源，得分值域≤29分。

其中：五级旅游资源称为“特品级旅游资源”；五级、四级、三级旅游资源被通称为“优良级旅游资源”；二级、一级旅游资源被通称为“普通级旅游资源”。

（二）其他评价方法

旅游资源评价的方法较多，目前在旅游资源普查阶段使用国家标准的情况较多，但在旅游规划中对于资源的评价，国标的指标体系较粗，实际使用的较少。但无论规划中使用何种评价方法，均无法脱离两个方法体系，即定性评价和定量评价。

1．定性评价

定性评价法使用广泛，形式多样，内容丰富，是在旅游资源调查的基础上，根据调查者的印象所做的主观评价，多采用定性描述的方法，评价的结果主要与评价者的经验与水平有关，因此也称为经验评价法。

该方法简单易行，对数据资料和精确度要求不高，但不可避免地存在结论的非精确性和推理过程的相对不确定性。

定性评价法主要有“三三六”评价法和“六字七标准”评价法。

（1）三三六评价方法 该方法包括三大价值、三大效益和六大条件。

1）“三大价值”是指旅游资源的历史文化价值、艺术观赏价值、科学考察价值。

① 历史文化价值：属于人文旅游资源范畴。评价历史古迹，要看它的类型、年代、规模和保存状况及其在历史上的地位。例如，河北省的赵州桥，外观很平常，但它是我国现存最古老的石拱桥，也是我国古代四大名桥之一，在世界桥梁史上占有重要的地位，因而有较大的历史文物价值。古迹的历史意义是评价历史文物价值的主要依据。我国公布的国家级、省级、地区级、县级重点文物保护单位，就是根据它们的历史意义、文化艺术价值而确定的。一般说来，越古老、越稀少、越珍贵、越出于名家之手，其历史意义越大。

② 艺术观赏价值：主要是指客体景象艺术特征、地位和意义。自然风景的景象属性和作用各不相同。其种类愈多，构成的景象也愈加丰富多彩。主景、副景的组合，格调和季相的变化，对景象艺术影响极大。若景象中具有奇、绝、古、名等某一特征或数种特征并存，则旅游资源的景象艺术水平就高，反之则低。例如，华山以险为绝，泰山以雄为奇，庐山瀑布最著名。评价时有三种比较方法值得注意：一是地方色彩的浓郁程度，即个性的强弱程度；二是历史感的深浅；三是艺术性的高低。旅游地学家要善于运用上述原则，确定其艺术观赏级别和价值。

③ 科学考察价值：是指景物的某种研究功能，在自然科学、社会科学和教学上各有什

么特点，为科教工作者、科学探索者和追求者提供现场研究场所。我国有许多旅游资源在世界和中国具有高度的科学技术水平，获得了中外科学界的赞誉。例如，北京在旅游资源方面，不仅数量居全国各大城市首位，而且许多旅游资源是全世界、全国最富科学价值的文物古迹。据统计，北京居世界第一位的旅游资源有 7 项，居中国第一位的有 42 项。其中属全国重点文物保护单位的 24 项，市级 165 项，县级 450 多项，清查登记的文物 7 309 项。这些旅游资源，科技价值涉及数十个专业，可供国家从事不同专业的科教工作者作为研究考察的对象。由于这一原因，国内外许多名家对它作了高度的评价，如称其为“中国 24 个历史文化名城之首”“地球北纬 40° 地带经历 3000 年而不衰的都城”“北京古城设计匀称明朗，是世界奇观之一，是一个卓越的纪念物，一个伟大文明的顶峰”“北京是地球表面上人类最伟大的个体工程”“北京是世界上最富有魔力的三个城市之一，是记录时代的城市”“北京是我国旅游资源荟萃之都，是中国古文化的一部百科全书，是一座中外难得的历史文化宝库，是世界任何大城市都无与伦比的”。

2）“三大效益”是指经济效益、社会效益和环境效益。经济效益主要包括风景资源利用后可能带来的经济收入。这种评估必须实事求是，不能夸大和缩小。因为它是风景区开发可行性的重要条件。社会效益是指对人类智力开发、知识储备、思想教育等方面的功能。它可以带给游人哪些知识、赋予何种美德，这些都需要进行科学的评价。环境效益是指风景资源的开发，是否会对环境、资源导致破坏。旅游地理学家可以通过综合考察，分析各种利弊条件，对旅游资源的环境效益作出评估。

3）“六大条件”是指旅游资源的开发，必须建立在一定的可行性的条件基础上。这些条件最重要的是 6 个方面：

① 地理位置及交通条件：地理位置是确定景区开发规模、选择路线和利用方向的重要因素之一。它不仅影响风景的类型和特色，还影响旅游市场客源。旅游区的开发工作，绝不能只考虑其景观特色。因为旅游景观虽好，而地理位置太偏远，路途交通费用过大，时间过长，也会直接影响旅游客源市场。例如，漠河旅游区的观览最佳时间是在夏至前后短暂的几天，游人相对比较集中，但数量不会很多。北海旅游区，可以长年举办旅游活动，旅游规模和条件比黑龙江漠河要优越，但因离我国最大的客源市场相距甚远，故旅游活动比外国游客进出我国比较方便的广州、海南会略逊一筹。嘉峪关的地理位置和交通条件比漠河、北海好，所以到此观光的游客也比较多。以上三地及其地理位置、交通条件的比较，使人们进一步认识到，旅游点的“可进入性”很大程度取决于优越的地理位置和方便的交通。一个旅游区景色再美，但交通不便，行程困难，那也很难招徕很多游客。可见地理位置和交通条件是评价旅游区开发的首要条件之一。

② 景象的地域组合条件：是评价旅游资源又一重要指标。风景名胜固然驰名，但地域组合分散，景点相距遥远，或位置偏僻，交通不便，可进入性差，就大大降低了它的旅游价值，也影响了它的开发程序。例如，桂林之所以成为著名的旅游区，就是因为桂林的风景点相对地比较集中，又有漓江环绕，山水组合成浑然一体的风景区，加上可入性条件好，故桂林旅游资源观赏价值高。四川兴文地区，是我国新发现的“石林洞乡”，岩溶风光很美，但位置偏远，交通不便，景点分散，又缺乏像漓江那样联系各景点的水上交通线，人们从东部地区进入，需要花费较多的时间与旅费，从而影响了它的旅游价值。

③ 景区旅游容量条件：旅游环境容量，是指开发地的容人量（人/平方米）和容时量

（小时/景点）。旅游单位面积所容纳的游人数量为容人量，它是风景区的用地、设施和投资规模在设计时的依据。容时量是指景区游览时所需要的基本时间，它体现了风景区的游程、内容、景象、布局和建设时间等内容。旅游资源越复杂、越含蓄、越有趣味，它的容时量就会越大，相反一目了然的景象，容时量就越小。

④ 市场客源条件：客源数量是维持和提高旅游区经济效益的重要因素，没有最低限度的游人，风景资源再好，也难以开发和利用。所以调查客源及其数量，是评价风景区旅游功能的基本条件之一。

客源市场的调查包括许多内容，如客源地有哪些，最低限客量有多少，游人的年、月、日变化等。评价新开发景区时，可以参考附近同类景区已有的调查统计数字，然后根据本景区的实际情况，提出比较合理的估算报告，从中找出客源市场的某些规律。一般来讲，不同风景区以其景观特色、地理位置、交通条件吸引着不同国度、不同地区、不同年龄和职业的游人，而不同游人的数量，决定着该风景区的市场。具有世界价值和意义的风景区是国际性市场，具有全国价值和意义的风景区是全国性市场，具有本地区价值和意义的风景区是地方性市场。这种市场性质具有其他风景区所不能替代的垄断性。

⑤ 投资条件：财力是旅游资源开发的后盾。一个风景区旅游资源功能再大，但开发工程修筑设施耗费过多，在现有经济、技术条件下一时还无法解决，那么这个风景区就应暂缓开发。如有人提出重建圆明园，从复原保护我国文化遗产，吸引大量国内外游人的角度来看，当然是件好事。但是，圆明园是从康熙到道光五代皇帝，耗费了巨资，修了150年才建成的。在现有的资源和条件下，要复建圆明园，谈何容易。所以开发旅游资源，必须考虑投资条件，也就是从近期或远期能够分别投入多少开发资金。

⑥ 施工条件：旅游资源的开发，还要考虑项目的难易程度和工程量的大小。首先是工程建设条件，如地质、水文等自然条件，它们一般随地随时而变化。其次是基本供应设施条件，包括设施的建设条件、食品供应条件、建筑材料条件等。评价开发难易程度的关键是权衡经济效益，其指标包括数量和时间两个方面。前者是开发工程与投资大小的关系；后者是开发工程与受益早晚的关系。例如，修建景区道路、停车场，就要有一定的场地和土石方工程量，也会有这种或那种技术难关。对风景区的施工方案，必须经过充分的经济技术论证，提出每一项工程的建设技术指标。只有合理地评估施工条件，才能既不浪费资金，又有可行性的施工效益。

（2）“六字七标准”评价法

上海社会科学院的黄辉实提出从资源本身和资源所处环境两个方面对旅游资源进行评价。对旅游资源本身的评价采用六字：美、古、名、特、奇、用。美是指旅游资源给人的美感；古为有悠久的历史；名是具有名声或与名人有关的事物；特是指特有的、别处没有的或少见的稀缺资源；奇表示给人新奇之感；用是有应用价值。

七项标准是指对旅游资源所处环境，采用季节性、环境污染状况、与其他旅游资源之间的联系性、可进入性、基础结构、社会经济环境、客源市场等7个方面进行评价。

2. 定量评价法

定量评价法是指根据一定的评价标准和评价模型，以全面系统的方法，将有关旅游资源的各评价因子予以量化，使其结果具有可比性。较之定性评价，其结果更直观准确。但是定量评价难以动态反映旅游资源的变化，对一些无法量化的因素难以表达，且评价过程较为复杂。定量评价法主要有以下几种方法：

(1) **单途径单因子评价法**　选用某个评价途径的某个指标进行评价的方法即为单途径单因子评价法，这种方法一般多见于对自然旅游资源的评价，特别是对于开展专项旅游活动的评价，如登山、滑雪等尤为适用。

比较有影响的旅游要素的单途径单因子有日本洛克计划研究所的地形适宜性评价、乔戈拉斯的海滩和海水浴场的评价、美国土地管理局的滑雪旅游资源评价、我国的气候的适宜性评价。

(2) **单途径多因子评价法**　选用一个评价途径的多个指标进行评价的方法即为单途径多因子评价法。此法比较简单，在旅游资源类型单一的情况下有较好的评价效果。

(3) **多途径综合评价法**　选用两个或两个以上评价途径的指标进行评价的方法即为多途径综合评价法。此法能对旅游资源进行全面的评价，比单因子评价法更能接近实际情况或者说能降低犯错误的概率，因此建议在条件允许的情况下优先选择多因子评价法。

(4) **因子综合评价法**　该方法首先是给出各个因子的具体指标值，再按照各因子的相对重要性赋予不同的权重，求出总的综合指数值，最后按评价标准划分不同的评价等级。其计算公式为

$$I_{CP}=\sum_{i=1}^{n}\omega_j L_{pij}/n$$

式中，ω_j 为参数的权重；L_{pij} 为某类因子（指标）具体值。根据计算结果，参照相应的评价标准，即可得到评价结果。

(5) **因子加权加和法**　因子加权加和法具有补偿性，个别指标下降会因其他指标上升而使总和不变，故该法仅适用于同类型指标评价。因为如果是进行综合评价或考虑最小限制因子的作用，所有指标中任何一项较低，总评价结果都不可能高，故可采用边乘法来计算。

$$I_{CB}=\prod_{i=1}^{n}I_{BI}^{\lambda j}$$

式中，λj 为参数的权重，BI 为某类因子（指标）具体值，I 为各项总和，根据计算结果，参照相应的评价标准，即可得到评价结果。

(6) **模糊评价法**　该方法是基于模糊数学的理论，给每一个评价因素赋予评语，将该因素与系统的关系用 0～1 之间连续值中的某一数值来表示。其具体工作程序是：建立评价因素集→确定模糊关系→分组综合评价→总体综合评价。

罗成德运用模糊评价法以地表岩石、构造、侵蚀速度、地貌组合、旅游环境、知名度、愉悦感或奇异感 7 项因子对旅游地貌资源进行打分，对峨眉山、张家界等 10 个景区（点）进行评价。

首先，建立聚类因子模糊评分标准，根据旅游地貌资源方程，对 7 个自变量因子赋分；然后对峨眉山、张家界等 10 个景区（点）按 7 个指标分等定分；接着建立模糊相似矩阵，计算模糊等价关系矩阵；最后，进行模糊聚类，对模糊等价关系矩阵取不同置信水平进行聚类，根据不同的取值范围，即可将旅游景区（点）的旅游地貌资源综合评价为若干等级。评价结果如下：一等包括峨眉山、张家界、路南石林、凌云山 4 个景区；二等包括西昌土林、青城山 2 个景区；三等包括弥勒白龙洞、沙湾石林、白云峡 3 个景区；四等包括凤洲岛 1 个景区。

(7) **层次分析评价法**　按照各类因素之间的隶属关系把它们分为从高到低的若干层次，建立不同层次因素之间的相互关系，根据对同一因素相对重要性的相互比较结果，决

定层次各因素重要性的先后次序，以此作为决策的依据。

基本步骤为：建立层次结构模型（划分目标层、准则层、指标层等）→构造判别矩阵（可由客观数据、专家意见或分析者的综合获得）→排序及检验（求上述矩阵的特征根和特征向量）→层次总排序→一致性检验。

(8) **主成分分析评价法** 是将多维信息压缩到少量维数上，构成线性组合，并尽可能反映最大信息量，从而以尽可能少的新组合因子（主成分）反映参评因子之间的内在联系和主导作用，从而判定出客观事物的整体特征。

四、旅游资源评价的程序

旅游资源评价的内容确定后，首先确定各评价因子的权重，其次获得各评价因子的评估值。

（一）确定各评价因子的权重

1．确定评价因子

评价因子的选择与确定是科学评价的关键，因此在选择评价因子时要本着以下原则：①代表性和重要性的原则，选择对旅游资源开发价值有重要影响的因子；②层次性和系统性的原则，明确评价因子的层次关系，并形成一个具有层次网络结构的评价因子体系；③唯一性和区分性的原则，评价因子相互之间应该是并列平行关系，因子不能重叠与兼容，要有唯一性和可区分性。

2．建立评价因子权重系统

旅游资源综合评价的关键和重点就是给评价因子予以恰当的权重值，各评价因子权重的获得，常常采用德尔菲法：可请地理、建筑、经济、旅游管理等有关行业专家，直接咨询其各评价因子的权重值，然后采用所有专家的平均意见为平均因子权重值。此法亦可分为几轮进行，最终得出评价因子结果。也可不要求专家评价出评价因子的权重值，而要求就相对重要性进行比较，给出定性的结论，然后将其量化，运用数学方法处理后获各评价因子的权重值。

（二）旅游资源因子评价

1．评价因子指标分级

根据评价因子的含义及重要性程度，进行模糊等级划分，每一个等级都应有具体描述。

2．评价因子量化打分

评价因子的评分值一般取10分，也可以连续的实数0～10来表示因子分值的变化范围，也可将其划分为不同档次，给予不同分值。

3．计算评价值

对每一因子评价后，进行综合评价值的计算，综合评价值一般取100分。

4．评价等级划分

根据旅游资源评价总分，一般可将旅游资源划分为特品级、优良级和普通级。

五、旅游资源评价的成果

（一）旅游资源评价报告

旅游资源评价报告因旅游资源的类型、评价的目的、评价的方法等的不同而各异，一般情况下其应包括以下几个方面：

（1）**旅游资源评价概况**　包括旅游资源评价的性质、对象及其意义，评价的任务、内容与基本原则，评价工作的技术路线、方法与程序等。

（2）**旅游资源生成环境分析评价**　包括旅游资源所在地的简介、地理位置、自然地理环境、历史文化背景、行政区划及经济社会发展状况。

（3）**旅游资源开发分析评价**　包括旅游资源开发的历史、开发现状、存在的主要问题等。

（4）**旅游资源分类型评价**　按一定的分类体系，分别对不同类型的旅游资源进行详细评价。

（5）**旅游资源地域分布评价**　包括总体分布特征、分类型的分布特征。

（6）**旅游资源等级评价**

（7）**旅游资源类型组合评价**

（8）**旅游资源特色评价**

（9）**旅游资源的旅游功能评价**

（10）**旅游资源开发条件评价**

（二）旅游资源评价图件

主要有旅游资源各类评价图和总评价图。

本章小结

本章主要介绍了旅游资源调查的定义、作用、类型、内容、程序及方法。在此基础上，对旅游资源评价的方法作了阐述，重点介绍了旅游资源评价的国家标准、“三三六”评价法和“六字七标准”评价法。简要介绍了多种定量评价的方法和旅游资源评价的成果。

思考与练习

一、名词解释

1．旅游资源调查

2．旅游资源评价

3．“三三六”评价法

4．“六字七标准”评价法

二、填空题

1．旅游资源调查的作用有描述作用、诊断作用、________________、________________和________________。

2．旅游资源调查按照不同对象分为典型调查、抽样调查、________________。

三、单项选择题

按照旅游资源国家评价标准，旅游资源单体评价总分，从高级到低级将其分为______级。

A．5　　B．4　　C．3　　D．2

四、简答题

1．旅游资源定量评价的方法有哪些？

2．旅游资源评价的目的是什么？

3．旅游资源评价的程序是什么？

五、论述题

运用定性评价法对某一景区进行评价。

第十五章

旅游资源开发

学习目标

1. 掌握旅游资源开发的定义和内容，旅游资源开发可行性研究的内容。
2. 了解旅游资源开发的原则和意义，旅游资源开发的基础理论，旅游资源开发的发展趋势。
3. 熟悉旅游资源开发的模式。

第一节　旅游资源开发的概念、内容、原则和意义

一、旅游资源开发的定义

旅游资源只有通过开发利用，才能成为旅游产品，发挥其经济、文化和社会效益。旅游资源开发是指发挥、提高和改善旅游资源对游客的吸引力，使得潜在的旅游资源优势转化成为现实的经济优势，并使旅游活动得以实现的技术经济活动。它是一种经济技术行为，需要运用一定的技术手段，将各种现实和潜在的旅游资源先后有序、科学合理地组合利用和有效保护，使其永续利用，持续发展，实现经济效益、社会效益和生态效益的协调发展。

二、旅游资源开发的内容

（一）旅游资源由潜在向现实的转化

旅游资源在开发之前，一般都因缺乏现代旅游活动所必需的基本条件而难以开展大规模的旅游接待活动。因此，对旅游资源的开发和建设是客观必要的。这种建设，不仅是指对尚未利用的旅游资源的初次开发，也可以是对已经利用了的景观或旅游吸引物的深度开发。

（二）提高旅游资源所在地的可进入性

在旅游开发中，旅游资源所在地同外界的交通联系及其内部交通条件是非常重要的，

不合理的交通往往会成为一个地方旅游业发展的“瓶颈”。因此，解决进出交通的便利、快捷与舒适是旅游开发首要的基础工作。

（三）建设和完善基础设施和配套设施

旅游基础设施是指当地居民生活所必需的设施，如供水、供电、邮政、排污、道路、银行、商店、医院、治安等。旅游配套设施是指直接为旅游者服务的旅游饭店、旅游商店、游乐场所等。旅游资源开发要求在建设和完善保障当地居民生活所需的基础设施的基础上，建设和完善为旅游者消费所需要的旅游配套设施。

（四）培训人才，完善旅游服务

旅游专业人才是旅游开发的人力资源保障。旅游服务质量的高低在一定程度上会起到增添或减少旅游资源吸引力的作用。因此，旅游资源开发要不断加强和完善旅游服务，并培训能够提供专业服务的人员。

三、旅游资源开发的原则

（一）突出独特性的原则

旅游资源贵在稀有，其质量在很大程度上取决于与众不同的独特性。这是它们能够对旅游者产生吸引力的根本所在。因此，突出旅游资源本身原有的特征，有意识地保存和增强这些特征具有十分重要的意义。这一原则具体体现在：

（1）尽可能保护自然和历史形成的原始风貌。任何过分修饰和全面毁旧翻新的做法都是不可取的。特别是对于自然旅游资源和历史旅游资源来说，这种做法只能削弱它们对旅游者的吸引力。在这个问题上，开发者必须要以市场的价值观念看待开发后的吸引力问题，而不能凭自己的观念意识主观地决定。当然，对于那些虽有记载或传说，但事物遗迹全不存在的历史人文资源，根据史料或传说在原址重新复建则另当别论。然而即使如此，也要注意尽量反映其历史风貌，而不能以现代的建筑材料和建筑风格取而代之。

（2）尽量挖掘当地特有的旅游资源，以突出自己的优越性，即所谓“人无我有，人有我佳”。不论是借用或开发自然和历史遗产，还是新创当代人造旅游资源，都要通过开发措施强化旅游资源的独特性，如某项旅游资源在一定地理范围内最高、最大、最古、最奇等，以确保旅游资源的吸引力和竞争力。

（3）努力反映当地的文化特点。突出民族化、保持某些传统格调也是为了突出自己的独特性，同时也有利于当地旅游形象的树立。旅游者前来访问的重要目的之一就是要观新赏异，体验异乡风情。不难想象，如果开发后的旅游地环境同客源地的情况无大差别，旅客是不大愿意前来访问的。即使来过一次，以后也难再返故地重游，除非会有新的变化。以旅游开发地的建筑风格为例，如果在开发过程中片面追求西方现代建筑式样，那么西方游客来此地后就不会有新异之感。但这并不是说一切只能“土”而不能“洋”，更不是说一切只能“旧”而不能“新”。旅游开发中应突出的民族文化和地方文化主要是指在环境外观上要使其有民族和地方的特点。对于旅游服务设施的内部环境和设施非但不宜“旧”，而且必须要以符合游客的生活习惯并使其具有熟悉感为原则。总之，应力求外“土”而内“洋”，外“旧”而内“新”，使来访游客在精神上有置身于异国他乡的新奇感，在生活上又享有如居故里之便利。

（二）经济效益、社会效益和环境效益相统一的原则

旅游资源开发的目的是发展旅游业，从而达到挣取外汇、回笼货币、解决就业、发展地区经济等目的，实现一定的经济效益。由此，旅游资源的开发首先必须要服从当地社会经济发展的需要。并非所有拥有旅游资源的地区都可以或者都应该发展旅游业。在旅游业所付出的机会成本大于它能带来的收益的情况下，这种开发对当地全局来讲显然是不经济的。其次，在国家或地方决定发展旅游业的情况下，也要根据自己的经济实力和有关开发项目的投资效益预测，分期分批有计划有重点地优先开展某些项目，不能不加选择地盲目开发，更不能不分先后地全面开发。再次，对开发项目投资的规模、建设周期的长短、对游客的吸引力、回收期限及经济效益等方面，进行投入-产出分析。但经济效益并非旅游资源开发追求的唯一目标，在讲求经济效益的同时还要考虑开发活动不能超过社会和环境的限度，否则会造成资源破坏、环境质量下降、社会治安混乱等负面影响，不利于当地旅游业的持续发展。因此旅游资源开发应遵循经济、社会、环境三效益统一的原则。对此，有学者提出旅游资源在开发时必须满足的 8 个条件：

（1）**经济贡献**　旅游资源开发会带来经济价值和就业机会的增加。

（2）**环境因素**　旅游资源开发在环境保护法律和法规允许的范围内。

（3）**社会文化因素**　旅游资源的开发没有危及当地居民的道德和社会生活。

（4）**竞争影响**　旅游资源的开发与现有的旅游业形成互补的形势，而非形成同类旅游资源开发恶性竞争的局面。

（5）**可行性**　旅游资源开发的具体项目必须在经济上可行。

（6）**遵循地方政策和发展战略**　旅游资源的开发必须遵循旅游目的地的政策、法规及规划的要求。

（7）**旅游影响**　旅游资源开发增加旅游目的地的旅游吸引力，改善游客量及其他有益于旅游业发展的条件，增加旅游业发展的潜力。

（8）**开发和经营者的能力**　旅游资源的经营者具备一定的实力。

（三）综合开发的原则

综合开发对不同概念的旅游目的地有不同的意义。对于一个旅游接待国或者地域较大的旅游地区来说，往往存在多种不同类型的旅游资源。综合开发通常是指在突出作为自己形象的重点旅游资源的同时，对其他各类旅游资源也要根据情况逐步进行开发。这是充分发掘该旅游目的地对外吸引力和努力克服来访旅游需求季节性波动的重要途径之一。通过综合开发，使吸引力各异的不同旅游资源结成一个吸引群体，使游客可以从多个方面发现其价值。对于一个地域较小的旅游目的地综合开发则多指在开发其旅游资源的同时，从行、游、住、食、购、娱等多方面考虑旅游者的需要，做好有关的设施配套和供应工作。

（四）生态保护的原则

开发旅游资源的目的是为了利用。但在某种意义上，对某些旅游资源，特别是对自然旅游资源和历史旅游资源来说，开发的本身就意味着一定程度的破坏。不过，如果处理得当，开发未必会破坏，反而能起到保护这些资源的作用。因此，关键问题是如何将开发工作处理得当，也就是说，在开发旅游资源的同时，要注意着眼于对旅游资源的保护，不能单纯地片面强调开发而不顾对环境的破坏问题。

四、旅游资源开发的意义

旅游资源开发，是旅游资源转换成产品的必然路径和手段。通过旅游资源的开发，使其成为不同的旅游产品，来满足旅游市场的需求，实现资源到产品的转化，发挥其旅游功效，从而促进当地旅游及经济的发展，带动当地就业，稳定社会，宣传当地，提高知名度。此外，通过旅游资源开发还可以促进旅游资源的合理保护。

（一）经济影响

通过旅游资源开发，旅游资源转换成旅游产品，有利于旅游产业的发展，有助于促进产业结构的优化调整。旅游业作为第三产业的先导产业，将大大带动第三产业的发展，进而调整第一、第二、第三产业的比例构成。而旅游活动的开展能带来外来经济注入，有利于增加政府税收，进而增强经济实力。此外，由于旅游产业的关联度比较大、链条比较长，故旅游业的发展可带动和促进许多相关行业的发展。旅游活动的开展可增加就业机会，大量吸纳社会闲散劳动力。

（二）社会文化影响

旅游活动本身是一种具有不同文化传统的人群之间相互接触的活动。旅游资源开发乃至旅游活动的开展必然对社会文化产生影响。因此，旅游资源开发不仅有利于传统文化的保护，形成独特的文化特色，树立独特的文化形象，而且有利于丰富文化内涵，培育文化，树立良好的主体形象。再就是现代旅游活动的开展，已逐渐成为科学技术传播和交流的重要手段之一，如商务旅游、会议旅游等活动，可以使科技交流的广度和深度不断加大。

（三）环境影响

随着大规模旅游活动的开展，旅游环境必将产生深刻的变化。具体说来，一是历史建筑和文化遗址将得到修缮和保护，这些历史文化遗产将随着旅游活动的开展而获得新生。二是城市环境将得到改善。旅游活动的开展使得环境卫生得以重视和维持，为方便旅游活动的开展，基础设施和服务设施将不断增加，居民生活环境也将得以改善，对生态环境的保护和改善可起到积极的作用。

第二节　旅游资源开发的基础理论

旅游资源开发是一个多学科知识交互运用的创新过程，涉及面非常广泛，但是具体的旅游资源开发时间活动是建立在一定的理论基础之上的，并以其为指导。旅游资源开发的主要基础理论有区位论、地域分异规律、经济学与市场学理论、旅游者行为、景观生态学理论、系统论和可持续发展理论等。

一、旅游资源开发的理论基础

（一）区位论

区位论，又称区位理论，是关注经济活动地理区位的理论，已成为经济地理学、区域科学和空间经济学不可或缺的组成部分。代表性理论有杜能的农业区位论、韦伯的工业区位论、克里斯泰勒的中心地理论、威尔逊的空间作用理论等。

区位论要解决的是经济活动的地理方位及其形成原因的问题。区位论——像个体经济学一样——假设行为的主体为自身的利益而活动。因此，企业的区位选择是为了利润最大化，而个体的区位选择是为了利益的最大化。区位理论有两层基本含义，一层是人类活动的空间选择，另一层是空间内人类活动的有机组合。前者是区位主体已知，从区位主体本身固有的特征出发，来分析适合该区位主体的可能空间，然后从中选择最佳区位；后者正好相反，大的区位空间已知，依据该空间的地理特性、经济和社会状况等因素，来研究区位主体的最佳组合方式和空间形态。

20 世纪 50 年代，克里斯泰勒首先对旅游区进行了研究。旅游资源开发是空间上的活动，必然具有空间分布和空间组织优化问题，因此需要进行区位因子的分析和区位理论的指导。

1）依据旅游区位因素，确定旅游资源开发的序位，包括开发时间、先后顺序、开发建设规模和功能体系。保继刚等根据旅游资源价值、区位条件、区域经济背景，划分出区域旅游资源开发的 4 种模式（表 15-1）。

表 15-1 区域旅游资源开发模式

开发模式	旅游资源价值	区位条件	区域经济背景条件	主要开发措施	案例
1	+++	+++	+++	全方位开发	北京
2	+++	++	+	国家扶持，适当超前发展	张家界
3	+++	+	+	保护性开发	西双版纳、丽江
4	+	+++	+++	恢复古迹，或人造高级别旅游资源	武汉、深圳

注：+++优；++中；+差。

2）区位理论要求在开发旅游资源和进行旅游业布局时发挥集聚效应。既有利于发挥资源的整体优势，增强吸引力，又能够提高资源和设施的利用效率，带来更大的经济效益。

3）根据区位理论进行旅游服务设施的选址工作。

（二）地域分异规律

地域分异又称区域分异，即地区差异性。地域分异规律是在人们认识自然的过程中逐步获得并加深认识的。它是指地理环境各组成部分及整个景观在地表按一定的层次发生分化，并按确定的方向发生有规律分布的现象。古希腊的埃拉托色尼根据当时对地球表面温度的纬度差异的认识，将地球划分为 5 个气候带，这是最早对气候分异规律的认识。中国 2000 多年以前的《尚书·禹贡》据名山大川的自然分界，将当时的国土划分为九州。这是中国最早对地貌分异规律的认识。19 世纪德国的 A.von 洪堡经过实地考察，研究了气候与植被的相互关系，提出了植被的地域分异规律。19 世纪末，俄国的 B. B. 道库恰耶夫以土壤发生学观点进行土壤分类，并由此创立自然地带学说，同时指出它对地表各种自然现象的普遍意义。随着对陆地表面的分异现象的深入研究，人们发现许多自然地带是不连续的，大的山系、大的高原还出现垂直带现象。这些现象的存在说明除了地带性的地域分异规律外，还有非地带性的地域分异规律在起作用。

旅游资源存在着明显的地域分异规律，从南到北，从东到西，从低到高，无论是自然旅游资源，还是人文旅游资源都存在着地域差异。旅游资源的地域分异规律导致了不同旅游地区之间的差异性，正是在这种区域差异性的驱动下，才让旅游者产生了空间移动行为。地域分异规律是产生旅游的一个基本因素。在旅游资源开发过程中必须遵循地域分异规律。

1）旅游资源开发要寻求差异，突出本地特色，发挥本地优势，切忌照搬、模仿和抄袭。

2）应用地域分异规律进行旅游资源区划分，寻求具有相对一致性的旅游资源区域。根据不同性质、不同特色的旅游资源区域确定相应不同的开发方向、开发主题、开发方式、开发规模和管理对策。

3）确定不同的资源地的旅游市场形象、旅游促销策略、旅游产品定位和旅游开发模式等。

（三）经济学与市场学理论

经济学是研究国民经济各方面问题的学科总称，包括政治经济学、部门经济学、会计学、统计学等。已有近百年研究历史的旅游经济学，其研究内容主要集中在经济现象、经济关系和经济发展规律等方面，具体内容主要包括：旅游的活动性质、特征；旅游产品、需求与供给、市场与价格；旅游消费；旅游收入与分配；旅游经济效益、投入产出、经济结构等。从20世纪70年代起，国外学者开始研究旅游经济的关联带动作用，其直接、间接和就业3项乘数研究结论，使旅游的乘数效用成为理论热点。20世纪80年代以后，旅游国际分工、经济比较、产业分布等理论的提出，对旅游开发具有较大的参考意义。

旅游经济学理论认为，旅游资源开发，旅游产品的生产、消费、运行的特点除了有旅游经济活动运行的共同规律外，还具有其本身独特的运行、消费特点与规律。旅游资源开发是一项经济活动，在其开发过程中，一方面要关注起关联带动作用的乘数效应，注重旅游“食、住、行、游、购、娱”6要素的综合布局；另一方面要加强旅游开发的投入产出分析，使旅游投入最小化，而旅游效益最大化，把旅游资源开发变为最经济的开发行为。同时，从生态经济角度讲，旅游开发还要把社会效益、环境效益放在非常重要的位置。

市场学是研究企业市场营销活动规律的一个经济管理学科分支。通常认为，市场学理论的核心是4P，即产品、价格、营销渠道和促销。市场学可以指导企业研究目标市场、市场经营组合、产品组合、市场预测、促销方式、分销渠道、服务形式、市场竞争等。

旅游市场学是在上述理论基础上产生和发展的，其根据旅游产品的特征、服务的无形性、不可移动性、异地消费性、消费的季节性、脆弱性等，研究目标市场定位、产品定位、市场形象设计、客流交通、现实及潜在旅游需求、旅游路线、市场趋势、旅游产品垄断及替代性等。其中旅游市场定位、旅游产品的功能定位、市场形象设计、旅游促销手段等理论，对旅游资源开发具有重要意义。

（四）旅游者行为理论

自从美国社会心理学家马斯诺提出著名的人类“需要的层次论”之后，国外有很多学者将其应用于旅游研究中，如旅游与生活的心理学区别，旅游的文化差异引起的心理反应，旅游现象的心理学阐释等。该理论认为，旅游活动是一种心理行为的外在表现，旅游本质上是一种精神需求。

旅游者行为是从旅游者的心理需求出发，研究旅游者的旅游需求、欲望、动机、选择、文化向往、偏好、旅游认知、旅游满意度、旅游决策、空间位移等内在心理期盼和外在行为，以及由游客构成的旅游流的类型、结构、流向、流速等特征及其动态规律。旅游研究主要包括两个方面：旅游者的内在心理和外在表现形式。目前，较为成熟的研究成果主要集中在旅游需求的变化，不同旅游者的旅游选择偏好，大、中、小尺度的旅游空间行为模式等。

旅游者行为对旅游资源开发中的旅游市场定位、旅游产品定位、旅游项目规划设计、旅游开发方向等，均有直接和间接的指导、参考意义。

（五）景观生态学理论

景观生态学（Landscape Ecology）是 1939 年由德国地理学家 C. 特洛尔提出的。它是以整个景观为对象，通过物质流、能量流、信息流与价值流在地球表层的传输和交换，通过生物与非生物以及与人类之间的相互作用与转化，运用生态系统原理和系统方法研究景观结构和功能、景观动态变化及相互作用机理、研究景观的美化格局、优化结构、合理利用和保护的学科。景观生态学是一门新兴的多学科之间的交叉学科，主体是生态学和地理学。景观生态学不仅适合旅游的空间范围，而且与旅游强调生态内涵一致，是旅游资源开发、旅游规划管理的基础理论。具体应用体现在以下几个方面：

1. 森林旅游资源开发

森林采伐、自然保护、游憩等多种活动，都应保持林地的完整性，或尽可能构成合理的景观镶嵌以最大程度地降低生态地负面影响。林地中的道路最可能导致直接或间接的负面影响，减少道路的密度有利于多数大型哺乳动物。水土流失是森林景观中应着重考虑的问题，筑路及道路的养护造成林地的水土流失。采伐方式，如皆伐、择伐等造成不同程度的水土流失，因此伐区设计要充分考虑，迹地板块的空间格局，如与已有道路的关系、减少修筑道路的可能性、水土流失对水系的影响等。

2. 农业旅游资源开发

我国的情况不同，地少人多的基本格局决定必须充分地利用土地，因此景观生态规划所要解决的问题是在保证土地产出的同时，又要保护生态环境。一般提出农田景观生态规划的原则是：建设高效人工生态系统，实行土地集约经营，保护集中的农田板块；控制建筑板块的盲目扩展，规划建设农村的人居聚落；重建植被板块，增加森林廊道、分散的自然板块；恢复河道与水域的边岸植被。

3. 城市旅游景观规划开发设计

这方面主要集中在环境敏感区的保护、生态绿地空间规划和城市外貌与建筑景观规划。环境敏感区包括生态敏感区、文化敏感区、资源生产敏感区、天然灾害敏感区。一个城市，改善环境质量除了控制和治理污染外，主要应重视发挥自然景观的自净能力，维持景观生态的稳定。

4. 旅游区景观开发规划设计

不同旅游区景观规划的共同的特点是保持大自然的原有风貌和良好的生态环境，有的具有丰富的人文过程，风俗民情。但经营者凭借自然资源，以建设旅游设施服务旅游人群获得经济效益，必然改变自然景观生态系统的结构、功能，从而影响景观价值。因此，规划的重点是如何使这两者协调，维持景观生态系统的整合性（完整性）。同时，要掌握开发的适度性，以环境容量和景观生态保护为原则，注意建筑面积、建筑板块的大小布局、道路密度、废物处理、外来植物控制等。

5．自然保护区开发规划设计

自然保护区应在不受人为干扰的情况下，保持自然生态系统的各项过程。自然保护区的目的不同，如以保护物种为主要目的，首先应考虑如何维持物种的种群，使其不会灭绝、能够增长，在此前提下种群的大小成为关键，而种群的生存又与环境密切相关，即栖息地的条件。在很大程度上保护区面积的设计是主要的问题，同时涉及板块的大小、数目、形状、分布格局及连接通道等诸多问题。

最优的自然保护区，应有几个大型的自然植被板块组成的基底，并由分散其中的一些小板块或小廊道补充。大型自然板块具有多种重要生态功能，是保护的基础，小板块可作为物种定居的立足点，保护分散的稀有种类或小生境。应有较高的景观异质性，维持和发展景观异质性是规划管理的重点。

在生态学上最佳的形状为一个大的核心区加上弯曲的边界和狭窄的延伸，其延伸方向与周围生态流方向一致。保护景观中的生态交错带、生态过渡带，它们在生态系统的组成、结构、功能、发挥的作用方面都很独特，应独立对待，可能对某些动物有特殊意义。注重保护区与周围其他生态系统或影响因素的关系，如考虑临近的保护区之间过渡带的相似性，可提高保护区的连续性。

（六）可持续发展理论

在全世界可持续发展的理论推动下，旅游业在可持续发展中占有重要地位。在 1990 年加拿大温哥华举行的全球持续发展旅游组行动策划委员会会议上，与会专家提出了旅游持续发展行动战略草案。1992 年，联合国召开的环境与发展会议发表的《21 世纪议程》中共有 7 处直接提到了旅游业。这些都是旅游业可持续发展理论的前提条件。

1．旅游可持续发展的定义

参考《我们共同的未来》一书提出的观点，旅游可持续发展可以被认为是在保持和增强未来发展机会的同时满足目前游客和旅游地居民当前的各种需求。旅游可持续发展的实质是指要求旅游与自然、文化和人类的生存环境成为一个整体。以协调和平衡彼此之间的关系，在全球范围内实现经济发展目标和社会发展目标的统一。

2．旅游可持续发展的三重含义

（1）**满足需要**　发展旅游业首先是通过适度地利用环境资源，实现经济创收，满足当地社区的需要，改善当地居民的生活水平，在满足旅游者对更高生活质量的渴求，满足其发展享乐等更高层次的需要。在发展中国家考虑旅游业可持续发展时，都把旅游业作为“可持续”财富增长的概念。

（2）**环境限制**　资源满足人类目前和未来需要的能力是有限的，这种限制体现在旅游业中的旅游环境承载力（在旅游人数增多不会给各方面带来负面影响的前提下，可接受来访者的最大数量）。可持续旅游的首要标志就是旅游开发与环境的协调，因此旅游环境承载力就成为判断旅游可持续发展和增长是否能够实现的重要指标。只有寻找到旅游承载力的一个最优值，并将旅游开发控制在这一范围内，才能够保证环境系统自我调节功能的正常发挥。对于可再生资源必须保证其利用（如生态旅游中的赏鸟、旅游纪念品的制作）与该资源的可持续发展生产一致，否则会使该物种灭绝。对于不可再生资源，强调资源的节约利用，再利用再循环。

（3）**平等**　包括同代人之间的平等和上下代人之间的平等，在同代人之间要保持经济收益的平等，作为发展中国家发展旅游业是好的，但如果盲目提高对外接待人数，虽然表面上看经济增长了，但实际上造成的污染、疾病从另一方面抵消了旅游所带来的经济效益，这就是一种同代人之间利益分派不平等。各代人之间的不平等是指虽然当代人获得了利益，但这是牺牲了资源的隐藏价值而取得的，对于下一代人来说就是应该利用的资源价值的一种损失，由于盲目利用，导致上下代之间的不平等。这也是可持续发展中的一个中心问题。

3．以旅游可持续发展为指导思想制定完善的旅游发展规划

根据可持续发展理论，在对于一个地区的旅游规划中，要做到经济、社会、生态三者的协调统一。制定的旅游规划在经济上要保证旅游地的经济增长，但同时又不能破坏环境，造成生态失衡，同时又要兼顾社会文化因素，保证在外来人员进入的情况下，不会造成本地区文化的流失，使本地区固有的民俗、传统文化遭到破坏，要做到三者的统一。

第三节　旅游资源开发的可行性研究

旅游资源的开发是一项经济技术活动，必须进行可行性论证分析，包括经济可行性分析、技术可行性分析、资源与环境保护可行性分析等。通过可行性论证确定其开发在经济效益上是否合算，能否产生良好的社会效益和环境效益，在技术上能否达到要求的水平，以确保开发工程的顺利进行。旅游资源开发的可行性研究就是论证项目中所涉及的旅游资源或旅游项目是否具有开发前景，是否具有开发建设的必要性和可行性。分析论证是建立在广泛、深入地实地勘察调查，以及科学地对旅游资源进行分析评价和其他相关因素的客观测评基础之上的。它不仅要研究现实的旅游资源质量、开发条件、开发的必要性、建设的可能性，还要对开发前景作出科学的分析与预测。如果项目可行，则进入下一步工作，否则将重新确定新项目。可行性研究的结论直接影响到一个项目的命运。认真、细致地进行可行性研究，是旅游资源开发必不可少的重要环节。旅游资源开发的可行性研究主要包括 5 个方面。

一、旅游资源调查与评价

旅游资源调查与评价是一项摸清家底的工作，其目的是了解旅游资源的丰富程度、质量、数量、优势与劣势等，作出客观、定量、科学的评价，以便为该地区旅游业发展和旅游总体规划提供参考依据。此项工作一般可按国家标准《旅游资源调查、分类与评价》来进行。

旅游资源调查的主要内容包括旅游资源的种类、性质、数量、体量、特色、结构与空间分布等。对于自然类和人文类旅游资源，在调查上述内容的基础上，自然类旅游资源还应解释其成因及演变，人文类旅游资源还应查清其历史渊源、演替以及文化、艺术特征等。

旅游资源评价是在调查摸底的基础上，对旅游资源及有关条件进行深入的剖析和研究，具体是指运用定性、定量两种评价方法进行分析评价。评价资源要素价值（观赏游憩、历史文化、科学艺术、珍稀奇特度、规模丰度与概率、完整性等）、资源影响力（知名度和影响力，适游期或适用范围）和环境保护与环境安全等，评定旅游价值、功能、空间组合特征及旅游容量。旅游资源评价的结果对旅游资源开发利用的方向和旅游地建设与发展都将产生直接影响，是判断项目可行与否的重要依据。

二、旅游资源地的社会经济环境分析

旅游资源开发不可能孤立于当地的社会经济环境条件之外，必然要与周围环境发生联系。一方面区域的社会经济发展水平和外部环境的优劣，反映了进行资源开发的能力、实力和条件；另一方面当地的社会经济环境则反映了对资源开发提供的保障情况。当地社会经济发展水平是旅游资源开发的宏观条件。没有一定的社会经济基础，旅游资源开发工作很难顺利进行。所以，在一个旅游资源开发项目正式启动之前，必须对资源所在地的社会经济环境进行科学的分析。

资源所在地的社会环境分析主要包括以下几个方面：①当地居民的旅游观念，对旅游开发的态度；②当地政府对旅游开发的支持力度；③有关旅游的法规政策；④发展旅游业可能带来的文化、社会影响；⑤就业影响；⑥旅游资源地容量；⑦生态环境容量，旅游者心理容量以及开展旅游活动的外部大环境等。

旅游资源开发是一种经济行为，要求资源所在地必须有一定的经济基础。资源所在地的经济条件分析包括对当地经济现状（如GDP、人均 GDP、人均可自由支配收入、物价指数、购买力、交通、通信、水电设施等）和发展潜力分析，对资源开发的经济支持、保障能力的评价，以及经济影响评价和控制分析等。

三、客源市场分析

旅游资源开发成功与否主要是看开发后目的地能否吸引一定数量的游客。因此，旅游资源开发可行性研究最关键的问题之一便是对客源市场的分析。客源市场分析首先要求调查研究客源地的地理位置，与目的地的距离以及区域特征；客源地的社会与经济发展状况；每年居民的出游率、出游人数和人均消费；主要出游目的动机；风俗习惯、宗教信仰、民族特征和爱好；公众对旅游活动的态度和参与兴趣；客流量的季节性变化；旅游者的人口统计学特征，如年龄、性别、职业、受教育程度等。这部分内容往往是通过实地调查才能获得的，这项工作既耗时又费钱，但却非常重要。其次是研究市场制约因素，如旅游产品空间竞争力、市场竞争态势等。最后预测客源市场的游客数量、人均消费、消费总值等。

四、环境影响分析

旅游资源开发必然会对资源地的周围环境带来两个方面的影响：一是因为资源开发项目的实施要修建旅游交通设施（如道路、营运车辆、索道甚至观光电梯等），游乐设施，游憩设施，餐饮、住宿、购物设施，给水、排水设施，环保设施，通信设施等物化建筑物和构筑物，必然会对资源地环境产生不可避免的开发性影响；二是因为项目开发建成后旅游者群体性进入旅游区，其旅游活动也会对目的地的环境产生影响。这两种影响从开发角度讲应减少到最低程度，但一些影响是不可避免的。所以，就要分析和评估这种影响的类别、大小、程度、范围以及可弥补的措施等。如果是对环境的影响太大，或可能造成不可挽救损失的项目，则应从可行性方面提出质疑，停止项目开发，或另选方案。环境影响分析一般要从定性、定量方面提出明确意见。

五、投资和效益分析预测

充足的资金投入是旅游资源开发的重要保证。吸引资金投入的主要因素是资源开发后的可观效益，特别是经济效益。旅游投资消耗多、风险大，资金筹措往往比较困难，通常是可行性研究看好的资源开发项目更容易获得足够的投资。

投资总额的估算一般要根据资源开发的具体项目，如交通、游乐设施、基础设施、环保设施等，分类计算出投资额，再汇总出投资总额。这项估算一定要准确核算当地的原材料价格以及建设费用，使估算出的数据具有可信度。进行投资效益评估时，要利用从客源市场分析中获得的年游客预测人次规模、人次消费金额、年人均消费水平等资料，根据预算投资额、资金流动周期，从中核算出旅游收入总额、投资回收期限、投资回收率和赢利水平等。

获取更多的经济收益是旅游资源开发的主要目的之一，因此投资回收率高、投资期限短的开发项目常被视为可行性较好的项目。经济效益虽然是旅游资源开发项目可行性论证的重要标准，但不是唯一标准。也有一些项目的建设不完全是为了获得经济效益，而是为了取得经济、社会、环境等多方面的综合效益或为了达到某种特殊目的。因此，在可行性研究中，应首先明确项目建设的目的，目标不同，评价标准也会有所差异。

效益分析既指经济效益分析，又指社会效益、环境效益分析，主要包括增加就业机会，促进基础设施建设和文物、环境保护工作，生态环境建设，促进国家或区域间的文化、科技和信息交流等。

只有具有明显的经济、社会和环境效益的旅游资源开发项目才是可行的、具有开发前景的。以上 5 个方面是一个有机的整体，相互联系，相互渗透，是综合判断旅游资源开发项目是否可行的具体标准。这 5 个方面的分析研究构成了研究报告的总体框架结构，最终形成可行性研究报告。

第四节　旅游产品的开发模式

由于旅游资源的性质、价值、区位条件、规模、组合、结构，以及区域经济的发达程度、文化背景、法律法规、社会制度、技术条件等方面因素的不同，加之旅游资源开发的深度和广度不一，使得旅游资源开发的模式也趋于多元化。根据不同的影响因素和划分标准，旅游资源开发的模式可归纳为不同的类别。

一、按资源类型划分的旅游资源开发模式

（一）自然类旅游资源开发模式

自然类旅游资源是指由地质、地貌、水体、气象气候和生物等自然地理要素所构成的，具有观赏、文化和科学考察价值，能吸引人们前往进行旅游活动的自然景物和环境。自然类旅游资源以其特有的天然风貌和纯朴本色，对旅游者特别是来自城市的旅游者产生强烈

的吸引力。它可供旅游者进行游览、度假、休憩、避暑、避寒、疗养、学习、漂流、划船、垂钓、狩猎、冲浪、滑雪、登山、探险、野营、考察等旅游和娱乐活动。有些自然类旅游资源不经过开发，原汁原味就可以吸引旅游者开展旅游活动，但绝大多数自然旅游资源都要经过开发建设，才能具有较强的吸引力，才能方便旅游者进行旅游活动。旅游资源开发建设的主要内容是交通线路布设、协调配套的旅游设施，包括各种基础设施和旅游专用设施等。但是在建设的过程中，又要力求保持自然景观的原始风貌，减少人为因素的干扰和建设中的破坏。

自然类旅游资源一般具有观光游览、休闲体验、度假享乐、康体健身、参与性游乐、科学考察以及各种专题性旅游等功能。一般来说，观光旅游为基本性功能，像地质地貌类旅游资源还具有康体健身、登山探险、运动休闲、科考教育等功能；水体类旅游资源兼具康体健身、漂流（潜水）探险、参与性游乐等功能；气象气候与生物类旅游资源则具有休闲体验、度假享乐、科考教育等功能。

自然类旅游资源的开发一般要尽量突出资源的本色特点，在保障旅游者可进入以及环境保护设施达到要求的前提下，尽量减少和避免人为的干扰性建设以及资源地的城市化倾向，使之源于自然，体现自然。而对于自然、人文相互交融的旅游资源，由于人类对大自然的长期作用，往往在资源地打上了深深的烙印，这类旅游资源的开发应在突出自然美的基础上，深入挖掘其文化底蕴，做到情景交融，自然美和人文美交相辉映、相得益彰。

（二）文物古迹类旅游资源开发模式

我国是世界历史文明古国，文物古迹类旅游资源极为丰富。这类旅游资源是我国发展旅游业的优势所在，从某种程度来说代表了我国作为中华文明古国在世界上的旅游形象，其开发价值极大。

文物古迹类旅游资源是人类文明的瑰宝，具有观光游览、考古寻迹、修学教育、学习考察、访古探幽、文化娱乐等多种旅游功能。既可供游人参观瞻仰，又可进行考古研究和历史教育，同时还可以深入挖掘其历史文化内涵，开展形式多样、参与性强的文化娱乐活动，如文物复制、古陶器制作、古乐器演奏等。文物古迹类旅游资源一般都和历史文化名城相伴而生，并以历史文化名城作为依托。因此，开发文物类旅游资源，主要着眼点应在于历史文物古迹的修缮、整理、保护，并向游人说明和展示其历史价值之所在。此外，文物古迹类旅游资源的开发还要与城市的总体发展规划结合起来，使历史文化名城既保持其历史性和文化性，又能满足现代社会的需要。

文物古迹类旅游资源的魅力在于其历史性、民族性、文化性和科学艺术性，其开发应从展现旅游资源的历史价值、科学价值、艺术价值、民族文化价值、美学价值、稀缺性价值等方面入手，着重反映和展示旅游资源所代表的历史时期的政治、经济、文化、社会、文学、艺术等方面的发展水平及其历史意义，着力打造特色鲜明、主题突出的文物古迹类旅游产品。文物古迹类旅游资源是在漫长的历史长河中逐渐形成的，具有不可再生性。一旦受到破坏，将永远消失，因而在开发中一定要坚持“保护第一，可持续利用第一，在开发中保护，在保护中开发”的原则。

（三）社会风情类旅游资源开发模式

异国风情、他乡风俗习惯也可以成为吸引旅游者的重要因素，我国的56个民族是社会风情类旅游资源最广泛的基础。该类旅游资源主要是以人为载体的，通过人的生产劳动、日常生活、婚丧嫁娶以及人际交往关系等行为方式而表现出来。所以，参与性是其第一大旅游功能，动态性强是其第一大特点。社会风情类旅游资源往往具有表演性、活动性和精神指向性，体现当地独特的、不为人知的、差异性极强的民风民俗和人文特征。此外，该类旅游资源还具有传播文化、促进交流与合作的作用。所以，社会风情类旅游资源具有观光游览、愉悦体验的功能。与其他旅游资源地的开发方式不同，社会风情类旅游资源的开发利用更强调参与性、动态性和体验性，要尽可能地使旅游者参与到旅游地的社会活动和民俗仪式中去，让他们对当地的社会风情、民族习惯有一个切身的体验。具体可以通过举办各种富有当地特色的旅游活动来吸引旅游者。这里需要指出的是，对这类旅游资源的开发一定要保持当地风情的原汁原味，不能单纯为了商用目的而改变或同化了当地民风民情的特色。例如，某一个小城镇为了开发其非常具有特色的地方民歌，而专门修建了一座卡拉 OK 舞厅，让游客整齐地坐在表演厅的座椅上，台上演员在卡拉 OK 光碟的伴奏下，演唱当地民歌，台下游客却昏昏欲睡。开发者本意是为了改变演出条件，但此种情形在城市里已司空见惯，毫无差异性，因而极不受欢迎。这一种开发思路失败的原因就是：改变和失去了民歌在田野山间对唱的地方特色。

（四）宗教文化类旅游资源开发模式

宗教文化是人类精神财富的一个重要组成部分，其深厚的哲学理念、虔诚的精神导向、强烈的信徒吸引力、深邃的文化艺术性，使它成为一种非常重要的人文旅游资源。一方面，宗教文化含有浓重的精神文化色彩，文化艺术性极强；另一方面，宗教文化具有较广阔的客源市场，不但对广大信徒有强烈的吸引力，而且也较受喜欢猎奇的非宗教信仰者的欢迎。同时，宗教活动具有浓厚的氛围、神秘的表演性和广泛的参与性，且节庆日多，易于开展各种专题旅游活动。

宗教文化类旅游资源具有观光游览、朝拜祭祀、猎奇探秘、参与游乐等旅游功能。

宗教文化类旅游资源往往由宗教组织来进行开发，开发者深谙宗教特色和其内涵。但从旅游角度讲，开发时要突出其参与性、动态表演性和神秘性，并构建强烈的宗教氛围。重点展示宗教的活动特点、艺术特色、建筑物特征以及空间布局，开发设计时要留足进行宗教活动的空间场所。

（五）现代人工吸引物类旅游资源开发模式

改革开放以来，我国的经济得到了持续快速的发展，由于交通条件的改善，各种基础设施的不断完善，使得可用于开发旅游地的各种现代人工旅游吸引物大量涌现，成为一种新兴的旅游资源。这些资源主要可分为观光型和游乐型两大类。前者如上海的东方明珠电视塔，以及北京、上海、深圳等地由整个城市新建筑群所构成的现代都市风貌；后者如深圳世界之窗、苏州乐园等主题公园。建造人工旅游吸引物对于那些旅游资源缺乏，但又具备较好地开展旅游的外部条件（如经济发达、交通便利、人口密集、客源丰富）的地区，是旅游资源开发的一种很好的思路。它有利于增加旅游内容，延长游客的停留时间，丰富当地居民的业余文化生活。现代人工旅游吸引物一般具有参与性娱乐、演艺体验、观光游览、休闲游乐等旅游功能。但是建造人工旅游吸引物投资大、周期长，且要和周围的环境、已有建筑物相互协调，是一种难度较大的旅游资源开发模式。它需要在地点选择、性质与格调确定、产品定位、市场定位、规模体量、整体设计等方面都进行认真细致的调研，并要特色突出，个性鲜明，在某一方面具有垄断性，注意大众化、娱乐性和参与性。

二、按投资主体划分的旅游资源开发模式

（一）政府主导型旅游资源开发模式

对跨区域旅游资源开发和旅游区域内一些基础设施的建设，政府起着决定性作用。作为投资者的政府可分为中央政府和地方政府。其中，中央政府投资主要集中于宏观意义上的，投资规模大、回收期长、风险大、跨区域、涉及多方利益的大型公益性开发项目，如跨区域交通道路建设，能源基地、大型环保项目、码头、机场的修建。这些基础设施是旅游业赖以生存和发展所必须具备的基本条件，其他投资主体无力完成，只能由中央政府投资建设。地方政府的投资主要是地方的一些基础设施项目，如区域内除中央投资外的交通道路建设，标志性的、最初开发的、带动性强的、影响力大的大型旅游开发项目建设，主干旅游道路建设，大型水、电、能源、环保工程以及机场、码头的建设等。

该模式的特点是政府运用掌握的开发规划审批权力，对旅游资源开发进行宏观管理。开发资金的投入主要依赖中央、地方财政，但可能对一些公共设施的投入引入相关的市场招商引资机制。对具体的旅游开发项目不作具体干预，主要通过开发规划和行政审批来调控。该模式适用于旅游资源待开发区域以及经济欠发达地区的旅游开发，多见于铁路、高速公路、旅游专用公路、环保工程等旅游基础设施建设。

（二）企业主导型旅游资源开发模式

企业主导型旅游资源开发模式是指，地方政府将管辖范围内的旅游资源开发及经营权采用出让的方式，吸引投资商进行开发经营，政府只在行业宏观层面通过规划、政策法规、宏观市场促销等方式对投资、开发商进行管理的模式。按照投资企业的不同，可划分为不同的投资、开发类型，如国有企业型、集体企业型和民营企业型以及混合经济型（国有、集体、非国有企业中的几个企业共同投资开发，按照股份制组成开发经营董事会）等。

这种模式主要针对的是不同类型的景区景点类的旅游资源开发项目。旅游景区景点类项目的管理相对简单，经济效益明显，投入产出比高，投资回收期相对较短。近些年来，由于国内企业实力的不断壮大和投资领域的放宽扩大，出现了由几家企业联合，共同向某个旅游项目投资，按照现代企业制度管理的趋势。随着政府职能的转变，在未来的旅游业发展中，企业投资开发经营旅游景区景点将会成为我国旅游资源开发最主要的模式。

这种模式的特点是政府从宏观层面上管理市场、审批开发规划项目、制定法规和旅游发展战略等，不直接进行投资，而对于旅游资源开发项目引入市场机制，引导企业来开发建设、经营旅游项目，按照市场经济的法则来发展旅游业。该模式为我国鼓励和优先支持的旅游资源开发模式，适用于所有不同类型的旅游资源开发区域。

（三）民间投资型旅游资源开发模式

民间投资型资源开发模式是指，一般的民营企业或个人投资于中、小型的旅游资源开发项目，或旅游区内开办的一些餐饮、住宿、购物项目，如风味饭馆、乡村旅店、农家乐项目等。这一类投资主体往往较注重投资的短期效益，追求投资回报率。他们或是以独资

企业的方式，或是以个体投资的方式，或是以个体几人集资的方式，承揽、建设旅游开发项目。民间投资虽然只是单体或几个旅游项目的资金投入，但对于关联性很强的旅游业来说，却有着非常重要的意义。按照“谁投资，谁受益”的发展旅游业原则，民间资本投资旅游业的积极性正在不断提高。

民间投资为快速发展的旅游资源开发热潮注入了一定的活力，可以起到拾遗补缺的作用，为旅游者提供便利的旅游消费条件，是地方旅游业发展不可缺少的部分。

该模式的特点是投资规模一般不是很大，涉及的投资范围较宽，一些投资少、见效快的旅游开发项目较能吸引这一类投资者。此模式适用于旅游业发展较为成熟，且取得了较好经济效益的旅游资源开发区域，或旅游业在起步的旅游资源的待开发区域。

（四）外商投资型旅游资源开发模式

外商在旅游业的投资范围目前主要集中于宾馆、饭店、旅行社和汽车出租行业。投资方式以合资方式为主。为了进一步扩大旅游行业利用外资的能力，引导外商转向旅游基础设施以及旅游资源开发建设，将是中国旅游业吸引外商投资的重要发展方向。这种投资方式将更为灵活多样。例如，通过 BOT（Built Operate Transfer）方式，进行某个旅游资源地的开发建设，即一般先由政府将该项目的投资权赋予某外商投资主体，让其独自投资开发建设，在项目建成后，允许该投资主体独立经营，以便让该投资主体在规定时期内收回投资并获得利润。在经营年限期满后，投资主体将把该旅游项目的经营权移交给当地政府。

这种资源开发模式的特点是投资规模可能很大，外商将带来先进的管理理念和管理模式，对地方旅游业发展可能起到一种示范带动作用。该模式适合于经济欠发达地区的旅游资源开发，或资源开发需要资金量很大，当地不可能进行开发的旅游项目。

以上几种模式并不是完全独立的，随着旅游资源开发投资管理体制的进一步完善，以上 4 种模式可能会相互交叉结合，共同完成旅游资源开发项目。“以政府为主导，以企业和外商为投资主体，民间和个人投资为投资补充，共同进行旅游资源开发”的模式，将会成为我国旅游业发展的主体形式。

三、按地域划分的旅游资源开发模式

（一）东部地区的精品开发模式

我国东部地区的社会经济发展水平较高，对外交往联系密切，市场范围广阔，高素质人才集中，已形成了环渤海、长江三角洲和珠江三角洲 3 个旅游发达区域，具有发展旅游业的综合优势。

东部地区旅游资源开发，应着眼于努力提升旅游产品层次和提高旅游资源开发水平。在原来旅游资源开发的基础上，着重突出构建旅游产品的精品项目，使低层次资源开发完全转变为高层次资源开发，为旅游者提供全面的、高质量的旅游产品和服务。在继续开发建设好观光游览旅游产品的同时，重点开发建设休闲度假、会展商贸旅游产品，根据国际国内旅游市场的需求，不断满足不同类别的旅游群体的需求。

（二）中部地区的特品开发模式

从地理位置看，我国中部地区位于从沿海向大陆内部经济梯级发展的中间过渡地带，有着承东启西、延承旅游业发展、转送旅游客流的区位条件。在旅游资源开发时，中部地区应根据自身所处的区位位置，紧密地“联东启西”，把东部的旅游业发达优势和西部的旅游资源优势结合在一起，建立起传承旅游的独特优势。

中部地区的旅游资源开发，一方面应着眼于旅游设施相对落后的现状，继续努力加强基础设施建设，改善发展旅游的条件；另一方面要面对和东部旅游产品竞争所处的相对劣势，大幅度提高旅游资源开发和利用的水平，重点开发建设特色旅游产品的特品项目，即发展专题旅游，以便能够和东、西部旅游产品形成优势互补，来吸引从东部入境的海外旅游者和东部客源市场的游客。

（三）西部地区的极品开发模式

我国西部地区地域辽阔，是中国地形最复杂、类型最多样的旅游景观区域，自然、人文、社会风情旅游资源极为丰富，正处在旅游资源待开发的旅游业发展期。其资源优势突出，但由于经济发展水平低，旅游观念、意识相对较为落后，绝大部分旅游资源正处于尚待开发状态。发展旅游业存在两大制约条件，一是生态环境脆弱，二是基础设施落后，旅游资源地可进入性较差。所以，西部地区发展旅游业的首要任务就是加快基础设施、服务设施和生态环境的建设，特别是旅游交通的开发建设。

西部地区的旅游资源不但数量多，而且种类丰富。很多旅游资源在全国甚至世界具有唯一性和垄断性。西部地区旅游资源开发，要充分利用这一重要优势，在大力发展旅游基础设施建设的同时，全力打造旅游资源开发的“极品”工程。一方面继续努力开发观光旅游产品，另一方面重点开发旅游极品产品项目，即开发具有不可替代性的专项旅游资源项目，面对和东、中部地区旅游产品的竞争劣势，能够以旅游产品的独有性和不可替代性来吸引境外及国内旅游者，如丝绸之路旅游产品，陕西历史文化旅游产品，云南风光及少数民族风情旅游产品等。西部的沙漠风光、草原风光和高原风光等旅游产品，也非常具有市场竞争力。

四、按资源、区位和经济条件综合划分的旅游资源开发模式

（一）价位高、区位优、经济条件好：全方位开发模式

这类旅游资源地，旅游资源自身价值高，地理区位优越，且拥有良好的发展旅游业的经济社会条件，资源、区位、经济发展水平优势明显，因此，可以进行旅游资源的全方位开发。要重视充分有效地利用各类旅游资源，开展丰富多彩的各种旅游活动，完善旅游活动行为所需的各类层次结构，从食、住、行、游、购、娱等6个方面，满足旅游者的需求。特别要重视开发购物场所和娱乐设施，提供专项特色服务，提高旅游服务档次，增加旅游收入中弹性收入部分的比例。

（二）价值高、区位一般、经济条件差：重点开发模式

这类旅游资源地的资源很丰富，且价值高，对游客的吸引力强，但地理区位一般，经济发展水平较差。由于地方经济条件的限制，往往缺乏发展旅游业所必需的开发资金，因此，这类旅游地的开发要积极争取国家或上级政府的扶持资金；或转让资源开发经营权，多方争取区外、境外的旅游资源开发资金，有选择地、有重点地开发一些受市场欢迎的旅游资源项目；同时，还要进一步改善交通条件，提升旅游目的地的可进入性，并完善旅游服务配套设施的建设，提高旅游服务质量，使地方旅游业得到快速发展。

（三）价值高、区位、经济条件差：特色开发模式

这类旅游资源地的资源价值高，加之常年“深处闺中人未知”，往往带有很强的神秘色彩，对旅游者有很强的吸引力，但由于地理位置偏僻，交通条件差，旅游者的可进入性差，加之地方经济落后，导致旅游资源开发成本加大。这类旅游资源大多处于未开发或初步开发状态。其开发的关键在于改善进出交通条件，故将改善区域交通条件作为突破口，同时，应有选择地开发一些高品位的、有特色的旅游资源，开展一些市场针对性强的特种旅游活动，并逐步配备相应的服务接待设施，进而培育和改善旅游业发展的环境和条件。

（四）价值低、区位好、经济条件好：参与性游乐开发模式

这类旅游资源地由于区位条件和区域旅游经济发展水平较高，因此具有发展旅游业的社会经济基础，但缺少高品位的旅游资源。旅游资源开发时要充分利用区位优势和经济优势去弥补旅游资源贫乏的劣势。在注重利用现有旅游资源的基础上，可开发建设娱乐型、享受型、高消费型的旅游开发项目，如参与性较强的主题公园类人工旅游景区点，像游乐园、娱乐天堂、欢乐谷等。同时，还应看到当地经济发展水平高，居民消费能力强，旅游资源开发要注意完善旅游活动所需的各种配套设施，满足不同层次旅游者的需要。

（五）价值、区位、经济条件都一般：稀有性开发模式

这类旅游资源地无明显优势，旅游资源价值、地理区位、当地经济发展水平都属于中间状态。旅游资源开发时，要注意对旅游资源进行分级评价，重点开发周边市场所缺少，且可能受游客欢迎的旅游资源项目，创造区域内的拳头旅游产品，还要进一步改善区位交通条件，提高旅游服务质量，赢得市场赞誉，同时加强对外宣传和促销，逐步树立鲜明的旅游形象。

第五节 旅游资源开发的发展趋势

我国旅游业已经进入高速发展时期，从国家宏观政策层面来看，旅游对拉动内需、扩大就业、促进经济结构调整、美化生态环境、扶贫致富，以及在西部大开发和东北老工业基地振兴中的地位和作用将越来越受到重视。从区域层面来看，伴随着区域旅游竞争更加激烈的同时是区域旅游合作将更加紧密，并成为大势所趋。其中长三角的无障碍旅游区、“泛珠三角”大旅游圈、东北冰雪旅游板块、大三峡旅游带、丝绸之路、大香格里拉生态旅游区、青藏铁路旅游带等将显得尤为突出。从投资来看，民营资本将大量进入，而且投资领域的一个重点将是旅游景区景点开发。旅游资源开发从旅游产品体系上来看，将由观光旅游向休闲、度假方向纵深发展。从旅游形式来看，自驾车、自助游、特色游、专题游、知性之旅、深度旅游、体验之旅将越来越普遍。未来，我国旅游业的发展方向和投资重点应由设施建设转向旅游资源的综合开发以及促进旅游结构的优化布局，应遵循立足东部、深入挖潜、全面开发中西部的方针。

一、进行全国旅游资源普查，制定综合开发规划

对全国旅游资源的种类、数量、质量、自然环境、社会条件等方面进行普查，分析和综合评价、分等、分级，为合理地开发提供准确可靠的依据。在此基础上，旅游业各部门

和专家一起，制定国家和地区旅游资源开发长期战略规划。同时，制止在风景区进行无计划破坏性建设。

二、积极引导国内旅游

安排和解决好国内旅游与国际旅游争夺旅游热点地区和旅游旺季的矛盾，以合理地开发各种类型的旅游资源，是我国旅游资源未来开发的重点和难点。

三、加快区域旅游资源联动开发

通过加快区域旅游开发，变长线旅游为长线与区域旅游相结合的旅游经营模式，尽快形成全国通畅的旅游网络，以带动区域经济（尤其是有旅游资源的落后地区）发展。

四、东部地区旅游资源向深度开发，西部地区旅游资源向广度开发

旅游业向内涵效益型转变，推出以观光旅游为基础，具有娱乐性、参与性兼地方特色的专项旅游和节日旅游项目，提高游客的回游率，延长停留时间，增加购物比重，扩大旅游收入。西部旅游资源开发，要与交通和经济开发同步，当前急需在西北、西南和东北建立或扩大航空口岸，推进旅游资源开发的进程。

五、旅游资源开发的根本条件在于人才的培养

促进旅游教育，重视旅游高等教育，培训多层次的旅游人才，是提高我国旅游资源开发和研究水平的重要保证。

六、旅游产品的多样化、个性化、体验化、科技化开发

由于物质的日益丰富，人们可以根据自己的爱好自由地选择旅游的方式，自助游、探险游、生态游将会越来越成为时尚。散客旅游和半自助旅游将逐渐增多；短线旅游多于长线旅游，地区性旅游和中程旅游成为旅游的主体；人们外出旅游的频度将增加，但每次外出时间将减少。因此旅游产品开发的内容、方式除了传统的之外，又有了许多现代的，还大量引进了国外的，如嘉年华、滑雪、潜水、蹦极、攀岩、漂流、垂钓、高尔夫、滑翔、观鸟、极限运动等，可以说是花样繁多，不断翻新，层出不穷。冰雪游、草原游、海洋游、温泉游、沙漠游、冰川游等新型旅游产品也越来越受欢迎。工业旅游、农业旅游、森林旅游、生态旅游等也成为新热点。休闲经济将带来许多新观念、新视野和新的活动。人们将花钱买不同的经历和阅历，那些能提供人们特别经历的旅游将会特别受欢迎。科技旅游和旅游科技交相辉映，旅游将更加高质化，知性之旅、深度之旅都会得到加强。人们可从网络中获取各种旅游信息，从而可自由地选择旅游方式和旅游目的地。借助信息化的力量，旅游目的地营销竞争将更激烈。

本章小结

旅游资源开发是一个多学科知识交互运用的创新过程，涉及面非常广泛，主要基

础理论有区位论、区域分异规律、经济学与市场学理论、旅游者行为理论、景观生态学理论、系统论和可持续发展理论等。通过这些理论的应用，将各种现实和潜在的旅游资源有序、科学、合理地组合利用和有效保护，使其能被持久永续地利用，实现经济效益、社会效益和生态效益的协调发展。旅游资源开发要以现有资源为基础，以市场为导向，运用不同的模式开发，考虑产品的供需关系，分析产品开发的投入与产出比等，突出地域特色及开发的多样性、综合性、永续性和文化性。不同旅游资源类型有不同的开发理念和模式。

思考与练习

一、名词解释

1. 旅游资源开发
2. 旅游资源开发可行性研究
3. 区位论
4. 旅游者行为理论

二、填空题

1. 旅游资源开发按投资主体可分为政府主导型、企业主导型和______________。

2. 旅游资源开发的原则是______________、______________、综合开发原则和生态保护原则。

三、简答题

旅游资源开发的内容有哪些？

四、论述题

1. 举例说明我国旅游资源开发的一种模式。
2. 你认为旅游资源开发的未来趋势和变化有哪些？

五、案例分析

被“蚕食”的延安红色景区

杨家岭革命旧址位于延安市区西北，是中共中央1938年11月到1947年3月的驻地。党中央移驻杨家岭后，机关工作人员利用沟口南侧闲置的一块空地，作为散步和集体活动的地方，后群众俗称“中央花园”，地表无建筑遗存。

记者采访发现，“中央花园”原址上竟然盖起了三栋高层楼房。记者目测，“中央花园”距离杨家岭旧址入口不到300m，中间被一座小学、幼儿园，及散落的杨家岭村农民住宅和部分低矮的商业门面分隔。据了解，这三栋楼中有两座是延安风景林场建设的“职工安置楼”，是以“旅游经济适用房”立项通过审批并开始动工建设的，而另外一座是杨家岭村擅自开发建设的。据延安市文物局介绍，由于管理体制原因，“中央花园”权属多次更迭，地块上形成许多建筑，“中央花园”原有风貌早已不复存在。

【思考】

延安杨家岭革命遗址在红色旅游资源开发中存在哪些问题？应该坚持怎样的旅游资源开发原则进行开发利用？

第十六章

旅游资源的保护与可持续发展

学习目标

1. 掌握可持续发展的定义和内涵，可持续发展的核心理论，旅游资源破坏的主要因素，旅游资源保护的对策，旅游资源可持续开发的基本内容。
2. 了解可持续发展理论的源起，可持续发展的思想观念。
3. 熟悉可持续发展的基础理论，旅游资源可持续开发的措施和对策。

第一节　可持续发展的基础理论和思想观念

一、可持续发展的提出和源起

可持续发展理论的形成经历了相当长的历史过程。20 世纪 50～60 年代，人们在经济增长、城市化、人口、资源等所形成的环境压力下，对“增长=发展”的模式产生怀疑并展开讨论。1962 年，美国女生物学家莱切尔·卡逊（Rachel Carson）发表了一部引起很大轰动的环境科普著作《寂静的春天》，作者描绘了一幅由于农药污染所导致的可怕景象，惊呼人们将会失去“春光明媚的春天”，在世界范围内引发了人类关于发展观念上的争论。

10 年后，两位著名美国学者巴巴拉·沃德（Barbara Ward）和雷内·杜博斯（Rene Dubos）的享誉全球的著作《只有一个地球》问世，把人类生存与环境的认识推向一个新境界，可持续发展的境界。同年，一个非正式国际著名学术团体，即罗马俱乐部发表了有名的研究报告《增长的极限》（*The Limits to Growth*），明确提出“持续增长”和“合理的持久的均衡发展”的概念。1987 年，以挪威首相格罗·哈莱姆·布伦特兰（Gro Harlem Brundtland）为主席的联合国世界与环境发展委员会发表了一份报告——《我们共同的未来》，正式提出可持续发展概念，并以此为主题对人类共同关心的环境与发展问题进行了全面论述，受到世界各国政府组织和舆论的极大重视，在 1992 年联合国环境与发展大会上可持续发展要领得到与会者共识与承认。

二、可持续发展的定义

1988 年以前，可持续发展的定义或概念并未正式引入联合国的“发展业务领域”。1987 年，布伦特兰夫人主持的世界环境与发展委员会，对可持续发展给出了定义：“可持续发展是指既满足当代人的需要，又不损害后代人满足需要的能力的发展”。

1987 年，世界环境与发展委员会在题为《我们共同的未来》的报告中，第一次阐述了“可持续发展”的概念。在可持续发展思想形成的历程中，最具国际化意义的是 1992 年 6 月在巴西里约热内卢举行的联合国环境与发展大会。在这次大会上，来自世界 178 个国家和地区的领导人通过了《21 世纪议程》《气候变化框架公约》等一系列文件，明确把发展与环境密切联系在一起，使可持续发展走出了仅仅在理论上探索的阶段，响亮地提出了可持续发展的战略，并将之付诸为全球的行动。

三、可持续发展的内涵

从全球普遍认可的概念中，我们可以梳理出可持续发展有以下几个方面的丰富内涵：

（一）共同发展

地球是一个复杂的巨系统，每个国家和地区都是这个巨系统不可分割的子系统。该系统的最根本特征是其整体性，每个子系统都和其他子系统相互联系并发生作用，只要一个系统发生问题，都会直接或间接影响到其他系统的紊乱，甚至会诱发系统的整体突变，这在地球生态系统中表现最为突出。因此，可持续发展追求的是整体发展和协调发展，即共同发展。

（二）协调发展

协调发展包括经济、社会、环境三大系统的整体协调，也包括世界、国家和地区三个空间层面的协调，还包括一个国家或地区经济与人口、资源、环境、社会以及内部各个阶层的协调，持续发展源于协调发展。

（三）公平发展

世界经济的发展呈现出因水平差异而表现出来的层次性，这是发展过程中始终存在的问题。但是这种发展水平的层次性若因不公平、不平等而引发或加剧，就会从局部上升到整体，并最终影响到整个世界的可持续发展。可持续发展思想的公平发展包含两个纬度：一是时间纬度上的公平，当代人的发展不能以损害后代人的发展能力为代价；二是空间纬度上的公平，一个国家或地区的发展不能以损害其他国家或地区的发展能力为代价。

（四）高效发展

公平和效率是可持续发展的两个轮子。可持续发展的效率不同于经济学的效率，可持续发展的效率既包括经济意义上的效率，也包含着自然资源和环境的损益的成分。因此，可持续发展思想的高效发展是指经济、社会、资源、环境、人口等协调下的高效率发展。

（五）多维发展

人类社会的发展表现出全球化的趋势，但是不同国家与地区的发展水平是不同的，而且不同国家与地区又有着异质性的文化、体制、地理环境、国际环境等发展背景。此外，因为可持续发展又是一个综合性、全球性的概念，要考虑到不同地域实体的可接受性，因此，可持续发展本身包含了多样性、多模式的多维度选择的内涵。因此，在可持续发展这个全球性目标的约束和指导下，各国与各地区在实施可持续发展战略时，应该从国情或区情出发，走符合本国或本区实际的、多样性、多模式的可持续发展道路。

四、可持续发展的基本思想

（一）可持续发展并不否定经济增长

经济发展是人类生存和进步所必需的，也是社会发展和保持、改善环境的物质保障。特别是对发展中国家来说，发展尤为重要。目前发展中国家正经受贫困和生态恶化的双重压力，贫困是导致环境恶化的根源，生态恶化更加剧了贫困。尤其是在不发达的国家和地区，必须正确选择使用能源和原料的方式，力求减少损失、杜绝浪费，减少经济活动造成的环境压力，从而达到具有可持续意义的经济增长。既然环境恶化的原因存在于经济发展过程之中，其解决办法也只能从经济发展过程中去寻找。目前急需解决的问题是研究经济发展中存在的扭曲和误区，并站在保护环境，特别是保护全部资本存量的立场上去纠正它们，使传统的经济增长模式逐步向可持续发展模式过渡。

（二）可持续发展以自然资源为基础，同环境承载能力相协调

可持续发展追求人与自然的和谐。可持续性可以通过适当的经济手段、技术措施和政府干预得以实现，目的是减少自然资源的消耗速度，使之低于再生速度。如形成有效的利益驱动机制，引导企业采用清洁工艺和生产非污染产品，引导消费者采用可持续消费方式，并推动生产方式的改革。经济活动总会产生一定的污染和废物，但每单位经济活动所产生的废物数量是可以减少的。如果经济决策中能够将环境影响全面、系统地考虑进去，那么可持续发展是可以实现的。“一流的环境政策就是一流的经济政策”的主张正在被越来越多的国家所接受，这是可持续发展区别于传统的发展的一个重要标志。相反，如果处理不当。环境退化的成本将是十分巨大的，甚至会抵消经济增长的成果。

（三）可持续发展以提高生活质量为目标，与社会进步相适应

单纯追求产值的增长不能体现发展的内涵。学术界多年来关于“增长”和“发展”的辩论已达成共识。“经济发展”比“经济增长”的概念更广泛、意义更深远。若不能使社会经济结构发生变化，不能使一系列社会发展目标得以实现，就不能承认其为“发展”，就是所谓的“没有发展的增长”。

（四）可持续发展承认自然环境的价值

这种价值不仅体现在环境对经济系统的支撑和服务上，也体现在环境对生命支持系统的支持上，应当把生产中环境资源的投入计入生产成本和产品价格之中，逐步修改和完善国民经济核算体系，即“绿色 GDP”。为了全面反映自然资源的价值，产品价格应当完整地反映三部分成本：资源开采或资源获取成本；与开采、获取、使用有关的环境成本，如环境净化成本和环境损害成本；由于当代人使用了某项资源而不可能为后代人使用的效益损失，即用户成本。产品销售价格应该是这些成本加上税及流通费用的总和，由生产者和消费者承担，最终由消费者承担。

（五）可持续发展是培育新的经济增长点的有利因素

通常情况认为，贯彻可持续发展要治理污染、保护环境、限制乱采滥伐和浪费资源，对经济发展是一种制约、一种限制。而实际上，贯彻可持续发展所限制的是那些质量差、效益低的产业。在对这些产业作某些限制的同时，恰恰为那些质优、效高，具有合理、持续、健康发展条件的绿色产业、环保产业、保健产业、节能产业等提供了发展的良机，培育了大批新的经济增长点。

五、可持续发展的基本理论

（一）可持续发展的基础理论

1．经济学理论

（1）**增长的极限理论**　这是 D. H. Meadows 在其《增长的极限》一文中提出的有关可持续发展的理论，该理论的基本要点是：运用系统动力学的方法，将支配世界系统的物质关系、经济关系和社会关系进行综合，提出了人口不断增长、消费日益提高，而资源则不断减少、污染日益严重，制约了生产的增长；虽然科技不断进步能起到促进生产的作用，但这种作用是有一定限度的，因此生产的增长是有限的。

（2）**知识经济理论**　该理论认为经济发展的主要驱动力是知识和信息技术，知识经济将是未来人类的可持续发展的基础。

2．可持续发展的生态学理论

所谓可持续发展的生态学理论是指根据生态系统的可持续性要求，人类的经济社会发展要遵循生态学 3 个定律：一是高效原理，即能源的高效利用和废弃物的循环再生产；二是和谐原理，即系统中各个组成部分之间的和睦共生，协同进化；三是自我调节原理，即协同的演化着眼于其内部各组织的自我调节功能的完善和持续性，而非外部的控制或结构的单纯增长。

3．人口承载力理论

所谓人口承载力理论是指地球系统的资源与环境，由于自身组织与自我恢复能力存在一个阈值，在特定技术水平和发展阶段下的对于人口的承载能力是有限的。人口数量以及特定数量人口的社会经济活动对于地球系统的影响必须控制在这个限度之内，否则，就会影响或危及人类的持续生存与发展。这一理论被喻为 20 世纪人类最重要的三大发现之一。

4．人地系统理论

所谓人地系统理论，是指人类社会是地球系统的一个组成部分，是生物圈的重要组成，是地球系统的主要子系统。它是由地球系统所产生的，同时又与地球系统的各个子系统之间存在相互联系、相互制约、相互影响的密切关系。人类社会的一切活动，包括经济活动，都受到地球系统的气候（大气圈）、水文与海洋（水圈）、土地与矿产资源（岩石圈）及生物资源（生物圈）的影响，地球系统是人类赖以生存和社会经济可持续发展的物质基础和必要条件；而人类的社会活动和经济活动，又直接或间接影响了大气圈（大气污染、温室效应、臭氧洞）、岩石圈（矿产资源枯竭、沙漠化、土壤退化）及生物圈（森林减少、物种灭绝）的状态。人地系统理论是地球系统科学理论的核心，是陆地系统科学理论的重要组成部分，是可持续发展的理论基础。

（二）可持续发展的核心理论

可持续发展的核心理论，尚处于探索和形成之中。目前已具雏形的流派大致可分为以下几种：

1．资源永续利用理论

资源永续利用理论流派的认识论基础在于：认为人类社会能否可持续发展决定于人类社会赖以生存发展的自然资源是否可以被永远地使用下去。基于这一认识，该流派致力于探讨使自然资源得到永续利用的理论和方法。

2．外部性理论

外部性理论流派的认识论基础在于：认为环境日益恶化和人类社会出现不可持续发展现象和趋势的根源，是人类迄今为止一直把自然（资源和环境）视为可以免费享用的“公共物品”，不承认自然资源具有经济学意义上的价值，并在经济生活中把自然的投入排除在经济核算体系之外。基于这一认识，该流派致力于从经济学的角度探讨把自然资源纳入经济核算体系的理论与方法。

3．财富代际公平分配理论

财富代际公平分配理论流派的认识论基础在于：认为人类社会出现不可持续发展现象和趋势的根源，是当代人过多地占有和使用了本应属于后代人的财富，特别是自然财富。基于这一认识，该流派致力于探讨财富（包括自然财富）在代际之间能够得到公平分配的理论和方法。

4．三种生产理论

三种生产理论流派的认识论基础在于：人类社会可持续发展的物质基础在于人类社会和自然环境组成的世界系统中物质的流动是否通畅并构成良性循环。他们把人与自然组成的世界系统的物质运动分为三大“生产”活动，即人的生产、物资生产和环境生产，致力于探讨三大生产活动之间和谐运行的理论与方法。

第二节 旅游资源保护的意义和对策分析

旅游资源是自然及人类文化遗留下来的珍贵遗产，不但具有易受破坏的脆弱性，而且还具有难以恢复的不可再生特点，而旅游资源又是旅游业发展的基础，因此保护旅游资源就成了保护自然、文化及旅游业的关键问题。

一、旅游资源保护的意义

（一）保护旅游资源就是保护旅游业

旅游资源是旅游开发的必备条件之一，是构成旅游产品的重要组成部分。没有旅游资源，就没有旅游业的生存和发展。然而，旅游资源经过开发成为旅游产品后，会受到不同程度的影响和破坏，从而降低自然旅游资源的美学特征及观赏性，使人文旅游资源丧失历史文物价值及文化内涵，最终减弱旅游资源对旅游市场的吸引力，严重者甚至缩短旅游资源“重复适用性”的时限，严重地影响旅游业的发展。因此，从这一角度上讲，保护旅游资源就是保护旅游业。

（二）保护旅游资源就是保护生态环境，保护旅游地文化

旅游资源的涵盖面广泛，既包括自然界的山川、河流、湖泊、动物、植物等自然旅游资源，也包括人类活动所创造的建筑、文物古迹、历史文化等人文旅游资源。前者是生态环境的重要组成要素，后者是重要的文化遗产。保护旅游资源就是保护以上要素，从而实现对生态环境及旅游地文化的保护。

二、旅游资源遭受破坏的主要因素

旅游资源遭受破坏的原因有自然灾害，如地质灾害（地震、火山、水火灾害等）、气象灾害（风蚀、水蚀、日照等）和生物灾害（鸟类、白蚁等）。旅游资源除了因自然的不可抗拒力量造成的破坏性影响外，人为因素是导致旅游资源破坏的主要因素，有时超过自然力的破坏程度，甚至是毁灭性的。旅游资源破坏的因素主要体现在以下几个方面。

（一）建设性破坏

建设性破坏主要是指工程建设、市镇建设和旅游资源开发建设中的规划不当，导致资源被严重破坏。如直接拆毁或占用文物古迹，工程建设对景区环境的破坏等；在旅游区内的建设不当，破坏了旅游区周围景观的和谐及古建筑的风格意境，添加了与景观及旅游环境不协调的设施，破坏了景观的完整性等。城市建设中的“三无”（无规划、无计划、无设计）、“三乱”（乱分地、乱选址、乱搭建），对文物古迹及环境破坏更为严重。南京市政府为解决交通问题，在1995年对中山北路、中华路等主要道路拓宽的工程中，砍去了数百棵已经生长了几十年，甚至上百年的法国梧桐。

（二）生产性破坏

生产性破坏是指工农业生产对旅游资源的破坏和对旅游环境的污染。例如，由于旅游区周边各种工业的发展，给旅游区带来了严重的大气污染和水污染；不当的农业生产操作，砍伐树木、滥采乱挖等，严重破坏植物资源和旅游用地资源。如享有三国古城美誉的湖北某风景区，既有优美的自然风景，也有丰厚的文化底蕴，但景区周围的工业生产使景区乌烟瘴气，工业污水破坏了水质，严重影响了景区资源。

（三）旅游开发与规划不当造成的破坏

在旅游资源开发中，规划不当也会破坏生态平衡，影响旅游景观，失去旅游资源特色。有着悠久的历史的北京四合院，是中国传统住宅建筑中最具有典型性和代表性的建筑，是老北京的骄傲，已驰名中外，世人皆知。新中国成立后，为兴建国际大都市，大搞城市建设，拆除了大量的四合院，不当的开发严重破坏了四合院原有的生态，其景观价值和历史价值已大打折扣。近年来，如何保护好北京的历史文化，越来越引起了人们的重视。

（四）游客本身的破坏

旅游活动的开展加速了自然旅游资源的损坏与衰败。由于大量旅游者的介入，加大了旅游区的承载负荷，游客的不良行为和保护资源意识的淡泊也是导致破坏的主要因素，如任意

采集花草，破坏树木，部分素质低下的游客对文物古迹的乱刻乱画造成的资源破坏，使旅游区的生态环境受到严重威胁。交通工具和游客的不断踩压，使土壤板结，影响植物生长；景区的超负荷接待增加了生活垃圾对环境的污染。另一方面，对人文旅游资源而言，旅游活动的开展也会导致人文旅游资源的差异性和特质的消失。例如，旅游者的高消费、衣着方式等现代生活习惯，会同化边远地区的民俗风情，致使地方文化和民族文化逐渐失去个性等。

（五）旅游管理不善带来的破坏

旅游资源是诱发旅游者出游动机的主要吸引物因素。按照中国的法律，土地归国家所有，国家是旅游资源的主人，即旅游资源的所有权归国家所有。但由于长期实行的条块分隔的资源管理模式，几乎每一个部门和地方政府都对旅游资源拥有或大或小的管理权和使用权。例如，目前吸引大多数旅游者的旅游区，包括国家级风景名胜区、自然保护区和森林公园、历史文化名城、全国重点文物保护单位等，它们分别归属住房和城乡建设部、林业部、环境保护部、国家文物局等部门管理。一些寺庙、道观等则分属国家宗教协会管理。在一些乡村地区，风景资源及其所在的山体、水体、土地、森林等属于乡村所有。因此，在开发过程中出现了村庄、乡镇自行上马，缺乏科学规划和市场定位，出现了破坏风景资源的不良现象。

目前，我国的旅游资源所有权与经营权分属不同的部门，甚至一个旅游区由几个部门管理，多头领导，在旅游资源的管理上显得比较混乱。管理机构和人员调动的不稳定性，使旅游区的管理制度难以继续实施，旅游区资源的管理十分复杂，具体执行经营管理职责的企业也难有作为。例如，拥有世界第一大碑林的湖北某 4A 旅游区，从过去吸引中外游客的门庭若市到现在的门可罗雀，除了受宏观因素的影响外，与管理经营机构的变动、现有规划不适应旅游市场的需求、市场的重新定位等有很大的关系。

三、旅游资源保护的对策

（一）旅游资源的保护需以法律法规为保障

旅游资源的保护问题已经在世界各国引起重视，改革开放以来，中国已颁布、实施的旅游市场法律法规 40 多个。主要有国务院颁布的《风景名胜区管理暂行条例》《自然保护区条例》《森林公园管理办法》《环境保护法》《城市规划法》等法律中对风景名胜区保护所作的规定。1972 年联合国教科文组织通过了《保护世界文化和自然遗产公约》，强调了保护自然文化珍品对人类发展的重要性。各地方也结合各自特点制定了一些地方性法规。上述各项法律、法规从不同角度规定了旅游资源的开发、利用和保护问题。将保护旅游资源提到了法律的高度，对旅游资源的保护起了极其重要的作用。

（二）旅游资源的保护需以技术保护为保障

随着我国旅游业向更大的规模、更高的层次发展，旅游资源的开发利用也向大投入、大项目的方向发展，这种发展形势要求政府与企业在更高的水平上严格保护旅游资源，技术保护因此越来越得到广泛的重视与运用。为此必须构建包括动力机制、保障机制、监管机制、创新机制在内的技术保护管理机制，以确保旅游资源的有效保护和合理利用，实现可持续发展。例如，科学维修历史文物古迹，对景区进行科学的技术手段跟踪测量，利用专业手段保护动植物的多样性。这些方法和措施对于资源的保护十分重要。

（三）旅游资源的保护需以行政保护为保障

行政管理措施，主要是指国家行政机关根据国家方针政策和依照行政管理权限，对资源的使用、管理以及保护工作的有关活动进行行政干预，以保障旅游资源的良性循环。行政管理措施是旅游资源保护中最为常见的方法之一。旅游资源管理方面，尤其是旅游规划的编制、资源保护方面与地方政府和各个部门有着千丝万缕的联系。所以从保护旅游资源持续利用的角度出发，加强与地方政府的合作，有利于对旅游资源的保护实行统一的规划与监督。

（四）旅游资源的保护需以规划保护为保障

自然风景旅游资源一般包括风景名胜区、森林公园、自然保护区、世界自然遗产、园林以及其他以自然风光为主要风景要素的旅游区。合理开发和规划，保护原始的、零度的风景应当成为这类风景区保护与开发的基本要求。如某些旅游景点正陷在高楼、违章建筑的重围中，整体景观受到严重的破坏。如何使景点能突出“重围”，使周边环境更协调，提升景区的吸引力？有专家指出：问题的出现首先是规划，应采取果断措施，对违法建筑该拆的就拆，该铲的就铲，为可持续发展留下空间，制定切实保护旅游资源的措施。旅游开发不能只强调收益，更不能夸大收益，不能忽视风险，不能不计成本，不能只强调综合收益而不考虑综合损失。不适当的旅游开发会破坏原有的生态系统，导致生态服务功能价值降低。规划保护和法律保护一样，同属于旅游资源保护的指导性方法。对旅游资源进行整体的、有条理的规划是必要的，大众旅游使一些政府认识到旅游的经济优势，认识到必须促进机构性和协调的旅游规划，在规划方面应该考虑全面的旅游发展对环境的影响。

（五）旅游资源的保护需以教育保护为保障

旅游资源保护意识不强或根本没有资源保护意识，是造成旅游资源人为破坏的根本原因。由于游客类型受职业、年龄等不同因素的影响，不同素质的游客对环境的保护意识也不一样。各级旅游行政管理部门应加强对旅游资源保护的宣传工作，不断增强旅游经营者、民众和游客的旅游资源保护意识。发动旅游活动的主体——旅游者参与到资源管理中，是有效保护旅游资源，实现旅游资源管理的可持续发展的重要途径之一。一方面通过旅游教育，唤起他们保护资源、参与资源管理的责任意识，减少人为破坏；另一方面通过对旅游者的教育，使旅游者自觉参与保护环境的行动，可以减轻环保人员的工作压力，这种与旅游者“合作”的管理是有着重要意义的。旅游资源保护工作任重而道远，我们可以通过公益广告等宣传方式，提高旅游者保护旅游资源的自觉意识，做到全民参与。通过各种途径加大宣传保护旅游资源的力度，提高全民素质，共同维护，使宝贵的旅游资源免遭摧残。

第三节 旅游资源可持续发展实现的条件和措施

一、旅游业的可持续发展

旅游业作为迅猛发展的朝阳产业，已经越来越引起世界各国的关注。20 世纪 90 年代，旅游业可持续发展问题受到国际旅游组织和旅游研究领域的广泛重视。1995 年，联合国教科文组织、联合国环境规划署和世界旅游组织等在西班牙召开“可持续旅游发展世界会议”，通过了《可持续旅游发展宪章》，并同时制定了《可持续旅游发展行动计划》。宪章强调旅游业发展要将经济发展目标与社会发展目标相结合，保证资源的可持续利用。

世界旅游组织的《旅游业可持续发展——地方规划指南》，把旅游可持续发展的定义界定为“指在维持文化完整、保护生态环境的同时，满足人们对经济、社会和审美的要求。它能为今天的主人和客人们提供生计，又能保护和增进后代人的利益并为其提供同样的机会”。其基本内涵包括以下几方面的内容：一是旅游业发展要以不破坏其赖以生存利用的自然资源、文化资源及其他资源为前提，并能对生态环境保护给予资金支持，使其得到可持续利用；二是旅游资源应能承载日益增长的旅游者数量，动态满足旅游者日益增加的多样化需求，并能保持对未来旅游者的吸引力；三是旅游业必须能满足当地居民长期发展经济，提高生活水平的需要。其实，旅游业可持续发展就是以系统的、协调的、全局的、长远的方式来发展旅游，其核心就是协调旅游地生态环境、旅游地居民生活和文化以及与旅游者之间的关系，兼顾三者的利益，使旅游业稳定、有序、持续地发展。

二、旅游资源可持续开发的基本内容

旅游资源可持续开发的核心就是要实现满足旅游者需求和满足旅游区居民需求相统一，保证当代人在从事旅游活动的同时不损害后代为满足其旅游需求而进行旅游开发的可能性。旅游资源可持续开发包括 5 个方面的基本内容。

（一）生态保护意识

促进人们对旅游所产生的环境、经济效应的理解，树立和强化全人类的生态保护意识。改变人们的态度和习惯，使人们的行为规范和实践符合旅游可持续发展的标准。为了使旅游对可持续发展作出积极贡献，人们应该对旅游报以支持和理解的态度，团结一致、相互尊重和积极参与。旅游发展是建立在生态环境的承受能力之上的，因此要强化全人类的生态保护意识。

（二）资源可持续利用

保持旅游资源的多样性和生存能力，减缓非更新资源的衰竭速度，改善增长的质量，解决以破坏环境和资源为代价的非持续性发展问题。以最小的旅游环境与资源投入要素使用量获取最大的旅游效益总量，即以最小的环境代价获取最大的旅游综合效益，使旅游发展保持可持续性。旅游活动每年持续很长时间，客观上需要深入研究和探讨，以保证资源可持续利用为出发点的经济方法在当地和整个区域的使用效果，保证资源的可持续利用。

（三）国家开发与保护战略

构建国家综合开发与保护的总体框架，促进旅游的公平发展。旅游业的发展是存在贫富差异的，一般而言，旅游业发达地区多能将资本不断地投入新的领域，因而为了获取最大收益常常不顾环境的承受力；旅游业不发达地区为谋求温饱则滥用旅游资源和环境要素。据研究，最富裕和最贫困的旅游地往往比居中的旅游地更能造成大的环境损害。因此，各国政府应该从总体上宏观把握建立起综合发展与保护的总体框架，促进旅游的平衡发展。

（四）评价体系规范化、科学化

在旅游资源开发过程中提高旅游生态持续性评价体系的规范化和科学化。要保护旅游区的生态环境，为可持续旅游发展永续地提供发展空间，就一定要注意衡量以下4个“水平”，即旅游环境评价指标参数的科学水平、旅游开发地的最小安全水平、可接受的旅游风险水平和旅游地生态发育的空间水平。这些评价指标体系，在一定程度上反映了旅游地生态环境可承载容量的极限。一旦超过了这些极限，就会给环境带来巨大的破坏。因此，保护好旅游环境，维护良好的生态持续性是实现可持续旅游发展的重要前提条件。

（五）和谐发展、生态平衡理念

树立全新的可持续发展观念，保护好未来旅游开发赖以生存的生态环境。旅游资源的可持续开发需要实现旅游资源的最优化配置，要求人类从生态观念出发，树立人类与自然和谐发展的新观念，自觉保护生态环境维护生态平衡，使后代人在满足其发展旅游业的需求时仍有可供开发的旅游资源。

三、旅游资源可持续发展实现的条件和措施

（一）保护生态环境是实现旅游业可持续发展的根本保证

生态环境是旅游业生存与发展的物质基础，世界旅游组织前秘书长萨维尼亚克说过：“成功的旅游需要高质量的环境。”在社会经济产业系统中，旅游业是与环境联系最为广泛的一种经济文化性产业。所有旅游从业者和从游者的行为都会触及环境与资源的持续或非持续发展。因此，保护好优美的自然生态环境，维护和创建良好的社会文明环境是旅游业快速、高效、持续发展的根本保证。

（二）建立旅游资源开发与规划的规范标准和体系是实现旅游业可持续发展的重要前提

旅游资源是存在于自然和社会生态系统中的，只有与环境协调的旅游资源才最具吸引力。旅游资源开发是高文化、高科技、高智能的开发，必须强调认真研究，全面规划，仔细设计。在规划过程中，必须考虑到生态因素和环境因素以及开发的“时序性”等问题。以旅游业可持续发展为根本思想，兼顾经济效益、社会效益、环境效益和公平原则，建立起切实可行的旅游资源开发与规划的标准和体系。可以说，只有经过科学开发、精心规划的旅游业，才是可以持续健康发展的旅游业。

（三）实施科技兴旅战略是实现旅游业可持续发展的关键

现代科技是科学保护和开发旅游资源、加深旅游产品的科技文化含量、提高旅游经营管理水平和提升旅游社会环境质量的重要基础。现代科技是旅游可持续发展的科学基础。将科学技术运用到旅游业之中，对于延伸旅游资源的开发、弥补资源结构缺陷、提高资源品位、扩大环境容量，以及在旅游资源和生态环境的保护方面都具有极其重要的作用。因此，实施科技兴旅战略，加强旅游开发经营中的科技投入是保证旅游业可持续发展的关键。

（四）所有旅游业利益相关者的共同努力是旅游业可持续发展的必备条件

旅游业的可持续发展是一条任重而道远的发展道路，它并不是一蹴而就的。它的实现需要几代人甚至几十代人的共同努力。我们曾经提到过，所有旅游从业者和从游者的行为都会触及环境与资源的持续或非持续发展。因此，可持续旅游的实现绝不仅仅靠政府旅游管理部门或某个旅游企业，而是要靠所有与旅游业利益相关的部门和人员的共同努力。从可持续发展的角度看，利益相关者的概念应该从涵盖面更宽泛的意义上去考虑，因为可持

续发展的理念涉及了人类（政府、企业、居民、旅游者等）与非人类（资源、环境）、当代人与后代人等广泛的利益，因此，旅游开发的利益相关者实际上包括了人类的与非人类的、现实的与潜在的利益主体。

本章小结

可持续发展思想自提出以来，被不断地应用到各个领域，由于人们对旅游所带来的环境问题愈来愈关注，“旅游可持续发展”的概念应运而生，其含义为保护和维持某区域内的生态以维持其长期的使用寿命。这种理念已成为旅游业发展的指导思想。旅游资源是发展旅游业的基础。随着20世纪后期以来旅游业的蓬勃发展，在旅游业给当地带来巨大的经济、社会以及环境效益的同时，人们也逐渐认识到旅游业的发展对环境的影响甚至对旅游资源起到了破坏作用。无论是自然旅游资源还是人文旅游资源，都具有强烈的不可再生性，一旦破坏，永不再生。因此，保护旅游资源是保护生态环境的需要，是维持生态平衡的需要，也是保护人文环境的需要。掌握旅游资源保护和可持续发展的内涵、内容方法和措施，有利于旅游资源合理、有序、持续地保护、开发和利用，从而实现旅游业持续健康有序的发展。

思考与练习

一、名词解释

1. 可持续发展
2. 旅游业可持续发展
3. 资源永续利用理论

二、填空题

1. 可持续发展的内涵是共同发展、协调发展、公平发展、______和______。
2. 三种生产理论即人的生产、__________、环境的生产。

三、单项选择题

______是实现旅游业可持续发展的根本保证。

A. 保护生态环境　　B. 实现科教兴旅

C. 合理规划　　D. 有效评价旅游资源

四、简答题

1. 可持续发展的基本思想是什么？
2. 旅游资源可持续开发的基本内容是什么？

五、论述题

1. 举例说明旅游资源破坏的途径有哪些？
2. 旅游资源可持续发展实现的措施有哪些？

六、案例分析

旅游业可持续发展的成功典型——威尔士

由于英国威尔士的传统铜、铁工业及煤炭工业在20世纪时突然大量削减，导致了高失业率，并引发了以工业废弃物为主要形式的环境恶化。为改变其环境恶化的局面，该地区大力发展旅游业，旅游业在这一转变过程中作出了重大贡献。

威尔士旅游者协会（WTB）是威尔士旅游业的法定机构，负责制定各项政策。WTB开发并瞄准的市场是为当地居民取得最优的经济和社会效益，这一目标暗含着必须保持威尔士的文化传承和语言传统，保护自然，建设环境。WTB与其他部门在旅游业及相关行业上有着间接利益及责任，彼此间保持密切联系，以确保资源的综合开发方式得以合理利用。

WTB 有关旅游业可持续发展的成功案例是在康威实施的“康威计划”。康威是位于威尔士北部海岸的一个城镇，在康威河的河口，在雪墩山国家公园（Snowdonia National Park）的边缘，距离威尔士的主要游览胜地兰达岛不远。康威13世纪的城堡和城墙被列为“世界历史古迹”，具有重大意义。这个城镇的旅游业历史悠久，至今仍是当地经济的支柱产业之一。康威的特点和地理位置一直既是一项资本又是一项限制。北威尔士的主要工业和旅游线路都径直穿过康威，但其狭窄的街道状况难以应付现代交通的需要，所以经常导致运输和交通阻塞、噪声、污染，这破坏了来该镇旅游的旅游者的兴致，也使得潜在旅游者感到犹豫。保护旅游资源和旅游者管理等工作都难以进行，城市系统的质量下降，旅游产品的质量及居民日常生活质量都受到损害。于是，康威实施了一项计划，通过一个河口隧道修建绕过城镇的旁道，其目的是为了保护城镇的结构。与此同时，WTB及威尔士的官方机构聚集在一起制定了该镇的长期发展规划，命名为“康威计划”，由专门机构负责把康威作为一个整体推向市场，并负责监督相关的开发工作和保护战略的实施进程。表16-1所示为5个主要的建议，这些建议都采纳了可持续发展的观点。

表 16-1 康威计划的内容及进度

建 议	行 动
保护、保存并改善历史建筑物	● 完成 Seion Chapel 的修复 ● 修复 Carmel Chapel，完成附近 Reion Chapel 的新址的修复 ● 历史住宅的修复和重绘，最近 Plas Manr 将由威尔士历史博物馆管理 ● 正式修复城镇周围的围墙，可以为参观本城提供更多机会
主要交通环境的建设	● 城墙内的汽车公园是为短期停车设计的 ● 大汽车公园在城外，需要扩大并美化环境 ● 建立一个灵活的人行道，由此街道可以拓宽，并且道路可在高峰期关闭 ● 等待在兰达岛（Landadno）开发公园和骑士计划的批准
步行区的建设，改善环境并与历史建筑相协调	● 重铺马路，用石子和黏土铺路石（部分完成）并修建一套新的人行道路标 ● 使用康威用语 ● 为商店及居民住宅改善建筑物外观发放50%的补贴 ● 用铬铜和玻璃电话厅来代替老式的红色亭子 ● 街道照明、主要建筑物照明和装饰照明的四年期改善计划正待批准
对康威历史的主要方面进行富有想象的、协调的解释	● 一个信息系统提供康威的主要历史，汽车公园内要有一个可以理解的游览指南和一张地图 ● 一系列解释的报纸，放在建筑物和名胜点散发，要和“小镇铁路”传单联系起来 ● Aber Comay House 是最古老的居民楼，多间房子都正在刷新以展现这所房子在另一个历史时期的风采

（续）

建　议	行　动
考虑镇的历史和环境情况，投资兴建新的适宜的项目，增加旅游资源	● 康威小船停泊港一期建设完成，包括 250 个全面服务的泊位，并且有扩充到 450～500 个泊位的潜力（由私人部门开发） ● 一个小型的私有的游览点开业——茶壶博物馆展出新颖的茶壶和 18 世纪到现在的各式茶壶 ● 修建一个新的青年俱乐部，尽可能和附近的学习设施联系起来 ● 理事会正在寻找私人开发商，建立一个高质量的、专业的承办酒宴的车队公园，有 3 个开发商已表示了有兴趣 ● 因为康威的空间限制，小型游览点的开发受到鼓励，小的商店正在建设中，如服装专卖店、维克多茶馆、礼品屋等

【思考】康威计划为什么有利于地区旅游资源开发的可持续发展？在具体的制定和执行中，符合哪些可持续发展理论？

参考文献

[1] 毕华，游长江．旅游资源学[M]．北京：旅游教育出版社，2010.
[2] 陈安泽．中国花岗岩旅游地貌类型划分初论及其意义[J]．国土资源导刊，2007（6）.
[3] 陈福义，范宝宁．中国旅游资源学[M]．北京：中国旅游出版社，2005.
[4] 陈国生，王勇．中国旅游资源学教程[M]．北京：对外经济贸易大学出版社，2006.
[5] 陈来生．中国世界遗产旅游可持续发展研究简述[J]．学术月刊，2003（11）.
[6] 陈秋霞．中国旅游地理[M]．西安：西北工业大学出版社，2010.
[7] 方起东，祝炜平．峡谷的自然地理特征与旅游开发研究[J]．地域研究与开发，2001（2）.
[8] 冯德显．山地旅游资源特征及景区开发研究[J]．人文地理，2006（6）.
[9] 甘枝茂，马耀峰．旅游资源与开发[M]．天津：南开大学出版社，2007.
[10] 何景明，郭岚，马泽忠．山区旅游资源与旅游业发展研究[J]．广西社会科学，2004（1）.
[11] 胡卫华．峡谷旅游的现状发展方向及对策[J]．资源与人居环境，2009（16）.
[12] 李强，王梅英，李国忠．花岗岩地貌及其旅游景观[J]．地质调查与研究，2006（2）.
[13] 李如生．中国世界遗产保护的现状、问题与对策[J]．城市规划，2011（5）.
[14] 李燕琴，张茵，彭建．旅游资源学[M]．北京：清华大学出版社，2007（6）.
[15] 李永文．旅游地理学[M]．北京：科学出版社，2004.
[16] 刘致平．中国居住建筑简史——城市、住宅、园林[M]．2 版．北京：中国建筑工业出版社，2000.
[17] 陆景冈．旅游地质学[M]．北京：中国环境科学出版社，2003.
[18] 卢云亭．论名山的特性、类别和旅游功能[J]．资源导刊，2009（6）.
[19] 骆高远．旅游资源学[M]．杭州：浙江大学出版社，2006.
[20] 马耀峰，宋保平，赵振斌．旅游资源开发[M]．北京：科学出版社，2005.
[21] 穆瑞丽，周余良．正确处理世界遗产保护与旅游资源开发的关系[J]．社会科学论坛，2005（11）.
[22] 全华．旅游资源开发及管理[M]．北京：旅游教育出版社，2006.
[23] 邵秀英．旅游资源开发与商品设计[M]．北京：中国商业出版社，2002.
[24] 孙克勤．遗产保护与开发[M]．北京：旅游教育出版社，2008.
[25] 陶奎元，沈加林，李皓亮．中国火山/火山岩景观地质公园展望[J]．资源调查与环境，2011（2）.
[26] 陶伟．中国“世界遗产”的可持续旅游发展研究[J]．旅游学刊，2000（5）.
[27] 王德刚．旅游资源学教程[M]．北京：北京交通大学出版社，2011.
[28] 王金超，魏凤云．地质地貌旅游资源可持续发展探研[J]．通化师范学院学报，2010（10）.
[29] 王昆欣，王长生．旅游资源与开发[M]．重庆：重庆大学出版社，2003.
[30] 王清利，常捷，张吉献．地质旅游资源分类及开发利用初探[J]．河南大学学报（自然科学版），2003（2）.
[31] 魏罕蓉，张招崇．花岗岩地貌类型及其形成机制初步分析[J]．地质论评，2007（8）.
[32] 伍光和，沈永平．中国冰川旅游资源及其开发[J]．冰川冻土，2007（4）.
[33] 吴宜进．旅游资源学[M]．湖北：华中科技大学出版社，2008.
[34] 肖星，严江平．旅游资源与开发[M]．北京：中国旅游出版社，2000.
[35] 颜亚玉．旅游资源开发[M]．厦门：厦门大学出版社，2001.

[36] 杨桂华，陶犁．旅游资源与开发[M]．昆明：云南大学出版社，2010.
[37] 杨学峰．旅游资源学[M]．北京：中国发展出版社，2009.
[38] 一文．25 年中国世界遗产之路[J]．中国文化遗产，2010（6）.
[39] 喻学才．旅游资源学[M]．北京：化学工业出版社，2008.
[40] 张广瑞．生态旅游理论辨析与案例研究[M]．北京：社会科学文献出版社，2004.
[41] 张秦伟．中国西部山地旅游资源的基本特征及其开发的限制因素[J]．水土保持通报，2002（8）.
[42] 郑群明．全新旅游资源学[M]．北京：中国科学技术出版社，2008.
[43] 郑耀星．旅游资源学[M]．北京：北京大学出版社，2009.
[44] 周俊一，李益彬．旅游资源与开发[M]．成都：西南财经大学出版社，2009.
[45] 周晓梅．论中国山水审美文化[J]．湖北职业技术学院学报，2005（3）.
[46] 朱桂田．论我国火山旅游资源的地学特征[J]．南方国土资源，2006（3）.